KB083422

2020
최신개정판

관광국사
기출 · 예상문제집

이현호 편저

이현호

- 서울 통역 외국어 아카데미 관광국사 강의
- 한국 방송 대학교 연구원
- 한국 표준 협회, 산업 인력 공단, 한국 능률 협회 外 다수 출강

(현재)
- 세일 입시 학원 재직 中
- 세종 외국어 학원 재직 中

관광국사 기출 · 예상문제집

2020년 3월 10일 개정판 1쇄 인쇄
2020년 3월 15일 개정판 1쇄 발행

저자　　이현호
펴낸이　이장희
펴낸곳　삼영서관
디자인　디자인클립

주소　서울 동대문구 한천로 229, 3F
전화　02) 2242-3668　　팩스　02) 6499-3658
홈페이지　www.sysk.kr
이메일　syskbooks@naver.com
등록일　2018년 7월 5일
등록번호　제 2018-000032호
책값　19,000원
ISBN　979-11-90478-02-1　13910

머리말

싸이를 비롯한 K-pop의 열풍과 드라마, 한국 음식, 난타 등으로 한류 열풍 (Korean wave)이 고조되고, 2012년도 한국 방문 외래 관광객 수가 1,000만 명을 넘어서면서 관광 가이드 자격증 획득에 대한 관심이 고조되고 있습니다. 특히 중국 관광객이 급증하면서 중국어 가이드를 준비하는 수험생이 폭발적으로 증가하고 있습니다.

그런데 작년 어느 날 수업 중 한 학생이 선생님! 왜? 국사는 문제집이 없나요? 하고 질문을 하였습니다. 그 때 저자는 아차! 싶었습니다. 너무나 창피하고 미안하고 죄스러운 마음이었습니다. 그 후 저자는 본격적으로 문제집 제작을 위한 작업을 시작하였고, 그 동안의 기출문제와 기출문제를 변형하여 직접 만든 문제들을 정리하여 6개월의 작업 끝에 이번에 문제집을 출간하게 되었습니다.

가이드 시험 문제가 공개되지 않는 상황에서 학생들이 수기로 적어 주신 문제들을 토대로 기출 문제를 만들어 내는 일이 만만치 않은 일이었습니다. 하지만 많은 학생들의 도움으로 그동안 쌓아 온 문제들을 토대로 관광국사 기출·예상 문제집을 완성할 수 있었습니다. 지면을 통해 저에게 아낌없는 지원을 해주신 학생들에게 새삼 감사의 마음을 전합니다.

이번 문제집은 저자의 현장에서의 경험과 기출문제(2000년~2019년) 분석을 통한 기출변형 문제를 만들어 실전 예상 문제를 다수 수록하였으며, 총 5회의 적중 모의고사 문제도 함께 실었습니다. 뿐만 아니라 혼자서 공부하는 수험생들에게 도움이 되고자 모든 문제에 대한 해설을 꼼꼼하고 명쾌하게 정리하였습니다. 해설을 보면 문제에 대한 답이 정확하게 나올 것이라고 자신합니다.

마지막으로 관광국사 문제집이 나오기까지 많은 도움을 주신 삼영서관 사장님께 감사의 마음을 전합니다.

저자 이현호

목차

PART 1.
단원별 기출 및
실전 문제

관광국사 기출·예상문제집

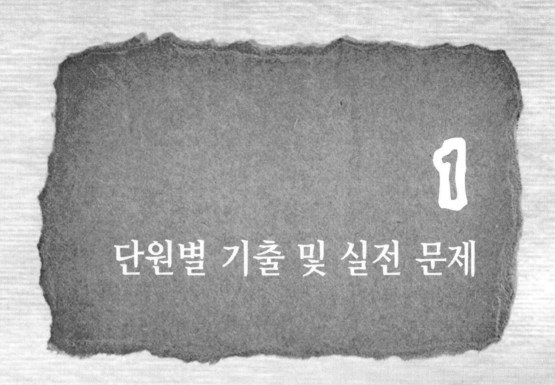

단원별 기출 및 실전 문제

1

I 선사시대의 문화와 국가의 형성

1. 선사시대의 문화

01 우리나라의 민족 형성에 관하여 잘못 설명한 것은? (2003년 기출)

① 민족의 기틀은 구석기 시대에 형성되었다.

② 인종상으로는 황인종에 속하고, 언어학상으로는 알타이어계에 속한다.

③ 농경 생활을 바탕으로 독자적인 문화를 형성하였다.

④ 우리 조상은 요서, 만주, 한반도를 중심으로 활동하였다.

02 우리나라에서 아슐리안형 주먹도끼가 출토된 곳은? (2013년 기출)

① 상원 검은모루 유적　　　② 연천 전곡리 유적

③ 공주 석장리 유적　　　　④ 웅기 굴포리 유적

03 다음의 시기에 사람들이 찾은 적합한 생활 방법으로 옳은 것은?

> 구석기 시대에서 신석기 시대로 넘어가는 전환기에 빙하기가 지나고 다시 기후가 따뜻해졌다. 이런 새로운 자연 환경에 대응하고자 이 시기의 사람들은 적합한 생활 방법을 찾으려고 노력하였다.

① 토기를 만들어 음식물을 저장하였다.

② 가락바퀴를 사용하여 그물을 만들었다.

③ 자연의 섭리를 생각하는 원시적 신앙의 형태가 나타났다.

④ 잔석기를 이용한 이음도구를 제작하여 사용하였다.

---

01 **정답** ①

해설 ② 우리 민족은 인종상 황인종이며, 종족상으로는 퉁구스 족에 속하며, 언어학상으로는 알타이어계에 해당한다. ③ ④ 우리 민족은 농경문화 중심의 독자적인 문화를 형성하였으며, 만주·요서·한반도를 무대로 하는 동방문화권에 속한다.

오답풀이 ① 우리 민족의 기틀은 신석기 시대에서 청동기 시대를 거치면서 형성되었으며, 구석기인은 우리의 직접적인 조상이 아니다.

02 **정답** ②

해설 연천 전곡리 유적지에서 유럽 아슐리안계 주먹도끼와 동아시아 찍개가 발견되었다.

03 **정답** ④

해설 자료는 중석기 시대에 대한 설명이다. 중석기 시대는 약 1만 년 전에 구석기에서 신석기 시대로 넘어가는 과도기의 시기를 가리킨다. 이 시기에는 기후가 따뜻해지면서 작고 빠른 짐승이 등장하게 되었고, 잔석기를 이용한 활, 창 등의 이음도구를 이용하여 경제활동을 하였다.

오답풀이 ① ② ③은 모두 신석기 시대에 해당한다.

04 다음의 유물이 사용되던 시기의 모습으로 옳지 않은 것은? (2014년 기출)

① 농경과 목축을 통한 생산이 시작되었다.

② 동굴, 막집 등에 살며 이동생활을 했다.

③ 간석기와 낚시, 바늘 등의 뼈 도구가 있다.

④ 사람들은 강가나 바닷가에 주로 살았다.

05 다음 중 선사시대에 관한 설명으로 옳은 것은? (2012년 기출)

① 구석기 시대에는 빗살무늬 토기를 사용하였다.

② 구석기 시대에는 강가나 바닷가에서 움집을 짓고 살았다.

③ 신석기 시대에는 집단마다 군장이 출현하였다.

④ 신석기 시대의 애니미즘은 농경생활과 밀접한 관련이 있다.

06 선사 시대에 관한 설명으로 옳지 않은 것은? (2014년 기출)

① 구석기 시대 사람들은 불의 사용법을 알게 되었다.

② 신석기 시대에 비로소 토기를 사용하게 되었다.

③ 신석기 시대에 가락바퀴나 뼈바늘을 만들어 썼다.

④ 청동기 시대에 이르러 비로소 토테미즘이 출현하였다.

---

04 정답 ②

해설 ① 신석기 시대는 농경과 목축을 통한 생산 경제 활동이 시작되었으며, 특히 농경의 시작은 '신석기 혁명'이라고도 한다. ③ 신석기 시대에는 간석기와 낚시·바늘 등의 뼈 도구를 각종 도구로 사용하였다. ④ 신석기 시대는 농경과 수렵, 어로 활동을 병행하면서 강가나 바닷가에서 움집을 짓고 주로 살았다.

오답풀이 동굴과 막집에서 살며 이동 생활을 한 것은 구석기 시대에 해당하며, 신석기 시대는 농경이 시작되면서 정착생활을 하였다.

05 정답 ④

해설 ④ 신석기 시대에는 농경과 정착생활을 시작하게 되면서 자연의 섭리를 생각하게 되었으며, 모든 자연현상에는 영혼이 있다는 애니미즘, 특정 동식물을 부족의 수호신으로 숭배하는 토테미즘, 무당의 주술과 부적을 숭배하는 샤머니즘 등의 원시 종교 활동이 나타났다.

오답풀이 ① 빗살무늬 토기는 신석기 시대 ② 구석기 시대에는 동굴이나 강가, 바닷가의 막집에서 거주하였다. ③ 정치적 지배자인 군장은 청동기 시대에 계급 발생과 함께 처음 등장하였다.

06 정답 ④

해설 ① 구석기 시대부터 인류는 음식을 익혀 먹기 위하여 불을 사용하는 법을 알게 되었다. ② 신석기 시대부터 음식물을 조리하고 저장하기 위하여 토기를 사용하기 시작하였으며, 빗살무늬 토기가 대표적인 토기이다. ③ 신석기 시대부터 가락바퀴와 뼈바늘을 이용하여 의복과 그물을 제작하여 사용하는 원시적 수공업이 시작되었다.

오답풀이 ④ 토테미즘을 비롯하여 애니미즘, 샤머니즘 등의 원시 신앙은 신석기 시대부터 농경과 정착 생활을 하면서 처음 출현하였다.

07 / 다음과 같이 생활한 시대에 널리 사용한 도구는? (2019년 기출)

사람들은 동굴이나 바위 그늘에서 살며 무리를 이루어 사냥감을 찾아다녔다.

① 반달 돌칼　　　　　　　　② 비파형 동검
③ 주먹도끼　　　　　　　　④ 돌괭이

08 / 우리나라 신석기 시대 사람들의 생활상에 관한 설명으로 옳지 않은 것은? (2013년 기출)

① 다양한 종류의 간석기를 사용하였다.
② 나무 열매, 물고기, 조개 등을 먹고 살았다.
③ 농사를 짓지 못하여 떠돌아다니며 생활하였다.
④ 대표적인 토기로는 빗살무늬 토기가 사용되었다.

09 / 구석기 문화에 관한 설명으로 옳은 것은? (2016년 기출)

① 석기인 격지, 팔매돌, 밀개는 조리 도구이다.
② 움집에 거주하였으며 난방을 위한 화덕이 있었다.
③ 석기 제작 기법은 간석기에서 뗀석기로 발전하였다.
④ 연천 전곡리 유적에서 주먹도끼 등의 유물이 출토되었다.

---

07 정답 ③

해설 자료의 내용은 구석기 시대에 대한 설명이며, 주먹도끼는 구석기 시대의 대표적인 뗀석기 도구이다.

오답풀이 ① 반달돌칼은 청동기 시대의 간석기 농기구이다. ② 비파형 동검은 청동기 시대의 청동검이다. ④ 돌괭이는 신석기 시대의 간석기 농기구이다.

08 정답 ③

해설 ① 신석기 시대에는 돌괭이, 돌보습, 돌칼 등 농기구와 사냥·어로용 간석기를 제작하여 사용하였다. ② 신석기 시대에는 사냥, 어로, 채집의 경제 활동이 계속되어 열매, 물고기, 조개 등을 식량으로 사용하였다. ④ 신석기 시대의 대표적인 토기는 빗살무늬 토기가 사용되었다.

오답풀이 ③ 신석기 시대 후기에는 농사를 시작하면서 정착 생활을 하였다.

09 정답 ④

해설 ④ 연천 전곡리는 대표적인 구석기 유적지로서 유럽 아슐리안 계통의 주먹도끼가 발견되었다.

오답풀이 ① 팔매돌은 사냥용 도구이다. ② 움집은 신석기, 청동기 시대의 주거지이다. ③ 석기는 구석기 시대의 뗀석기에서 신석기 시대의 간석기로 발전하였다.

10 다음을 시대 순으로 나열하시오. (2007년 기출)

| ㄱ. 주먹도끼 | ㄴ. 가락바퀴 | ㄷ. 잔석기 | ㄹ. 반달돌칼 |

① ㄱ → ㄴ → ㄷ → ㄹ   ② ㄱ → ㄷ → ㄴ → ㄹ

③ ㄷ → ㄱ → ㄴ → ㄹ   ④ ㄴ → ㄱ → ㄷ → ㄹ

11 다음 설명 중 역사적 시기가 다른 하나는?

① 황해도 봉산 지탑리에서 나온 탄화된 좁쌀을 통해 농경의 흔적을 알 수 있다.

② 부산 동삼동 패총에서 나온 조개껍데기 가면을 통해 예술 활동 양상을 엿볼 수 있다.

③ 단양 수양개에서 나온 물고기 조각을 통해 물고기가 잘 잡히기를 기원했음을 알 수 있다.

④ 평안남도 온천 궁산리에서 나온 뼈바늘을 통해 직조 사실을 추정해 볼 수 있다.

12 다음 유적지와 관련된 시대에 관한 설명으로 옳지 않은 것은? (2016년 기출)

| ● 양양 오산리 | ● 부산 동삼동 |
| ● 봉산 지탑리 | ● 인천 소이도 |

① 가락바퀴를 이용하여 고기잡이를 하였다.

② 종교적인 필요에 의해 조개껍데기 가면이 제작되었다.

③ 진흙을 빚어 불에 구워 만든 빗살무늬토기를 사용하였다.

④ 탄화된 곡식이 출토되어 식량 생산 단계였음을 알 수 있다.

---

10 정답 ②

해설 ㄱ. 주먹도끼 – 구석기, ㄴ. 가락바퀴 – 신석기, ㄷ. 잔석기 – 중석기, ㄹ. 반달돌칼 – 청동기 시대

11 정답 ③

해설 ① 황해도 봉산 지탑리에서 탄화된 좁쌀의 발견은 신석기 시대부터 농경이 시작되었음을 입증하였다. ② 부산 동삼동 패총(조개무지)은 신석기 시대의 대표적인 유적지로서 예술 활동의 흔적을 보여주는 조개껍데기 가면이 발견되었다. ④ 뼈바늘은 가락바퀴와 함께 신석기 시대의 직조 문화 발달을 입증해 준다.

오답풀이 ③ 단양 수양개 유적지는 구석기 후기의 대표적 유적지로서 대규모의 석기 제작소와 사냥감의 번성을 기원하는 물고기 등을 조각한 흔적이 남아 있다.

12 정답 ①

해설 자료는 신석기 시대의 대표적인 유적지들이다. ② 신석기 시대는 종교적인 필요성으로 조개껍데기 가면을 이용하였다. ③ 빗살무늬토기는 신석기 시대의 대표적인 토기이다. ④ 황해도 봉산 지탑리 유적에서는 탄화된 좁쌀이 출토되어 신석기 시대에 농경 생활을 하는 식량 생산 단계였음을 알 수 있다.

오답풀이 ① 가락바퀴는 의복이나 그물을 제작하는 데 사용되는 도구이다.

13 / 다음의 유물이 등장하는 시대 생활상에 관한 설명으로 옳은 것은? (2015년 기출)

> ● 평양 남경 유적의 탄화된 좁쌀
> ● 강원 고성 문암리의 덧무늬 토기

① 조, 보리, 콩 등 밭작물과 벼농사를 본격적으로 지었다.
② 뗀석기와 뼈 도구를 가지고 사냥과 채집을 하였다.
③ 움집 중앙에 화덕이 설치되고, 출입문은 남쪽에 내었다.
④ 거푸집을 이용하여 비파형 동검을 만들었다.

14 / 다음의 "홍수아이"가 살았을 시기의 생활상에 관한 설명으로 옳은 것을 모두 고른 것은?
(2014년 기출)

> ㄱ. 뼈바늘, 가락바퀴 등을 이용한 원시적 수공업이 등장하였다.
> ㄴ. 동굴이나 바위그늘, 또는 강가에 막집을 짓고 거주하였다.
> ㄷ. 지상가옥이 일반화되고, 널무덤·독무덤 형태의 무덤이 확산되었다.
> ㄹ. 짐승과 물고기를 잡아먹었으며, 식물의 열매나 뿌리도 채취하였다.

① ㄴ, ㄷ   ② ㄴ, ㄹ
③ ㄱ, ㄴ, ㄷ   ④ ㄱ, ㄴ, ㄹ

---

13 정답 ③

해설 ③ 평양 남경에서 발견된 탄화된 좁쌀과 덧무늬 토기
는 신석기 시대의 농경 시작과 토기 사용과 관련된 사
실이다. 신석기 시대의 움집은 중앙에 난방용 화덕이
중앙에 설치되었으며, 출입문은 남쪽 방향에 위치하였
다.

오답풀이 ① 청동기 시대에는 밭농사가 경제 활동의 중심을 이
루어 조·보리·콩 등이 생산되었으며, 벼농사도 일부
저습지에서 본격적으로 시작되었다. ② 뗀석기와 뼈
도구는 구석기 시대에 사용된 도구이다. ④ 비파형 동
검은 청동기 시대의 대표적인 청동 제품이다.

14 정답 ②

해설 사진 자료는 구석기 시대의 유적지인 청원 두루봉 동
굴에서 발견된 홍수아이라는 인골 화석이다. ㄴ. 구석
기 시대는 동굴이나 바위그늘, 또는 강가에 막집을 짓
고 거주하였다. ㄹ. 구석기 시대는 자연 경제활동을 통
해 식량 문제를 해결하였다. 따라서 짐승과 물고기를
잡아먹었으며, 식물의 열매나 뿌리도 채취하였다.

오답풀이 ㄱ. 신석기 시대, ㄷ. 철기 시대

2. 국가의 형성

01 고인돌이 만들어지던 시대의 사회상에 관한 설명으로 옳지 않은 것은? (2013년 기출)

① 반달돌칼을 이용하여 곡물의 이삭을 잘랐다.

② 철제 호미와 쟁기 등을 사용하여 농사를 지었다.

③ 수장의 권위를 상징하는 청동검이 사용되었다.

④ 민무늬 토기, 붉은 간 토기 등을 만들어 사용하였다.

02 청동기 시대 사회상에 관한 설명으로 옳지 않은 것은? (2013년 기출)

① 사적 소유와 지배 · 피지배의 관계가 발생하였다.

② 약탈과 정복을 위한 집단 간의 전쟁이 잦았다.

③ 농업생산력의 증가에 따라 잉여생산물이 나타났다.

④ 혈연을 바탕으로 하는 씨족이 사회의 기본 구성 단위였다.

03 다음과 같은 유물이 사용되었던 시기에 대한 설명으로 옳지 않은 것은?

> ● 거푸집　　● 잔무늬 거울　　● 세형동검

① 한반도의 독자적인 청동기 문화가 형성되었다.

② 중국과의 교류가 활발하였으며, 한자를 사용하기도 하였다.

③ 애니미즘, 샤머니즘, 토테미즘 등의 원시 종교가 출현하였다.

④ 널무덤, 독무덤 등의 무덤 양식이 유행하였다.

---

01 **정답** ②

해설 고인돌은 청동기 시대의 대표적인 무덤 양식이다. ① 청동기 시대에는 반달돌칼, 홈자귀 등 간석기 농기구를 이용하여 농사를 지었다. ③ 청동기 시대에는 비파형 동검, 거친무늬 거울 등의 청동기는 주로 지배층이 사용하였으며, 청동검은 지배자(수장, 부족장)의 권위를 상징하는 유물이었다. ④ 민무늬 토기, 붉은 간 토기, 미송리식 토기는 청동기 시대의 대표적인 토기이다.

오답풀이 ② 호미, 쟁기 등은 철기 시대에 사용된 철제 농기구이다.

02 **정답** ④

해설 ① ③ 청동기 시대에는 농업 생산력의 증대로 잉여 생산물이 축적되어 사적 소유 관념이 나타나 빈부의 차이가 발생하였으며, 이는 계급이 발생하여 지배 · 피지배 관계가 형성되는 계기가 되었다. ② 청동기 시대에는 청동제 무기가 보급되면서 정복과 약탈 전쟁이 활발하게 전개되었다.

오답풀이 ④ 신석기 시대에는 혈연을 바탕으로 씨족이 사회의 기본 구성단위를 이루어 부족사회를 형성하였다.

03 **정답** ③

해설 ① 자료의 거푸집, 잔무늬 거울, 세형동검은 철기 시대에 제작된 한반도의 독자적인 청동기 문화와 관련된 유물이다. ② 한반도는 중국으로부터 철기 문화를 수용하였으며, 한반도의 여러 유적지에서 명도전, 반량전, 오수전 등의 중국 화폐가 발견되었으며, 창원 다호리에서 발견된 붓을 통해 철기 시대에 한자가 사용되었음을 알 수 있다. ④ 널무덤, 독무덤은 철기 시대의 대표적인 무덤 양식이다.

오답풀이 ③ 애니미즘, 샤머니즘, 토테미즘 등의 원시 종교는 신석기 시대에 농경과 정착 생활을 하면서부터 출현하였다.

04 다음의 무덤이 만들어진 시대에 관한 설명으로 옳은 것은? (2015년 기출)

① 붉은 간 토기, 바퀴날 도끼 등을 사용하였다.

② 혈연을 바탕으로 씨족을 기본 단위로 한 부족 사회였다.

③ 창원 다호리 유적지에서 붓이 출토되었다.

④ 주요 농기구로 돌보습, 돌낫 등이 있다.

05 다음 중 청동기 · 초기 철기 시대와 관련된 설명으로 옳지 않은 것은? (2012년 기출)

① 청동기 문화를 배경으로 족장 지배사회에서 국가로 발전하였다.

② 고인돌, 돌무지무덤, 돌널무덤이 등장하였다.

③ 창원 다호리 유적에서 나온 붓은 청동기 시대부터 한자가 사용되었음을 보여준다.

④ 철기 시대에 이르러 철제 무기와 연모의 사용으로 청동기는 의식용 도구로 사용되었다.

---

04 정답 ①

해설 ① 자료의 무덤은 청동기 시대의 고인돌이다. 청동기 시대에는 민무늬토기, 미송리식 토기, 붉은 간 토기 등이 사용되었다. 바퀴날 도끼는 청동기 시대에 사용된 농기구이다.

오답풀이 ② 신석기 시대는 혈연을 바탕으로 씨족을 기본 단위로 한 부족 사회였으며, 부족은 씨족들이 족외혼을 통하여 형성되었다. ③ 창원 다호리 유적지에서 발견된 붓은 철기 시대에 한자가 사용되었음을 알려 주는 유물이다. ④ 청동기 시대의 주요 농기구로는 반달돌칼, 바퀴날도끼, 홈자귀 등이 사용되었으며, 돌보습과 돌낫은 신석기 시대의 농기구이다.

05 정답 ③

해설 ① 청동기 시대의 경제력 향상과 활발한 정복 활동을 배경으로 부족사회에서 군장이 통치하는 국가로 발전되어 갔다. ② 고인돌, 돌무지 무덤, 돌널무덤은 청동기 시대의 대표적인 무덤 양식이다. ④ 철기시대에는 철제무기와 연모의 사용이 일반화되면서 청동기는 의례, 의식용 도구로만 쓰이는 청동기 의기화 현상이 나타났다.

오답풀이 ③ 창원 다호리에서 발견된 붓은 철기 시대의 유물로서 우리나라에서 한자가 철기시대부터 사용되었음을 입증해 주고 있다.

06 다음은 선사시대의 생활 모습을 설명한 것이다. 시대가 다른 것을 바르게 고른 것은?

> ㄱ. 보리, 콩 등의 음식물을 민무늬 토기에 처음으로 저장하기 시작하였다.
> ㄴ. 바닥이 둥근 모양의 움집에 살면서 취사와 난방을 위해 불을 사용하였다.
> ㄷ. 반달돌칼과 바퀴날 도끼, 홈자귀 등을 사용하여 벼농사를 지었다.
> ㄹ. 농업 생산력의 증대로 사유재산의 관념과 계급이 발생하여 군장이 출현하였다.

① ㄱ   ② ㄴ

③ ㄷ   ④ ㄹ

07 다음과 같은 유물들이 한반도에서 사용되던 시기에 새롭게 나타난 현상이 아닌 것은?

① 중국과 활발하게 교류하였다.
② 우리 민족이 한자를 사용하기 시작하였다.
③ 밭농사와 함께 저습지에서 벼농사가 시작되었다.
④ 철기 사용으로 청동기는 의식용 도구로 변하였다.

---

06 정답 ②

해설 ㄱ. 청동기 시대에는 밭농사가 이루어져 보리·콩 등이 생산되었으며, 민무늬 토기를 사용하였다. ㄷ. 청동기 시대에는 반달돌칼, 바퀴날 도끼, 홈자귀 등의 간석기 농기구를 사용하여 벼농사를 지었다. ㄹ. 청동기 시대에는 농업 생산력의 증대로 잉여생산물이 축적되어 사유재산의 관념과 계급이 발생하였으며, 이를 배경으로 군장이 출현하였다.

오답풀이 ㄴ. 바닥이 둥근 원형, 방형의 움집은 신석기 시대의 집터로서 취사, 난방용 화덕이 중앙에 위치하였다. 청동기 시대에는 직사각형 움집에서 점차 지상가옥으로 바뀌어 갔으며, 화덕은 한 쪽 벽으로 이동하였다.

07 정답 ③

해설 ①②④ 자료는 철기 시대에 사용되었던 세형동검과 중국과의 교역을 입증하는 명도전이다. 철기 시대에는 중국과의 교류가 활발하였고 창원 다호리 붓의 발견을 통해 한자가 사용되었음을 알 수 있으며, 철제 도구의 사용이 일반화되면서 청동기는 의례, 의식용 도구로 쓰이는 청동기의 의기화 현상이 나타났다.

오답풀이 ③ 벼농사 시작은 청동기 시대에 해당한다.

08 다음 중 청동기 시대에 대한 설명으로 옳지 않은 것은?

① 우리나라의 청동기 문화는 중국과는 다른 북방 계통의 영향을 받았다.

② 청동기 시대에는 주로 강가나 해안가에 위치한 취락 지역에서 농업 중심의 경제 활동을 하였다.

③ 만주, 한반도에 걸쳐 분포한 고인돌은 청동기 시대가 계급 사회였음을 반영한다.

④ 대표적인 청동 제품으로 비파형 동검, 거친 무늬 거울 등이 사용되었다.

09 우리나라 어느 지역을 발굴한 결과 다음과 같은 유물이 출토되었다. 어느 시대의 유적지 인가? (2013년 기출)

● 반달 돌칼	● 민무늬토기	● 거친무늬거울

① 구석기 시대　　　　　　　② 신석기 시대

③ 청동기 시대　　　　　　　④ 초기 철기시대

10 한반도에 철기 문화가 보급되면서 나타난 사회 전반에 걸친 변화에 대한 설명으로 옳지 않은 것은?

① 철제 농기구가 제작되어 농업 생산력이 크게 증가하였다.

② 각 지역에 보다 강력한 정치 조직체인 국가가 성립되었다.

③ 지배층의 권력이 강화되면서 자신의 권력을 과시하기 위해 거대한 고인돌을 건립하였다.

④ 철기 문화가 전래되는 과정에서 중국과의 교류가 활발히 전개되었다.

---

08 정답 ②

해설 ① 우리나라의 청동기는 스키토 시베리언 계통의 동물 문양이 남아있는 것으로 보아 중국과는 다른 북방 계통의 청동기 문화로 보고 있다. ③ 고인돌은 그 규모를 통해 청동기 시대에 계급이 발생하였음을 알 수 있다. ④ 우리나라의 대표적인 청동 제품으로는 비파형 동검과 거친무늬 거울 등이 있다.

오답풀이 ② 청동기 시대는 주로 야산이나 구릉 지대에 위치한 배신임수 형태의 취락을 이루며 살았으며, 주거지의 형태는 직사각형 움집에서 점차 지상 가옥의 형태로 발전하여 갔다.

09 정답 ③

해설 반달 돌칼, 민무늬토기, 거친무늬거울은 청동기 시대의 대표적인 유물이다.

10 정답 ③

해설 철기 문화가 보급되면서 철제 농기구의 보급으로 농업 생산력이 더욱 증가하고, 철제 무기의 보급으로 정복 활동이 활발해지면서 한반도와 만주 지역에서는 보다 강력한 규모의 국가가 성장하여 갔다. 또한 철기 시대에는 중국과의 교류가 이루어졌음을 보여주는 유물로서 명도전, 반량전, 오수전 등이 발견되었다.

오답풀이 ③ 고인돌은 청동기 시대의 무덤 양식이며, 철기 시대에는 널무덤과 독무덤이 주류를 이루었다.

11 다음 각 유물과 관련된 설명으로 옳지 않은 것은?

(가) 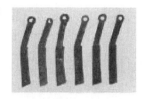　　(나)

(다) 　　(라)

① (가) - 철기 시대에 중국과 한반도와의 교역이 이루어졌음을 알려준다.

② (나) - 요령과 만주 지방부터 한반도에 이르기까지 광범위하게 분포되어 있다.

③ (다) - 청동기를 제작하는 틀로서 우리나라의 청동기가 북방 계통임을 입증해 주고 있다.

④ (라) - 고조선의 영역 범위를 나타내주는 귀중한 유물이다.

12 어느 박물관의 철기시대 전시실에 들어갔다. 전시실에서 볼 수 있는 유물을 모두 고른 것은? (2015년 기출)

| ㄱ. 오수전 | ㄴ. 빗살무늬 토기 | ㄷ. 독무덤 |
| ㄹ. 가락바퀴 | ㅁ. 슴베찌르개 | |

① ㄱ, ㄴ　　　　　　　② ㄱ, ㄷ

③ ㄴ, ㄹ　　　　　　　④ ㄷ, ㅁ

---

11 정답 ③

해설 ① 자료는 중국에서 사용된 명도전으로 철기시대에 한반도에서 발견된 사실을 통해 당시에 중국과의 교류가 이루어졌음을 알려주고 있다. ② 비파형 동검은 청동기 시대의 대표적인 청동 제품으로 만주 요령지역과 한반도에서 널리 발견되고 있다. ④ 탁자식 고인돌은 미송리식 토기, 비파형 동검 등과 함께 고조선 영역의 증거가 되는 유물이다.

오답풀이 ③ 자료는 청동기 제작용 거푸집으로서 철기 시대에 우리나라에 우리나라의 독자적인 청동기 문화가 형성되었음을 입증해 주는 유물이다.

12 정답 ②

해설 ㄱ. 오수전은 철기 시대에 사용된 중국의 화폐로서 철기 시대에 중국과의 교역의 증거가 되는 유물이다. ㄷ. 독무덤은 널무덤과 함께 철기 시대의 대표적인 무덤이다.

오답풀이 ㄴ. ㄹ. 신석기 시대. ㅁ. 구석기 시대

13 청동기, 철기 시대의 경제 활동과 관련된 설명으로 옳은 것은?

① 철기 문화가 보급되면서 소와 말을 이용하여 농사를 짓기 시작하였다.

② 농경에 의해 생산된 식량을 저장하기 위해 덧무늬 토기, 민무늬 토기, 미송리식 토기 등을 사용하였다.

③ 조, 보리, 콩, 벼 등의 곡물이 생산되고 가축 사육의 규모도 확대되어 갔다.

④ 농경이 발달하였지만 사냥과 어로 활동은 식량의 큰 비중을 차지하였다.

14 다음 글에 대한 설명으로 잘못된 것은?

> 옛날에… 환웅이 천하를 다스리고 인간세상을 구원하고자 하였다. 환인이 그 뜻을 알고 …내려가 다스리게 하였다. 환웅은… ㉠ 비·구름·바람을 거느리고 ㉡ 곡식, 생명, 질병, 형벌, 선악 등 인간 360여 가지 일을 주관하며 세상을 다스리고 가르쳤다. 이 때 호랑이 한 마리와 곰 한 마리가 사람이 되고 싶어 환웅에게 사람이 되게 해 달라고 부탁하였다. … 곰은 그로부터 스무 하루 만에 예쁜 여자가 되었다. … ㉢ 환웅이 남자로 변하여 웅녀에게 아이를 갖게 하였다. 이리하여 태어난 이가 ㉣ 단군왕검이다. 단군왕검은 평양성에 나라를 세우고 그 이름을 조선이라 하였다.

① ㉠을 통해 당시 사회가 농경사회였음을 알 수 있다.

② ㉡은 사유 재산 성립과 계급 분화에 따라 지배 계급이 주도한 것들이다.

③ ㉢은 환웅 부족과 곰 부족이 결합했음을 의미한다.

④ ㉣은 고조선이 강력한 왕권을 바탕으로 한 중앙 집권 국가로 성장했음을 반영한다.

---

13 정답 ③

해설 ③ 청동기 시대는 밭농사 중심의 경제활동을 하면서 벼농사가 실시되어 조·보리·콩·벼 등의 곡물이 생산되었으며, 가축 사육의 규모도 확대되어 갔다.

오답풀이 ① 소를 이용하여 농사를 짓는 우경은 6세기 신라 지증왕 때 이후 본격적으로 실시되었다. ② 덧무늬 토기는 신석기 시대의 토기이다. ④ 청동기, 철기 시대에는 농경이 발달하고 목축이 확대되면서 사냥과 어로의 비중은 전반적으로 감소하였다.

14 정답 ④

해설 ① 비, 바람, 구름은 농경에 중요한 요소로서 당시 고조선 사회가 농경사회였음을 설명해 주고 있다. ② 환웅이 인간 세계에서 360여 가지의 일을 주관하며 세상을 다스렸다는 것은 당시에는 사유재산의 관념이 형성되었으며, 지배자가 등장하였음을 이해할 수 있다. ③ 환웅이 웅녀와 혼인을 하였다는 사실은 환웅 부족과 곰 부족의 연합이 이루어졌음을 반영한다.

오답풀이 ④ 고조선은 성립 당시 군장이 지배하는 군장 국가 단계에 머물렀으며, 기원전 2–3세기를 거치면서 국가적 성장이 뚜렷해졌다. 강력한 왕권을 바탕으로 한 중앙 집권 국가의 성장은 고구려, 백제, 신라에서 비로소 나타났다.

15 고조선 시대의 청동기 문화를 대표하는 유물·유적으로 옳지 않은 것은? (2018년 기출)

　① 명도전

　② 비파형 동검

　③ 미송리식 토기

　④ 고인돌(탁자식)

16 다음 중에서 위만조선이 단군 조선을 계승하였음을 입증해 주는 사실로 볼 수 없는 것은?

　① 위만은 고조선으로 입국할 때에 상투를 틀고 조선인의 옷을 입고 있었다.

　② 위만 조선은 적극적으로 철기 문화를 수용하였다.

　③ 위만은 '조선'이라는 국호를 그대로 계승하였다.

　④ 위만 정권에서 높은 지위에 오른 고조선의 토착민들이 많았다.

17 고조선에 대한 설명으로 옳지 않은 것은? (2012년 기출)

　① 단군에 관한 기록은 〈삼국유사〉, 〈제왕운기〉, 〈동국여지승람〉, 〈한서지리지〉 등에 나타나 있다.

　② 비파형 동검과 고인돌을 통해 당시 고조선의 세력 범위를 파악할 수 있다.

　③ 기원전 3세기경에는 준왕·부왕 등이 등장하여 왕위를 세습하였고, 상·대부·장군 등의 관직이 설치되었다.

　④ 8조의 법을 통해 생명과 사유재산을 중시하였다는 것을 알 수 있다.

---

15 정답 ①

해설 ②③④는 청동기 시대의 대표적 문화로서 고조선 영역의 증거가 되는 유물이다.

오답풀이 ① 명도전은 철기 시대에 중국과 고조선의 교류를 보여주는 중국의 화폐이다.

16 정답 ②

해설 ① ③ ④ 사마천의 사기의 기록에 의하면 위만은 고조선에 들어 올 때 고조선인의 옷을 입고 상투를 하였으며, 준왕을 축출한 후 '조선'이라는 국호를 그대로 사용하여 위만조선을 성립시켰다. 또한 토착민을 관리로 등용하여 지배층으로 흡수하였다는 사실을 통해 위만조선이 단군의 고조선을 계승하였음을 알 수 있다.

오답풀이 ② 위만과 함께 철기 문화가 본격적으로 수용된 것은 중국을 통해서 이루어진 것이므로 관련이 없다.

17 정답 ①

해설 ② 고조선의 영역은 만주 요령 지역과 한반도 북부 지역이 해당되는데, 이 사실을 입증해 주는 유물로서는 비파형 동검, (탁자식) 고인돌, 미송리식 토기, 거친무늬 거울 등이 있다. ③ 고조선은 기원전 3세기경에는 준왕, 부왕 등이 등장하여 왕위의 세습이 이루어졌으며 상·대부·장군 등의 관직이 설치되었다. ④ 8조법에서 살인자는 사형에 처했다는 사실과 절도자를 노비로 만들었다는 내용을 통해서 고조선이 생명을 중시하고 사유재산제가 실시되었음을 파악할 수 있다.

오답풀이 ① 단군과 관련된 사실은 삼국유사, 제왕운기, 응제시주, 동국여지승람, 세종실록지리지 등에 기록되어 있다. 한서지리지는 중국 한나라의 역사서로서 고조선의 8조법과 관련된 내용은 기록되어 있지만, 단군과 관련된 내용은 없다.

18 고조선에 관한 설명으로 옳지 않은 것은? (2013년 기출)

① 고조선의 세력 범위는 비파형 동검이 출토되는 지역과 깊은 관계가 있다.

② 고조선은 요령 지방을 중심으로 성장하여 점차 한반도까지 세력을 확장해 갔다.

③ 단군왕검은 제정일치의 지배자로 하늘의 자손이라는 인식을 갖고 있었다.

④ 활발한 정복 전쟁으로 낙랑군을 몰아냈다.

19 다음 사료를 통하여 알 수 있는 고조선 사회의 모습으로 옳지 않은 것은?

> 사람을 죽인 자는 즉시 죽이고, 남에게 상처를 입힌 자는 곡식으로 갚는다. 도둑질을 한 자는 노비로 삼는다. 용서받고자 하는 자는 한 사람마다 50만 전을 내야 한다. …(중략)… 그래서 백성들은 도둑질을 하지 않아 대문을 닫고 사는 일이 없었다. 여자들은 모두 정조를 지키고 신용이 있어 음란하고 편벽된 짓을 하지 않았다.

① 계급의 분화가 진전되었다.　　② 엄격한 형벌제도와 노비가 존재하였다.

③ 가부장적 가족제도가 확립되었다.　　④ 생명을 경시하는 풍조가 있었다.

20 다음은 고조선의 역사적 발전과정이다. 바르게 순서를 나열한 것은?

> ㄱ. 중국의 한(漢)에 맞서 대항하다 왕검성이 함락되었다.
> ㄴ. 요서 지방을 경계로 연나라와 대립할 만큼 강성하였다.
> ㄷ. 위만이 준왕을 몰아내고 정권을 장악하였다.
> ㄹ. 고조선의 법 조항이 60여조로 증가하고 풍속도 각박해졌다.

① ㄱ → ㄴ → ㄷ → ㄹ　　　② ㄴ → ㄱ → ㄷ → ㄹ

③ ㄴ → ㄷ → ㄱ → ㄹ　　　④ ㄷ → ㄴ → ㄹ → ㄱ

---

18 정답 ④

해설 ① 고조선의 세력 범위는 비파형 동검, (탁자식) 고인돌, 미송리식 토기, 거친무늬 거울 출토 지역과 관계있다. ② 고조선은 초기에는 요령 지방을 중심으로 성장하여 점차 한반도까지 세력을 확장해 갔다. ③ 단군왕검은 제사장과 정치적 군장의 의미를 갖는 제정일치의 지배자로서 하늘의 자손이라는 선민(천손) 사상을 가지고 있었다.

오답풀이 ④ 낙랑군은 고구려의 미천왕에 의해 313년에 축출되었다.

19 정답 ④

해설 ① 노비의 존재는 고조선 사회가 계급사회임을 보여준다. ② 죄를 지으면 반드시 형벌을 주었으며, 노비의 존재도 파악되고 있다. ③ 여자가 정절을 귀히 여겼다는 사실은 가부장적 가족사회임을 알 수 있다.

오답풀이 ④ 사람을 죽인 자를 사형에 처한 것은 당시 고조선 사회가 생명을 존중하는 사회인 동시에 노동력을 중시하는 사회였음을 알 수 있다.

20 정답 ③

해설 ㄴ - 기원전 3세기 경, ㄷ - 기원전 194년, ㄱ - 기원전 108년, ㄹ - 한 군현 설치(기원전 108년) 이후

21 고대의 여러 나라에 관한 설명으로 옳지 않은 것은? (2017년 기출)

① 부여에서는 흉년이 들면 책임을 물어 왕을 폐위하기도 하였다.

② 옥저에서는 가족이 죽으면 가매장을 했다가 뼈를 추려 커다란 목관에 안치하였다.

③ 동예는 10월에 동맹이라는 제천 행사를 벌였다.

④ 삼한에서는 제사와 정치가 분리되어 있었다.

22 다음 내용과 관련된 나라에 해당하는 것은? (2011년 기출)

> 큰 산과 깊은 골짜기가 많고 평원과 연못이 없어서 계곡을 따라 살며 골짜기 물을 식수로 마셨다. 좋은 밭이 없어서 힘들여 일구어도 배를 채우기는 부족하였다. 사람들의 성품은 흉악하고 급해서 노략질하기를 좋아하였다. 나라에는 왕이 있고, 벼슬로는 상가, 대로, 패자, 고추가, 사자, 조의, 선인이 있다. 신분이 높고 낮음에 따라 각각 등급을 나눈다. 왕의 종족으로 대가는 모두 고추가로 불린다. 모든 대가들은 사자, 조의, 선인을 둔다. 감옥이 없고 범죄자가 있으면 제가들이 모여서 논의하여 사형에 처하고 처자는 노비로 삼는다.

① 서옥제

② 단궁, 과하마, 반어피

③ 책화

④ 철 생산

23 삼한에 관한 설명으로 옳지 않은 것은? (2019년 기출)

① 변한에서는 철을 화폐처럼 사용하였다.

② 마한에서는 농경이 발달하고 벼농사를 지었다.

③ 진한에는 편두의 풍속이 있었다.

④ 변한에서는 다른 읍락의 생활권을 침범하면 노비와 소, 말로 변상하게 하였다.

---

21 **정답** ③

해설 ① 부여에서는 흉년을 비롯한 재난이 발생하면 국왕을 폐위하거나 사형에 처하였다. ② 옥저에서는 가족 공동 무덤(골장제)이 실시되었다. ④ 삼한은 천군이라는 제사장과 신지, 읍차 등의 부족장 세력이 따로 존재하는 제정분리사회였다.

오답풀이 ③ 동예의 제천행사는 무천이며, 동맹은 고구려의 제천행사이다.

22 **정답** ①

해설 자료에서 산과 깊은 골짜기에 거주하며, 고추가, 대로, 패자 등의 대가가 존재하는 사실을 통해 고구려와 관련된 내용임을 알 수 있다. 고구려의 혼인 풍습으로는

서옥제가 실시되었다.

오답풀이 ② ③ 동예, ④ 삼한의 변한에 해당한다.

23 **정답** ④

해설 ① 변한에서는 철을 생산하였으며, 화폐로 사용하였다. ② 마한을 비롯한 삼한 지역은 저수지를 축조하고 농경에 가축을 이용하는 등 벼농사를 비롯하여 농경이 발달하였다. ③ 진한에서는 돌을 가지고 어린아이의 머리 모양을 일정한 형태로 변형시키는 편두의 풍속이 있었다.

오답풀이 ④ 다른 읍락의 생활권을 침범하면 노비와 소, 말로 변상하는 제도는 동예의 책화에 대한 설명이다.

24 다음은 여러 나라의 성장과 관련한 지도이다. (가)~(마) 나라의 설명으로 옳은 것은?

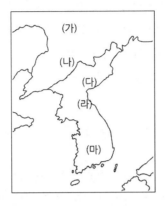

① (가) – 다른 부족의 생활권을 침범하면 책화라 하여 노비 · 소 · 말을 변상하게 하였다.

② (나) – 왕 아래 가축 이름을 딴 관리가 있었다.

③ (다) – 이 지역은 산악지대였기 때문에 농토가 부족하여 약탈경제가 발달하였다.

④ (라) – 영고라는 제천행사가 12월에 열려 수렵사회의 전통을 반영하고 있다.

⑤ (마) – 정치적 지배자 외에 제사장인 천군이 있어, 제정분리사회였음을 엿볼 수 있다.

25 다음 자료에 나타난 두 나라의 공통점으로 옳지 않은 것은?

- 여자 나이 10살이 되기 전에 혼인을 약속한다. 신랑 집에서 맞이하여 다 클 때까지 길러 아내로 삼는다. 여자가 어른이 되면 친정으로 되돌려 보낸다.
- 산과 내를 중요시하여 각기 부분을 만들어 놓고 함부로 들어가지 않는다. 동성끼리는 결혼하지 않는다. 부락을 침범하면 벌로 노비와 소, 말로 변상하게 한다.

① 토지가 비옥하고 해산물이 풍부하였다.

② 해마다 10월이 되면 농경 사회의 전통인 제천 행사가 실시되었다.

③ 지리적 폐쇄성으로 인하여 국가적 성장이 지체되었다.

④ 고구려의 압력을 받다가 멸망당하였다.

---

24 정답 ⑤

해설 지도에서 (가) 부여, (나) 고구려, (다) 옥저, (라) 동예, (마) 삼한이다. ⑤ 삼한에서는 신지, 견지 등의 정치 지배자와 제사장인 천군이 각각 존재한다는 사실과 천군이 거주하는 소도를 통해 삼한 사회가 제정 분리 사회임을 알 수 있다.

오답풀이 ① 동예, ② 부여, ③ 고구려, ④ 부여에 해당

25 정답 ②

해설 자료는 옥저의 민며느리제와 동예의 책화와 족외혼과 관련된 내용이다. 옥저와 동예는 ① 토지가 비옥하고 해산물이 풍부하였으며, 특히 동예는 단궁, 과하마, 반어피 등의 특산물이 생산되었다. ③ 지리적 폐쇄성으로 중국의 선진 문물을 수용하는데 불리하여 국가적 성장이 지체되어 읍군 · 삼로 등의 군장이 읍락을 통치하는 군장국가 단계에 머물렀으며, 왕이 존재하지 않았다. ④ 고구려에게 압력을 받아 조공을 바쳤으며, 결국 고구려에게 멸망당하였다.

오답풀이 ② 동예는 해마다 10월에 무천이라는 제천행사가 실시되었으나, 옥저는 제천행사가 실시되었다는 기록이 남아있지 않다.

26 / 다음 나라의 풍습에 관한 설명으로 옳은 것은? (2015년 기출)

> 삼국지 위서 동이전에는 다음과 같이 전한다. 이 나라는 구릉과 넓은 못이 많아서 동이 지역 중에서 가장 넓고 평탄한 곳이다. – 중략 – 사람들 체격이 매우 크고, 성품이 강직하고 용맹하며, 근엄하고 후덕하여 다른 나라를 노략질하지 않았다. 한편, 왕 아래 마가, 우가, 저가, 구가 등의 관리가 있었다.

① 추수감사제인 동맹이라는 제천 행사가 있었다.

② 10월에 무천이라는 제천 행사가 있었다.

③ 민며느리제라는 결혼 풍속이 있었다.

④ 12월에 영고라는 제천 행사가 있었다.

27 / 다음은 중국의 삼국지 위서 동이전에 기록된 초기 국가와 관련된 내용이다. 옳지 않은 것은?

> (가) 큰 산과 깊은 골짜기가 많고 평원과 연못이 없어서 계곡을 따라 살며 골짜기 물을 식수로 마셨다. 좋은 밭이 없어서 힘들여 일구어도 배를 채우기는 부족하였다. 사람들의 성품은 흉악하고 급해서 노략질하기를 좋아하였다.
>
> (나) 나라에는 군왕이 있다. 벼슬은 가축의 이름을 따라 지었으며, 제가들은 별도로 사출도를 주관한다. 적군이 침입하면 제가들이 몸소 전투를 하며 부락에는 호민이 있고, 하호라 불리는 백성은 다 노복이 되었다. 장마가 계속되어 오곡이 영글지 않으면 왕에게 허물을 돌린다.

① (가) – 국동대혈에서 국왕과 신하가 함께 하늘에 제사를 지내는 의례가 있었다.

② (가) – 절도자는 노비로 삼았으며, 훔친 물건의 12배를 배상하도록 하였다.

③ (나) – 왕이 죽으면 많은 사람을 함께 묻는 순장의 풍습이 있었다.

④ (나) – 간음한 자와 투기한 여자는 사형에 처하였다.

---

26 정답 ④

해설 ④ 자료에서 마가, 우가, 저가, 구가 등을 통해 부여와 관련된 사실임을 알 수 있다. 부여에서는 해마다 12월에 수렵 사회의 전통이 남아 있는 영고라는 제천행사를 실시하였다.

오답풀이 ① 고구려, ② 동예, ③ 옥저

27 정답 ②

해설 자료에서 (가)는 고구려, (나) 부여이다. ① 고구려는 국동대혈에서 국왕과 신하가 함께 하늘에 제사를 지냈다. ③ 부여에서는 순장의 매장 풍습이 있었다. ④ 부여에서는 간음한 자와 투기한 여자는 사형에 처하는 가부장제 가족사회였다.

오답풀이 ② 절도자를 노비로 삼는 것은 고조선과 관련된 사실이며, 고구려에서는 절도자는 훔친 물건의 12배를 배상하는 1책 12법이 실시되었다.

28 다음 각 나라들의 풍속과 법제를 연결한 것 중 잘못된 것을 고르시오.

① 삼한 – 소도　　　　　　　② 옥저 – 책화

③ 고구려 – 서옥제　　　　　④ 동예 – 무천

29 삼한에 관한 설명으로 옳은 것은? (2013년 기출)

> ㄱ. 민며느리제라는 혼인 풍속이 있었다.
> ㄴ. 5월과 10월에 계절제를 열어 하늘에 제사를 지냈다.
> ㄷ. 마한에는 목지국의 지배자가 진왕으로 추대되었다.
> ㄹ. 각 읍락에는 읍군이나 삼로라는 군장이 있었다.

① ㄱ, ㄴ　　　　　　　　　② ㄱ, ㄷ

③ ㄴ, ㄷ　　　　　　　　　④ ㄴ, ㄹ

30 고조선 사회에 관한 설명으로 옳지 않은 것은? (2016년 기출)

① 순장 풍습이 존재하였다.

② 형벌과 노비가 존재하였다.

③ 사유재산을 중시하고 보호하였다.

④ 소도라는 신성 지역이 존재하였다.

---

28 정답 ②

해설 책화는 동예의 제도로서 남의 부족을 침범하면 소, 말, 노비 등으로 배상하였다.

29 정답 ③

해설 ㄴ. 삼한에서는 매년 제천행사로서 5월과 10월에 계절제를 열어 하늘에 제사를 지냈다. ㄷ. 삼한 중에서 가장 큰 나라였던 마한의 목지국의 왕은 진왕으로 추대되어 삼한 전체를 이끌어갔다.

오답풀이 ㄱ. 옥저. ㄹ. 옥저와 동예

30 정답 ④

해설 ① 고조선에서 순장의 풍습이 존재했다는 기록이 남아 있다. ②③ 고조선의 8조법에서 죄인에게 형벌을 내렸으며, 절도자를 노비로 삼는 조항이 있는 것으로 보아 사유재산을 중시하였음을 알 수 있다.

오답풀이 ④ 소도는 삼한에서 천군이 거주하는 신성 금지 구역이다.

31 선사 시대 대표적 유물의 연결로 옳은 것은? (2014년 기출)

① 구석기 시대 – 비파형 동검　　② 신석기 시대 – 고인돌

③ 신석기 시대 – 반달(형) 돌칼　　④ 청동기 시대 – 미송리식 토기

32 고대 국가와 그 풍속이 바르게 연결된 것은? (2014년 기출)

① 고구려 – 소도　　　　　　② 옥저 – 데릴사위제

③ 동예 – 동맹　　　　　　　④ 부여 – 영고

33 (　　　)에 들어갈 인물을 순서대로 옳게 나열한 것은? (2014년 기출)

> ● 고기(古記)에 이런 말이 있다. 옛날 환인의 아들 (　　)이 천부인 3개와 3,000의 무리를 이끌고 태백산 신단수 아래에 내려왔는데, 이를 신시라 하였다.
> ● 시조 동명성왕은 성이 고씨이며, 이름은 주몽이다. …… 부여의 (　　)이 태백산 남쪽에서 한 여자를 만나게 되어 물으니 (　　)의 딸 유화라 하였다.

① 단군, 하백, 금와왕　　　　② 환웅, 금와왕, 하백

③ 환웅, 하백, 금와왕　　　　④ 단군, 금와왕. 하백

34 다음 기록에 해당하는 국가에 관한 설명으로 옳은 것은? (2016년 기출)

> 큰 산과 깊은 골짜기가 많고 평원과 연못이 없어서 계곡을 따라 살며, 골짜기 물을 식수로 마셨다. 좋은 밭이 없어서 힘들여 일구어도 배를 채우기는 부족하였다. 사람들의 성품은 흉악하고 급해서 노략질하기를 좋아하였다.
> – 삼국지 위서 동이전 –

① 책화라는 제도가 존재하였다.　　② 서옥제라는 풍습이 존재하였다.

③ 행정구획인 사출도가 존재하였다.　　④ 신지, 읍차 등의 지배자가 존재하였다.

---

31 정답 ④

해설 ④ 미송리식 토기는 청동기 시대에 사용된 대표적인 토기이다.

오답풀이 ① 비파형 동검은 청동기 시대에 사용된 청동기이다. ② 고인돌은 청동기 시대의 대표적인 무덤이다. ③ 반달(형) 돌칼은 청동기 시대에 사용된 추수용 간석기 농기구이다.

32 정답 ④

해설 ④ 영고는 부여의 제천행사로서 수렵 사회의 전통을 보여 주고 있다.

오답풀이 ① 소도는 삼한에서 제사장인 천군이 거주하는 신성금지 구역이다. ② 데릴사위제(서옥제)는 고구려의 혼인 풍습이며, 옥저의 혼인 풍습은 민며느리제이다. ③ 동

맹은 고구려의 제천행사이며, 동예는 무천이다.

33 정답 ②

해설 ② 자료는 단군 신화와 주몽의 고구려 건국 신화와 관련된 내용이다. 환인의 아들은 환웅이며, 부여의 금와왕이 태백산에서 만난 여자 유화는 하백의 딸이다.

34 정답 ②

해설 ② 자료는 고구려와 관련된 사실이다. 고구려에서는 서옥제(데릴사위제)라는 혼인 풍습이 존재하였다.

오답풀이 ① 책화는 동예에서 사유재산 보호를 목적으로 실시한 제도이다. ③ 사출도는 부여의 행정 구획이다. ④ 신지. 읍차는 삼한의 족장 명칭이다.

1. 고대의 정치

01 고대 국가는 연맹왕국에서 보다 발전된 형태로 이행한 국가를 말한다. 고대 국가에서 나타나는 특징을 모두 고르면?

> ㄱ. 부자 상속의 왕위 세습제 확립   ㄴ. 율령 반포   ㄷ. 불교 수용
> ㄹ. 족장 세력의 강화   ㅁ. 정복 활동을 통한 영역 확대

① ㄱ, ㄴ, ㄷ

② ㄱ, ㄴ, ㄹ

③ ㄱ, ㄴ, ㄷ, ㄹ

④ ㄱ, ㄴ, ㄷ, ㅁ

02 고대 여러 왕의 업적을 설명한 것으로 옳지 않은 것은? (2017년 기출)

① 고구려 소수림왕은 진대법을 제정하여 빈민을 구제하였다.

② 백제 근초고왕은 고국원왕을 전사시키고 지금의 황해도 일대를 차지하였다.

③ 신라 지증왕은 국호를 신라로 정하고 우경을 장려하였다.

④ 발해 무왕은 일본과 교류하고 당의 산동 지방을 공략하였다.

---

01 정답 ④

해설 고대국가(중앙집권국가)의 특징으로는 왕권강화(왕위 세습제 확립), 율령반포, 불교수용, 정복 활동을 통한 영역 확장 등을 들 수 있다.

오답풀이 고대국가 단계에서는 왕권이 강화되면서 족장 세력은 왕에게 복속되어 세력이 약화되면서 부족에 대한 지배력도 상실하게 되었다.

02 정답 ①

해설 ② 근초고왕은 평양성을 공격하여 고국원왕을 전사시키고 황해도 일대를 차지하였다. ③ 신라 지증왕은 국호를 신라로 정하고 우경을 장려하였으며, 우산국(울릉도)을 정복하였다. ④ 발해 무왕은 신라를 견제하기 위하여 일본과 교류하였으며, 장문휴에게 당의 산동 지방을 공격하도록 하였다.

오답풀이 ① 고구려의 진대법은 고국천왕 때 실시하였다.

03 6세기 중엽 관산성 전투에 관한 설명으로 옳은 것을 모두 고른 것은? (2016년 기출)

> ㄱ. 신라와 백제의 동맹이 깨졌다.
> ㄴ. 백제의 공격에 의해 김무력 장군이 전사하였다.
> ㄷ. 신라는 한강 하류 유역의 지배를 공고히 하게 되었다.

① ㄱ, ㄴ   ② ㄱ, ㄷ
③ ㄴ, ㄷ   ④ ㄱ, ㄴ, ㄷ

04 다음 중 가야에 대한 설명으로 옳지 않은 것은? (2004년 기출)

① 철을 생산하여 낙랑과 일본에 수출하였다.
② 초기에는 김해의 금관가야가 연맹의 주도권을 장악하였다.
③ 가야 토기는 일본 스에키 토기에 영향을 주었다.
④ 칠지도는 일본과 가야의 긴밀한 관계를 보여준다.

05 고구려에 대한 다음 설명 중 옳지 않은 것은?

① 소수림왕은 전진과 수교하여 대외 관계를 안정시키고, 태학 설립, 불교 수용, 율령 반포 등을 통해 중앙집권적 국가체제를 강화하였다.
② 광개토왕 때에는 후연, 거란 등을 격파하여 요동을 포함한 만주지역에서의 지배권을 확대하였으며, 평양성으로 천도하고, 백제를 공격하여 한강 유역을 장악하였다.
③ 광개토왕은 신라 내물왕의 요청을 받아들여 신라에 침입한 왜를 격퇴하였다.
④ 장수왕의 남진정책으로 고구려의 영토는 한강 이남까지 확장되었으며, 이러한 사실은 중원고구려비를 통해 알 수 있다.

---

03 정답 ②

해설 ㄱ. ㄷ. 관산성 전투는 신라에게 한강 하류를 빼앗긴 후 백제 성왕이 신라를 공격하였다가, 성왕이 신라 장군 김무력에게 전사당한 전투였다. 이 전투 이후 신라와 백제의 나제동맹은 완전히 결렬되었고, 신라는 한강 하류 지역에 대한 지배권을 더욱 공고히 하게 되었다.

오답풀이 ㄴ. 관산성 전투에서는 신라의 김무력 장군의 공격을 받아 백제의 성왕이 전사하였다.

04 정답 ④

해설 ① 변한을 계승한 가야는 철이 생산되었으며, 이를 화폐로 사용하면서 낙랑, 왜 등에 수출하였다. ② 가야연맹은 초기에는 김해의 금관가야, 후기(5세기 후반)에는 고령의 대가야가 주도권을 장악하였다. ③ 가야토기 제작 기술은 일본의 스에키 토기 제작에 영향을 끼쳤다.

오답풀이 ④ 칠지도는 백제 근초고왕이 일본 왕에게 하사한 것으로 백제와 왜의 외교 관계를 입증하는 유물이다.

05 정답 ②

오답풀이 ② 고구려의 평양성 천도는 장수왕 때의 사실이다.

06 다음 인물들의 공통적인 업적은? (2005년 기출)

> ● 태조왕   ● 고이왕   ● 내물왕

① 불교 공인   ② 율령 체제 정비

③ 중앙 집권 국가의 기틀 마련   ④ 중국과의 문물 교류 노력

07 다음을 시대 순으로 바르게 나열한 것은? (2013년 기출)

> ㄱ. 장수왕이 백제를 공격하여 한강 유역을 차지하였다.
> ㄴ. 부여가 고구려에 병합되어 멸망하였다.
> ㄷ. 신라 법흥왕이 금관가야를 병합하였다.
> ㄹ. 고구려가 수도를 평양으로 옮겼다.

① ㄱ → ㄴ → ㄷ → ㄹ   ② ㄴ → ㄷ → ㄹ → ㄱ

③ ㄷ → ㄱ → ㄴ → ㄹ   ④ ㄹ → ㄱ → ㄴ → ㄷ

08 다음은 백제의 수도 천도 과정이다. ㉮ 시대와 관련된 설명으로 옳은 것은?

> 한성시대 → 웅진시대 → ㉮ → 백제 멸망

① 22담로를 설치하고 왕족을 파견하여 지방 세력을 통제하였다.

② 국호를 남부여로 바꾸고 신라와 결혼 동맹을 체결하여 동맹관계를 더욱 강화하였다.

③ 요서, 산둥, 일본의 규슈 지방까지 진출하여 고대 상업 세력을 형성하였다.

④ 중앙 관제로 22부를 설치하고, 지방 행정 구역을 5방으로 정비하였다.

---

06 정답 ③

해설 ③ 태조왕(1세기 후반), 고이왕(3세기), 내물왕(4세기)은 중앙 집권 국가의 기틀을 마련한 왕이다.

오답풀이 ① 불교공인 - 고구려(소수림왕), 백제(침류왕), 신라(법흥왕), ② 율령 반포 - 고구려(소수림왕), 백제(고이왕), 신라(법흥왕), ④ 중국과의 문물 교류는 불교·율령·관제·관등 조직 등 국가 체제 정비와 무역 교류 등 전반적인 내용을 포함하고 있으므로 율령 반포, 관등 조직 등을 정비한 고이왕 만 해당된다.

07 정답 ④

해설 ㄹ. 장수왕의 평양 천도(427), ㄱ. 장수왕의 한강 점령(475), ㄴ. 고구려의 부여 병합(494년), ㄷ. 법흥왕의 금관가야 멸망(532)

08 정답 ④

해설 ④ ㉮ 시기는 백제가 6세기 성왕 때 사비(부여)로 천도한 시기이며, 백제는 성왕부터 백제가 멸망할 때까지 사비에 도읍을 하였다. 성왕은 국호를 남부여로 변경한 후 중앙 관제로 22부를 설치하고, 지방 행정 구역을 5방으로 정비하였다.

오답풀이 ① 22담로는 웅진 시대 무령왕 때 설치되었다. ② 웅진시대에 벽돌무덤이 등장하였으며 대표적인 무덤이 무령왕릉이다. ③ 근초고왕 때(한성 시대 - 4세기)에 해당한다.

09 한반도의 정세가 지도와 같았던 시기의 사실로서 옳은 것은? (2014년 기출)

① 광개토대왕의 군대가 신라에 주둔하였다.

② 신라에서 김씨들의 왕위 세습이 확립되었다.

③ 화랑도를 국가적인 조직으로 개편하여 인재를 양성하였다.

④ 백제와 신라가 동맹을 맺어 고구려에 대항하였다.

10 다음 글에 해당하는 왕의 정책으로 옳은 것은?

- 처음으로 소를 이용한 밭갈이가 시작되었다.
- 국호를 한자식 표현인 신라로 바꾸었다.

① 우산국을 복속시켜 영토로 편입하였다.

② 왕호를 이사금에서 마립간으로 바꾸었다.

③ 이차돈의 순교를 계기로 불교를 공인하였다.

④ 고령의 대가야를 정복하여 낙동강 유역을 확보하였다.

---

09 정답 ③

해설 ③ 지도는 6세기 진흥왕 때 신라 전성기의 사실이다. 진흥왕 때 신라는 화랑도를 국가적인 조직으로 개편하였다.

오답풀이 ① 5세기 초 고구려 광개토대왕은 신라 내물왕의 요청으로 왜구를 격퇴하였으며, 이후 고구려는 신라에 군대를 주둔시키고 신라에 대한 정치적 간섭을 하였다. ③ 신라는 4세기 말 내물왕 이후 김씨에 의한 왕위 세습제가 확립되었다. ④ 5세기 신라와 백제는 고구려에 대항하여 나제동맹을 체결하였다.

10 정답 ①

해설 지증왕(500~514) 때 최초로 소를 이용한 밭갈이(우경)가 시작되어 농업생산력이 향상되었으며, 국호는 사로국에서 신라로 바꾸었으며, 지배자의 칭호도 마립간 대신에 중국식 '왕' 칭호를 사용하기 시작하였다. ① 지증왕 512년에는 이사부가 우산국을 정복하였다.

오답풀이 ② 내물왕 ③ 법흥왕 ④ 진흥왕에 대한 설명이다.

11 신라의 불교식 왕명이 사용된 시기에 해당하는 역사적 사실은?

① 고구려의 율령 반포

② 집사부 시중의 권한 강화

③ 백제는 남중국 영향으로 벽돌무덤 축조

④ 전기 가야 연맹의 약화

12 다음과 같은 사실이 제시된 유물은? (2013년 기출)

> (영락) 9년 기해에 백제가 서약을 어기고 왜와 화통하므로 왕은 평양으로 순수(巡狩)해 내려갔다. 신라가 사신을 보내 왕에게 말하기를 "왜인이 그 국경에 가득 차, 성을 부수었으니, 노객은 백성 된 자로서 왕에게 귀의하여 분부를 청한다."고 하였다.

① 광개토 대왕릉비 　　② 중원 고구려비

③ 단양 적성비 　　④ 임신서기석

13 다음 중 신라 진흥왕의 업적으로 옳은 것은? (2012년 기출)

① 한강 유역을 확보하고, 대가야를 정복하여 낙동강 서쪽을 확보하였다.

② 이차돈의 순교를 계기로 불교를 수용하였다.

③ 병부와 상대등을 설치하고 율령을 반포하였다.

④ 우산국을 복속시키고 골품제도를 정비하였다.

---

11 정답 ③

해설 ③ 신라에서 불교식 왕명이 사용된 시기는 법흥왕(6세기)부터 진덕여왕(7세기 중엽)까지이다. 백제는 6세기 중국 남조의 영향을 받아 벽돌무덤이 축조되었으며, 무령왕릉이 대표적인 무덤이다.

오답풀이 ① 고구려 소수림왕(4세기), ② 진덕여왕을 이어 왕위에 오른 태종 무열왕(7세기 후반)부터 신라 중대(8세기 말) 기간에는 왕권 강화를 위해 국왕 직속의 최고 행정부였던 집사부의 시중의 권한을 강화시키고 상대등 세력을 약화시켰다. ④ 전기 가야 연맹은 5세기 고구려 광개토대왕의 낙동강 침략 이후 붕괴되어 5세기 후반에는 대가야 중심의 후기 가야 연맹이 성립되었다.

12 정답 ①

해설 ① 자료는 신라 내물왕의 요청으로 광개토대왕이 신라를 지원하여 왜구의 침략을 기록한 광개토대왕릉비의 내용이다.

13 정답 ①

해설 ① 진흥왕은 백제를 공격하여 한강 유역을 확보하고, 대가야를 정복하여 가야를 완전 복속시켰다.

오답풀이 ② ③ 법흥왕, ④ 지증왕

14 삼국의 관등제도에 관한 설명으로 옳지 않은 것은? (2016년 기출)

① 고구려의 관등조직은 '형' 계열과 '사자' 계열로 분화 편제되었다.

② 백제는 16관품을 세 단계로 구분하고 공복 색깔로 구별하였다.

③ 신라는 골품에 따른 관등의 제한을 두었는데 이를 득난이라 한다.

④ 삼국의 관등 정비는 중앙집권적인 국가를 형성하기 위한 조치였다.

15 고구려와 당의 전쟁에 관한 내용으로 옳은 것을 모두 고른 것은? (2015년 기출)

> ㄱ. 고구려는 요서지방을 선제공격하였다.
> ㄴ. 양만춘은 안시성에서 당군을 격퇴하였다.
> ㄷ. 연개소문은 당의 침략에 대비하기 위해 천리장성을 축조하였다.
> ㄹ. 을지문덕은 당 태종에 의한 2차 침입 때 살수대첩으로 막아내었다.

① ㄱ, ㄴ

② ㄱ, ㄹ

③ ㄴ, ㄷ

④ ㄷ, ㄹ

---

14 정답 ③

해설 ① 고구려의 관등은 부족장·연장자를 의미하는 '형'과, 부족장의 행정 관리로서 조세 징수를 담당하는 '사자' 계열로 구분하여 편제되었다. ② 백제는 16관등을 3단계로 구분하여 자색, 비색, 청색의 공복 색깔로 구별하였다. ④ 삼국은 성장 과정에서 각 부 귀족과 그 아래의 관리를 왕의 신하로 편제하는 관등제를 정비하여 왕권 강화를 도모하였으며, 각 부의 부족적 성격은 행정적 성격으로 변화되어 중앙 집권적 국가로 성장해 갔다.

오답풀이 ③ 신라는 골품에 따라 관등의 상한선을 설정하였다. 그러나 '득난'은 6두품에 대한 별칭으로서 관등 제한과는 관련이 없다.

15 정답 ③

해설 ㄴ. 양만춘은 안시성 싸움(645)에서 당 태종의 군대를 격퇴하였다. ㄷ. 연개소문은 당의 침략에 대비하여 부여성에서 비사성에 걸쳐 천리장성을 축조하였다.

오답풀이 ㄱ. 고구려가 요서 지방 선제 공격을 계기로 일어난 전쟁은 수나라 문제의 침략과 관련 있다. ㄹ. 을지문덕은 살수대첩(612)에서 수양제의 군대를 격퇴하였다.

16 다음 사건을 발생 시기가 앞선 순으로 바르게 나열한 것은? (2019년 기출)

> ㄱ. 관산성 전투   ㄴ. 매소성 전투   ㄷ. 황산벌 전투   ㄹ. 안시성 전투

① ㄱ → ㄴ → ㄷ → ㄹ
② ㄱ → ㄹ → ㄷ → ㄴ
③ ㄴ → ㄱ → ㄹ → ㄷ
④ ㄴ → ㄷ → ㄱ → ㄹ

17 다음은 삼국시대에 일어난 사실이다. 순서대로 바르게 나열한 것은?

> ㄱ. 고구려는 율령을 반포하고 불교를 공인하였다.
> ㄴ. 신라는 백제와 결혼 동맹을 체결하고 사로 6촌을 6부로 개편하였다.
> ㄷ. 백제는 22담로를 설치하고 왕족을 파견하여 지방 세력을 통제하였다.
> ㄹ. 신라는 화랑도를 정비하고 황룡사를 건립하였다.

① ㄱ → ㄴ → ㄷ → ㄹ
② ㄴ → ㄱ → ㄹ → ㄷ
③ ㄷ → ㄹ → ㄴ → ㄱ
④ ㄹ → ㄱ → ㄴ → ㄷ

18 고구려의 남하정책과 관련이 없는 사실은? (2015년 기출)

① 백제 문주왕이 웅진으로 도읍을 옮겼다.
② 5세기 중반 충북 중원군에 고구려비가 건립되었다.
③ 신라와 백제는 동맹을 맺었다.
④ 관산성 전투에서 성왕이 전사하였다.

---

16 정답 ②

해설 ㄱ. 관산성 전투(554년) → ㄹ. 안시성 전투(645년) → ㄷ. 황산벌 전투(660년) → ㄴ. 매소성 전투(675년)

17 정답 ①

해설 ㄱ. 소수림왕(4세기) → ㄴ. 5세기 말 소지왕 → ㄷ. 6세기 초 무령왕 → ㄹ. 6세기 중엽 진흥왕

18 정답 ④

해설 ③ 장수왕은 남하정책을 추진하면서 수도를 국내성에서 평양으로 천도하였으며, 이를 계기로 신라와 백제는 나제동맹을 체결하였다. ① 장수왕은 평양 천도 이후 백제의 개로왕을 죽이고 한성(한강 유역)을 점령하였다. 이후 백제는 문주왕 때 웅진(공주)으로 도읍(수도)을 옮겼다. ② 한강 점령 이후 장수왕은 남양만에서 죽령이북까지 영토를 확장하고 5세기 중반, 충북 중원군에 중원 고구려비를 건립하였다.

오답풀이 ④ 성왕은 6세기 후반에 신라의 진흥왕에게 한강 하류를 빼앗긴 후 신라를 공격하였다가, 관산성 전투에서 신라군에게 죽음을 당하였다.

19 고구려 광개토대왕의 업적으로 옳지 않은 것은? (2009년 기출)

① 국내성에서 평양으로 수도를 천도하였다.

② 신라를 원조하여 왜구를 격퇴하였다.

③ 요동 지역을 포함한 만주 대부분의 지역을 차지하였다.

④ '영락' 연호를 사용하여 고구려가 천하의 중심이라는 자부심을 표현하였다.

20 삼국시대 대외 관계에 관한 설명으로 옳은 것은? (2015년 기출)

① 고구려 미천왕은 낙랑군을 축출하여 대동강 유역을 차지하였다.

② 백제 동성왕은 수군을 정비하여 중국 요서 지방에 진출하였다.

③ 신라 내물왕은 백제를 통해 중국 전진과 외교 관계를 맺었다.

④ 전기 가야연맹은 백제와 왜의 공격을 받아 연맹이 무너졌다.

21 통일신라의 지방행정에 관한 설명으로 옳은 것은? (2016년 기출)

① 정복한 국가의 귀족들을 소경으로 이주시켜 감시하였다.

② 지방관 감찰을 위해 관리를 파견하는 상수리 제도를 실시하였다.

③ 행정적 기능보다 군사적 기능을 강화하여 전국을 9주로 나누었다.

④ 경주의 지역적 편협성을 보완하기 위해 고구려와 백제 지역에 5소경을 설치하였다.

---

19 정답 ①

해설 ② 광개토대왕은 신라 내물왕의 요청으로 신라를 원조하여 왜구를 격퇴하였다. ③ 후연(선비족)과 숙신(여진족)을 정벌하고 동부여를 정복하여 요동을 포함한 만주 지역 대부분을 차지하였다. ④ 영락 연호를 사용하여 중국과의 대등 의식 및 고구려 중심의 천하사상을 표현하였다.

오답풀이 ① 고구려의 평양 천도는 장수왕과 관련된 사실이다.

20 정답 ①

해설 ① 고구려 미천왕은 313년에 낙랑군을 축출하고 대동강 유역을 차지하였다.

오답풀이 ② 백제가 수군을 정비하여 중국의 요서 지방과 산둥, 일본의 규슈에 진출한 것은 근초고왕에 해당한다. ③ 신라 내물왕은 고구려의 도움을 받아 왜구를 격퇴한 이후 고구려를 통해 중국의 전진과 교류하였다. ④ 전기 가야 연맹은 고구려 광개토대왕의 공격을 계기로 무너졌다.

21 정답 ①

해설 ① 통일 신라의 5소경은 고구려·백제 출신의 귀족(지배층)을 이주시켜 통제하기 위한 목적에서 설치되었다.

오답풀이 ② 통일 신라에서 지방관 감찰을 위해 파견한 것은 외사정이었다. 상수리 제도는 지방 세력을 수도 경주에 일정 기간 머무르게 하여 통제하기 위해 실시한 제도였다. ③ 통일 이전 신라는 전국을 5주로 구분하여 군사적 기능을 강화하기 위하여 군사지휘관의 성격이 강한 군주를 지방관으로 파견하였다. 그러나 통일 이후에는 전국을 9주로 나누고 행정적 기능을 강화하기 위하여 행정관리의 성격이 강한 도독을 지방관으로 파견하였다. ④ 5소경은 충주(중원경), 원주(북원경), 김해(금관경), 청주(서원경), 남원(남원경) 등 주로 신라와 옛 백제 지역에 주로 설치하였다.

22 다음은 신라 왕호의 변천 과정이다. (가) 시기에 해당하는 역사적 사실로 옳지 않은 것은?

> 거서간 → 차차웅 → 이사금 → (가) → 왕

① 율령 반포와 불교 공인
② 김씨 왕위 세습제 확립
③ 백제와 나제동맹 체결
④ 고구려 묵호자의 불교 전래

23 다음 중 고구려의 발전 과정과 관련된 설명으로 옳은 것은?

① 고국원왕 – 5부의 행정 구역을 정비하고 진대법을 실시하였다.
② 소수림왕 – 불교를 수용하고 율령을 반포하여 국가 체제를 정비하였다.
③ 광개토대왕 – 중국을 견제하기 위해 남북조와 외교 관계를 강화하였다.
④ 장수왕 – 요동과 후연 등을 정벌하여 고구려 최대 영토를 확보하였다.

24 삼국의 통치 체제에 관한 설명으로 옳지 않은 것은? (2019년 기출)

① 삼국 초기에 연맹을 구성한 각 부의 지배자는 독자적으로 자신의 영역을 통치하였다.
② 백제는 좌평을 비롯한 16등급의 관리가 있어 나랏일을 맡아보았다.
③ 관등제와 관직 체계의 운영은 신분제에 의해 제약을 받았다.
④ 신라에서 집사부 시중은 귀족회의를 주관하며 왕권을 견제하였다.

---

22 정답 ①

해설 이사금 다음의 신라 왕호 (가)는 마립간이며, 4세기 내물왕부터 소지왕(500)까지 사용하였다. ② 내물마립간, ③ ④ 눌지마립간(5세기)

오답풀이 ① 신라에서 율령 반포와 불교 공인은 6세기 법흥왕의 사실이며, 법흥왕은 불교식 왕명을 사용하였다.

23 정답 ②

해설 ② 소수림왕은 불교 수용, 율령 반포, 태학 설립 등의 정책을 실시하여 고대 중앙 집권 국가 체제를 갖추었다.

오답풀이 ① 고국천왕 때 5부 행정 구역을 정비하고 빈민구제를 위해 진대법을 실시하였다. ③ 장수왕은 동아시아 최강대국으로 성장한 것을 배경으로 남북조와의 외교 관계를 강화하여 중국을 견제하였다. ④ 고구려의 최대

영토 확보는 문자왕 때 동부여를 정복한 이후의 사실에 해당한다.

24 정답 ④

해설 ① 삼국은 초기의 연맹왕국 단계에서 각 부의 지배자가 관리를 거느리고 자기 부족과 영역을 독자적으로 통치하였다. ② 백제는 고이왕 때 1 관등 좌평을 비롯하여 16 관등을 정비하였다. ③ 삼국 시대에는 관등제와 관직 체계는 신분제에 의해 제약을 받았기 때문에 신분에 따라 관직의 상한선이 결정되었다. 신라의 골품제가 대표적인 예이다.

오답풀이 ④ 집사부는 국왕 직속의 최고 정치 기구이며 집사부의 장관이였던 시중은 국왕의 지지 세력이다. 신라의 귀족 회의였던 화백회의를 주관한 것은 상대등이었으며, 상대등은 진골 귀족의 대표자로서 왕권 견제 역할을 담당하였다.

25 6세기경 신라가 한강 하류지역을 확보함으로써 초래된 결과로 옳지 않은 것은?

① 신라는 남양만 부근에 당항성을 쌓고 중국과 직접 교류할 수 있었다.

② 신라는 황해를 통해 중국과 연결함으로써 외교적인 공세를 취할 수 있게 되었다.

③ 나·제 동맹이 결렬되고, 백제가 고구려와 연합하여 신라에 압박을 가하기 시작했다.

④ 고구려는 북진해 오는 신라를 막기 위하여 남하 정책을 추진하였다.

26 다음 시를 지은 고구려의 인물과 관련된 사건으로 옳은 것은? (2016년 기출)

> 신묘한 계책은 천문을 꿰뚫어 볼 만하고 오묘한 전술은 땅의 이치를 다 알았도다. 전쟁에서 이겨 공이 이미 높아졌으니 만족함을 알거든 그만두기를 바라노라.

① 안시성에서 당 나라 군대를 격퇴하였다.

② 살수에서 수 나라 군대를 물리쳤다.

③ 아차산성 전투에서 전사하였다.

④ 천리장성을 축조하였다.

27 삼국 통일의 의의와 한계로 볼 수 없는 것은? (2005년 기출)

① 단일 민족문화의 토대를 확립

② 청천강 이남의 불완전한 통일

③ 외세의 협조를 받아 통일을 이룩

④ 무력으로 당을 축출함으로써 민족의 자주성 확립

---

25 정답 ④

해설 신라는 6세기 진흥왕 때 한강 유역을 차지한 후 ① 중국과의 직접적 교역을 위해 남양만 부근에 당항성을 쌓았으며, ② 황해를 통해 중국과 외교 관계를 유지하여 삼국 항쟁에 주도권을 차지할 수 있었다. ③ 백제가 차지하였던 한강 유역을 점령함으로써 나제동맹은 결렬되고, 오히려 백제와 고구려의 연합 세력에게 신라는 끊임없이 압박을 받았다.

오답풀이 ④ 고구려의 남하 정책은 5세기 장수왕 때 추진되었으며, 장수왕의 한강 이남 진출의 토대가 되었다.

26 정답 ②

해설 ② 자료는 고구려의 을지문덕 장군이 수나라 장군 우중문에 보낸 시이며, 을지문덕은 살수대첩(612)에서 수나라 군대를 크게 물리쳤다.

오답풀이 ① 양만춘, ③ 고구려의 온달, ④ 고구려의 연개소문

27 정답 ②

해설 ① 신라의 삼국 통일을 계기로 신라, 고구려, 백제의 문화가 하나로 융합되어 민족 문화의 토대를 확립하게 되었다. ③ 신라의 삼국 통일은 중국(당)과의 연합으로 이루어낸 결과로서 외세의 협조를 받았다는 한계점으로 지적되고 있다. ④ 신라가 고구려, 백제 유민과 함께 나당 전쟁에서 당을 무력으로 축출하였다는 점에서는 자주적 통일로 평가되고 있다.

오답풀이 ② 신라는 통일 이후 대동강에서 원산만 이남의 영토를 확보하였다. 청천강 유역을 차지한 것은 고려 태조 왕건 때의 사실이다.

28 백제의 부흥운동에 참여한 인물로 옳지 않은 것은? (2018년 기출)

① 복신   ② 도침

③ 검모잠   ④ 흑치상지

29 다음의 유물과 관련된 설명으로 잘못된 것은?

① 대가야가 쇠퇴하게 된 원인을 알 수 있다.

② 당시 광개토대왕은 '호태왕'이라는 칭호도 사용하였다.

③ 광개토대왕릉비에는 이 유물과 관련된 역사적 사건이 기록되어 있다.

④ 이 사건으로 신라는 고구려의 영향과 간섭을 받았다.

---

28 정답 ③

해설 ①②④ 복신, 도침, 흑치상지는 의자왕의 아들 풍을 왕으로 추대하고 백제 부흥 운동을 전개하였으나, 실패하였다.

오답풀이 ③ 검모잠은 고구려 보장왕의 조카인 안승을 추대하고 부흥 운동을 전개하였다.

29 정답 ①

해설 그림은 경주 호우명 그릇으로 ② 그릇의 표면에는 광개토대왕의 별칭인 '호태왕'이 기록되어 있다. ③ 이 유물은 광개토대왕이 신라를 원조하여 400년에 왜구를 격퇴한 사실을 입증해 주고 있으며, 같은 내용이 광개토대왕릉 비문에도 기록되어 있다. ④ 이후 신라는 고구려의 정치적 간섭과 영향을 받았다.

오답풀이 ① 광개토대왕이 왜구를 격퇴한 후 가야를 침공하여 가야 연맹은 큰 타격을 받았으며, 이를 계기로 가야연맹은 금관가야 중심의 전기 가야 연맹이 쇠퇴하고 대가야 중심의 후기 가야 연맹이 성립되었다.

30 밑줄 친 '이 나라'에 관한 설명으로 옳지 않은 것은? (2018년 기출)

> 이 나라의 성은 평지성과 산성으로 나뉘는데, 국내성은 평지성, 환도산성(산성자 산성)은 산성에 해당한다.

① 5부족 연맹을 통하여 발전하였다.

② 귀족 대표자 회의인 제가회의가 있었다.

③ 10월에는 동맹이라는 제천행사가 있었다.

④ 384년 처음으로 동진에서 불교를 받아들였다.

31 발해와 관련된 설명으로 옳지 않은 것은? (2008년 기출)

① 신라, 돌궐, 일본과는 친선 관계를 유지하였으나, 당과는 끝까지 교류를 하지 않았다.

② 주자감을 설치하여 귀족 자제에게 유교 경전을 가르쳤다.

③ 선왕 때 요동으로 진출하였으며, 당으로부터 '해동성국'이라는 칭호를 얻었다.

④ 조선 후기에는 유득공, 정약용 등의 실학자들이 발해 역사를 연구하였다.

32 발해 5경 중 현재의 북한 지역에 설치되었던 것은? (2018년 기출)

① 중경 현덕부　　　　　② 동경 용원부

③ 상경 용천부　　　　　④ 남경 남해부

---

30 정답 ④

해설 자료에서 국내성과 환도산성은 고구려의 대표적인 산성이다. ① 고구려는 계루부, 순노부, 절노부, 소노부, 관노부의 5부족 연맹체를 중심으로 성장하였다. ② 제가회의는 고구려의 귀족회의이다. ③ 고구려는 매년 10월에 동맹이라는 제천행사를 행하였다.

오답풀이 ④ 384년에 동진에서 불교를 받아들인 나라는 백제(침류왕)이다.

31 정답 ①

해설 ② 주자감은 발해의 국립대학으로 귀족 자제를 대상으로 유교 경전을 가르쳤다. ③ 선왕 때는 말갈족을 완전 복속하고 요동 지역에 진출하면서 전성기를 이루었으며, 당으로부터 '해동성국'이라는 칭호를 얻었다. ④ 유

득공은 '발해고'를 통해 통일 신라와 발해를 묶어 '남북국 시대'라 칭하였으며, 정약용도 발해에 관한 역사 연구를 하였다.

오답풀이 ① 발해는 무왕 때 일본·돌궐과 외교 관계를 맺고 이들을 통해 각각 당과 신라를 견제하면서 대립관계를 유지하였다. 문왕 때부터는 당과 친선 관계로 변하였고, 신라와는 신라도라는 교통로를 개설하여 부분적으로 교류를 하였다.

32 정답 ④

해설 ④ 발해의 지방 행정 조직 중에서 남경 남해부만 현재의 북한 함경도 지역에 설치되었다.

오답풀이 ①②③ 중경, 동경, 상경은 현재 중국의 만주 지역에 설치되었다.

33 다음 유물들을 제작한 나라에 관한 설명으로 옳은 것은? (2013년 기출)

중국 길림성 돈화현 정혜공주 묘 출토

중국 흑룡강 성 영안현 동경성 출토

① 진한 지역의 사로국에서 시작하였으며, 고구려와 백제를 통합하였다.

② 대조영이 동모산에서 건국한 나라이며, 고구려 계승 의식을 가지고 있었다.

③ 주몽이 부여에서 갈라져 나와 압록강 하류에 세운 나라이다.

④ 후백제와 신라뿐만 아니라, 발해인까지 받아들여 실질적인 민족 통일을 이루었다.

34 신라 말 호족 세력에 관한 설명으로 옳지 않은 것은?

① 6두품 지식인과 대립하며 독자적 세력을 형성하였다.

② 출신 유형으로 촌주, 몰락 중앙 귀족, 해상 세력, 군진 세력 등 다양한 세력이 있었다.

③ 스스로 성주, 장군의 칭호를 사용하면서 독립적인 세력을 형성하였다.

④ 선종과 풍수지리설을 사상적 기반으로 하였다.

---

33 정답 ②

해설 ② 사진 자료는 발해 정혜공주 묘에서 발견된 돌사자 상과 발해의 석등이다. 발해는 고구려 출신의 대조영 이 길림성 동모산에서 698년에 건국하였으며, 고구려 계승 의식을 항상 가지고 있었다.

오답풀이 ① 신라, ③ 고구려, ④ 고려 태조 왕건

34 정답 ①

해설 ② 신라 말에 등장한 호족은 출신이 다양하여 토착 세력인 촌주가 다수를 차지하였으며, 왕위 쟁탈전에서 밀려난 몰락 중앙 귀족, 무역을 통해 성장한 해상 세력, 막강한 군사력을 배경으로 가진 군진 세력 등으로 구성되어 있다. ③ 호족은 중앙 정부의 통제에서 벗어나 독립적인 세력을 형성하면서 스스로를 성주, 장군이라 칭하였다. ④ 신라말에 새로 등장한 선종 불교와 풍수지리설을 사상적 기반으로 하였다.

오답풀이 ① 호족은 6두품 지식인과 연합하여 고려 건국을 주도하였다.

35 다음의 내용과 관련된 시기의 역사적 사실에 해당하는 것은? (2011년 기출)

> 진골 귀족들은 경제적 기반을 확대하여 사병을 거느리고 권력 싸움을 벌였다. 중앙 귀족들 사이에 왕위 쟁탈전이 치열하게 전개되면서 귀족 연합적인 정치가 운영되었다. 지방 세력들도 왕위 쟁탈전에 가담하여 중앙 정부의 지방에 대한 통제력이 약화되는 계기가 되었다. 한편 자연 재해가 잇따르고, 왕실과 귀족들의 사치와 향락으로 국가 재정이 악화되면서 농민에 대한 강압적인 수취가 뒤따랐다.

① 호족과 6두품이 연합하여 골품제도를 비판하고 반 신라적 경향을 띠었다.

② 왕권이 강화되었다.

③ 집사부 시중의 권한이 강화되었다.

④ 녹읍이 폐지되고 관료전이 지급되었다.

36 다음의 역사적 사실과 관련된 발해 왕 시기에 대한 설명으로 옳은 것은?

> ● 수도를 중경에서 상경으로 천도하였다.
> ● 대흥이라는 연호를 사용하였다.

① 말갈족을 복속하고 요동 지역을 확보하였다.

② 당과 대립관계를 이루면서 장문휴가 당의 덩저우를 공격하기도 하였다.

③ 신라도를 개설하여 신라와의 대립 관계를 해소하고자 하였다.

④ 지방 행정 구역을 정비하고 전성기를 맞이하여 해동성국이라는 칭호를 얻기도 하였다.

---

35 **정답** ①

해설 자료에서 진골 귀족 간에 왕위 쟁탈전이 전개되는 사실을 통해서 신라 말과 관련된 내용임을 알 수 있다. ① 신라 말에는 진골 귀족에 대항하여 지방의 호족 세력과 6두품 세력이 연합하여 반 신라적 경향을 띠면서 골품제도의 모순과 사회 전반의 개혁을 주장하였다.

오답풀이 ② 왕위 쟁탈전이 전개되면서 빈번하게 왕위가 교체되는 등 왕권이 약화되었다. ③ 신라 말에는 왕권이 약화되고 귀족권이 강화되면서 시중의 권한은 약화되고 상대등의 지위가 강화되었다. ④ 진골 귀족의 경제적 기반이었던 녹읍이 다시 부활되었다.

36 **정답** ③

해설 상경으로 천도하고 '대흥' 연호를 사용한 발해의 왕은 문왕이다. ③ 문왕 때 신라와의 교통로였던 신라도를 개설하여 신라와의 대립 관계를 해소하고자 하였다.

오답풀이 ① 선왕, ② 무왕, ④ 선왕

37 다음 내용을 시대 순으로 바르게 나열한 것은? (2013년 기출)

> ㄱ. 집사부의 장관인 시중의 기능 강화
> ㄴ. 발해와 신라의 교통로인 신라도 개설
> ㄷ. 신문왕이 문무 관리에게 관료전 지급
> ㄹ. 장문휴가 당나라의 산동 지방을 공격

① ㄱ → ㄷ → ㄴ → ㄹ ② ㄱ → ㄷ → ㄹ → ㄴ

③ ㄷ → ㄱ → ㄴ → ㄹ ④ ㄷ → ㄱ → ㄹ → ㄴ

38 다음 제도들을 통해 알 수 있는 고대 사회의 정치적 특징은?

> ● 제가회의   ● 정사암 회의   ● 화백회의

① 왕권이 전제화되어 강력한 권력을 행사하였다.

② 왕과 귀족들이 연합하여 정치를 운영하였다.

③ 국왕은 정치와 제사를 모두 주관하였다.

④ 언론 기능이 활발하여 왕의 독재를 견제하였다.

39 남북국의 통치 체제에 대해 잘못 설명한 것은?

① 통일 신라는 9주의 장관으로 사신을 파견하였다.

② 통일 신라는 군사·행정상의 요지에 5소경을 두었다.

③ 발해는 당의 영향을 받아 3성 6부제의 통치 체제를 정비하였다.

④ 발해의 지방 행정 조직은 5경 15부 62주로 조직되었다.

---

37 정답 ②

해설 ㄱ. 태종 무열왕(7세기 중엽), ㄷ. 신문왕 7년(687년), ㄹ. 발해 무왕 8세기 초(732년), ㄴ. 발해 문왕(8세기 후반)

38 정답 ②

해설 표의 내용은 삼국 시대 국가별 귀족 회의 기구이다. 귀족 회의 기구는 귀족이 모여 국왕 폐위와 추대 등 국가 중대사를 결정지었으며, 때로는 왕을 견제하는 역할을 담당하였다. 이러한 기능을 통해 삼국 시대 귀족 회의 기구는 왕과 귀족의 연합에 의한 정치가 실시되었음을 알 수 있다.

39 정답 ①

해설 ② 5소경은 신문왕 때 중앙 집권 체제를 강화하기 위해 군사·행정상의 요충지에 설치하였다. ③ 발해는 당의 3성 6부제의 영향을 받아 3성 6부제의 통치 체제를 정비하였으나, 정당성 중심의 이원적 체제 운영, 6부의 유교식 명칭 사용 등의 사실을 통해 독자적으로 운영되었음을 알 수 있다. ④ 발해는 선왕 때 5경 15부 62주의 지방 행정 조직이 정비되었다.

오답풀이 ① 통일신라는 9주에 지방관으로 도독을 파견하였고, 5소경에는 사신을 파견하였다.

40 밑줄 친 부분과 관련된 고대 국가에 관한 설명으로 옳지 않은 것은? (2013년 기출)

> (ㄱ)부여씨가 망하고 (ㄴ)고씨가 망하자 (ㄷ)김씨가 그 남쪽 땅을 차지하였고 (ㄹ)대씨가 그 북쪽 땅을 소유
> 하였다. 이것이 남북국이라 부르는 것으로 마땅히 남북국사(南北國史)가 있어야 했음에도 고려가 이
> 를 편찬하지 않은 것은 잘못된 일이다.
> ― 유득공의 『발해고』 ―

① (ㄱ) : 마가, 우가, 저가, 구가 등의 관리가 있었다.

② (ㄴ) : 평양에 도읍을 옮기고 중국의 남북조에 대해 등거리 외교정책을 전개하였다.

③ (ㄷ) : 국가 발전을 위한 인재를 양성하기 위하여 화랑도를 조직하였다.

④ (ㄹ) : 지방행정 조직으로 5경 15부 62주를 두었다.

41 통일 신라 시대의 왕권의 전제화와 관련된 설명으로 적절하지 않은 것은?

① 태종 무열왕의 직계 자손이 왕위 세습을 독점하였다.

② 집사부의 장관인 시중의 기능을 강화하였다.

③ 문 · 무 관리에게 녹읍을 지급하여 귀족의 경제적 기반을 마련해 주었다.

④ 유교 통치 이념을 도입하기 위하여 국학을 설립하였다.

42 발해의 고구려 계승의식을 보여주는 사례로 옳은 것은? (2014년 기출)

① 일본에 보낸 국서에 '고려', '고려국왕'이라는 명칭을 사용했다.

② 상경용천부는 고구려 수도의 모습을 본떠 만들었다.

③ 중앙에는 왕 밑에 3성과 6부가 있었다.

④ 정효공주 무덤을 벽돌로 만들었다.

---

40 정답 ①

해설 ② (ㄴ) 고씨는 고주몽이 건국한 고구려로서 장수왕 때 평양으로 도읍을 옮긴 후 중국의 남북조와 모두 친선 외교 정책을 전개하였다. ③ (ㄷ) 김씨는 내물왕 이후의 신라로서 진흥왕 때 화랑도를 조직하였다. ④ (ㄹ) 대씨는 대조영이 건국한 발해로서 선왕 때 5경 15부 62주의 지방 행정 조직을 정비하였다.

오답풀이 ① (ㄱ) 부여씨는 백제 왕족의 성씨이므로 (ㄱ)은 백제이다. 마가, 우가, 저가, 구가 등은 부여의 족장의 명칭이다.

41 정답 ③

해설 ① ② 태종 무열왕은 진골 무열계의 독점적 왕위 세습을 확립하고 집사부 시중의 기능을 강화하는 한편, 상대등 세력을 억압하여 왕권 전제화의 토대를 마련하였

다. ④ 신문왕은 국학을 설립하여 유교 통치 이념을 도입하여 왕권 강화를 도모하였다.

오답풀이 ③ 녹읍은 진골 귀족(문 · 무 관리)의 경제적, 군사적 토대를 마련해 준 토지이다. 신문왕은 진골 귀족 세력을 억압하고 왕권 강화를 위해 녹읍을 폐지하고 관료전을 지급하였기 때문에 녹읍 지급은 왕권 강화와 관련 없다.

42 정답 ①

해설 ① 발해는 문왕 때 일본에 보낸 국서에서 '고려', '고려국왕'이라고 표현하여 발해가 고구려를 계승한 국가임을 강조하였다.

오답풀이 ② 상경 용천부는 당의 장안성을 모방하여 만들었다. ③ 3성 6부제는 당의 제도를 수용하여 정비하였다. ④ 정효공주 무덤은 당의 영향을 받은 벽돌무덤이다.

43 신라에 있었던 사건을 시기 순으로 바르게 나열한 것은? (2016년 기출)

> ㄱ. 율령의 반포　　　　　　　　ㄴ. 국호를 '신라'로 변경
> ㄷ. 고령의 대가야 정복　　　　　ㄹ. 황룡사 9층탑 건립

① ㄱ → ㄴ → ㄷ → ㄹ　　　　　② ㄴ → ㄱ → ㄷ → ㄹ

③ ㄷ → ㄹ → ㄱ → ㄴ　　　　　④ ㄹ → ㄷ → ㄴ → ㄱ

44 발해의 지방통치에 관한 설명으로 옳은 것은? (2017년 기출)

① 고구려 유민의 인구가 말갈족보다 많아 통치가 수월하였다.

② 토인이라고 불린 고구려 유민이 촌장을 맡았다.

③ 9주 5소경의 지방제도를 실시하였다.

④ 2군 6위의 군대를 주둔시켜 지방을 통제하였다.

45 다음은 무엇에 관한 설명인가? (2018년 기출)

> 통일신라의 중앙군으로 고구려와 백제인은 물론 말갈인까지 포함하여 편성하였다.

① 10위　　　　　　　　　　　　② 10정

③ 9서당　　　　　　　　　　　　④ 2군 6위

---

43 정답 ②

해설 ② ㄴ. 지증왕(6세기 초) → ㄱ. 법흥왕(6세기 중엽) → ㄷ. 진흥왕(6세기 후반) → ㄹ. 선덕여왕(7세기)

44 정답 ②

해설 ② 발해에서는 고구려 유민(토인)들이 촌장을 맡아 촌락을 지배하였다.

오답풀이 ① 발해는 소수의 고구려 유민과 다수의 말갈족이 연합하여 건국되었으며, 고구려 유민은 주로 지배층을 형성하였다. ③ 발해의 지방 제도는 5경 15부 62주이며, 9주 5소경은 통일 신라의 지방제도이다. ④ 발해의 중앙군은 10위이며, 2군6위는 고려의 중앙군이다.

45 정답 ③

해설 ③ 9서당은 통일 신라 신문왕 때 설치된 중앙군이다. 9서당은 민족 융합 목적으로 신라인뿐만 아니라 고구려 · 백제 · 말갈인 등으로 구성하였다.

오답풀이 ① 10위는 발해의 중앙군이다. ② 10정은 신문왕 때 설치된 지방군이다. ④ 2군6위는 고려의 중앙군이다.

46 발해의 통치 체제와 관련된 설명으로 옳지 않은 것은?

① 당의 3성 6부제를 수용하였으나 그 명칭과 운영은 독자성을 유지하였다.

② 정당성의 장관인 대내상이 국정을 총괄하고, 그 아래에 좌사정과 우사정을 설치하였다.

③ 지방 행정 조직의 말단인 촌락은 주로 말갈족으로 구성되었다.

④ 최고 교육 기관으로 국자감을 설치하였다.

47 ( )에 들어갈 나라를 순서대로 옳게 나열한 것은? (2014년 기출)

> ( ) : 질 좋은 철을 생산하여 낙랑군 및 왜와 활발하게 무역을 하며 성장했으나 중앙집권 국가로
> 발전하지는 못하였다.
> ( ) : 후기 가야연맹을 주도하였으나 백제와 신라의 압력으로 위축되었다.

① 금관가야, 대가야   ② 금관가야, 고령가야

③ 대가야, 금관가야   ④ 대가야, 고령가야

48 백제의 대외관계에 관한 설명으로 옳지 않은 것은? (2014년 기출)

① 4세기 근초고왕 때 백제는 낙랑군과 대방군, 그리고 말갈족을 북으로 몰아내고 영토를 넓혔다.

② 5세기 고구려의 공격을 받아 한성이 함락되자 수도를 웅진으로 옮겼다.

③ 6세기 무령왕은 중국 남조의 양나라와 화친하였고, 왜국과 밀접한 관계를 맺었다.

④ 6세기 성왕은 사비로 천도하고 신라 진흥왕과 연합하여 한강유역을 회복하였다.

---

46 **정답** ④

해설 ① 3성 6부의 중앙 통치 조직은 당의 영향을 받았지만, 정당성 중심의 이원적 체제로 구성되어 운영되었다는 점과 6부의 명칭을 당과는 달리 유교식 명칭을 사용하였다는 점에서 당과는 다른 독자적인 체제로 운영되었음을 알 수 있다. ② 정당성은 발해 최고 정무 기구로서 장관인 대내상이 수상으로서 국정을 총괄하고, 하부 기구로서 좌사정과 우사정을 두고 각각 3부씩을 배치하였다. ③ 발해의 지방 행정 조직은 5경 15부 62주 – 현 – 촌으로 구성되어 있으며, 말단 행정 구역인 촌은 주로 말갈족이 거주하였다.

오답풀이 ④ 발해의 최고 교육 기관(국립대학)은 주자감이며, 국자감은 고려의 국립대학이다.

47 **정답** ①

해설 ① 가야 연맹은 전기에는 김해의 금관가야를 중심으로 성장하였다. 금관가야는 철을 생산하여 낙랑 · 왜 등과 활발한 무역 활동을 전개하면서 성장하였으나, 5세기 초 고구려의 침략을 받아 쇠퇴하다가 중앙 집권 국

가로 발전하지 못하고 신라 법흥왕에 의해 멸망당하였다. 고령의 대가야는 5세기 후반 이후 후기 가야 연맹을 주도하였으나, 신라와 백제의 침략으로 세력이 쇠퇴하다가 신라 진흥왕에 의해 멸망당하였다.

48 **정답** ①

해설 ② 백제는 5세기 고구려 장수왕의 공격을 받아 개로왕이 전사하고 한성을 빼앗긴 후 문주왕 때 웅진(공주)으로 수도를 옮겼다. ③ 6세기에 활동한 무령왕은 중국 남조의 양나라와 외교 관계를 강화하였으며, 왜와도 친선 관계를 유지하였다. ④ 6세기 후반 성왕은 사비(부여)로 천도하고 국호를 남부여로 고쳤으며, 신라 진흥왕과 연합하여 고구려로부터 한강 하류 지역을 회복하였다. 그러나 신라 진흥왕에게 한강 상류를 점령당한 후 관산성 전투에서 전사하였다.

오답풀이 ① 근초고왕은 4세기에 마한을 병합하고 요서, 산둥, 규슈에 진출하여 백제의 전성기를 이루었다. 고구려의 미천왕은 위나라의 서안평을 점령하고 낙랑군(313)과 대방군(414) 등의 한 군현을 축출하고 영토를 확장하였다.

49 신라가 통일 이후 실시한 정책으로 옳은 것을 모두 고른 것은? (2014년 기출)

| ㄱ. 관료전 지급 | ㄴ. 불교 공인 | ㄷ. 국학 설립 | ㄹ. 율령 반포 |

① ㄱ, ㄴ   ② ㄱ, ㄷ

③ ㄴ, ㄷ   ④ ㄴ, ㄹ

50 발해에 관한 설명으로 옳지 않은 것은? (2015년 기출)

① 중앙 정치조직은 정당성, 선조성, 중대성으로 편성되었다.

② 중앙군인 9서당에는 고구려와 말갈 출신이 함께 편제되었다.

③ 5경은 전략적 요충지에 설치되었고, 지방행정의 중심에는 15부를 두었다.

④ 무왕 때 영토 확장에 힘을 기울여 동북방의 여러 세력을 복속하고 북만주 일대를 장악하였다.

51 통일신라시대 말기에 관한 설명으로 옳지 않은 것을 모두 고른 것은? (2016년 기출)

| ㄱ. 웅주 도독 김헌창이 반란을 일으켰다. |
| ㄴ. 군진 세력은 유력한 중앙 귀족 세력 중 하나이다. |
| ㄷ. 선종 9산문은 경상도를 중심으로 분포되었다. |
| ㄹ. 북원의 양길, 완산의 견훤 등이 대표적인 반란군이다. |

① ㄱ, ㄷ   ② ㄱ, ㄹ

③ ㄴ, ㄷ   ④ ㄴ, ㄹ

---

49 정답 ②

해설 ㄱ. 통일 이후 신문왕은 귀족 세력을 약화시키기 위하여 녹읍을 폐지하고 관료전을 지급하였다. ㄷ. 신문왕은 유교 정치 이념 도입과 왕권 강화를 위하여 최고 교육 기관인 국학을 설립하였다.

오답풀이 ㄴ, ㄹ. 통일 이전 6세기 법흥왕 때의 사실이다.

50 정답 ②

해설 ① 발해의 중앙 정치 조직은 당의 영향을 받아 3성(정당성 · 선조성 · 중대성) 6부제로 운영되었다. ③ 발해의 지방 행정 조직은 5경 15부 62주로 정비되었다. 5경은 전략적 요충지에 설치되었으며, 15부는 지방 행정의 중심지 역할을 담당하였다. ④ 무왕 때 동북방의 여러 세력을 복속하고 북만주 일대를 장악하여 영토를 확장하였다.

오답풀이 ② 발해의 중앙군은 10위이다. 9서당은 통일 신라의 중앙군으로 신문왕이 민족 통합을 위해 신라인뿐만 아니라, 백제 · 고구려 · 말갈인을 함께 편성하여 조직하였다.

51 정답 ③

해설 ㄱ. 웅주(웅천주) 도독이었던 김헌창은 아버지 김주원이 왕위쟁탈전에서 패배한 것에 대한 불만을 품고 822년에 반란을 일으켰다. ㄹ. 양길은 북원 지역의 초적 세력을 중심으로 성장하여 반란을 일으켰으며, 견훤은 완산주(전주)에서 지방의 군사력을 배경으로 성장한 호족으로 후백제를 건국하였다.

오답풀이 ㄴ. 통일 신라 말기의 군진 세력은 호족 세력의 하나이며, 귀족 세력은 아니다. ㄷ. 선종의 9개 종파인 9산선문은 전라도, 충청도, 경상도 등 여러 지역에 고루 분포되어 성립되었다.

2. 고대의 사회

01 고대의 신분 제도와 관련된 설명으로 옳지 않은 것은?

① 지배층 위주의 엄격한 신분제 사회로서, 지배층만의 별도의 신분제가 운영되었다.

② 친족 중심의 공동체 사회로서 신분 상승이 불가능한 폐쇄적인 신분제 사회였다.

③ 신분은 크게 귀족, 중류층, 평민, 천민의 4신분으로 구성되었다.

④ 노비는 비자유민으로서 전쟁이나 채무, 형벌 등에 의해 형성되었다.

02 다음의 계율이 적용되었던 사회 조직에 대한 설명으로 옳지 않은 것은?

> 세속에서 지켜야 할 다섯 가지 계(戒)를 만들었으니, 첫째 임금을 섬기고, 둘째 어버이를 효를 다하여 모시고, 셋째 친구를 믿음으로서 사귀고, 넷째 전쟁터에서는 물러나지 말며, 다섯째 살생은 가려서 한다는 것이다. 너희들은 실행에 옮기어 소홀히 하지 말라.

① 신라 원시 사회의 청소년 집단에서 기원하였으나.

② 진흥왕 때 국가적 차원으로 개편되어 삼국통일에 기여하였다.

③ 귀족부터 평민을 포함하여 운영되었으며, 계층 간의 갈등과 대립을 완화시켜 주는 역할을 하였다.

④ 화랑을 미륵이 환생한 존재로 믿는 미륵 신앙과 연결되어 불교의 대중화에 기여하였다.

---

01 정답 ③

해설 ① 고대 사회는 지배층 위주의 엄격한 신분제 사회를 유지하기 위하여 엄격한 율령을 제정하였으며, 신라의 골품제도와 같은 지배층만의 별도의 신분제가 운영되었다. ② 고대 사회는 친족 중심의 공동체 사회로서 개인의 신분은 개인의 능력이 아닌, 개인이 속한 친족의 사회적 지위에 의해 결정되었기 때문에 신분 상승이 불가능한 폐쇄적인 신분제 사회였다. ④ 노비는 자유가 없는 비자유민으로서 전쟁이나 채무, 형벌 등에 의해 형성되었다.

오답풀이 ③ 고대 사회는 귀족, 평민, 천민의 3신분으로 구성되었으며 중류층은 고려 시대에 처음 등장한 신분이다.

02 정답 ④

해설 자료는 화랑도의 세속 5계이다. ① ② 화랑도는 원시 사회의 청소년 집단을 기반으로 진흥왕 때 국가적 조직으로 정비되어 신라의 삼국 통일에 기여하였다. ③ 화랑도는 화랑은 귀족으로 구성되었으며, 낭도는 귀족과 평민을 포함하여 조직되었다. 이러한 화랑도의 조직 체계는 지배층과 피지배층의 계층 간의 갈등과 대립을 완화시켜 주는 역할을 하였다.

오답풀이 ④ 화랑도는 화랑은 중생을 구제하기 위해 환생한 미륵불이라는 미륵신앙과 연결되었으나, 불교의 대중화와 직접적인 관련이 없다. 불교의 대중화는 원효의 아미타 신앙의 영향으로 나타났다.

03 / 고대 국가들에 관한 설명으로 옳지 않은 것은? (2013년 기출)

① 고조선에는 8조법이 전하는데 도둑질을 하면 사형에 처하였다.

② 고구려 사람들은 무예를 즐기고 말을 타고 사냥하기를 좋아하였다.

③ 백제는 농경에 적합하고 중국과 교류하기 유리한 한강 유역에 국가를 건설하였다.

④ 신라에는 골품제라는 신분제도가 있어 관등 승진의 상한선이 골품에 따라 정해져 있었다.

04 / 신라가 삼국을 통일한 이후의 사회 변화로 옳지 않은 것은? (2013년 기출)

① 유교 교육을 강화하기 위해 국학을 설치하였으며, 지방 통치 조직으로 9주와 5소경을 두었다.

② 5부를 중국의 6전제도와 비슷하게 개혁하고, 관료전을 지급하였다.

③ 신라의 신분제도인 골품제가 강화되고, 진골 귀족의 특권이 증대되었다.

④ 중앙군을 9개의 서당으로, 지방군을 10개의 정으로 개편하였다.

---

03 정답 ①

해설 ② 고구려는 산악지대에 위치하여 농경에 불리하였으므로, 정복활동을 통해 식량 문제를 해결하였다. 그 영향으로 고구려 사람들은 무예를 즐기고 말을 타고 사냥하기를 좋아하였다. ③ 온조가 백제를 건국하였을 때 한강 유역에 수도를 정한 것은 농경에 적합하고 중국과의 교류에 유리하였기 때문이었다. ④ 신라는 골품제도라는 신분제도가 존재하여 골품에 따라 관등 승진의 상한선이 결정되었다.

오답풀이 ① 고조선에서는 8조법에 의하여 도둑질을 한 사람은 노비로 삼았다.

04 정답 ③

해설 ① 신라는 통일 이후 신문왕 때 유교 교육을 강화하기 위해 국립 대학인 국학을 설립하였으며, 9주 5소경의 지방 통치 조직을 정비하였다. ② 통일 이후 신라는 최고 정치 기구인 집사부를 중심으로 위화부, 창부 등 13부를 설치하여 중국의 6전 제도(이, 호, 예, 병, 형, 공부)와 비슷한 중앙 통치 조직을 정비하였으며, 신문왕 때 왕권 강화를 위하여 녹읍을 폐지하고 관료전을 지급하였다. ④ 신문왕 때 중앙군으로 9서당, 지방군으로 10정을 각각 설치하였다.

오답풀이 ③ 통일 이후 신라는 국왕이 정치를 주도하는 왕권의 전제화 현상이 뚜렷해지면서 진골 귀족은 정치적으로 위축되었다. 그 영향으로 골품제도의 원칙은 유지되었지만, 진골 귀족의 특권이 증대되지는 못하였다.

05 고구려 사회에 대한 설명으로 옳은 것을 모두 고르시오.

> ㄱ. 지배층의 혼인 풍습으로 형사취수제와 서옥제가 있었다.
> ㄴ. 절도자는 12배를 배상하게 하였다.
> ㄷ. 지배층은 왕족인 부여씨와 8성의 귀족으로 이루어졌다.
> ㄹ. 진대법을 실시하여 가난한 농민을 구제하였다.

① ㄱ, ㄴ, ㄹ   ② ㄴ, ㄷ, ㄹ
③ ㄱ, ㄴ, ㄷ   ④ ㄱ, ㄷ, ㄹ

06 다음에서 발해 사회의 모습을 바르게 설명한 것으로만 골라 묶으면?

> ㄱ. 말갈인은 지배층에 편입되지 않았다.
> ㄴ. 지배층은 고구려계 사람들로 구성되어 있었다.
> ㄷ. 상층 사회에서는 고구려의 전통을 그대로 보존하였다
> ㄹ. 주민 구성의 대다수를 차지한 것은 말갈인이었다.

① ㄱ, ㄴ   ② ㄱ, ㄷ
③ ㄴ, ㄹ   ④ ㄷ, ㄹ

07 삼국 시대 사회 모습에 대한 설명으로 옳은 것은?

① 신분은 혈연집단의 사회적 위상과 개인의 능력을 중요하게 평가하여 결정되었다.
② 천민은 대개 전쟁 포로, 범법 행위, 채무 등의 이유로 인하여 발생하였다.
③ 고구려의 혼인 풍습으로는 민며느리제와 형사취수제가 있었다.
④ 신라 골품제는 신분별로 관등 승진의 상한을 규제하였으나 일상생활에서는 그렇지 않았다.

05 정답 ①

해설 ㄱ. 지배층의 혼인은 형사취수제와 서옥제가 실시되었으며, 평민층은 자유로운 교제를 하였다. ㄴ. 고구려는 절도자는 훔친 물건의 12배를 배상하는 1책 12법을 실시하였다. ㄹ. 고국천왕 때 빈민 구제를 위하여 진대법을 실시하였다.

오답풀이 ㄷ. 고구려의 왕족은 고씨이며, 부여씨와 8성 귀족은 백제의 왕족과 귀족에 해당한다.

06 정답 ③

해설 ㄴ. 발해는 고구려 출신 대조영이 건국하여 지배층이 고구려계가 대부분이며, ㄹ. 피지배층인 주민의 대부분은 말갈족으로 구성되었다.

오답풀이 ㄱ. 말갈인 중 일부는 지배층으로 편입되었다. ㄷ. 상층 사회(지배층)는 당 문화의 영향을 많이 받았다.

07 정답 ②

해설 ② 천민(노비)은 왕실·귀족·관청에 예속된 부자유민으로 전쟁 포로, 형벌·채무 등의 이유로 인하여 발생하였다.

오답풀이 ① 고대 사회에서 개인의 신분은 개인이 속한 사회적 지위에 의해 결정되었기 때문에 개인의 능력은 큰 영향력을 끼치지 못하였다. ③ 고구려의 혼인 풍습으로는 데릴사위제(서옥제)와 형사취수제가 실시되었으며, 민며느리제는 옥저의 혼인 풍습이다. ④ 골품제는 신분별로 관등 승진의 상한뿐만 아니라, 일상생활 규제의 기준을 제시하여 가옥의 규모, 관리의 복색, 수레의 크기 등을 제한하였다.

08 신라의 화백회의에 대한 설명으로 옳지 않은 것은?

① 전쟁, 국왕 선출 등 국가 중대사를 결정하였다.

② 다수결의 원칙이 적용되었다.

③ 국왕과 귀족 간의 권력 조절 기능의 역할을 하였다.

④ 집단의 부정 방지와 단결을 강화시켰다.

09 다음은 신라의 골품과 관등을 나타낸 도표이다. 이에 대한 설명으로 옳지 않은 것은?

관등	관등명	진골	6두품	5두품	4두품	
1	이벌찬					자색
2	이 찬					
3	잡 찬					
4	파진찬					
5	대아찬					
6	아 찬					비색
7	일길찬					
8	사 찬					
9	급벌찬					
10	대나마					청색
11	나 마					
12	대 사					황색
13	사 지					
14	길 사					
15	대 오					
16	소 오					
17	조 위					
관등	관등명	진골	6두품	5두품	4두품	공복
관 등		골 품				

① 중앙 집권 국가로 발전하는 과정에서 지방의 족장 세력을 통합하여 편제한 폐쇄적인 신분 제도였다.

② 일상생활 규제의 기준을 마련하여 가옥의 규모, 수레의 크기 등에 제한을 두었다.

③ 6두품은 신분의 제약으로 중앙 관청의 장관과 지방관의 자리에는 진출할 수 없었다.

④ 관복의 색깔은 골품에 의해 결정되었으며, 진골만이 자색을 입을 수 있었다.

---

08 정답 ②

해설 신라 화백회의는 귀족 회의 기구로서 ① 전쟁·국왕 선출 등 국가 중대사를 결정하였고, ③ 국왕과 귀족 간의 권력 조절 기능의 역할을 하였으며, ④ 집단의 부정 방지와 단결을 강화시키는 역할을 담당하였다.

오답풀이 ② 화백회의는 만장일치제의 원칙이 적용되었다.

09 정답 ④

해설 ① 골품제도는 신라가 중앙 집권 국가로 발전하는 과정에서 지방의 족장 세력을 통합하여 편제한 폐쇄적인 신분 제도로서 진골 귀족의 특권을 보장해주는 제도였다. ② 골품제도에서는 골품에 따라 일상생활 규제의

기준을 마련하여 가옥의 규모, 수레의 크기 등에 제한을 두었다. ③ 골품제도에서 진골 귀족만 5관등 이상의 관직에 진출할 수 있는 원칙이 마련되어 진골 귀족이 중앙 관청의 장관과 지방관을 독점하였다. 따라서 6두품은 중앙 관청의 장관이나 지방관으로 등용될 수는 없었다.

오답풀이 ④ 신라에서는 관복의 색깔은 관등에 의해 결정되었다. 5관등 이상의 자색의 관복은 진골, 6~8관등의 비색은 진골과 6두품, 10~11 관등의 청색은 진골과 6·5두품, 황색은 12~17 관등에 해당하기 때문에 골품에 관계없이 누구나 입었다.

10 밑줄 친 인물에 관한 설명으로 옳은 것은? (2017년 기출)

> ＿＿＿가(이) 말하기를. "신라는 사람을 쓰는 데 신분을 따져서 그 족속이 아니면 뛰어난 재주와 큰 공이 있어도 한계를 넘지 못한다."라고 하고, 몰래 배를 타고 당나라로 갔다. ┌삼국사기┐

① 승려로서 당나라에서 선종을 공부하였다.

② 육두품 출신으로 골품제도에 대해 불만을 가졌다.

③ 왕자 출신으로 나중에 태봉을 세웠다.

④ 해도 출신으로 귀국 후 청해진을 설치하였다.

11 통일신라 말기에 나타난 사회 현상을 모두 묶은 것은? (2013년 기출)

> ㄱ. 호족 세력 등장   ㄴ. 해상 세력 대두   ㄷ. 조계종 성행
> ㄹ. 풍수도참설 등장   ㅁ. 기인제도 실시

① ㄱ, ㄴ, ㄹ   ② ㄱ, ㄷ, ㄹ

③ ㄴ, ㄷ, ㅁ   ④ ㄴ, ㄹ, ㅁ

12 다음 글의 밑줄 친 부분에 대해 바르게 설명한 것은?

> 부여와 초기 고구려의 읍락에는 ㉠가·대가로 불린 권력자들이 있었다. 이들은 ㉡호민을 통하여 읍락을 지배하였다. ㉢하호는 농업에 종사하였고 최하층에는 ㉣노비가 있었다.

① ㉠ - 왕족을 가리키는 말이다.

② ㉡ - 정치 권력과 군사력을 가지고 있었다.

③ ㉢ - 대부분 농민으로 국가에 조세를 바치는 신분이다.

④ ㉣ - 대체로 하호에 예속된 신분이다.

---

10 정답 ②

해설 ② 자료는 6두품 출신의 설계두가 골품제도(신분제도)로 인한 신라 사회의 문제점을 비판하고, 자신은 당으로 건너간 사실을 정리한 것이다.

오답풀이 ① 당에 유학하고 신라에 선종을 전래한 승려는 도의 선사이다. ③ 궁예 ④ 장보고

11 정답 ①

해설 ㄱ, ㄴ, ㄹ. 신라 말에는 왕위 쟁탈전이 전개되어 중앙 정부의 지방 통제력이 약화되면서 새로운 정치 세력으로 호족 세력이 등장하였으며, 장보고와 같은 무역을 통해 성장한 해상 세력이 등장하였다. 또한 신라 말에는 풍수도참설이 유행하여 신라 정부의 권위를 약화시키고 지방 중심의 국토의 재편성에 큰 영향을 끼쳤다.

오답풀이 ㄷ. 조계종은 고려 무신 정권기에 지눌에 의해 창시된 불교 종파이다. ㅁ. 기인제도는 고려 태조 왕건이 호족 세력을 통제하기 위하여 실시한 제도이다.

12 정답 ③

해설 ③ 하호는 농업에 종사하는 평민(농민)으로 국가에 조세, 역 등의 의무를 부담하였다.

오답풀이 ① 가·대가는 부여와 고구려의 부족장 세력을 가리킨다. ② 호민은 읍락에 거주하는 부유한 평민이다. ④ 노비는 천민층으로 지배층에 예속된 부자유 신분의 계층이었다.

13 삼국 시대의 생활모습에 대한 설명으로 옳지 못한 것은?

① 하호(下戶)들은 귀족들에 예속되어 노동력을 착취당하고 사회적인 천대를 받았다.

② 농민들은 국가에 각종 조세를 부담하고 노동력을 제공하였다.

③ 귀족들은 국가로부터의 각종 경제적인 혜택 외에 고리대를 통하여 부를 축적하였다.

④ 농민들은 부채나 형벌에 의해 노비로 전락하는 경우가 흔했다.

14 다음과 같은 법률을 제정한 국가와 관련된 사실을 모두 고르면?

> 반역을 꾀하거나 반란을 일으킨 자는 화형에 처한 뒤에 다시 목을 베었고, 그 가족들을 노비로 삼았다. 적에게 항복한 자나 전쟁에서 패한 자 역시 사형에 처하였고, 도둑질 한 자는 12배를 물게 하였다.

> ㄱ. 지배층은 왕족인 부여씨와 8성의 귀족으로 이루어졌다.
> ㄴ. 지배층의 혼인 풍습으로 형사취수제와 서옥제 등이 있었다.
> ㄷ. 산간 지역으로 식량 생산이 충분치 못하여 대외정복 활동이 활발하였다.
> ㄹ. 뇌물을 받은 관리는 3배를 배상하고 종신 금고형에 처하였다.

① ㄱ, ㄴ   ② ㄱ, ㄹ

③ ㄴ, ㄷ   ④ ㄴ, ㄷ, ㄹ

15 남북국 시대의 사회와 문화에 대한 설명으로 옳은 것은?

① 발해는 최고학부로 문적원을 설치하여 유교 경전과 한문을 가르쳤다.

② 통일 신라 시대에는 3두품에서 1두품의 신분은 평민과 거의 동등하였다.

③ 발해의 지배층은 고구려와 말갈 사회의 전통을 유지하면서 당의 문화를 철저히 배척하였다.

④ 통일 신라 말에는 향·소·부곡민들이 신분 해방을 위해 반란을 일으켰다.

---

13 정답 ①

해설 ② 삼국 시대의 농민들은 국가에 대하여 조세, 공물, 노동력 제공의 의무를 가지고 있었다. ③ 귀족들은 특권 신분으로서 국가로부터 각종 혜택을 받았으며, 백성들을 상대로 고리대업을 하여 막대한 부를 축적하였다. ④ 농민들은 빚을 갚지 못하거나 형벌에 의해 노비로 전락하는 경우가 많았다. 이를 방지하기 위해 고구려에서는 진대법을 실시하기도 하였다.

오답풀이 ① 하호는 농업에 종사하는 일반 평민이었으며, 귀족들에 예속되어 노동력을 착취당하고 사회적인 천대를 받는 계층은 노비였다.

14 정답 ③

해설 자료는 고구려의 형법과 관련된 내용이다. ㄴ. 고구려의 지배층은 형사취수제와 서옥제 등의 혼인 풍습이

있었다. ㄷ. 고구려는 압록강 산간 지역에 도읍을 정하여 농경이 불리하였기 때문에 부족한 식량을 조달하기 위해 대외 정복 활동에 주력하였다.

오답풀이 ㄱ, ㄹ은 백제와 관련된 사실이다.

15 정답 ②

해설 ② 통일 이후에는 골품제의 변화가 나타나면서 3두품에서 1두품의 구분이 모호해져 평민과 동등하게 간주하였다.

오답풀이 ① 문적원은 국가 전반의 서적 관리 업무를 담당하였으며, 최고학부는 주자감이었다. ③ 발해의 지배층은 당의 제도와 문화를 도입하여 지배 체제를 정비하였으며, 당의 빈공과에 응시하기도 하였다. ④ 향·소·부곡민들의 신분해방을 위한 반란은 고려 무신 정권 시대에 전개되었다.

3. 고대의 경제

01 삼국 시대 농민의 경제 생활에 대한 설명으로 옳지 않은 것은?

① 삼국 시대의 조세는 대체로 재산 소유 정도를 기준으로 호를 구분하여 부과하였다.

② 국가나 귀족에게 곡물, 삼베, 과실 등을 바쳤다.

③ 국가는 노동력이 필요한 경우에는 15세 이상의 남자를 동원하였다.

④ 퇴비를 만드는 기술이 발달하여 휴경지가 감소하였다.

02 통일신라의 경제제도에 관한 설명으로 옳은 것은? (2017년 기출)

① 금성(경주)에 동시, 서시, 남시의 시장이 있었다.

② 신문왕 때 실시된 녹읍 제도는 멸망할 때까지 지속되었다.

③ 성덕왕 때 관료전 제도를 폐지하고 정전 제도를 실시하였다.

④ 주전관을 두고 해동통보, 동국통보를 발행하였다.

03 삼국 시대의 경제 활동과 관련된 설명으로 옳지 않은 것은?

① 6세기경부터 철제 농기구가 널리 사용되고 우경이 보급되었다.

② 농업 생산력이 낮아 수도 같은 대도시에만 시장이 형성되었다.

③ 왕토 사상의 영향으로 개인 소유의 토지는 존재하지 않았다.

④ 무역은 대체로 왕실과 귀족의 필요에 의해 공무역이 중심을 이루었다.

---

01 정답 ④

해설 ① 삼국시대는 조세를 재산 소유 정도를 기준으로 호를 상, 중, 하호로 구분하여 징수하였다. ② 조세는 곡물·삼베로, 공납은 그 지역의 과실 등을 특산물로 납부하였다. ③ 노동력은 15세 이상의 남자를 대상으로 징발하였다.

오답풀이 삼국시대는 퇴비를 만드는 기술이 발달하지 못하여 대부분의 토지는 1년 이상 휴경을 하였다가 농사짓는 휴한 농법이 일반적으로 실시되었다.

02 정답 ①

해설 ① 신라는 통일 이후 금성(경주)에 기존의 동시 외에 추가로 서시와 남시의 시장을 개설하여 운영하였다.

오답풀이 ② 신문왕 때 녹읍을 폐지하고 관료전을 지급하였다. ③ 성덕왕 때는 농민에게 정전을 지급하고 조세를 징

수하였다. 관료전은 신문왕 때 관료에게 지급한 토지이다. ④ 고려에서는 주전관을 설치하고 해동통보, 동국통보 등의 화폐를 발행하였다.

03 정답 ③

해설 ① 6세기부터 철제 농기구 사용이 일반화되고 신라 지증왕 때 우경이 보급되었다. ② 농업 생산력이 증가하였으나 백성의 경제력은 전반적으로 낮아 상품매매 활동은 저조하였기 때문에 시장은 경주와 일부 대도시 지역에서만 형성되었다. ④ 삼국시대는 왕실, 귀족의 사치품을 중심으로 하는 공무역만 이루어졌다.

오답풀이 ③ 왕토사상은 정치적으로 국왕의 백성에 대한 지배력 강화의 목적으로 만들어진 사상일 뿐 백성들의 개인 사유지는 존재하였다.

04 밑줄 친 ㉠~㉣에 대한 설명으로 옳은 것은?

> ● 문무왕 8년(668) 김유신에게 태대각간의 관등을 내리고 ㉠식읍 500호를 주었다.
> ● 신문왕 7년(687) 문무 관리들에게 ㉡관료전을 차등 있게 주었다.
> ● 신문왕 9년(698) 내외 관료의 ㉢녹읍을 혁파하고 매년 조를 주었다.
> ● 성덕왕 21년(722) 처음으로 백성에게 ㉣정전을 지급하였다.

① ㉠ - 조세를 수취하고 노동력을 징발할 권리를 부여하였다.

② ㉡ - 하급관료와 군인의 유가족에게 지급하였다.

③ ㉢ - 전쟁에서 큰 공을 세운 사람에게 공로의 대가로 지급하였다.

④ ㉣ - 왕권이 약화되는 배경이 되었다.

05 다음은 통일 신라 시대 민정문서의 내용이다. 다음의 내용을 통해 파악한 사실로 옳은 것은? (2008년 기출)

> 토지는 논·밭·촌주위답·내시령답 등 토지의 종류와 면적을 기록하고, 사람들은 인구·가호·노비의 수와 3년 동안의 사망·이동 등 변동내용을 기록하였다. 특히 사람은 남녀별로 구분하고, 연령을 기준으로 6등급으로 구분하여 기록하였다. 호는 사람의 많고 적음에 따라 상상호에서 하하호까지 9등급으로 나누어 파악하였다. 기록된 4개 촌은 호구 43개에 총인구 노비 25명을 포함하여 442명이며, 소 53마리, 말 63마리, 뽕나무 4,249그루 등의 재산을 소유하고 있었다.

① 호는 토지 결수에 따라 등급을 나누었다.

② 변동 사항을 조사하여 3년마다 다시 작성하였다.

③ 인구 파악은 16세에서 60세의 남자만 하였다.

④ 고구려의 진대법과 동일한 빈민 구제 목적으로 실시되었다.

---

04 정답 ①

해설 ① 식읍은 왕족과 전쟁에서 공을 세운 공신에게 지급한 토지와 가호(농민)로서 조세·공물 징수와 노동력 징발이 가능하였다.

오답풀이 ② 관료전은 국가와 국왕에 대한 충성의 대가로 관리들에게 봉급 대신에 지급한 토지이며, 하급관료와 군인의 유가족에게 지급한 토지는 고려 전시과의 구분전에 해당한다. ③ 식읍에 대한 설명이며, 녹읍은 관료 귀족에게 지급한 토지이다. ④ 정전은 백성에게 지급한 토지로서 조세 징수가 가능한 토지였으며, 이를 바탕으로 농민에 대한 지배력은 강화되었으며, 귀족의 농민 지배력은 약화되었기 때문에 왕권 강화와 관련 있다.

05 정답 ②

해설 신라 민정 문서는 경덕왕 때(8세기) 서원경(청주) 지방의 4개 촌락을 조사하였으며, 생산 자원을 철저하게 편제·관리하여 국가의 조세 징수와 노동력 동원의 기준을 마련하기 위해 작성하였다. 노동력 징발 대상자를 파악하기 위해 호구 수는 인정(노동력)의 다과를 기준으로 9등급으로 구분하였고, 인구수는 남녀, 연령별 기준으로 6등급으로 구분하였다. 또한 조세 징수를 위해 토지 면적과 각종 생산 자원을 조사하였다. ② 민정 문서는 토착 세력인 촌주가 매년 변동 사항을 조사하여 3년마다 작성하였다.

오답풀이 ① 호는 노동력 기준으로 9등급으로 구분하였다. ③ 인구수는 남녀·연령별로 조사하였으며, 여성도 노동력 자원으로 파악하였다. ④ 진대법은 빈민 구제를 목적으로 실시한 제도이며, 민정 문서 작성은 국가의 조세 징수와 노동력 징발을 위해 작성하였다.

06 통일 신라 시대의 경제 활동과 관련된 설명으로 옳지 않은 것은?

① 철제 농기구가 널리 사용되기 시작하였다.

② 수도인 경주에 동시 외에 서시와 남시를 설치하였다.

③ 장보고는 완도에 청해진을 설치하여 해상 무역권을 장악하였다.

④ 국제 무역이 발달하면서 이슬람 상인이 울산에 와서 무역을 하였다.

07 다음은 신라 시대 토지 제도의 변천 과정을 정리한 것이다. 신라 사회의 모습을 가장 바르게 알 수 있는 것은?

> 녹읍 폐지 → 관료전 지급 → 정전 지급

① 국가의 농민 지배가 크게 약화되었다.

② 귀족들에게 조세와 공물을 수취하였다.

③ 국가가 왕권을 강화하고 토지 지배권을 강화하였다.

④ 귀족들에게 많은 경제권을 주어 귀족 세력이 크게 강화되었다.

---

06 정답 ①

해설 ② 통일 신라 시대에는 농업 생산력이 성장하면서 인구와 상품 수요가 증가하여 경주에 동시 외에 추가로 서시·남시가 설치되었다. ③ 장보고는 완도에 청해진을 설치하여 해상 무역권을 장악하였으며, 해상 세력으로 성장하였다. ④ 국제 무역항인 울산항에는 이슬람 상인이 왕래하면서 무역이 활발하게 전개되었다.

오답풀이 ① 철제 농기구가 널리 사용되기 시작한 것은 통일 이전 6세기 경 부터이다.

07 정답 ③

해설 ③ 통일 신라의 토지 제도의 개편은 귀족에 대한 국왕의 권한 강화와 농민 생활 안정을 목적으로 이루어졌다. 신문왕 때 녹읍을 폐지하고 관료전을 지급한 것은 귀족의 경제적, 군사적 기반의 악화를 통한 왕권 강화 목적에서 이루어진 것이다. 성덕왕 때 농민에게 정전을 지급한 것은 토지를 통해 농민에 대한 지배력을 강화하려는 의도가 반영된 것이었다.

08 다음은 통일 신라의 민정문서에 대한 설명이다. 옳지 않은 것은?

> 서원경 부근의 4개 촌락의 남녀별. 연령별의 정확한 인구 수와 노비의 수, 논과 밭의 면적, 소, 말, 뽕나무, 호두나무, 잣나무 등의 수를 3년마다 한 번씩 촌주가 통계를 낸 사실이 기록되어 있다.

① 국가의 부역과 조세의 기준 마련을 위해 중앙에서 촌주를 파견하였다.

② 국가는 생산자원을 철저하게 편제하고 관리하였다.

③ 남녀별, 연령별 인구의 수를 기록한 것은 여성도 노동력 자원으로 파악한 것이다.

④ 3년에 1번씩 촌주가 통계를 내었으나 수취(收取)는 매년 이루어졌다.

09 다음 제도를 실시한 공통적인 목적으로 가장 적절한 것은?

> ● 진대법의 실시   ● 녹읍의 폐지   ● 정전(丁田)의 지급

① 중앙의 지방에 대한 통제 강화   ② 농민 생활 안정

③ 귀족의 경제 기반 확대   ④ 귀족 중심 관료체제의 운영 강화

10 다음에서 남북국 시대의 무역 활동과 관련된 설명으로 옳은 것은?

① 신라의 벽란도는 이슬람 상인 등 외국 상인이 왕래하는 국제 무역항으로 발달하였다.

② 발해는 일본과의 외교 관계를 중시하여 활발한 무역 활동을 전개하였다.

③ 장보고는 발해와의 무역을 위해 당의 산둥 반도에 법화원을 설치하였다.

④ 산둥 반도와 양쯔 강 하류에 신라인의 집단 거주지로 신라관이 설치되었다.

---

08 정답 ①

해설 5번 문제 해설과 오답풀이 참조

오답풀이 ① 민정문서는 촌주가 작성하였지만, 촌주는 그 지역 출신의 토착세력이며 중앙에서 파견된 관리가 아니다.

09 정답 ②

해설 ② 진대법은 농민의 몰락을 방지하기 위한 빈민 구제책이며, 녹읍의 폐지는 귀족에 의한 농민에 대한 착취와 자의적인 노동력 징발을 차단할 수 있으며, 통일 신라 성덕왕 때 정전을 지급한 것은 농민 경제 안정을 위해 실시되었다. 따라서 진대법, 녹읍 폐지, 정전 지급은 농민의 경제 안정을 위한 목적으로 실시되었음을 알 수 있다.

10 정답 ②

해설 ② 발해는 8세기 무왕 때부터 신라를 견제하기 위해 일본과의 외교 관계를 중시하였으며, 그 영향으로 활발한 무역 활동이 전개되었다.

오답풀이 ① 통일 신라 시대의 국제 무역항은 울산항이며, 벽란도는 고려의 국제 무역항이다. ③ 당과의 사무역이 발달하면서 당시에 당에는 신라원이라는 사원이 설치되었는데, 장보고가 산둥성에 설치한 법화원이 대표적이다. ④ 산둥 반도와 양쯔 강 하류에 설치된 신라인의 집단 거주지는 신라방이고, 신라관은 신라인들을 위해 설치된 숙소이다.

11 통일 신라의 토지 제도와 관련된 설명으로 옳지 않은 것은?

① 통일 전 : 녹읍 지급 – 귀족들이 녹읍에 사는 백성들로부터 조세와 공물을 수취하였다.

② 신문왕 때 : 관료전 지급, 녹읍 폐지 – 귀족 세력의 약화와 왕권 강화를 목표로 하였다.

③ 성덕왕 때 : 정전 지급 – 국가에서 공신에게 지급한 토지로 조세를 징수할 권리를 부여하였다.

④ 경덕왕 때 : 녹읍 부활 – 귀족들의 세력이 다시 강화되었다.

---

11 정답 ③

해설 ① 녹읍은 관료 귀족에게 지급한 토지로서 조세 · 공물 수취와 노동력 징발이 가능하였다. ② 신문왕 때 녹읍을 폐지하고 관료전을 지급한 것은 귀족의 경제적, 군사적 기반을 약화시켜 왕권을 강화시키려는 의도에서 실시되었다. ④ 경덕왕 때 녹읍이 부활된 것은 귀족 세력이 다시 강화되고 왕권이 약화되었음을 알 수 있다.

오답풀이 ③ 정전은 왕토사상을 기반으로 농민에게 지급한 토지로서 조세를 징수할 수 있었으며, 정전의 지급은 국가의 농민 지배력 강화와 왕권 강화의 의미를 가지고 있다. 국가에서 공신에게 지급한 토지는 식읍이다.

4. 고대의 문화

01 삼국시대의 불교에 대한 서술 중 옳지 않은 것은?

① 신라는 삼국 중 불교수용이 가장 늦었고, 그 과정에서 전통사상과 마찰을 빚었다.

② 삼국은 중앙집권체제의 확립과 지방 세력의 통합을 힘쓰던 시기에 불교를 수용하였다.

③ 신라 불교는 왕실의 강력한 비호 아래 호국불교로 진흥하였다.

④ 고구려는 '왕즉불(王卽佛)' 사상을 수용하여 불교식 왕명을 사용하였다.

02 우리나라의 한자 · 한문 수용에 관한 설명으로 옳지 않은 것은? (2013년 기출)

① 고구려의 이문진은 한문으로 유기라는 100권의 역사서를 편찬하였다.

② 임신서기석은 우리 말 순서에 따라 한문을 기록하였다.

③ 중국 양나라의 옥편, 문선, 천자문 등이 전래되어 한문 전파에 크게 기여하였다.

④ 광개토대왕비와 사택지적비는 중국식 문장으로 작성되었다.

03 다음 중 통일 신라 승려와 관련된 설명으로 옳지 않은 것은? (2011년 기출)

① 원효 – 화쟁 사상

② 의상 – 부석사 창건

③ 혜초 – 왕오천축국전

④ 지눌 – 송광사에서 조계종 개창

---

01 정답 ④

해설 ① 신라는 삼국 중 불교 수용 과정에서 전통사상과 마찰을 빚었으며, 귀족층의 반대로 가장 늦게 불교를 받아들였다. ② 삼국은 중앙집권체제의 확립과 지방 세력의 통합을 힘쓰던 시기에 불교를 수용하여, 고구려는 소수림왕(4세기), 백제는 침류왕(4세기), 신라는 법흥왕(6세기) 때 각각 불교를 수용하였다. ③ 신라 불교는 왕실의 강력한 비호 아래 호국불교로 발전하였으며, 그 예로서 원광은 세속오계를 제정하였으며 황룡사 9층 목조탑을 건립하였다.

오답풀이 ④ 왕즉불 사상을 수용하여 불교식 왕명을 사용한 것은 신라와 관련된 사실이다.

02 정답 ①

해설 ② 임신서기석은 신라의 다른 금석문 자료와는 달리 신라 화랑의 유교 경전 학습 내용을 우리말 어순에 따라 한문으로 기록하였다. ③ 중국 남북조 시대 양나라의 무제의 지시로 천자문을 토대로 옥편이 처음 만들어졌으며, 백제를 통해 전래된 것으로 보인다. 백제의 왕인과 아직기는 일본에 천자문과 논어를 전파하기도 하였다. 또한 문선은 양의 소명태자가 편수한 시문선집으로 통일 신라 시대에는 과거 시험의 과목이 되기도 하였다. ④ 광개토대왕비와 사택지적비는 임신서기석과는 달리 중국식 문장으로 기록되어 있다.

오답풀이 ① 이문진은 기존의 유기 100권을 재정리하여 영양왕 때 한문으로 '신집 5권'이라는 역사서를 편찬하였다.

03 정답 ④

해설 ① 원효는 불교 종파 간의 융합을 강조한 화쟁(일심) 사상을 주장하였다. ② 의상은 부석사 등 다수의 사원을 축조하여 불교문화의 폭을 확대시켰다. ③ 혜초는 서역과 인도를 순례한 후 기행문인 왕오천축국전을 저술하였다.

오답풀이 ④ 지눌은 고려 후기 무신 정권기에 활동한 승려로서 송광사를 중심으로 조계종을 창시하였다.

04 다음 유물들에 공통적으로 내포되어 있는 사상에 대한 설명으로 틀린 것은?

> ● 사신도   ● 백제 금동 대향로   ● 백제 산수 무늬 벽돌

① 삼국시대에 산천숭배나 신선사상과 결합하여 귀족 사회를 중심으로 유행하였다.

② 불로장생과 현세 구복을 추구하였다.

③ 고구려의 보덕은 이 사상에 반발하여 열반종을 개창하였다.

④ 신라 말기 경주 중심의 지리적 개념에서 벗어나 다른 지방의 중요성을 자각하는 계기를 마련하였다.

05 다음 (   )에 들어갈 인물로 옳은 것은? (2018년 기출)

> 가야 출신의 (   )은(는) 가야금을 만들고 12악곡을 지었는데, 대가야 멸망 전에 신라에 투항하였다. 진흥왕의 사랑을 받던 그는 국원소경(충주)으로 가서 여러 제자를 길러 가야 음악을 신라에 전하는데 기여하였다.

① 우륵   ② 왕산악

③ 옥보고   ④ 백결선생

06 삼국시대 예술에 관한 설명으로 옳은 것은? (2016년 기출)

① 천마도는 솔거가 그렸다.

② 12악곡은 왕산악이 지었다.

③ 거문고는 우륵이 만들었다.

④ 방아타령은 백결선생이 지었다.

---

04 정답 ④

해설 자료는 도교·노장사상과 관련된 유물이다. ① 도교는 산천숭배와 신선사상과 결합하여 삼국 시대에 고구려와 백제의 귀족 사회를 중심으로 유행하였다. ② 도교는 불로장생과 현세구복을 추구하였다. ③ 고구려의 연개소문이 도교를 장려하고 불교를 탄압하자, 보덕은 이에 반발하여 열반종을 개창하였다.

오답풀이 ④ 풍수지리설은 신라 말에 도참신앙과 결합하여 지방 중심의 국토의 재편성을 주장하여 지방의 중요성을 자각시키는 계기를 마련하였으며, 신라 정부의 권위를 약화시켰다.

05 정답 ①

해설 ① 우륵은 가야 출신으로 가야금을 만들고 12악곡을 지었다. 우륵은 대가야 멸망 직전에 신라에 투항하고, 충주에서 가야 음악을 신라에 전하는데 기여하였다.

오답풀이 ② 왕산악은 고구려 출신으로 거문고를 제작하였다. ③ 옥보고는 통일 신라 시대에 활약한 거문고의 대가이다. ④ 백결선생은 신라인으로 방아 타령을 지었다.

06 정답 ④

해설 ④ 방아타령은 신라의 백결선생이 지었다.

오답풀이 ① 천마도는 천마총에서 발견된 회화이다. ② 12악곡은 우륵이 가야금과 함께 지은 작품이다. ③ 거문고는 고구려의 왕산악이 만들었다.

07 통일 신라 시대의 유학에 관한 설명으로 옳지 않은 것은? (2014년 기출)

① 원성왕 때 독서삼품과가 설치되었다.

② 강수가 화왕계를 지었다.

③ 신문왕 때 국학이 설치되었다.

④ 최치원이 계원필경을 저술하였다.

08 삼국 시대 무덤에 대한 설명으로 옳지 않은 것은?

① 백제의 무령왕릉은 중국 남조의 영향을 받은 벽돌무덤 양식으로 사신도를 비롯한 벽화가 그려져 있다.

② 고구려는 초기에 주로 돌무지무덤을 만들었으나, 점차 굴식 돌방무덤으로 바뀌어 갔다.

③ 발해의 정혜공주 묘는 굴식 돌방무덤으로 고구려의 영향을 받은 모줄임천장 구조로 만들어졌다.

④ 통일 신라 시대에는 불교의 영향으로 화장법이 유행하였으며, 굴식 돌방무덤의 둘레돌에는 12지신 상을 조각하였다.

09 발해 문화에서 고구려의 양식을 계승한 것이 아닌 것은? (2004년 기출)

① 온돌 장치　　　　　　　② 연화무늬 기와

③ 상경의 주작대로　　　　④ 모줄임천장 구조

---

07 정답 ②

해설 ① 원성왕 때 유교 경전의 이해 능력을 바탕으로 관리를 선발하기 위해 독서삼품과를 실시하였으나, 진골 귀족의 반대로 실패하였다. ③ 신문왕 때 유교 정치 이념을 보급하고 왕권 강화를 위해 국립대학으로 국학을 설립하였다. ④ 최치원은 6두품 출신으로 계원필경, 사산비문 등의 저술을 남겼다.

오답풀이 ② 강수는 외교 문서에 능통하여 '답설인귀서' 등의 글을 남겼다. 화왕계는 설총이 신문왕에게 국왕의 도덕성을 강조하기 위하여 쓴 글이다.

08 정답 ①

해설 ② 고구려는 초기에는 돌무지무덤이 유행하였으며, 후기에는 굴식돌방무덤이 유행하였다. ③ 발해의 정혜공

주 묘는 고구려의 무덤 양식을 계승한 모줄임천장 구조의 굴식 돌방무덤이다. ④ 통일 신라 시대에는 불교의 영향으로 화장법이 유행하였으며, 굴식 돌방무덤의 둘레돌에는 12지신 상을 조각한 것이 특징이다.

오답풀이 ① 무령왕릉은 중국 남조의 영향을 받은 벽돌무덤 양식으로 벽화가 존재하지 않는다.

09 정답 ③

해설 발해 문화는 고구려 문화를 계승한 것이 대부분이며, 대표적인 문화로서 온돌 장치, 연화무늬 기와, 불상, 석등, 모줄임천장 구조의 굴식 돌방무덤 등이 있다.

오답풀이 ③ 상경의 주작대로는 당의 장안성을 모방하여 만들어졌다.

10 / 고대국가의 문화에 대한 설명으로 옳지 않은 것은? (2012년 기출)

① 고구려의 사신도와 백제의 산수무늬 벽돌은 도교적 문화를 반영하였다.

② 가야의 토기는 일본의 스에키 토기에 직접적인 영향을 주었다.

③ 고구려와 백제는 초기에 모두 돌무지무덤을 조성하였다.

④ 3세기 경 고구려에서는 전탑이 유행하였으나, 이후 석탑이 주류를 이루었다.

11 / 신라 말 선종 불교와 관련된 사실로 옳지 않은 것은?

① 불립문자(不立文字)와 견성오도(見性悟道)를 주장하고 개인의 참선을 주장하였다.

② 호족의 후원을 받아 9산 선문의 종파가 개창되었다.

③ 도당 유학생들의 반 신라적 경향과 연결되었다.

④ 조각, 공예 등 조형 미술이 성행하는 계기를 이루었다.

12 / 인물에 관한 설명으로 옳지 않은 것은? (2014년 기출)

① 원효는 십문화쟁론을 저술하였다.

② 의상은 화엄일승법계도를 저술하였다.

③ 원측은 세속오계를 만들었다.

④ 혜초는 왕오천축국전을 저술하였다.

---

10 정답 ④

해설 ① 삼국시대의 도교와 관련된 유물로 고구려 강서고분의 사신도, 백제의 산수무늬 벽돌, 금동대향로, 사택지적비문 등이 있다. ② 가야 토기는 일본의 스에키 토기에 영향을 주었다. ③ 고구려와 백제는 초기에 돌무지무덤이 유행하였으며, 특히 백제의 석촌동 계단식 돌무지무덤은 백제의 건국 세력이 고구려 계통임을 입증하고 있다.

오답풀이 ④ 고구려는 현재 남아 있는 탑이 없는 것으로 보아 목탑 양식이 유행한 것으로 추정되고 있으며, 신라의 분황사 석탑이 전탑 양식의 대표적인 석탑이며 이후 신라는 석탑이 주류를 이루었다.

11 정답 ④

해설 ① 선종 불교는 불경과 의식을 중시하는 교종의 전통의 권위에 대항하면서 개인의 참선을 강조하였으며, 그 이론적 근거로서 불립문자(不立文字)와 견성오도(見性悟道)를 주장하였다. ② 선종은 신라 말 호족의

후원 아래 9산 선문의 종파를 개창하였다. ③ 선종은 신라 말에 6두품 출신의 도당 유학생들의 반 신라적 경향과 연결되어 고려 사회 건설의 사상적 바탕을 마련하였다.

오답풀이 ④ 신라 말 선종 불교의 유행으로 기존의 조형 미술은 쇠퇴하고 승탑이 유행하였다.

12 정답 ③

해설 ① 원효는 불교 종파 간의 융합을 강조한 화쟁(일심) 사상을 십문화쟁론을 통해서 주장하였다. ② 의상은 화엄종을 개창하고 화엄일승법계도를 저술하여 화엄 사상을 정리하였다. ④ 혜초는 인도와 서역을 순례한 후 기행문으로 왕오천축국전을 저술하였으며, 현재 파리 국립 도서관에 보관되어 있다.

오답풀이 ③ 세속오계는 원광이 화랑도의 규범으로 제정하였으며, 원측은 당에서 현장의 유식 불교의 깊은 뜻을 깨닫고 당의 서명사에서 자신의 학설을 강의하였다.

13 다음은 우리나라 전통사상을 나타낸 것이다. 이 사상과 관련된 설명으로 옳지 않은 것은?

> ● 경험에 의한 인문지리적 지식을 활용한 학설로 뒤에 예언적인 도참사상과 결부 되었다. 또 국토를 지방중심으로 재편성할 것을 주장하기도 하였다.
> ● 인간의 길흉화복이 가옥이나 묘지의 위치에 좌우된다.
> ● 국가의 운명도 국토의 지력성쇠에 의해 좌우된다.

① 묘청의 서경 천도 운동에 영향을 주었다.

② 산수무늬 벽돌, 백제 금동대향로에 이 사상이 반영되었다.

③ 신라 말 도선에 의해 중국에서 들어왔다.

④ 신라 정부의 권위를 약화시키는 구실을 하였다.

14 다음 여행 계획에서 강산이네 가족이 방문할 도시와 그 유적지를 연결한 것으로 옳지 않은 것은? (2013년 기출)

> 〈강산이네 가족의 여행 계획〉
> 우리 가족은 이번 여름 방학 때 역사 유적지를 돌아보는 2박 3일의 여행 계획을 짰다. 우리 집은 인천인데, 첫날 아침 일찍 출발하여 서울을 방문해서 대표적인 유적지를 살펴볼 계획이다. 오후에는 공주로 이동하여 주변의 유적지를 살펴보고 숙박할 예정이다. 둘째 날 오전에는 경상북도 안동으로 이동하여 답사하고 오후에는 경주로 가서 시내의 유적지들을 살펴보고 숙박할 예정이다. 마지막 날에는 경주 시외의 유적지를 답사하고 집으로 돌아올 계획이다.

① 서울 : 몽촌토성, 경복궁　　　② 공주 : 부소산성, 정림사지

③ 안동 : 도산서원, 하회마을　　④ 경주 : 안압지, 불국사

---

13 정답 ②

해설 자료는 풍수지리설과 관련된 내용이다. ① 고려에서는 서경 길지설을 근거로 일어난 묘청의 서경 천도 운동에 영향을 주었다. ③ 풍수지리설은 신라 말 중국을 통해 도선에 의해 수용되어 유행하기 시작하였다. ④ 풍수지리설은 신라 말에 도참신앙과 결합되어 지방 중심의 국토 재편성을 주장함으로써 신라 정부의 권위를 약화시키는 역할을 하였다.

오답풀이 ② 산수무늬 벽돌, 백제 금동대향로는 도교와 관련된 유물이다.

14 정답 ②

해설 ① 몽촌토성은 서울 송파구에 위치한 백제시대의 성지이며, 경복궁은 조선 건국과 함께 서울(한양)에 건립한 조선왕조의 궁궐이다. ③ 퇴계 이황을 모신 도산서원과 하회마을은 안동에 위치하고 있다. ④ 안압지와 불국사는 경주에 있는 통일 신라의 대표적인 유적지이다.

오답풀이 ② 부소산성과 정림사지(5층탑)는 부여에 위치하고 있다.

15 다음 유적에 관한 설명으로 옳지 않은 것은? (2017년 기출)

① 중국 남조 문화의 영향을 받았다.

② 무덤에서 묘지석이 발견되었다.

③ 왕과 왕비가 합장되었다.

④ 사비 시기에 만들어진 돌방무덤이다.

16 독서삼품과에 관한 설명으로 옳은 것은? (2006년 기출)

① 진골 귀족의 반대로 실패하였으나 학문 보급에 기여하였다.

② 국학을 폐지하고 설치하였다.

③ 최치원의 건의로 실시되어 왕권 강화에 기여하였다.

④ 6두품은 독서삼품과를 통해 본격적으로 중앙 정계에 진출하여 호족과 더불어 고대 사회를 붕괴시키는데 주도적 역할을 하였다.

---

15 **정답** ④

해설 ①②③ 사진 자료는 백제 무령왕릉이다. 무령왕릉은 중국 남조의 영향을 받은 벽돌무덤으로, 무덤 내에서 발견된 묘지석의 내용을 통해 무령왕과 무령왕의 왕비가 함께 매장되었음을 알 수 있게 되었다.

오답풀이 ④ 무령왕릉은 웅진(공주) 시기에 축조되었다.

16 **정답** ①

해설 ① 독서삼품과는 신라 원성왕 4년(788) 때 유교 경전 학습 능력을 기준으로 관리를 선발하여 왕권 강화를 목적으로 실시하였으나, 진골 귀족의 반대로 실패하였다. 하지만 학문 보급에는 일정한 기여를 하였다.

오답풀이 ② 국학은 통일 신라 신문왕 때 설치된 국립대학으로 경덕왕 때 태학감으로 명칭이 바뀌었으며, 독서삼품과와는 관련이 없다. ③ 독서삼품과는 8세기의 사실이며 최치원은 9세기 중반에 활약하였기 때문에 관련이 없다. ④ 독서삼품과는 진골 귀족의 반대로 실시되지 못하였기 때문에 6두품의 중앙 정계 진출에는 관련이 없다.

17 신라의 주요 지식인의 활동에 대한 설명으로 옳은 것으로만 묶인 것은?

> ㄱ. 원광 – 세속오계를 짓고, 수나라에 군사를 청하는 걸사표를 작성하였다.
> ㄴ. 강수 – 외교문서 작성에 큰 공을 세웠으며, 신문왕에게 화왕계를 지어 바쳤다.
> ㄷ. 원효 – 금강삼매경론, 대승기신론소와 같은 걸출한 저술을 남겼으며 황룡사 9층탑을 세울 것을 건의하였다.
> ㄹ. 최치원 – 신라 하대 도당유학생을 대표하는 지식인으로 계원필경, 사산비문 같은 저술을 남겼다.

① ㄱ, ㄴ   ② ㄱ, ㄹ

③ ㄴ, ㄷ   ④ ㄷ, ㄹ

18 다음 내용의 인물과 관련이 없는 것은? (2015년 기출)

> 그는 당나라에 유학하여 빈공과에 합격하고, 이름을 날린 뒤 고국에 돌아와 자신의 뜻을 펴보려 했으나, 출세하지 못하고 외직으로 나가 태수가 되었다. 시무책(時務策) 10개 조를 올렸으나 받아들여지지 않았다.

① 골품제라는 신분제 때문에 정치활동에 제약이 많았다.

② 3최(崔) 중 한 사람으로 문집 계원필경 20권을 저술하였다.

③ 득난이라고도 하여 진골 다음가는 일반 귀족 신분이었다.

④ 북원(원주) 지방의 도적 집단을 규합하여 호족이 되었다.

---

17 **정답** ②

해설 ㄱ. 원광은 진평왕 때 화랑이 지켜야 할 원칙으로서 세속5계를 올렸으며, 진평왕의 요청으로 수나라에 군사를 요청하는 걸사표를 작성하였다. ㄹ. 최치원은 신라 말의 대표적인 6두품 출신의 도당 유학생으로 진성 여왕 때 시무 10여 조를 올렸으며, 계원필경과 사산비문 등의 저술을 남겼다.

오답풀이 ㄴ. 신문왕에게 화왕계를 올린 것은 설총이다. ㄷ. 황룡사 9층탑은 자장의 건의로 선덕여왕 때 완성되었다.

18 **정답** ④

해설 자료는 당에 유학하여 빈공과에 합격하고 시무책 10개 조를 올렸다는 내용을 통해 통일 신라의 최치원임을 알 수 있다. ① 최치원은 6두품 출신으로 골품제도에 따른 신분적 제약으로 6관등까지만 관직 진출이 허용되는 등 정치 활동에 제약이 많았다. ② 최치원의 저서로는 계원필경, 사산비명 등이 있다. ③ 6두품은 신라에서 득난(得難)이라 불리었으며, 진골 바로 아래 신분에 해당하는 일반 귀족이었다.

오답풀이 ④ 북원(원주) 지방의 도적 집단을 규합하여 성장한 호족 세력은 양길이었다.

19 신라 하대에 관한 설명으로 옳지 않은 것은? (2019년 기출)

① 중앙 귀족들 사이에 권력 다툼이 빈번해졌다.

② 지방에는 새로운 세력으로 호족이 등장하였다.

③ 교종과 선종의 통합 운동이 활발하게 전개되었다.

④ 승려의 사리를 봉안하는 승탑이 유행하였다.

20 백제 문화권 문화재에 대한 설명으로 옳지 않은 것은?

	장소	문화재	내용
①	서울	석촌동 고분	백제 건국의 주도 세력이 고구려 계통임을 알 수 있다.
②	공주	무령왕릉	웅진 시기 벽돌무덤으로 백제와 중국 남조와의 교류 관계를 보여 준다.
③	부여	부여박물관 소재 금동대향로	도교가 발달하였음을 알 수 있다.
④	익산	미륵사지석탑	전형적인 3층 석탑으로 탑신에 부조로 불상을 새겼다.

---

19 정답 ③

해설 ① 신라 하대에는 진골 귀족들 사이에 왕위 쟁탈전이 빈번하게 전개되었다. ② 신라 하대에는 견훤, 궁예, 왕건 등의 지방 호족이 새로운 정치 세력으로 등장하였다. ④ 신라 하대에는 선종 불교의 영향으로 승려의 사리를 봉안하는 승탑이 유행하였다.

오답풀이 ③ 교종과 선종 불교의 통합 운동은 고려 시대에 의천과 지눌에 의해 전개되었다.

20 정답 ④

해설 ① 백제 초기 한성 시대의 석촌동 고분은 고구려의 영향을 받은 계단식 돌무지무덤으로 백제의 건국 세력이 고구려 계통임을 입증해 준다. ② 무령왕릉은 웅진 시대의 대표적인 벽돌무덤으로 중국 남조의 영향을 받았으며, 양나라와 교류했음을 알 수 있는 양의 화폐가 발견되었다. ③ 금동대향로는 현재 부여 국립 박물관에 보관되어 있으며, 도교와 관련된 대표적인 유물이다.

오답풀이 ④ 미륵사지 석탑은 목탑 양식의 가장 오래된 석탑이며, 3층 석탑의 탑신에 부조로 불상을 새긴 석탑은 신라 말의 양양 진전사지 3층 석탑에 해당한다.

21 다음 중 금관이 발견된 유적을 모두 고른 것은? (2018년 기출)

ㄱ. 장군총	ㄴ. 천마총	ㄷ. 정효공주 묘	ㄹ. 황남대총

① ㄱ, ㄷ

② ㄱ, ㄹ

③ ㄴ, ㄷ

④ ㄴ, ㄹ

22 다음 내용의 밑줄 친 '그'와 관련된 승려의 활동에 대한 설명으로 옳은 것은?

> 당에 유학하고 귀국한 이후 그는 왕의 명을 받들어 사찰을 세우게 되었는데, 다른 종파의 방해가 심하였습니다. 그러자 선묘는 큰 바윗돌로 변하여 그들의 머리 위에 떠서 방해를 막았습니다. 그렇게 뜬 바위가 된 선묘를 기리기 위해 '뜬 바위'라는 의미로 부석사라고 이름을 정하게 되었습니다.

① 우주 만물이 대립적인 존재가 아니라 조화하고 포용한다는 화엄사상을 강조하였다.

② 이론의 연마와 실천을 강조하는 교관겸수를 주장하였다.

③ 미래 부처인 미륵불이 이상사회를 건설한다는 법상종을 확대하였다.

④ 화쟁사상을 주장하여 여러 종파를 융합하고 불교를 이해하는 기준을 확립하였다.

---

21 **정답** ④

해설 ㄴ, ㄹ. 신라의 천마총과 황남대총에서는 금관이 발견되었다.

오답풀이 ㄱ. 고구려의 장군총, ㄷ. 발해의 정효공주 묘에서는 금관이 발견되지 않았다.

22 **정답** ①

해설 ① 자료에서 당에 유학을 하였다는 사실과 부석사를 창건하였다는 내용을 통해 통일 신라의 승려 의상임을 알 수 있다. 의상은 화엄종을 개창하고 「화엄일승법계도」를 저술하여, 모든 존재는 상호 의존적인 관계에 있으면서 서로 조화를 이루고 있다는 화엄사상을 강조하였다.

오답풀이 ② 고려 시대 의천, ③ 진표, ④ 원효

23 다음과 같은 상황이 나타난 시기의 문화와 관련된 사실로 옳은 것은?

> 나라 안의 여러 주와 군에서 공부(貢賦)를 바치지 않으니, 창고가 텅 비고 나라의 쓰임이 궁핍해졌다. 왕이 사신을 보내 독촉하였지만, 오히려 이로 말미암아 곳곳에서 도적이 벌떼같이 일어났다. 이에 원종, 애노 등이 상주에서 의거하여 반란을 일으켰다.

① 거대한 돌무지 덧널무덤이 많이 만들어졌다.

② 세계 최고(最古)의 목판 인쇄물이 만들어졌다.

③ 승려의 사리를 봉안하는 승탑과 탑비(塔碑)가 유행하였다.

④ 불국토의 이상을 조화롭고 균형있게 표현한 불국사가 건립되었다.

24 삼국 시대 역사서 편찬과 관련된 설명으로 옳지 않은 것은?

① 대표적인 역사서로는 고구려의 '신집 5권', 백제의 '서기', 신라의 '국사' 등이 저술되었다.

② 유교적 합리주의 사관에 입각하여 편찬되었다.

③ 중앙 집권 국가로 발전하는 과정에서 편찬되었다.

④ 국가와 왕실의 권위를 고양하고 백성의 충성심을 고취시키기 위해 편찬되었다.

25 고대 과학 기술 발달과 관련된 설명으로 옳은 것은?

① 고구려는 금속 공예 기술이 발달하였으며 성덕대왕 신종은 화려한 비천상 무늬로 유명하다.

② 신라의 첨성대는 7세기 진흥왕 때 축조된 세계에서 가장 오래된 천문대이다.

③ 백제의 칠지도와 금동대향로는 중국과의 교류가 활발하게 이루어졌음을 알 수 있다.

④ 석가탑에서 발견된 무구정광 대 다라니경은 현존하는 세계에서 가장 오래된 목판 인쇄물이다.

---

23 정답 ③

해설 ③ 자료에서 도적이 벌떼같이 일어났다는 사실과 원종과 애노의 난 등이 일어난 것으로 보아 신라 말기에 해당하는 내용이다. 이 시기에는 선종 불교의 영향으로 승려의 사리를 모시는 승탑과 승려 일대기인 탑비가 유행하였다.

오답풀이 ① 돌무지 덧널무덤은 삼국 시대 신라에 해당한다. ② 무구정광대다라니경은 시기에 대한 논쟁은 있지만, 신라 중대에 제작된 것으로 보고 있다. ④ 경덕왕 때 김대성이 불국사와 석굴암을 함께 건립하기 시작하여 혜공왕 때 완성하였으며, 불국토의 이상을 조화와 균형 감각으로 표현하였다.

24 정답 ②

해설 ① 고구려는 기존의 유기 100권을 영양왕 때 이문진이 '신집 5권'으로 재편찬하였고, 백제의 '서기'는 근초고왕 때 고흥이 편찬하였으며, 신라의 '국사'는 진흥왕

때 거칠부가 편찬하였다. ③ 삼국의 역사서는 백제 근초고왕, 신라 진흥왕 등 중앙 집권 국가에서 전성기로 발전하던 시기에 편찬되었으며, ④ 국가와 왕실의 권위를 고양하고 백성의 충성심을 고취시키기 위해 편찬되었다.

오답풀이 ② 유교적 합리주의 사관에 입각한 역사서는 고려 중기 김부식의 '삼국사기'와 관련 있다.

25 정답 ④

해설 ④ 석가탑(불국사 3층 석탑) 보수 공사 과정에서 무구정광 대 다라니경이 발견되었으며, 이것은 현존하는 세계에서 가장 오래된 목판 인쇄물이다.

오답풀이 ① 성덕대왕 신종은 통일 신라의 범종이다. ② 첨성대는 선덕여왕 때 축조되었다. ③ 칠지도는 백제와 왜의 외교 관계를 입증하는 유물이며, 금동대향로는 도교와 관련된 유물이다.

26 다음은 고대 문화유산이다. 각각의 설명으로 옳지 않은 것은?

① 금동미륵보살 반가상 – 삼국 시대에 공통적으로 유행한 불상 양식으로 미륵불 신앙을 반영한다.

② 연가 7년 명 금동여래입상 – 발해의 불상으로 강인한 인상과 은은한 미소가 돋보인다.

③ 석굴암 – 인공 석굴사원으로 유네스코 지정 세계 문화유산이다.

④ 상원사 종 – 통일 신라의 범종으로 현존하는 가장 오래된 범종이다.

27 통일 신라 문화와 관련된 내용으로 옳지 않은 것은?

① 통일 신라의 미술품은 조화미와 정제미가 뚜렷하게 표현되어 있다.

② 김대문은 '화랑세기', '고승전', '한산기' 등을 저술하여 주체적 문화 의식을 표현하였다.

③ 통일 신라의 굴식 돌방무덤은 둘레돌에 12지신 상을 조각하는 것이 특징이었다.

④ 통일 직후에는 선종 불교의 영향으로 팔각원당형의 승탑이 유행하였다.

28 삼국 시대의 탑과 관련된 설명으로 옳지 않은 것은?

① 신라의 분황사 탑은 벽돌 탑 양식을 모방한 석탑이다.

② 황룡사 탑은 문무왕의 삼국 통일과 관련된 목탑으로 호국 불교의 성격을 보여 준다.

③ 익산 미륵사지 석탑은 목조탑 양식을 모방한 가장 오래된 석탑이다.

④ 정림사지 5층탑은 백제의 대표적인 석탑으로 부여에 위치하고 있다.

---

26 정답 ②

오답풀이 ② 연가 7년 명 금동여래입상은 고구려의 대표적인 불상이며, 발해의 대표적인 불상은 이불병좌상이다.

27 정답 ④

해설 ① 통일 신라 문화는 조화미, 정제미, 귀족적 취향이 뚜렷하다. ② 김대문은 '화랑세기'(화랑들의 전기), '고승전'(유명한 승려 일대기), '한산기'(한산주의 인문 지리적 특징) 등을 저술하여 신라(민족) 문화의 주체적 인식을 강조하였다. ③ 통일 신라의 굴식 돌방무덤은 둘레돌에 12지신 상을 조각하는 것이 특징이었으며, 고려와 조선의 왕릉에 까지 계승되었다.

오답풀이 ④ 선종 불교와 팔각원당형 승탑은 신라 말에 유행하였다.

28 정답 ②

오답풀이 ② 황룡사 9층 목조탑은 선덕여왕 때 자장의 건의로 만들어졌으며 호국 불교와 관련 있다.

29 우리나라의 문화가 일본에 전래된 순서대로 바르게 나열한 것은? (2013년 기출)

> ㄱ. 왕인이 천자문과 논어를 가르침
> ㄴ. 담징이 종이와 먹의 제조 방법을 전함
> ㄷ. 노리사치계가 불경과 불상을 전함
> ㄹ. 심상은 화엄사상을 전해 일본 화엄종을 일으키는데 영향을 줌

① ㄱ → ㄴ → ㄷ → ㄹ   ② ㄱ → ㄷ → ㄴ → ㄹ

③ ㄷ → ㄱ → ㄹ → ㄴ   ④ ㄷ → ㄴ → ㄹ → ㄱ

30 다음의 밑줄 친 그와 관련된 설명으로 옳지 않은 것은?

> 그는 계율을 어겨 아들을 낳은 후 속인의 옷으로 갈아입고 스스로 소성거사라 불렀다. …… 방방곡곡을 돌아다니며 노래와 춤을 통해 부처의 가르침을 전하였다. 이로 말미암아 가난하고 무지몽매한 사람들까지도 부처의 이름을 알게 되었고 나무아미타불을 외우게 되었으니, 그의 교화가 자못 크다.
>
> 〈삼국유사〉

① 5교의 하나인 법성종을 창시하고 관음보살이 현세에서 자비로 중생의 괴로움을 구제한다는 관음 신앙을 전도하였다.

② 「금강삼매경론」과 「대승기신론소」를 저술하여 불교의 사상적 이해 기준을 마련하였다.

③ '아무것에도 구애됨이 없는 사람은 단번에 생사(生死)에서 벗어난다.'라고 하여 무애의 자유정신을 강조하였다.

④ 일심 사상을 바탕으로 불교 종파들의 사상적 대립을 조화시키고자 하였다.

---

29 **정답** ②

해설 ㄱ. 왕인은 4세기 근초고왕 때 일본에서 활동. - ㄷ. 노리사치계는 6세기 성왕 때 일본에 불교 전파. - ㄴ. 고구려의 담징은 7세기 영양왕 때 백제를 거쳐 일본으로 건너가 종이와 먹의 제조법을 전파하고 호류사 금당벽화를 남겼음. - ㄹ. 심상은 통일 신라의 승려로 8세기에 일본에 의상의 화엄종을 전파

30 **정답** ①

해설 자료에서 소성거사를 칭한 것과 백성들에게 아미타 신앙을 전파한 것을 통해 원효임을 알 수 있다. ② 원효는 「금강삼매경론」과 「대승기신론소」를 저술하여 불교의 사상적 이해 기준을 마련하였다. ③ 원효는 '아무것에도 구애됨이 없는 사람은 단번에 생사(生死)에서 벗어난다.'라고 하는 무애의 자유정신을 강조하였다. ④ 원효는 '십문화쟁론'을 저술하여 일심(화쟁) 사상을 바탕으로 불교 종파들의 사상적 대립을 조화시키고자 하였다.

오답풀이 ① 원효는 교종 5교의 한 종파인 법성종을 창시하였다. 그러나 관음신앙을 전도한 것은 의상과 관련 있다.

31. 다음 유물들에 대한 설명으로 옳지 않은 것은?

> (가) 익산 미륵사지 석탑 (나) 불국사 3층 석탑
> (다) 쌍봉사 철감선사 승탑 (라) 황룡사 9층 목탑

① (가) – 목탑 양식의 탑으로 현존하는 가장 오래된 석탑이다.
② (나) – 현존하는 세계에서 가장 오래된 목판 인쇄물이 발견되었다.
③ (다) – 신라 하대 선종의 유행과 관련 있는 석조물이다.
④ (라) – 통일 신라의 대표적인 목탑으로 몽골의 침입으로 소실되었다.

32. 다음 중 통일 신라 문화에 대한 설명으로 옳은 것은? (2010년 기출)

① 인쇄술과 제지술의 발달로 무구정광대다라니경이 만들어졌다.
② 경천사지 10층 석탑은 화강암으로 만들어졌으며, 원각사지 10층 석탑에 영향을 주었다.
③ 칠지도는 신라 제철 기술의 우수함을 보여 주었다.
④ 불국사 3층 석탑은 기단과 탑신에 부조로 불상을 조각하였다.

33. 2015년 7월 세계유산위원회(World Heritage Committee)가 유네스코 세계유산목록에 등재하기로 결정한 '백제역사유적지구'에 포함되지 않는 것은? (2015년 기출)

① 공주 수촌리 고분군 ② 공주 공산성
③ 부여 부소산성 ④ 익산 미륵사지

---

31 **정답** ④

해설 ① 익산 미륵사지 석탑은 백제의 석탑으로 목탑 양식의 석탑이며, 현존하는 가장 오래된 석탑이다. ② 불국사 3층 석탑(석가탑)에서는 무구정광 대 다라니경이라는 현존하는 가장 오래된 목판 인쇄물이 발견되었다. ③ 쌍봉사 철감선사 승탑은 신라 말에 선종의 유행으로 만들어진 팔각 원당형의 대표적인 승탑(부도)이다.

오답풀이 ④ 황룡사 9층 목탑은 통일 이전 7세기 선덕여왕 때 자장의 건의로 백제의 아비지가 건립하였으며, 고려 시대 몽골의 침략으로 소실되었다.

32 **정답** ①

해설 ① 무구정광대다라니경은 통일 신라 시대에 만들어진

현존하는 세계에서 가장 오래된 목판 인쇄물이다.

오답풀이 ② 고려 후기 석탑, ③ 칠지도는 백제와 왜의 외교 관계와 관련, ④ 신라 말 양양 진전사지 3층 석탑에 대한 설명이다.

33 **정답** ①

해설 ② ③ ④ 백제 역사 유적 지구로 지정된 것은 공주의 공산성·무령왕릉, 부여의 부소산성·정림사지, 익산의 미륵사지 등이 있다.

오답풀이 ① 공주 수촌리 고분군은 백제 역사 유적 지구에 해당하지 않는다.

34 [나라 – 문학 – 예술 작품]이 바르게 연결된 것은? (2014년 기출)

① 백제 – 구지가 –

② 고구려 – 황조가 –

③ 고려 – 도솔가 –

④ 조선 – 가시리 –

35 삼국과 일본의 문화 교류 내용으로 옳지 않은 것은? (2015년 기출)

① 백제의 노리사치계는 불교를 전해주었다.

② 신라는 조선술과 축제술 등을 전해주었다.

③ 백제의 왕인은 천자문과 논어를 전해주었다.

④ 고구려의 담징은 천문학과 역법을 전해주었다.

36 신라 선덕여왕 때 만들어진 것으로 옳지 않은 것은? (2018년 기출)

① 첨성대 　　　　　② 황룡사

③ 분황사 　　　　　④ 황룡사 9층탑

---

34 정답 ②

해설 ② 황조가는 고구려 유리왕이 지은 작품이며, 사진은 고구려의 연가7년명 금동여래입상이다.

오답풀이 ① 구지가는 가야 김수로왕과 관련된 노래이며, 사진은 고려 시대의 '청자상감칠보투각향로'이다. ③ 도솔가는 통일 신라의 월명사가 지은 향가 작품이며, 사진은 백제금동 대향로이다. ④ 가시리는 고려 후기의 속요이며, 사진은 조선 시대의 '상감백자연당초문대접'이다.

35 정답 ④

해설 ① 노리사치계는 백제 성왕 때 일본에 불교를 전해주었다. ② 신라는 일본에 조선술과 축제술 등을 전해주어 한인의 연못이 만들어지기도 하였다. ③ 왕인은 백제 근초고왕 때 일본에 천자문과 논어를 전해주었다.

오답풀이 ④ 고구려의 담징은 일본에 불교, 유교 경전, 종이와 먹 제조법 등을 전해주었다.

36 정답 ②

해설 ① 첨성대, ③ 분황사, ④ 황룡사 9층탑은 선덕여왕 때 축조되었다.

오답풀이 ② 황룡사는 진흥왕 때 자장의 건의로 축조되었다.

1. 중세의 정치

01 다음 사건을 시기순으로 바르게 나열한 것은? (2016년 기출)

> ㄱ. 고려의 건국   ㄴ. 발해의 멸망
> ㄷ. 후백제의 건국   ㄹ. 경순왕의 고려 귀순

① ㄱ → ㄴ → ㄷ → ㄹ   ② ㄴ → ㄷ → ㄱ → ㄹ

③ ㄷ → ㄱ → ㄴ → ㄹ   ④ ㄹ → ㄷ → ㄱ → ㄴ

02 호족에 대한 고려 태조의 정책으로 옳지 않은 것은? (2015년 기출)

① 귀순한 호족에게 왕씨 성을 주었다.

② 유력한 호족의 딸을 왕비로 맞이하였다.

③ 공을 세운 호족들을 공신으로 책봉하였다.

④ 향리의 자제를 개경에 불러 사심관으로 삼았다.

03 다음 중 고려 광종이 실시한 정책으로 옳지 않은 것은? (2010년 기출)

① 노비안검법 실시   ② 과거제도

③ 백관의 공복제도   ④ 지방 12목의 설치

---

01 **정답** ③

해설 ㄷ. 후백제 건국(900년) → ㄱ. 고려 건국(918년) → ㄴ. 발해 멸망(926) → ㄹ. 경순왕의 고려 귀순(935)

02 **정답** ④

해설 ① ② ③ 태조 왕건은 호족 세력을 우대하기 위하여 왕씨 성을 하사하는 사성 정책을 실시하고 호족의 딸과 정략결혼을 하였으며, 공로를 구분하여 호족들을 공신으로 책봉하였다.

오답풀이 ④ 태조가 호족 세력을 통제하기 위하여 향리(호족)의

자제를 개경에 머무르게 하여 인질로 삼은 것은 기인 제도이며, 사심관은 중앙의 고위 관리를 출신지의 책임자로 임명하여 지방 세력을 통제하는 제도이다.

03 **정답** ④

해설 ① ② ③ 광종은 왕권 강화와 중앙 집권 체제를 확립하기 위하여 노비안검법, 과거제도, 백관 공복 제도, 황제 칭호와 연호 사용 등의 정책을 실시하였다.

오답풀이 ④ 지방 행정 조직을 12목으로 편성하여 지방관을 파견한 것은 성종 때의 사실이다.

04 고려 시대 왕의 업적으로 잘못 연결된 것은? (2011년 기출)

① 태조 – 훈요 10조 ② 광종 – 연호 사용

③ 경종 – 시정 전시과 실시 ④ 성종 – 사심관, 기인 제도

05 고려 성종 대 최승로의 시무책에 관한 설명으로 옳은 것을 모두 고른 것은? (2015년 기출)

> ㄱ. 유교 사상을 치국의 기본으로 삼아 사회 개혁과 새로운 문화의 창조를 추구하였다.
> ㄴ. 태조 ~ 경종에 이르는 5대 왕의 치적 평가를 통해 교훈으로 삼았다.
> ㄷ. 후세의 국왕, 공후, 왕비, 대관들이 사원을 증축하지 못하게 하였다.
> ㄹ. 시무책 28조 모두가 전해진다.
> ㅁ. 연등회, 팔관회의 과도한 노역 등 불교의 폐단을 지적하였다.

① ㄱ, ㄴ, ㄷ ② ㄱ, ㄴ, ㅁ

③ ㄴ, ㄷ, ㄹ ④ ㄴ, ㄹ, ㅁ

06 고려시대의 대간제도와 관련 있는 기구는? (2016년 기출)

① 어사대 ② 중추원

③ 도병마사 ④ 동녕부

---

04 정답 ④

해설 ① 태조 왕건은 후대 왕들이 지켜야 할 원칙으로서 훈요 10조를 제시하였다. ② 광종은 왕권 강화를 위하여 광덕, 준풍의 연호를 사용하였다. ③ 경종 때 문벌 귀족의 경제적 기반을 마련하기 위한 토지제도로서 시정 전시과를 실시하였다.

오답풀이 ④ 사심관 제도와 기인 제도는 태조 왕건의 정책이다.

05 정답 ②

해설 ㄱ. 최승로는 유교가 치국(治國)의 기본임을 강조하여 유교를 정치 이념 사상으로 채택할 것을 건의하였다. ㄴ. 최승로는 성종에게 시무 28조 외에도, 태조부터 경종까지 5대 왕의 치적을 평가한 5조치적평을 올려 교훈으로 삼도록 건의하였다. ㅁ. 최승로는 시무 28조에서 연등회·팔관회 등의 불교 행사에 백성들이 동원되어 과도한 노역으로 고통에 시달리고 있음을 강조하였

으며, 그 결과 성종 때 연등회와 팔관회가 폐지되기도 하였다.

오답풀이 ㄷ. 최승로는 불교의 각종 폐단을 지적하였으나, 후세의 국왕 등이 사원을 증축하지 못하도록 한 내용은 시무 28조에 기록되어 있지 않다. ㄹ. 최승로의 시무 28조는 현재 22조만 전해지고 있으며, 6조의 내용은 현재까지 알 수 없다.

06 정답 ①

해설 ① 고려의 대간은 국왕의 잘못된 정치를 비판하는 역할을 담당한 중서문하성의 낭사와 어사대로 구성되었다.

오답풀이 ② 중추원은 군사 기밀과 왕명 출납을 담당하였다. ③ 도병마사는 국방 문제를 담당하는 귀족 합의제 기구였다. ④ 동녕부는 원이 고려의 자비령 이북 지역의 영토를 차지한 후 서경에 설치한 통치 기관이다.

07 다음 중 고려 중앙 통치 조직에 관하여 바르게 설명한 것은? (2005년 기출)

① 중서문하성 – 하부 조직으로 6부를 두고 실질적 행정을 집행하였다.

② 어사대 – 풍속을 바로잡고 관리들의 잘못을 규찰하였다.

③ 삼사 – 군사 기밀 및 왕명 출납을 관장하였다.

④ 중추원 – 화폐와 곡식의 출납 및 회계를 담당하였다.

08 다음 중 고려 태조 왕건의 정책으로 잘못 설명한 것은?

① 고구려의 수도였던 평양을 서경으로 지정하여 북진 정책의 전진 기지로 삼았다.

② 취민유도를 내세워 조세를 경감하였으며, 빈민 구제를 위해 흑창을 설치하였다.

③ 호족 세력을 억압하고 중앙 집권 체제를 강화하였다.

④ 민심을 안정시키기 위하여 불교와 풍수지리설을 중시하였다.

09 다음 내용과 관련된 고려 시대 기관은? (2013년 기출)

> ● 법적 제정을 관장하였다.
> ● 중서문하성과 중추원의 높은 관원들이 함께 참여하는 회의 기구였다.

① 상서성   ② 어사대

③ 도병마사   ④ 식목도감

---

07 정답 ②

해설 ② 어사대는 풍속 교정과 관리 비리 감찰을 담당하였으며, 중서문하성의 낭사와 함께 대간의 구성원으로 참여하였다.

오답풀이 ① 중서문하성은 국정 최고 기구이며 6부를 두고 실질적으로 행정 업무를 집행하는 것은 상서성에 해당한다. ③ 삼사는 국가 회계 기관으로 화폐와 곡식의 출납을 담당하였다. ④ 중추원은 군사 기밀 및 왕명 출납을 관장하였다.

08 정답 ③

해설 ① 태조 왕건은 고구려의 옛 영토를 회복하기 위해 북진정책을 추진하였으며, 평양을 서경으로 삼아 북진정책의 전진 기지로 삼았다. ② 취민유도(取民有度)의 입장에서 농민의 세금을 1/10로 감면해 주었으며, 빈민 구제를 위해 흑창을 설치하였다. ④ 태조는 훈요 10조

에서 백성들이 숭배하던 불교와 풍수지리설을 적극 장려하여 정책에 반영하기도 하였다.

오답풀이 ③ 태조는 호족 세력을 견제하기 위하여 기인제도와 사심관 제도를 실시하였지만, 호족 세력의 지원을 바탕으로 고려를 건국하였기 때문에 호족 세력을 우대하여 중앙 관리로 등용, 역분전(토지) 지급, 결혼 정책 등을 실시하였다. 호족 세력을 억압하고 중앙 집권 체제를 강화하기 위한 정책은 광종, 성종 때 실시되었다.

09 정답 ④

해설 ④ 식목도감은 도병마사와 함께 고려의 귀족 회의 기구로서, 2품 이상의 고위 관료인 중서문하성의 재신과 중추원의 추밀이 참여하여 국가 중대사를 결정지었다. 특히 식목도감은 각종 법과 시행 규칙을 제정하는 역할을 담당하였다.

10 고려시대 광종의 업적으로 옳은 것을 모두 고른 것은? (2013년 기출)

> ㄱ. 광덕, 준풍 등의 독자적인 연호를 사용하였다.
> ㄴ. 자신을 황제로 칭하고 개성을 황도로 격상시켰다.
> ㄷ. 관료들의 위계질서를 확립하기 위해 백관의 공복을 제정하였다.
> ㄹ. 개국 공신과 지방 유력 호족을 우대하여 권력 기반을 강화하였다.

① ㄱ, ㄴ, ㄷ   ② ㄱ, ㄹ

③ ㄴ, ㄷ   ④ ㄴ, ㄷ, ㄹ

11 다음은 고려의 중앙 관제를 나타낸 표이다. 이에 대하여 바르게 설명한 것을 고르면?

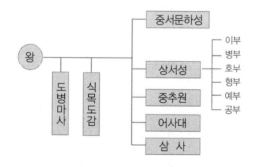

① 왕권 전제화를 제도적으로 뒷받침하였다.

② 도병마사와 식목도감은 고려 귀족 정치의 특징을 보여준다.

③ 중추원은 화폐와 곡식의 출납에 대한 회계를 담당하였다.

④ 재신과 낭사는 중앙의 정치운영의 가장 핵심적인 위치를 차지하였다.

---

10 정답 ①

해설 ① ㄱ, ㄴ, ㄷ. 광종은 왕권강화를 위해 광덕·준풍 등의 독자적인 연호와 황제 칭호를 사용하고, 수도 개성(경)을 황도로 격상시켰으며, 관료들의 위계질서를 확립하기 위해 백관의 공복을 제정하였다.

오답풀이 ㄹ. 광종은 개국 공신과 지방 유력 호족 세력을 약화시키고 왕권 강화를 위해 과거제도와 노비안검법을 실시하였으며, 개국공신과 호족세력을 우대하여 권력 기반을 강화한 것은 태조(왕건)의 정책이다.

11 정답 ②

해설 ② 도병마사는 국방, 식목도감은 법과 각종 시행 규칙

제정을 담당하는 고려의 독자적인 귀족 회의 기구로서 재신, 추밀 등 2품 이상의 고위 관리들이 참여하여 국가 정책을 결정하는 등 고려 귀족 정치의 특징을 잘 보여준다.

오답풀이 ① 고려는 2품 이상의 고위 관료인 귀족들이 도병마사와 식목도감을 통해 국사 중대사를 결정짓는 등 실제로 정치권력은 귀족이 독점하였다. ③ 화폐와 곡식의 출납에 대한 회계는 삼사가 담당하였다. ④ 고려는 2품 이상의 재신과 추밀이 정치 운영의 핵심적인 위치를 차지하였으며, 중서문하성의 낭사는 3품 이하의 관리로 주로 잘못된 정치를 비판하는 언관의 역할을 담당하였다.

12 다음 중 고려 시대 지방 행정 조직의 내용을 잘못 서술한 것은?

① 전국을 5도와 양계, 경기로 크게 나누었다.

② 국방상의 요충지에는 진을 설치하였는데, 이것은 군사적인 특수지역이었다.

③ 지방관이 파견되는 주현이 지방관이 파견되지 않는 속현보다 더 많았다.

④ 속현의 조세나 공물의 징수와 노역 징발 등 실제적인 행정 사무는 향리들이 담당하였다.

13 고려 시대의 중앙 정치 조직에 대한 설명으로 옳은 것은?

① 중추원은 재신과 추밀로 구성되었다.

② 삼사는 군사 기밀과 왕명 출납을 담당하였다.

③ 식목도감은 대내적인 법제와 격식을 담당하던 귀족회의기구였다.

④ 관리 감찰과 풍속 교정을 담당하는 관청으로 사헌부를 설치하였다.

14 다음 자료는 고려시대 관제의 한 부분을 설명한 것이다. 밑줄 친 ㉠~㉣에 대한 설명으로 옳지 않은 것은?

> 처음에는 ㉠도병마사라 불리었다. 문종이 관제를 정할 때에 ㉡문하시중, 평장사 등을 판사(判事)로 삼고 ㉢추밀 및 직사 3품 이상을 사(使)로 삼았다. …… 충렬왕 5년에 도병마사를 고쳐 ㉣도평의사사로 하였다. 큰 일이 있으면 사(使) 이상이 모여 의논하였으므로 합좌(合坐)의 명칭이 생겼다.

① ㉠ – 국방 문제를 담당하는 합좌 회의 기구였다.

② ㉡ – 중서문하성의 장관으로 국정을 총괄하는 지위에 있었다.

③ ㉢ – 관리의 임명 등에 동의하는 서경의 권한을 갖고 있었다.

④ ㉣ – 국가의 제반 정무를 관장하는 최고 정무기구였다.

---

12 정답 ③

해설 ① 현종 때 전국을 5도(일반 행정 구역)와 양계(군사 행정 구역)의 이원적 체제로 운영하였다. ② 양계 지역에서 국방상의 요충지에는 진을 설치하였다. ④ 속현의 실질적인 행정 업무는 향리들이 담당하였다.

오답풀이 ③ 고려는 지방관을 파견하지 않은 속현이 지방관이 파견된 주현보다 많았다. 속현은 지방 세력인 호족 출신의 향리가 실질적으로 지배하였다.

13 정답 ③

해설 ③ 식목도감은 임시기구로서 법과 각종 격식 및 규칙 제정을 담당하던 귀족 회의 기구였다.

오답풀이 ① 중추원은 군사 기밀을 담당하는 추밀과 왕명 출납을 담당하는 승선으로 구성되었다. ② 삼사는 국가 회계 기관으로 화폐와 곡식의 출납을 담당하였다.

④ 고려의 관리 감찰 기관은 어사대이고, 사헌부는 조선의 감찰 기관이다.

14 정답 ③

해설 ① 도병마사는 국방 문제를 담당하는 귀족 합의제 기구이다. ② 문하시중은 국정 최고 기구인 중서문하성의 장관(수상)으로서 국가 정책을 총괄하는 지위에 있었다. ④ 도병마사가 원 간섭기에 도평의사사로 바뀌었으며, 도평의사사는 국방뿐만 아니라 국가의 전반적인 정책 업무를 담당하는 최고 정무 기관의 역할을 담당하였다.

오답풀이 ③ 추밀은 중추원 재상으로서 재신과 함께 도병마사·식목도감 등 귀족 회의 기구에 참여하였으며 서경권은 대간의 권한이다.

15 고려 초기 중앙집권 체제를 구축하기 위해 시행한 정책을 바르게 나열한 것은?

(2015년 기출)

① 노비안검법 – 음서제   ② 백관의 공복 제정 – 광덕 연호 사용

③ 기인제 – 정동행성 설치   ④ 과거제 – 교정도감 설치

16 고려의 정치기구에 관한 설명으로 옳지 않은 것은? (2017년 기출)

① 중서문하성이 최고의 정무기구였다.

② 상서성은 상서도성과 6부로 구성되었다.

③ 중추원은 국방, 대외문제를 논의하는 회의 기구였다.

④ 당, 송 제도의 영향을 받았으나 고려 독자의 기구도 있었다.

17 고려 시대 향리에 대한 설명으로 옳지 않은 것은?

① 속현과 향·소·부곡의 실질적인 지배층으로서 조세와 공물 징수, 노역 징발 등을 담당하였다.

② 과거에 응시하여 문반 관직에 진출할 수 있었다.

③ 직역에 대한 대가로 역분전이라는 세습지를 지급받았다.

④ 고려 후기 공민왕 때 활동하였던 신진 사대부는 대부분 향리 출신이었다.

---

15 정답 ②

해설 ② 광종은 중앙 집권 체제를 구축하고 왕권 강화를 위하여 백관의 공복을 제정하여 관료들의 기강을 확립하였으며, 광덕·준풍 등의 독자적 연호를 사용하였다.

오답풀이 ① 노비안검법은 광종이 왕권 강화와 국가 재정 확충을 위하여 실시하였다. 그러나 음서제는 공신과 귀족의 자제들이 무시험으로 관직에 진출하는 제도로서 오히려 귀족들의 세력 강화의 기반이 되었다. ③ 기인제도는 태조(왕건)가 호족의 자식을 인질로 삼아 호족 세력을 통제함으로써 중앙 집권 체제를 구축하기 위해 실시한 제도이다. 그러나 정동행성은 원나라가 고려에 대한 내정 간섭을 목적으로 설치하였다. ④ 과거제는 광종이 신구 세력 교체를 통해 왕권 강화(중앙 집권 체제 구축)를 위해 실시한 제도이다. 그러나 교정도감은 무신 정변 이후 최충헌이 설치한 최씨 정권 시대의 최고 집정부이다.

16 정답 ③

해설 ① 중서문하성은 중앙 최고 정치 기구이다. ② 상서성은 정책 집행 기관으로 상서도성과 6부로 구성되었다. ④ 고려의 중앙 정치 조직은 당의 3성 6부의 영향을 받아 2성 6부로 운영되었으며, 중추원과 삼사는 송의 영향을 받아 조직되었다. 한편 고려는 도병마사, 식목도감 등의 독자적인 귀족 회의 기구를 운영하였다.

오답풀이 ③ 중추원은 군사 기밀 업무를 담당하는 추밀과 왕명 출납을 담당하는 승선으로 구성되었다. 국방 및 대외 문제를 논의하는 회의 기구는 도병마사이다.

17 정답 ③

해설 ① 향리는 지방관이 파견되지 않은 속현과 향·소·부곡의 실질적인 지배층으로서 조세와 공물 징수, 노역 징발 등의 역할을 담당하였다. ② 향리는 문과(제술과, 명경과)에 응시하여 합격하면 문반직에 진출할 수 있었다. ④ 공민왕 때 활동한 신진사대부는 대부분 향리 출신이었다.

오답풀이 ③ 고려의 향리는 직역의 대가로 외역전이라는 세습지를 지급받았으며, 역분전은 고려 태조가 공신에게 논공행상을 기준으로 하여 지급한 토지이다.

18 고려 시대 지방 행정 조직에 대한 설명으로 옳은 것은?

① 5도에는 상설 행정 기관이 설치되어 안찰사가 상주하며 통치하였다.

② 지방 출신의 관리를 기인으로 임명하여 출신 지역을 통제하게 하였다.

③ 향 · 소 · 부곡은 특수 행정 구역으로 향리가 행정 실무를 담당하였다.

④ 현종 때 12목이 설치되고 최초로 지방관이 파견되었다.

19 고려 시대 군사 제도에 관련된 설명으로 잘못된 것은?

① 상장군, 대장군 등의 무신 합좌 기구로 중방이 설치되었다.

② 5도에는 주현군, 양계에는 주진군을 설치하였다.

③ 2군 6위는 중앙군으로 직업 군인으로 구성되었다.

④ 무과 출신자는 2군 6위의 지휘관인 상장군, 대장군으로 등용되었다.

20 고려시대 음서제에 관한 설명으로 옳지 않은 것은?

① 과거 시험을 치르지 않아도 관직에 진출할 수 있는 제도이다.

② 음서는 공신, 종친, 5품 이상 관인의 자손이 그 대상이었다.

③ 외손자나 사위도 혜택을 받을 수 있었다.

④ 음서로 벼슬을 한 자들은 재상으로의 승진이 제한되었다.

---

18 정답 ③

해설 ③ 향 · 소 · 부곡은 하층 양민이 거주하는 특수 행정 구역으로 향리가 행정 실무를 담당하였다.

오답풀이 ① 5도에 파견된 안찰사는 임시직으로서 지방을 순시하며 지방관 감찰의 임무를 담당하였기 때문에 5도에는 상설 행정 기관이 설치되지 않았다. ② 기인제도는 호족의 자제를 수도에 머물게 하며 수도 경비와 왕실 수비를 담당하도록 하면서 호족을 견제한 제도이다. ④ 12목이 설치되고 최초로 지방관이 파견된 것은 성종 때이다.

19 정답 ④

해설 ① 중방은 2군 6위의 상장군 · 대장군으로 구성된 무관 합좌 기구로서 주로 군사 문제를 논의하였다.

② 지방군은 농민 의무병으로 구성되었으며 5도에는 주현군, 양계에는 상비군으로 주진군을 설치하였다. ③ 2군 6위는 직업 군인으로 구성되어 직역의 대가로 군인전이라는 세습지를 지급받았다.

오답풀이 ④ 고려에서는 과거제도에서 무과가 실시되지 않았다.

20 정답 ④

해설 ① 음서제는 과거를 치르지 않고 관직에 진출할 수 있는 제도로서 고려 문벌 귀족의 세력 강화의 기반이 되었다. ② 음서는 공신, 종친, 5품 이상 관리의 자손을 대상을 하였다. ③ 음서는 외손자나 사위도 혜택을 받을 수 있었다.

오답풀이 ④ 고려의 음서 출신자는 2품 이상의 관리인 재상으로의 진출에도 제약을 받지 않았다.

21 고려 시대 과거제도에 대한 설명으로 옳지 않은 것은?

① 광종 때 왕권 강화 목적으로 실시되었다.

② 양인 이상의 신분은 모두 과거에 응시할 수 있었다.

③ 무신 정권 시대에는 문과보다 무과가 더욱 중시되었다.

④ 문학적 재능과 정책 수행 능력을 실시하는 제술업이 가장 중시되었다.

22 다음 사건을 시대 순으로 바르게 나열한 것은? (2013년 기출)

> ㄱ. 강조의 정변 ㄴ. 묘청의 서경 천도 운동
> ㄷ. 이자겸의 난 ㄹ. 윤관의 여진 정벌

① ㄱ → ㄹ → ㄷ → ㄴ ② ㄴ → ㄷ → ㄹ → ㄱ

③ ㄷ → ㄹ → ㄱ → ㄴ ④ ㄹ → ㄱ → ㄴ → ㄷ

23 다음 내용과 관련 있는 나라와 관련된 사건은? (2004년 기출)

> 우리나라는 고구려를 계승한 나라이다. 그런 까닭에 나라 이름을 고려라 하고 평양에 도읍을 정한 것이다. 만약 땅의 경계를 논한다면 상국(上國)의 동경(東京)도 모두 우리 영역 안에 있는 셈이다. 어찌 우리를 침식했다고 하느냐?

① 홍화진 전투 ② 살수 대첩

③ 안시성 싸움 ④ 한산도 대첩

---

21 정답 ③

해설 ① 고려 시대의 과거제도는 광종이 유학을 익힌 신진 관리를 등용하여 왕권 강화를 목적으로 실시하였다. ② 과거는 농민을 포함한 양인 이상의 신분은 누구나 응시할 수 있었으며, 천민층은 과거 응시가 불가능하였다. ④ 고려의 과거제도에서는 특히 문학적 재능을 시험 과목으로 실시하는 제술업이 중시되어 한문학이 발달하였다.

오답풀이 ③ 고려 과거제도에서는 무과가 실시되지 않았다.

22 정답 ①

해설 ① ㄱ. 거란(요)은 강조의 정변을 구실로 1010년에 2차 침략을 하였다. ㄹ. 윤관은 1107년에 여진족을 정벌하

여 동북 9성을 축조하였다. ㄷ. 이자겸의 난(1126년) ㄴ. 묘청의 서경 천도 운동(1135)

23 정답 ①

해설 ① 자료는 거란족의 1차 침략 당시에 서희가 거란 장군 소손녕과의 외교 담판을 하던 당시에 서희가 언급한 내용이다. 홍화진 전투는 거란족의 3차 침략 당시에 강감찬 장군이 거란족을 격퇴하였던 전투이다.

오답풀이 ② 살수대첩은 을지문덕 장군이 수나라 양제의 침략을 격퇴한 전투이다. ③ 안시성 싸움은 고구려 양만춘 장군이 당태종의 침략을 격퇴한 전투이다. ④ 한산도 대첩은 이순신 장군이 임진왜란 당시에 왜 수군을 격퇴한 전투이다.

관광국사 기출 · 예상문제집

24 다음 중 고려의 대외관계에 관한 설명으로 옳지 않은 것은? (2012년 기출)

① 12세기 초 여진의 세력이 커지자 고려는 이를 토벌하고 동북 9성을 쌓았다.

② 벽란도를 통해 송, 아라비아 등 여러 나라 상인과 교역을 하였다.

③ 고려는 거듭된 외세의 침입을 성공적으로 방어하여 송과 세력 균형을 맞추었다.

④ 조정에서는 외국인의 귀화를 경계하여 받아들이지 않았다.

25 다음 사건을 발생시기가 앞선 순으로 바르게 나열한 것은? (2018년 기출)

> ㄱ. 경대승 도방정치　　　　　ㄴ. 묘청 서경천도 운동
> ㄷ. 최충헌 교정도감 설치　　　ㄹ. 삼별초 대몽항쟁

① ㄱ → ㄴ → ㄹ → ㄷ　　　② ㄱ → ㄷ → ㄴ → ㄹ
③ ㄴ → ㄱ → ㄷ → ㄹ　　　④ ㄴ → ㄷ → ㄹ → ㄱ

26 묘청의 난에 관한 설명으로 옳지 않은 것은? (2015년 기출)

① 윤관에 의해 진압되었다.

② 풍수도참설이 이용되었다.

③ 금나라 정벌을 주장하였다.

④ 칭제건원(稱帝建元)을 주장하였다.

---

24 정답 ④

해설 ① 고려는 12세기 초 윤관이 별무반이란 특수 군대를 양성하여 여진족을 토벌하고 동북 9성을 축조하였다. ② 고려의 국제 무역항이던 벽란도를 통해 송, 아라비아 등 외국 상인과의 교역이 활발하게 이루어졌다. ③ 고려는 거란의 3차에 걸친 침략을 막아내고 고려, 송, 요(거란)의 국가 간의 세력 균형을 유지하였다.

오답풀이 ④ 고려시대에는 여진, 거란족이 고려로 귀화한 사람이 다수였으며, 고려 왕조도 귀화를 허용하였다.

25 정답 ③

해설 ㄴ. 묘청 서경천도 운동(1135) → ㄱ. 무신정변(1170) 이후 경대승은 정중부를 축출하고 도방정치를 실시 →

ㄷ. 최충헌은 경대승이 죽은 후 정권을 장악한 이의민을 축출하고 교정도감을 설치하고 정권을 장악 → ㄹ. 삼별초는 1270년에 고려가 몽골과 강화를 맺은 것을 반대하면서 대몽 항쟁을 전개

26 정답 ①

해설 ② ③ ④ 묘청의 난은 묘청을 비롯한 서경파 세력이 풍수도참설을 배경으로 서경 천도를 추진하였다. 또한 칭제건원과 금과의 사대 관계를 거부하고 금나라 정벌을 주장하였다.

오답풀이 ① 묘청의 난은 김부식에 의해 진압되었다.

27 고려의 대외 관계를 시대 순으로 바르게 나열한 것은? (2015년 기출)

> ㄱ. 강감찬은 귀주에서 거란의 침략을 막아냈다.
> ㄴ. 서희는 거란의 소손녕과 외교적 담판을 하여 강동6주를 획득하였다.
> ㄷ. 몽고는 저고여의 피살을 핑계로 고려를 침략하였다.
> ㄹ. 윤관의 건의에 따라 별무반을 조직하여 여진족을 몰아내고 동북 9성을 쌓았다.

① ㄱ → ㄴ → ㄷ → ㄹ
② ㄴ → ㄱ → ㄷ → ㄹ
③ ㄴ → ㄱ → ㄹ → ㄷ
④ ㄹ → ㄱ → ㄴ → ㄷ

28 고려 무인집권기에 설치된 기구에 관한 설명으로 옳지 않은 것은? (2016년 기출)

① 대장경을 간행하기 위해 교장도감을 설치하였다.

② 사병기관인 도방을 설치하여 신변을 경호하였다.

③ 문인들의 전문적인 지식을 활용하기 위해 서방을 설치하였다.

④ 반대 세력을 제거하고 비위를 감찰하기 위해 교정도감을 설치하였다.

29 다음 중 삼별초가 항쟁한 곳을 모두 고른 것은? (2019년 기출)

| ㄱ. 강동성 | ㄴ. 귀주성 | ㄷ. 용장산성 | ㄹ. 항파두성 |

① ㄱ, ㄴ
② ㄱ, ㄹ
③ ㄴ, ㄷ
④ ㄷ, ㄹ

---

27 정답 ③

해설 ㄴ. 서희의 강동6주 획득(거란 1차 거란 침략, 903) → ㄱ. 강감찬의 귀주대첩(거란 3차 침략, 1019) → ㄹ. 윤관의 동북 9성 축조(1107) → ㄷ. 몽골의 1차 침략(1231)

28 정답 ①

해설 ② 최충헌은 자신의 신변 보호를 위해 사병 기관인 도방을 설치하였다. ③ 최우는 문인 관리를 등용하여 행정 업무에 활용하기 위하여 서방을 설치하였다. ④ 최충헌은 반대 세력을 제거하고 신변을 보호하기 위하여 교정도감을 설치하였으며, 이후 교정도감은 최씨 정권 시대의 최고 정치 기구로 발전하였다.

오답풀이 ① 최우는 몽골의 침략을 계기로 강화도에 대장도감을 설치하고 팔만(재조) 대장경을 간행하였다. 교장도감은 대각국사 의천이 교장을 편찬하기 위하여 설치한 것이다.

29 정답 ④

해설 고려의 삼별초가 몽골과 항쟁하였던 곳은 강화도, 진도의 용장산성, 제주도의 항파두성이었다.

30 다음 중 고려 시대에 이민족의 침략과 대항하였던 인물로 잘못 연결된 것은? (2012년 기출)

① 거란 – 김윤후　　　　　　　② 몽골 – 최우

③ 홍건적, 왜구 – 이성계　　　　④ 여진 – 윤관

31 고려의 영토가 다음 지도와 같았던 시기의 역사적 사실이 아닌 것은?

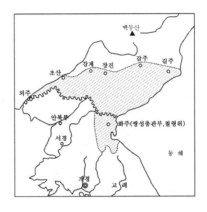

① 사림원을 설치하고 신진 사대부를 양성하여 개혁 정치를 주도하였다.

② 내정을 간섭하던 정동행성이문소를 폐지하였다.

③ 전민변정도감을 설치하여 토지를 돌려주거나 노비를 양민으로 해방시켰다.

④ 왕권을 제약하고 신진 사대부의 등장을 억제하고 있던 정방을 폐지하였다.

---

30 정답 ①

해설 ② 최우는 몽골 침략 당시에 강화도로 천도하여 몽골과 장기적 항쟁을 도모하였다. ③ 이성계는 공민왕 때 홍건적과 왜구 토벌을 주도하였다. ④ 윤관은 별무반을 편성하여 여진족을 정벌하고 동북 9성을 축조하였다.

오답풀이 ① 김윤후는 몽골 침략 당시에 처인성 전투에서 몽골 장군 살리타를 살해하였다.

31 정답 ①

해설 지도는 공민왕 때 원으로부터 쌍성총관부를 탈환하고 회복한 영토이다. ② 공민왕은 반원 자주 정책으로 내정간섭기관이었던 정동행성 이문소를 폐지하고 관제를 복구하였으며, 몽골풍을 금지시켰다. ③, ④ 공민왕은 권문세족을 억압하고 왕권강화를 위해 전민변정도감을 설치하여 권문세족의 경제적 기반을 약화시켰으며, 정방을 폐지하고 인사권을 회복하였다.

오답풀이 ① 사림원은 충선왕 때 설치되었다.

32 고려 후기의 정치적 변동과 관련된 설명으로 옳은 것은?

① 정동행성은 일본 원정이 실패하면서 혁파되었다.

② 충렬왕은 쌍성총관부를 무력으로 탈환하여 철령 이북의 영토를 회복하였다.

③ 도병마사가 도평의사사로 개편되어 국정을 총괄하는 최고 정무 기구로 발전하였다.

④ 원은 순마소를 설치하여 고려에 대한 군사적 영향력을 행사하였다.

33 고려의 대외 항쟁과 관련된 설명으로 옳지 않은 것은?

① 거란의 1차 침략 때 서희가 강동 6주를 획득하여 압록강 유역까지 영토가 확장되었다.

② 최무선이 진포 대첩에서 화포를 이용하여 왜구를 격퇴시켰다.

③ 고려 말 이종무는 왜구의 소굴인 쓰시마 섬을 정벌하였다.

④ 삼별초는 강화도, 진도, 제주도로 이동하면서 몽골군에 끝까지 저항하였다.

34 원 간섭기의 고려의 상황으로 옳지 않은 것은?

① 고려는 부마국의 지위에 해당하는 왕실의 칭호를 사용하였다.

② 왕실과 상류층에서는 몽골식 의복과 변발이 유행하였다.

③ 권문세족은 전민변정도감을 설치하여 농민의 토지를 강탈하였다.

④ 정치, 경제, 사회 등 전반에 걸친 원의 간섭으로 고려의 주권은 거의 상실되었다.

---

32 정답 ③

해설 ③ 도병마사는 국방을 담당하는 임시 기구였으나, 원 간섭기에 도평의사사로 변경된 후 국정 전반을 담당하는 최고 권력 기구로 발전하였으며 당시의 집권층이었던 권문세족의 세력 기반이 되었다.

오답풀이 ① 정동행성은 일본 정벌을 위해 설치되었으나 일본 원정 실패 후에는 고려에 대한 내정 간섭 기관 역할을 담당하게 되었다. ② 쌍성총관부를 탈환한 것은 공민왕 때의 사실이다. ④ 순마소는 감찰 기관이며 고려에 대한 군사적 영향력을 행사한 기구는 만호부이다.

33 정답 ③

해설 ① 거란족의 1차 침략 당시 서희는 소손녕과의 외교 담판을 통해 강동 6주를 획득하였으며, 그 결과 고려의 영토는 압록강 유역까지 확장되었다. ② 최무선은 화통도감을 설치하고 화약과 화포를 제작하였으며 진포 대첩에서 화포를 이용하여 왜구를 격퇴하였다. ④

삼별초는 몽골과의 강화를 반대하면서 배중손의 지휘 아래 강화도, 진도, 제주도로 이동하면서 대몽 항쟁을 전개하였다.

오답풀이 ③ 이종무는 조선 세종 때 쓰시마 섬을 토벌하였으며, 고려 말에 쓰시마 섬을 정벌한 것은 박위이다.

34 정답 ③

해설 ① 원 간섭기에 고려는 부마국 지위의 왕실 칭호를 사용하였는데, 폐하는 전하, 태자는 세자로 바꾸고 왕 이름에는 '충ㅇ왕'을 쓰도록 하였다. ② 왕실과 권문세족 등 상류층에서는 몽골식 의복과 변발이 유행하였다. ④ 원의 고려에 대한 정치, 경제, 사회 전반에 걸친 내정 간섭과 착취가 극심하여 고려의 주권은 거의 상실된 상태로 전락하였다.

오답풀이 ③ 전민변정도감은 공민왕 때 신돈의 건의로 권문세족의 경제적 기반을 약화시키기 위해 설치하였다.

35 밑줄 친 부분과 같은 일이 일어나게 된 직접적인 원인으로 옳은 것은? (2014년 기출)

> (공민왕이) 일개 승려에 불과하던 신돈에게 국정을 맡겼다. 신돈은 "오늘날 나라의 법이 무너져 나라의 토지와 약한 자들의 토지를 힘 있는 자들이 모두 빼앗고 양민을 자신의 노예로 삼고 있다. 그러므로 백성은 병들고 나라의 창고는 비어 있으니 큰 문제가 아닐 수 없다. …"
> – 「고려사」 –

① 이자겸은 왕실과 혼인관계를 맺으면서 권력가가 되었다.

② 각 지역에 독립적인 세력을 가진 호족들이 등장하였다.

③ 원(元)의 세력을 등에 업은 권문세족이 성장하였다.

④ 세도 가문이 권력을 독점하면서 뇌물로 관직을 사고파는 일이 많아졌다.

36 다음의 빈칸에 들어갈 말로 알맞게 짝지어진 것은?

> 정중부, 이의방 등 무신들은 정변을 일으킨 뒤 (가)을/를 중심으로 권력을 행사하며 권력 쟁탈전을 벌였다. 이후 최충헌이 권력을 잡으면서 최고 집정부 역할을 하는 (나)을/를 설치하고, 경대승이 신변 경호를 위해 만들었던 사병집단인 (다)을/를 중요한 권력 장치로 재건했다.

① (가) – 교정도감   (나) – 중방   (다) – 삼별초

② (가) – 중방   (나) – 교정도감   (다) – 정방

③ (가) – 중방   (나) – 교정도감   (다) – 도방

④ (가) – 중방   (나) – 교정도감   (다) – 삼별초

---

35 **정답** ③

해설 ③ 자료는 공민왕 때 신돈의 건의로 설치된 전민변정도감과 관련된 사실이다. 원 간섭기의 지배층이었던 권문세족의 대토지 소유와 농민의 노비화 현상을 해결하기 위하여 전민변정도감을 설치하였으나 실패하였다.

오답풀이 ① 고려 중기의 대표적인 문벌귀족이었던 이자겸의 경원 이씨 가문은 왕실과 혼인 관계를 맺으면서 권력을 장악하였다. ② 호족은 신라 말에 등장하였다. ④ 조선 후기 세도정치 시기에는 세도 가문은 권력을 장악하고 뇌물로 관직을 사고파는 매관매직이 성행하는 등 정치 기강이 문란해졌다.

36 **정답** ③

해설 (가) 중방 – 무신 합좌 기구로 설치되었으며, 무신 집권기에는 최고 권력자는 중방을 중심으로 정치를 주도하는 등 최고 권력 기관으로 발전하였다. (나) 교정도감 – 최충헌이 설치한 최씨 정권의 최고 집정부로서 책임자인 교정별감은 최씨 집안이 대대로 차지하여 권력을 장악하였다. (다) 도방 – 경대승이 신변 보호를 위해 설치한 사병 집단이었으며, 최씨 정권에서는 삼별초와 함께 사병 집단으로서 최씨 정권의 군사적 기반이 되었다.

37 다음 국왕의 정책으로 옳은 것을 모두 고르시오.

> 국왕이 명령을 내리기를, "정방은 권신이 처음 설치한 것이니, 어찌 조정에서 벼슬을 주는 뜻이 되겠는가. 이제 마땅히 없애고, 3품 이하 관리는 재상과 함께 의논하여 진퇴를 결정할 것이니, 7품 이하는 이부와 병부에서 의논하여 아뢰도록 하라."라고 하였다.　〈고려사〉

> ㄱ. 이인임 등 친원파 세력을 축출하고 왕권을 회복하였다.
> ㄴ. 유교 교육을 강화하기 위해 성균관을 개편하였다.
> ㄷ. 첨의부를 없애고 중서문하성과 상서성을 복구하였다.
> ㄹ. 철령 이북의 영토 문제로 인해 요동 정벌을 단행하였다.

① ㄱ, ㄴ 　　② ㄴ, ㄷ
③ ㄴ, ㄹ 　　④ ㄷ, ㄹ

38 다음 내용과 관련된 고려 무신 정권기 천민의 반란은? (2014년 기출)

> 경인년과 계사년 이래 천한 무리에서 높은 관직에 오르는 경우가 많이 일어났으니, 장군과 재상이 어찌 종자가 따로 있으랴? 때가 오면 누구나 할 수 있을 것이다.

① 김보당의 난 　　② 망이 · 망소이의 난
③ 전주 관노의 난 　　④ 만적의 난

---

37 정답 ②

해설 ② 제시된 자료의 핵심 내용은 정방을 폐지한 것이므로 이는 공민왕의 개혁 정치에 해당한다. ㄴ. 고려의 국자감은 유학과 함께 잡학 교육도 담당하였는데 공민왕은 국자감을 개칭한 성균관을 잡학 교육을 금하고 유학 교육만을 담당하는 순수 유학 기관으로 개편하였다. ㄷ. 원 간섭기 때 관제 개편으로 중서문하성과 상서성을 합쳐 첨의부라 하였는데 공민왕은 이를 다시 복구하여 중서문하성과 상서성으로 개칭하였다.

오답풀이 ㄱ. 이인임은 공민왕 사후 활약했던 친원파로 최영에 의해 축출되었으며, 공민왕은 기철 일파를 숙청하였다. ㄹ. 요동 정벌은 우왕 때 명이 철령 이북의 영토를

차지하려 하자, 이에 대응하여 최영의 주도 아래 전개되었다.

38 정답 ④

해설 ④ 자료는 최충헌의 사노비였던 만적이 신분 해방과 정권 장악을 목적으로 일으킨 반란과 관련된 사실이다.

오답풀이 ① 김보당의 난은 무신 정권에 저항하여 일어난 대표적인 문신 반란이다. ② 망이 · 망소이의 난은 공주 명학소에서 일어난 하층민의 반란이다. ③ 전주 관노의 난은 전주 관청에 소속된 노비가 일으킨 반란이다.

39 위화도 회군을 전후하여 일어난 일로 옳지 않은 것은? (2014년 기출)

① 공민왕은 명으로부터 돌려받은 쌍성총관부에 철령위를 설치하였다.

② 이성계는 4불가론을 내세워 요동 정벌을 반대하였다.

③ 이성계는 위화도 회군 이후 우왕을 쫓아내고 창왕을 옹립하였다.

④ 최영은 요동정벌을 단행하여 8도도통사가 되었다.

40 신진 사대부에 관한 설명으로 옳지 않은 것은? (2015년 기출)

① 조선 왕조 건국의 주역이 되었다.

② 성리학을 수용하여 학문적 기반으로 삼았다.

③ 최고의 정치 기구로 교정도감을 설치하였다.

④ 공민왕의 개혁정치 과정에서 정계진출이 확대되었다.

---

39 정답 ①

해설 ② 이성계는 최영의 요동 정벌을 반대하는 4불가론을 내세웠다. ③ 이성계는 위화도 회군을 계기로 정권을 최영을 제거하고 정권을 장악한 후, 우왕을 폐위하고 창왕을 왕으로 내세웠다. ④ 명이 철령 이북 지역을 차지하려고 하자, 최영은 8도도통사가 되어 요동 정벌을 단행하였다.

오답풀이 ① 공민왕 때 고려는 유인우가 원으로부터 쌍성총관부를 탈환하고 철령 이북의 땅을 회복하였다. 이후 명은 철령 이북 지역에 철령위를 설치하고 자신의 영토로 편입시키려고 하였으며, 이를 계기로 최영의 주도 아래 요동 정벌이 추진되었다.

40 정답 ③

해설 ① 정도전을 비롯한 신진사대부는 이성계와 함께 조선 건국을 주도하였다. ② 신진사대부는 성리학을 수용하여 불교를 비판하였다. ④ 신진사대부는 공민왕의 개혁 정치에 참여하면서 본격적으로 중앙 정계에 진출하였다.

오답풀이 ③ 교정도감은 최충헌이 설치한 최씨 무신 정권 시대의 최고 정치 기구이다.

2. 중세의 사회

01 고려시대의 신분제도와 관련된 설명으로 옳지 않은 것은? (2012년 기출)

① 노비는 매매, 증여, 상속이 가능하였으며 주인에게 예속되었다.

② 양민 중 역과 진에 거주하는 주민은 육로 교통과 수로 교통에 종사하였다.

③ 노비와 관련된 소송 문제는 장례원에서 처리하였다.

④ 양민의 대다수인 농민은 조세, 공납, 역의 의무가 있었다.

02 고려 시대의 신분 구조에 대한 설명으로 옳지 않은 것은?

① 귀족은 왕족을 중심으로 모든 문·무관리가 포함되었다.

② 향리는 중류층에 속하며 과거를 통해 중앙에 진출할 수 있었다.

③ 양인의 대부분은 백정으로 조세, 공납, 역의 의무가 있었다.

④ 향·소·부곡의 주민은 일반 양민에 비해 차별 대우를 받았다.

03 고려 시대 노비와 관련된 설명으로 옳지 않은 것은?

① 노비 간의 소생은 아버지의 소유주에 귀속되었다.

② 부모 중 한쪽이 노비이면 그 자녀도 노비가 되었다.

③ 노비는 토지와 더불어 귀족의 경제적 토대가 되었다.

④ 외거 노비는 농업에 종사하면서 가정을 이룰 수 있었다.

---

01 정답 ③

해설 ① 노비는 재산으로 간주되어 주인에게 예속된 존재였으며 매매, 증여, 상속이 가능하였다. ② 역과 진에 거주하는 주민은 육로 교통과 수로 교통에 종사하는 하층 양민으로서 거주 이전의 자유가 없었다. ④ 양민의 대다수를 차지한 농민은 자유민으로서 과거에 응시할 수 있으며 조세·공납·역 등의 의무를 부담하였다.

오답풀이 ③ 장례원은 조선 시대에 노비와 관련된 소송을 담당하던 관청이었다.

02 정답 ①

해설 ② 향리는 중류층으로 신분이 세습되었으며 과거를 통해 문반직에 진출할 수 있었다. ③ 양인의 대부분은 백정 농민이었으며, 조세·공납·역 의무를 부담하였다. ④ 향·소·부곡의 주민은 일반 양민에 비해 차별

대우를 받아 조세 부담이 더 많았으며, 거주 이전의 자유가 금지되었고 과거에 응시할 수 없었다.

오답풀이 ① 고려의 귀족은 5품 이상의 문무 관료만 해당한다.

03 정답 ①

해설 ② 고려시대 노비의 신분은 일천즉천(一賤則賤)의 원칙이 적용되어 부모 중 한쪽이 노비이면 노비의 신분은 세습되었다. ③ 노비는 재산으로 간주되어 귀족의 경제적 토대가 되었으며, 매매·상속·증여 등이 가능하였다. ④ 외거노비는 주인과 따로 살면서 농업에 종사하여 재산을 축적할 수 있으며 독립적인 가정을 이룰 수 있었다.

오답풀이 ① 노비에 대한 소유권은 천자수모법(賤子隨母法)이 적용되어 노비간의 자식은 어머니의 소유주에 귀속되었다.

04 (가)와 같은 행정 구역에 소속된 주민에 대한 설명으로 옳지 않은 것은?

> [(가)]의 망이·망소이 등이 무리를 이끌고 공주를 공격하여 함락하였다. 이에 정부에서 관리를 보내어 달래고 [(가)]을/를 충순현으로 승격시켜 주었다. 그러나 정부에서 병사를 풀어 그들의 가족을 잡아 가두자 다시 반란을 일으켰다.

① 군현민보다 더 많은 세금 부담을 지고 있었다.

② 매년 신공을 바치며 독립된 경제생활을 영위하였다.

③ 먹과 종이 등 수공업 제품을 생산하여 공물로 납부하였다.

④ 주현을 통하여 간접적으로 중앙 정부의 통제를 받았다.

05 고려 사회의 법률과 풍속에 대하여 잘못 설명한 것은?

① 형법은 당률을 기본으로 제정하였으며, 일상생활에서는 관습법을 중심으로 운영되었다.

② 왕실을 중심으로 근친혼이 성행하였다.

③ 혼인의 형태는 일부다처제가 일반적인 현상이었다.

④ 반역죄와 불효죄는 중죄로 처벌되었다.

06 고려 시대 여러 가지 사회 제도와 관련된 설명으로 옳은 것은?

① 의창 – 물가 안정을 꾀하여 백성들이 안심하고 생업에 종사할 수 있도록 함

② 동·서 대비원 – 환자 진료 및 빈민 구휼 담당

③ 상평창 – 고구려의 진대법과 유사

④ 제위보 – 각종 재해 시 백성의 구제

---

04 정답 ②

해설 제시된 자료는 무신 정권 시대에 신분상승을 위해 일어났던 공주 명학소의 망이·망소이의 난과 관련된 내용이다. 따라서 (가)와 같은 행정 구역은 '소'가 된다. ① 소의 주민은 향, 부곡의 주민과 같이 양민이면서 군현민보다 더 많은 세금 부담을 지고 있었다. 거주하는 곳도 소속 집단 내로 제한되어 다른 지역으로 이주하는 것이 원칙적으로 금지되었다. ③ 소에 거주하는 사람들은 수공업이나 광업품의 생산을 주된 생업으로 하였으며 이를 공납으로 납부하였다. ④ 고려 시대 향·소·부곡은 지방관이 파견된 주현을 통해 간접적으로 중앙 정부의 통제를 받았다.

오답풀이 ② 주인과 따로 살면서 독립적 경제 활동을 하는 외거노비에 대한 설명이다.

05 정답 ③

해설 ① 형법은 당률을 기본으로 제정하고 보조 법률을 제정하였으며, 일상생활에서는 관습법을 적용하였다. ② 고려는 왕실에서는 근친혼이 성행하였다. ④ 유교 윤리가 중시되어 반역죄와 불효죄는 중죄로 처벌하였다.

오답풀이 ③ 고려시대에는 일부일처제가 일반적인 혼인 형태였다.

06 정답 ②

해설 ② 동·서 대비원은 개경에 설치하여 환자의 진료 및 빈민 구휼을 담당하도록 하였다.

오답풀이 ① 의창은 고구려의 진대법을 계승한 춘대 추납의 빈민 구제 제도이다. ③ 상평창은 물가 조절 기관으로 성종 때 개경과 서경 및 12목에 설치되었다. ④ 제위보는 빈민 구제 기금이며, 고려에서 각종 재해 시 백성을 구제하기 위한 기관으로 구제·구급도감이 설치되었다.

07 / 다음 자료와 관련된 내용으로 옳지 않은 것은? (2011년 기출)

⟨사천매향비⟩
이 비석은 1387년에 향나무를 묻고 세운 것으로 내세의 행운과
국태민안(國泰民安)*을 기원하는 내용을 담고 있다.
* 국태민안(國泰民安) : 나라를 태평하게 하고 백성을 편안하게 함.

① 삼한 시대부터 나타난 농민들의 노동 공동체였다.

② 상장례, 마을 제사 등 공동체 생활을 주도하였다.

③ 미륵불 신앙과 관련이 있다.

④ 불상, 석탑, 절을 지을 때 주도적 역할을 담당하였다.

08 / 다음 중 고려 시대의 가정생활 모습으로 보기 어려운 것은?

① 개경에 살던 용준이는 장가를 들어 공주에 있는 처가에서 생활하였다.

② 미숙이는 남동생인 민석이와 똑같이 재산을 상속받았다.

③ 아들이 없는 준영이는 당시의 풍습대로 양자를 들였다.

④ 남편과 사별한 도연이는 배서방에게 재가를 하였다.

09 / 고려 시대에 공음전과 음서의 혜택을 누리던 지배 계층은?

① 권문 세족   ② 신진 사대부

③ 문벌 귀족   ④ 호족

---

07 정답 ①

해설 자료는 고려 시대의 향도에 대한 설명이다. ②③④ 향
도는 초기에는 불교의 신앙 조직으로 매향 활동을 통
해 미륵불 신앙을 표현하여 국태민안을 기원하는 한
편, 불상·사원·석탑 등의 건립 활동을 하였다. 후기
에 이르러 향도는 농민의 공동체 조직으로 발전하여
마을 노역, 상장례 등에서 일정한 역할을 담당하였다.

오답풀이 ① 삼한 시대부터 조직된 농민들의 공동체 조직은 두
레이다.

08 정답 ③

해설 ① 고려에서는 처가살이가 일반적인 현상이었다. ②

재산 상속은 자녀균분 상속의 원칙이 적용되어 아들과
딸이 균등하게 재산을 상속받았다. ④ 고려에서는 여
성의 재가가 허용되었으며, 재가녀의 자식은 사회적으
로 차별받지 않았다.

오답풀이 ③ 고려시대에는 아들이 없는 경우 딸이 제사를 지냈
으며, 양자를 들여 제사를 지내는 것은 조선 후기에 나
타난 일반적인 사실이다.

09 정답 ③

해설 ③ 공음전은 귀족에게 지급한 세습지이며, 음서는 과
거를 응시하지 않고 관직에 진출하는 특권으로 고려시
대 문벌귀족의 경제적, 군사적 기반이 되었다.

10 다음 내용 중 맞는 것끼리 바르게 묶은 것을 고르면? (2008년 기출)

> ㄱ. 호족 – 선종과 풍수지리설을 사상적 기반으로 고려를 개창하였다.
> ㄴ. 문벌귀족 – 유력 가문과 중첩된 혼인 관계를 맺었다.
> ㄷ. 무신 – 외적 격퇴 과정에서 권력을 장악하여 사회 개혁을 주도하였다.
> ㄹ. 신진사대부 – 원 간섭기에 음서를 통해 신분을 세습하고 대농장을 소유하였다.

① ㄱ, ㄴ   ② ㄱ, ㄹ
③ ㄴ, ㄷ   ④ ㄷ, ㄹ

11 고려 시대 향·소·부곡에 대한 설명으로 옳지 않은 것은?

① 일반 군현의 백성보다 천한 대우를 받았다.
② 향·부곡민은 주로 수공업, 소의 주민은 주로 농업에 종사하였다.
③ 거주 이전의 자유가 제한되었다.
④ 국가에 대한 세금 부담이 백정보다 더 많았다.

12 고려시대의 사회 상황으로 옳지 않은 것은? (2016년 기출)

① 궁궐의 잡무를 맡은 남반이 있었다.
② 도살업에 종사하는 계층을 백정이라 하였다.
③ 물가 조절을 위한 상평창이라는 기관이 있었다.
④ 죄 지은 자를 본관지로 보내는 귀향이라는 형벌이 있었다.

---

10 정답 ①

해설 ㄱ. 호족은 신라 말에 성장한 지방 세력으로 선종을 후원하고 풍수지리설을 수용하여 사상적 기반으로 삼고 고려 건국을 주도하였다. ㄴ. 문벌 귀족은 가문을 중시하고 중첩된 혼인 관계를 통해서 권력 기반을 강화시켰다.

오답풀이 ㄷ. 무신은 문벌 귀족 사회를 붕괴시킨 무신정변을 계기로 정권을 장악하였으며, 외적을 격퇴하는 과정에서 권력을 장악한 것은 고려 후기에 홍건적과 왜구 격퇴를 주도하였던 최영, 이성계 등의 신흥 무인 세력이다. ㄹ. 신진사대부는 향리 출신으로 과거를 통해 관직에 진출하였으며, 자신의 활동 근거지에 경제적 기반을 둔 중소 지주이었다.

11 정답 ②

해설 ① 향·소·부곡의 주민은 일반 군현에 거주하는 양민보다 천한 대우를 받는 하층 양민으로 구성되었다. ③ 향·소·부곡의 주민은 거주 이전의 자유가 제한되었다. ④ 백정 농민보다 조세 납부의 부담이 더 컸다.

오답풀이 ② 향·부곡민은 농업, 소의 주민은 주로 수공업과 광업에 종사하였다.

12 정답 ②

해설 ① 남반은 궁궐의 잡무를 담당하는 하급 관리이다. ③ 상평창은 물가 조절 기관으로 설치되었다. ④ 고려에서는 죄인을 본관지로 보내는 귀향이라는 형벌이 있었다.

오답풀이 ② 고려시대의 백정은 농민을 의미하며, 도살업에 종사하는 신분은 화척이다.

13 다음의 ㉮~㉱는 고려 시대 각 시기의 정치 지배 세력들이다. 이들에 대한 설명으로 옳은 것은?

> ㉮ 과거와 음서를 통하여 관직을 독점하였으며 왕실과 혼인관계를 맺어 정권을 장악하였다.
> ㉯ 원의 세력을 배경으로 대농장을 소유함으로써 국가 재정을 궁핍하게 하였다.
> ㉰ 이 세력의 집권 이후 농민, 천민의 신분 해방 운동이 증가하였다.
> ㉱ 성리학을 학문적 기반으로 삼았으며 역성혁명을 통한 새 왕조 건설의 주제가 되었다.

① ㉮와 ㉱는 정치적으로 대립 관계에 있었다.
② ㉯는 신흥무인세력과 결탁하여 정권을 유지하였다.
③ ㉰의 집권으로 ㉮ 중심의 지배질서를 악화시켰다.
④ ㉱ 세력은 왕권과 연결되어 ㉯ 세력을 적극적으로 비판·견제하였다.

14 고려 시대 백성들의 생활 모습에 대한 설명으로 바르게 기술한 것을 고르면?

> ㄱ. 향촌사회의 백성들은 향약, 유향소 등을 통해 지배층의 통제를 받았다.
> ㄴ. 장례와 제사는 정부 정책에 따라 주로 유교적 규범을 따랐다.
> ㄷ. 여러 가지 조세와 잡역 등의 부담으로 안정된 생활을 유지하기 어려웠다.
> ㄹ. 초기의 신앙적인 향도가 후기에는 점차 마을의 공동체 생활을 주도하는 조직으로 바뀌었다.

① ㄱ, ㄴ   ② ㄴ, ㄷ
③ ㄱ, ㄹ   ④ ㄷ, ㄹ

---

13 **정답** ④

해설 자료에서 ㉮는 문벌 귀족, ㉯는 권문세족, ㉰는 무신, ㉱는 신진사대부이다. ④ 신진사대부는 고려 말에 충선왕, 공민왕 등 왕권과 연결되어 권문세족을 비판·견제하였다.

오답풀이 ① 문벌귀족은 고려 전기, 신진사대부는 고려 후기에 활동하였기 때문에 관련이 없다. ② 원 간섭기에 홍건적과 왜구를 격퇴하는 과정에서 성장한 신흥 무인 세력 중에서 최영은 이성계와 신진 사대부 세력의 지원을 받아 이인임 등 권문세족을 축출하고 정권을 장악하였다. ③ 무신 정변을 계기로 고려 전기 문벌 귀족 사회는 완전히 붕괴되었다.

14 **정답** ④

해설 ㄷ. 백성들은 국가에 대한 과도한 조세 부담과 빈번한 노동력 징발로 인하여 생계 유지가 곤란하였다. ㄹ. 향도는 불교의 신앙 조직으로 초기에는 불교 행사에 참여하여 불상, 석탑, 사찰 건립 때 주도적 역할을 담당하였으나 후기에는 농민 공동체 조직으로 발전하여 마을 노역, 혼례, 상장례, 민속 신앙과 관련된 마을 제사 등을 주도하였다.

오답풀이 ㄱ. 향약, 유향소는 조선 시대 향촌 사회와 관련된 사실이다. ㄴ. 고려의 장례와 제사는 토착 신앙과 융합된 도교, 불교 의식을 거행하였다.

15 / 고려시대의 팔관회에 관한 설명으로 옳은 것을 모두 고른 것은? (2015년 기출)

> ㄱ. 불교와 유교가 융합된 행사였다.
> ㄴ. 태조의 훈요 10조에서 강조되었다.
> ㄷ. 매년 정월 대보름에 전국적으로 거행되었다.
> ㄹ. 주변국의 상인과 사신들이 와서 조공을 바쳤다..

① ㄱ, ㄷ   ② ㄴ, ㄹ

③ ㄷ, ㄹ   ④ ㄴ, ㄷ, ㄹ

16 / 고려 후기의 신진 사대부에 대한 설명으로 옳지 않은 것은?

① 향리 출신의 중소 지주 계층이었다.

② 과거보다는 음서를 통해 하급 관직에 진출하였다.

③ 성리학을 수용하여 불교를 비판하였다.

④ 공민왕 때 중앙 정계에 등용되어 개혁에 참여하면서 정치 세력으로 성장하였다.

17 / 고려의 지방 사회에 관한 설명으로 옳은 것은? (2019년 기출)

① 향 · 소 · 부곡민은 천민 신분으로 과거를 볼 수 없었다.

② 소의 주민은 왕실에 소속된 농장을 관리하였다.

③ 지방 고을은 주현(主縣)과 속현(屬縣)으로 구분되었다.

④ 향리는 중인 신분으로 제술과에 응시할 수 없었다.

---

15 정답 ②

해설 ㄴ. 태조 왕건은 훈요 10조에서 불교 행사인 연등회와 팔관회를 중요시하였다. ㄹ. 팔관회는 개경(11월15일)과 서경(10월15일)에서만 실시되었으며, 여진을 비롯한 주변국 상인과 사신들이 조공을 바치고 무역 교류를 행하기도 하였다.

오답풀이 ㄱ. 팔관회는 토착 신앙과 불교, 도교가 융합된 종교 행사였다. ㄷ. 팔관회는 개경(11월15일)과 서경(10월15일)에서만 실시되었다.

16 정답 ②

해설 ① 신진사대부는 지방 향리 출신으로서 경제적으로는 중소 지주 계층이었다. ③ 성리학을 수용하여 불교의 폐단을 비판하였으며 정도전의 '불씨잡변'이 대표적이다. ④ 신진사대부는 충선왕, 공민왕의 개혁 정치에 참여하면서 정치 세력으로 성장하였다.

오답풀이 ② 신진사대부는 향리 출신이었기 때문에 음서의 혜택이 아닌 과거를 통하여 주로 관직에 진출하였다.

17 정답 ③

해설 ③ 고려 시대는 5도 아래 주 · 군 · 현을 설치하였는데, 그중에서 현은 지방관이 파견된 주현과 지방관이 파견되지 않은 속현으로 구분하여 통치하였다.

오답풀이 ① 향 · 소 · 부곡민은 과거 응시에 제한을 받았지만, 하층 양민에 속하는 신분으로 천민은 아니다. ② 소의 주민은 왕실과 귀족의 수요품을 생산하는 수공업 활동에 종사하였다. ④ 향리는 중간 계층으로 귀족과 함께 제술과, 명경과에 응시하여 중앙 관직에 진출할 수 있었다.

18 다음 중 고려의 사회 시설과 그 기능이 잘못 연결된 것을 모두 고르시오.

> ㄱ. 의창 – 빈민 구제   ㄴ. 상평창 – 물가 안정   ㄷ. 제위보 – 신앙 활동 지원
> ㄹ. 혜민국 – 재해 대책   ㅁ. 동·서 대비원 – 의료 혜택

① ㄱ, ㄴ
② ㄴ, ㄷ
③ ㄷ, ㄹ
④ ㄹ, ㅁ

19 고려시대의 가족생활에 관한 설명으로 옳지 않은 것은? (2014년 기출)

① 재산은 자녀에게 균등하게 분배하여 상속하였다.
② 양자(養子)를 들여 집안의 대를 잇게 하는 것이 보편화되었다.
③ 과부의 재혼이 일반적이었으며, 그 자식도 사회적 차별을 받지 않았다.
④ 남녀 구별 없이 태어난 순서에 따라 호적에 기재되었다.

20 신진 사대부에 관한 설명으로 옳지 않은 것은? (2015년 기출)

① 조선 왕조 건국의 주역이 되었다.
② 성리학을 수용하여 학문적 기반으로 삼았다.
③ 최고의 정치 기구로 교정도감을 설치하였다.
④ 공민왕의 개혁정치 과정에서 정계진출이 확대되었다.

---

18 정답 ③

해설 ㄱ. 의창은 고구려의 진대법을 계승하여 실시된 춘대 추납의 빈민구제 제도이다. ㄴ. 상평창은 물가 조절 기관으로 성종 때 개경과 서경 및 12목에 설치되었다. ㅁ. 동·서 대비원은 빈민 구휼과 환자 치료 기능을 담당하였다.

오답풀이 ㄷ. 제위보는 기금을 조성하여 이자로 빈민 구제를 하였다. ㄹ. 혜민국은 의약 전담 기구이며, 재해 대책은 구제·구급도감에서 담당하였다.

19 정답 ②

해설 ① 고려 시대는 재산 상속은 자녀균분상속의 원칙이 적용되었다. ③ 고려시대는 과부의 재가가 허용되었으며, 재가녀의 자식도 사회적인 차별을 받지 않았다. ④

고려시대는 남녀구별 없이 태어난 순서에 따라 호적에 기재되었으며, 여자는 호주가 될 수도 있었다.

오답풀이 ② 고려 시대는 아들이 없는 경우에 딸이 제사를 지내기도 하였다. 양자를 입양하여 대를 잇게 하고 제사를 지내는 것은 조선 후기와 관련된 사실이다.

20 정답 ③

해설 ① 정도전을 비롯한 신진사대부는 이성계와 함께 조선 건국을 주도하였다. ② 신진사대부는 성리학을 수용하여 불교를 비판하였다. ④ 신진사대부는 공민왕의 개혁 정치에 참여하면서 본격적으로 중앙 정계에 진출하였다.

오답풀이 ③ 교정도감은 최충헌이 설치한 최씨 정권 시대의 최고 정치 기구이다.

3. 중세의 경제

01 고려 시대 경제 활동에 대한 설명으로 옳지 않은 것은?

① 귀족들이 화폐 사용을 지지하여 화폐가 전국적으로 유통되었다.

② 고려 전기에 수공업의 중심을 이룬 것은 관청 수공업과 소(所) 수공업이었다.

③ 고려 후기에는 국가가 재정 수입을 늘리기 위하여 소금 전매제를 시행하기도 하였다.

④ 농민이 진전(陳田)이나 황무지를 개간하면 국가에서 일정 기간 소작료나 조세를 감면해 주었다.

02 고려 시대 수취제도에 대한 설명으로 옳지 않은 것은?

① 조세는 토지와 논과 밭으로 나누고 비옥한 정도에 따라 3등급으로 나누어 부과하였다.

② 세금을 거두기 위하여 토지와 호구를 정확히 파악하려고 삼사에서 호적과 양안을 만들어 관리하였다.

③ 상공과 별공의 공물은 각 관청에 납부하여 개경으로 운반하였는데 조세보다 부담이 컸다.

④ 16세에서 60세까지의 정남의 노동력을 무상으로 동원케 하는 군역과 요역의 의무를 지게 하였다.

03 고려의 경제 제도에 관한 설명으로 옳지 않은 것은? (2016년 기출)

① 한인전은 6품 이하 관리의 자제에게 지급하였다.

② 국가 재정 확충을 위하여 소금 전매제를 시행하였다.

③ 민전은 매매, 상속, 기증, 임대 등이 가능한 토지였다.

④ 양계의 조세는 13개 조창에 의해 개경으로 운송되었다.

---

01 정답 ①

해설 ② 고려 전기에는 국가 주도의 관청 · 소(所) 수공업이 발달하였고 후기에는 사원 · 민간 수공업이 발달하였다. ③ 고려 후기 충선왕 때 국가 재정을 확보하기 위해 소금 전매제를 실시하였다. ④ 경작지를 확대하기 위하여 농민이 진전(陳田)이나 황무지를 개간하면 국가에서 일정 기간 소작료나 조세를 감면해 주었다.

오답풀이 ① 고려는 화폐가 주조되었으나 농업 중심의 자급자족적 경제 구조와 귀족들의 불만으로 화폐 유통은 부진하였다.

02 정답 ②

해설 ① 조세는 논과 밭으로 나누어 토지 비옥도를 기준으로 3등급으로 구분하고 수확량의 1/10을 징수하였다. ③ 공물은 정기적으로 납부하는 상공과 부정기적으로 납부하는 별공으로 구분하였으며, 토산물을 납부하였

기 때문에 농민에게는 조세보다 부담이 더 컸다. ④ 역은 16세~60세의 정남의 노동력을 무상으로 징발하였으며 군역과 요역으로 구분하였다.

오답풀이 ② 고려에서 호적과 양안을 작성한 것은 호부이고, 삼사는 국가 재정 운영의 전반적 업무를 담당하였다.

03 정답 ④

해설 ① 한인전은 전시과에서 6품 이하 관리의 자제 중에서 관직에 오르지 못한 자에게 관인 신분을 유지해주기 위하여 지급한 토지이다. ② 고려는 충선왕 때 국가 재정을 확충하기 위하여 소금 전매제를 실시하였다. ③ 민전은 농민의 개인 사유지로서 매매, 상속, 기증, 임대 등이 가능한 토지였다.

오답풀이 ④ 양계(북계 · 동계)는 잉류 지역으로서 이 지역에서 거둔 조세는 개경으로 운반하지 않고 양계 지역의 자체 경비로 사용하였다.

04 고려시대 전시과에 관한 설명으로 옳지 않은 것은? (2013년 기출)

① 문무 관리에게 관등에 따라 전지와 시지를 지급하였다.

② 관직 복무와 직역의 대가로 받은 토지는 사망하거나 관직에서 물러날 때 국가에 반납하였다.

③ 토지의 수조권이 아니라 토지 소유권을 지급하였다.

④ 문종 때에는 현직 관리에게만 토지를 지급하는 경정전시과가 실시되었다.

05 다음 중 고려 전시과 제도에서 토지의 지급 대상이 바르게 연결된 것은? (2004년 기출)

① 외역전 – 향리에게 직역의 대가로 지급

② 구분전 – 관직에 오르지 못한 하급 관리의 자제에게 지급

③ 공음전 – 왕실 경비 충당 목적에서 지급

④ 내장전 – 중앙과 지방의 관청 경비 충당을 목적으로 지급

06 고려 시대 농업 기술에 대한 설명으로 옳지 않은 것은? (2011년 기출)

① 우경을 이용한 심경법 실시

② 녹비와 퇴비를 이용한 시비법의 발달

③ 이앙법이 전국적으로 실시

④ 2년 3작의 윤작법 보급

---

04 정답 ③

해설 ① 전시과에서는 문·무 관리에게 관등을 기준으로 18등급으로 나누어 곡물을 수취할 수 있는 전지와 땔감을 취할 수 있는 시지를 지급하였다. ② 토지는 사망하거나 관직에서 물러나면 국가에 반납하는 것이 원칙이다. ④ 전시과는 경종 때 시정 전시과, 목종 때 개정 전시과가 실시되었으며, 문종 때에는 현직 관리에게만 토지를 지급하는 경정전시과가 실시되었다.

오답풀이 ③ 전시과는 토지에 대한 소유권을 지급한 것이 아니라 곡물을 수취할 수 있는 수조권(조세징수권)을 지급하였다.

05 정답 ①

해설 ① 외역전은 향리에게 직역의 대가로 지급된 토지이며 세습이 허용되었다.

오답풀이 ② 구분전은 6품 이하의 하급 관리와 군인의 유가족에게 생계유지를 위해 지급하였다. ③ 공음전은 5품 이상 관료에게 지급한 세습지이다. ④ 내장전은 왕실 경비에 충당할 목적으로 지급한 세습지이다.

06 정답 ③

해설 ① ② ④ 고려시대에는 우경을 이용한 심경법이 일반화되고 녹비와 퇴비를 이용한 시비법이 발달하여 휴경지가 감소하였으며, 밭농사에서는 2년 3작의 윤작법이 보급되었다.

오답풀이 ③ 이앙법이 전국적으로 확대 실시된 것은 조선 후기이며, 고려 말에 남부 일부 지방에서만 이앙법이 최초로 실시되었다.

07 다음 자료를 통해 알 수 있는 시기의 경제 활동에 대한 설명으로 옳지 않은 것은?

> 한낮에 시장을 벌여 남녀 · 노소 · 관리들이 각기 자기가 가진 것으로써 교역하고, 돈을 사용하는 법은 없다. 오직 저포(紵布)나 은병으로 그 가치를 표준하여 교역한다.

① 농업 중심의 자급자족적 경제 구조로 인하여 상공업 활동이 부진하였다.

② 녹비와 퇴비 등의 시비법이 보급되어 휴경지가 감소하였다.

③ 남부 일부 지방에서 이앙법이 보급되기 시작하였다.

④ 국가에서 12목에 서적점, 다점, 약점 등의 관영 상점을 설치하였다.

08 고려의 대외 문물교류에 대한 다음 설명 중 옳은 것은?

① 고려와 가장 활발하게 교역을 한 나라는 거란이었다.

② 고려의 북진정책으로 인해 여진과의 교류는 없었다.

③ 대외 무역이 발전함에 따라 청해진은 국제 무역항으로 번성하였다.

④ 고려는 송으로부터 비단, 약재, 책, 악기 등을 수입하였다.

09 고려 시대의 토지 제도에 대한 설명으로 옳은 것은?

① 개정 전시과의 관등별 토지 지급 액수는 시정 전시과의 그것보다 많았다.

② 하급 관료와 군인의 유가족에게는 한인전을 지급하여 생활 대책을 마련해 주었다.

③ 민전은 매매, 상속, 증여가 가능한 사유지로서 귀족은 물론 백정도 소유할 수 있었다.

④ 후삼국 통일 후 태조는 통일 과정에서 공을 세운 사람들에게 구분전이란 토지를 나누어 주었다.

---

07 정답 ④

해설 자료에서 저포와 은병을 화폐로 사용한다는 사실을 통해 고려시대의 경제 활동과 관련된 내용임을 알 수 있다. ① 고려시대에는 농업 중심의 자급자족적 경제 구조로 인하여 상공업 활동이 부진하였다. ② 고려시대에 이르러 처음으로 녹비와 퇴비 등의 시비법이 보급되어 휴경지가 감소하였다. ③ 고려 말에 중국을 통해 처음으로 남부 일부 지방에서 이앙법이 보급되기 시작하였다.

오답풀이 ④ 고려시대의 서적점 · 다점 · 약점 등의 관영 상점은 개경, 서경, 동경 등 대도시에만 설치되어 운영되었다.

08 정답 ④

해설 ④ 고려는 송과의 무역에서 주로 비단 · 약재 · 서적 등 귀족의 수요품을 수입하였으며, 수출품은 금 · 은 · 인삼 등의 원료품과 종이 · 먹 · 붓 · 나전칠기 · 화문석

등의 수공업품이었다.

오답풀이 ① 고려와 가장 활발하게 교역을 한 나라는 송이었다. ② 여진은 은 · 모피 · 말 등을 가지고 와서 식량 · 철제 농기구들로 바꾸어갔다. ③ 고려의 국제 무역항은 벽란도였다.

09 정답 ③

해설 ③ 민전은 귀족과 백정 농민의 사유지로서 조상 대대로 세습된 토지이며 매매 · 상속이 가능하였다. 또한 토지에 대한 소유권을 보장받고 그 대가로 국가에 수확량의 1/10을 조세로 납부하였다.

오답풀이 ① 시정 전시과에서 개정 전시과로 바뀌면서 토지가 부족하여 토지 지급 액수는 전반적으로 감소하였다. ② 하급 관료와 군인의 유가족에게 지급한 토지는 구분전이다. ④ 후삼국 통일 후 태조는 통일 과정에서 공을 세운 사람들에게 지급한 토지는 역분전이다.

10 고려의 경제 정책과 관련된 설명으로 옳은 것은?

① 외역전과 군인전은 직역에 대한 대가로 지급하였기 때문에 사망하면 국가에 반납하였다.

② 향 · 소 · 부곡 등 특수 지역의 주민들은 조세를 납부하지 않았다.

③ 고려 숙종 때 최초의 화폐인 건원중보를 주조하였다.

④ 민전을 소유한 백정은 국가에 수확량의 1/10을 납부하였다.

11 다음 표는 고려 시대 전시과의 토지 지급 액수를 표시한 것이다. (가) ~ (다)에 대한 설명으로 옳은 것을 〈보기〉에서 모두 고른 것은?

시기		등급	1	2	3	4	5	6	7	8	9	10	11	12	13	14	15	16	17	18
경종	(가)	전지	110	105	100	95	90	85	80	5	70	65	60	55	50	45	42	39	36	33
		시지	110	105	100	95	90	85	80	75	70	65	60	55	50	45	40	35	30	25
목종	(나)	전지	100	95	90	85	80	75	70	65	60	55	50	45	40	35	30	27	23	20
		시지	70	65	60	55	50	45	40	35	33	30	25	22	20	15	10			
문종	(다)	전지	100	90	85	80	75	70	65	60	55	50	45	40	35	30	25	22	20	17
		시지	50	45	40	35	30	27	24	21	18	15	12	10	8	5				

〈보기〉

ㄱ. (가)는 현직 관리뿐만 아니라 전직 관리에게도 지급되었다.

ㄴ. (나)는 관등과 인품을 기준으로 현직 관리에게만 지급하였다.

ㄷ. (가), (나), (다)에 의해 지급된 토지는 수조권만 갖는 토지였다.

ㄹ. (나) → (다)의 변천 과정에서 시지 지급량이 감소한 것은 거란의 침입이 주요인이었다.

① ㄱ, ㄴ

② ㄱ, ㄷ

③ ㄱ, ㄴ, ㄷ

④ ㄴ, ㄷ, ㄹ

---

10 정답 ④

해설 ④ 민전 소유자는 국가로부터 소유권을 보장받는 대신에 국가에 수확량의 1/10을 조세로 납부하였다.

오답풀이 ① 외역전, 군인전은 세습지이다. ② 향 · 소 · 부곡 등 특수 지역의 주민들은 일반 농민보다 세금 납부의 부담이 더 컸다. ③ 최초의 화폐인 건원중보는 성종 때 주조되었다.

11 정답 ②

해설 (가)는 시정 전시과, (나)는 개정 전시과, (다)는 경정 전시과이다. ㄱ. 시정 전시과에서는 전직 · 현직 관리에게 관등과 인품을 기준으로 토지를 지급하였다. 그 뒤 개정 전시과에서 전직 관리에 대한 지급 결수는 감소되었고 경정 전시과에서는 지급 대상에서 제외하였다. ㄷ. 전시과 제도에서 토지 지급은 소유권이 아닌 수조권을 준 것이다.

오답풀이 ㄴ. 개정 전시과는 관등만을 기준으로 전직 · 현직 관리에게 지급하였다. ㄹ. 경정 전시과에서 시지 지급량이 감소한 것은 시지를 개간하여 전지로 바꾸는 현상에 대한 대응책으로 실시된 결과이다.

12 다음은 고려의 토지제도와 관련된 설명이다. 순서대로 바르게 나열한 것은?

> ㄱ. 관등과 인품을 기준으로 전·현직 관리를 대상으로 토지를 지급하였다.
> ㄴ. 공신들을 대상으로 논공행상의 성격을 갖는 역분전을 지급하였다.
> ㄷ. 전시과 붕괴 후 관리들의 생계 보장을 위해 녹과전을 지급하였다.
> ㄹ. 관등을 기준으로 현직관리를 대상으로 토지를 지급하였다.

① ㄱ → ㄴ → ㄷ → ㄹ
② ㄴ → ㄱ → ㄹ → ㄷ
③ ㄱ → ㄷ → ㄴ → ㄹ
④ ㄴ → ㄹ → ㄷ → ㄱ

13 고려시대 상공업과 관련된 설명으로 옳지 않은 것은?

① 개경, 서경 등 대도시에서는 서적점, 다점, 약점 등 관영 상점이 운영되었다.
② 원 간섭기 충선왕 때에는 국가 재정 확보를 위해 소금 전매 사업을 실시하였다.
③ 고려 전기에는 관영·소 수공업, 후기에는 민간·사원 수공업 중심으로 발달하였다.
④ 상인들의 상업 활동에 대한 통제와 물가 조절을 위해 장생고를 설치하였다.

14 다음은 고려 시대에 운영되었던 토지이다. 공통점으로 옳은 것은?

> ● 공음전   ● 군인전   ● 민전

① 세습이 가능하였다.
② 매매나 증여가 가능하였다.
③ 경기 지역의 토지로 지급하였다.
④ 일정 기간 후 국가에 반납해야 했다.

---

12 정답 ②

해설 ㄴ. 역분전(태조, 940) → ㄱ. 시정 전시과(경종, 976) → ㄹ. 경정 전시과(문종, 1076) → ㄷ. 녹과전(원종, 1271)

13 정답 ④

해설 ① 고려에서는 개경·서경·동경 등 대도시에 서적점·약점·다점·주점 등의 관영 상점을 운영하였다.
② 충선왕 때에는 국가 재정 확보를 위해 소금 전매 사업을 실시하였다.
③ 고려 전기에는 관영·소 수공업, 후기에는 민간·사원 수공업 중심으로 발달하였다.

오답풀이 ④ 장생고는 사원들이 빈민 구제를 목적으로 설치한 서민 금융 기관으로, 고리대로 변질되어 농민의 몰락을 오히려 촉진시키는 폐단을 일으켰다. 물가조절은 상평창에서 담당하였다.

14 정답 ①

해설 공음전은 5품 이상 관료를 대상으로 지급, 군인전은 2군6위의 중앙군에게 지급, 민전은 개인 사유지로서 3가지의 토지는 모두 세습이 가능한 토지이다.

15 고려 시대의 재정 운영과 관련된 설명으로 옳지 않은 것은?

① 조세·공물 징수와 요역 징발을 위해 양안과 호적을 작성하였다.

② 호적과 양안은 지방 관청에서 작성하여 조세 수취와 집행을 담당하였다.

③ 삼사는 재정 수입과 관련된 업무를 담당하였다.

④ 재정은 주로 관리의 녹봉, 국방비, 왕실 경비 등으로 지출되었다.

16 고려 시대 농민 생활과 관련된 설명으로 옳은 것은?

① 고려 초에 목화가 전래되어 무명을 생산하였다.

② 국가로부터 정전이라는 토지를 지급받아 생계를 유지하였다.

③ 타인의 토지를 빌려 경작하는 경우에는 수확량의 1/2을 지대로 납부하였다.

④ 고려 말 신진사대부의 과도한 수취로 몰락하는 농민이 다수 증가하였다.

17 고려시대 귀족의 경제생활에 대한 설명으로 옳은 것은?

① 귀족들은 과전에서 생산량의 1/4을 조세로 받았다.

② 공음전이나 공신전에서는 대체로 수확량의 1/10을 조세로 받았다.

③ 귀족들은 솔거 노비에게 신공으로 매년 베나 곡식을 받았다.

④ 현직 복무의 대가로 곡식, 베, 비단 등으로 녹봉을 1년에 2회 지급받았다.

---

15 정답 ②

오답풀이 ② 호적과 양안의 작성은 호부에서 담당하였다.

16 정답 ③

해설 ③ 타인의 토지를 빌려 경작하는 경우에는 전주(田主)에게 수확량의 1/2을 지대로 납부하였다.

오답풀이 ① 목화는 고려 후기에 문익점이 원을 통해서 전래하였다. ② 정전은 통일 신라 시대에 성덕왕 때 백성에게 지급한 토지이다. ④ 고려 말에 농민에게 과도한 수취를 한 세력은 권문세족이다.

17 정답 ④

해설 ④ 녹봉은 현직 관리로 복무하는 대가로 곡식·베·비단 등을 1년에 2회 녹패를 제시하고 지급받았다.

오답풀이 ① 과전은 생산량의 1/10을 징수하였다. ② 공음전과 공신전은 수확량의 1/2을 징수하였다. ③ 귀족들이 신공으로 매년 베나 곡식을 받는 노비는 외거노비에 해당한다.

18 / 고려시대 경제에 관한 설명으로 옳지 않은 것은? (2015년 기출)

① 나전칠기, 서적, 자기, 인삼, 먹 등을 송나라에서 수입하였다.

② 민전은 매매·상속·증여가 가능한 토지였고, 국가에 10분의 1의 조를 부담하였다.

③ 숙종 때에는 동전과 활구라는 은전을 만들었으나 널리 유통되지 못하였다.

④ 조세의 원활한 운반을 위해 전국에 13개 조창을 설치하고 조운제를 운영하였다.

19 / 고려시대의 수공업에 대한 설명으로 옳지 않은 것은?

① 고려시대의 수공업은 관청수공업, 소(所)수공업, 사원수공업, 민간수공업으로 구분할 수 있다.

② 관청에 소속된 수공업자 중에서 기술이 뛰어난 경우에는 녹봉과 토지가 지급되었다.

③ 소(所)에서는 금·은·철 등 광산물과 실·종이·먹 등 수공업 제품 외에 생강을 생산하기도 하였다.

④ 고려 후기에는 관청수공업과 소(所)수공업을 중심으로 발달하였다.

20 / 고려 시대의 경제 활동에 대한 설명으로 옳지 않은 것은?

① 농민이 진전이나 황무지를 개간하면 국가에서 일정 기간 소작료나 조세를 감면해 주었다.

② 사원에 의한 고리대의 폐단이 극심하여 농민의 몰락을 촉진시켰다.

③ 이암은 '농상집요'라는 농업 서적을 저술하여 이앙법 보급에 기여하였다.

④ 녹비, 퇴비 등의 시비법이 보급되어 휴경지가 감소하였다.

---

18 정답 ①

해설 ② 민전은 농민이 소유한 개인 사유지로서 매매·상속·증여가 가능하였으며, 생산량의 10/1을 국가에 조세로 납부하였다. ③ 숙종 때에는 삼한통보, 해동통보 등의 동전과 활구(은병)를 발행하였으나, 농업 중심의 자급자족 경제구조로 인하여 화폐는 널리 유통되지 못하였다. ④ 고려에서는 전국에 13개의 조창(조세 저장 창고)을 설치하고 각 지방에서 조세로 징수한 곡물을 원활하게 운송하는 조운제를 실시하였다.

오답풀이 ① 나전칠기, 인삼, 먹 등은 고려가 송나라로 수출한 상품이며, 송을 통해서는 주로 비단·서적·자기·약재 등을 수입하였다.

19 정답 ④

오답풀이 ④ 고려 후기에는 관청·소 수공업은 쇠퇴하고 사원·민간 수공업이 발달하였다.

20 정답 ③

해설 ① 고려시대에는 경작지를 확대하기 위해 농민이 진전이나 황무지를 개간하면 국가에서 일정 기간 소작료나 조세를 감면해 주었다. ② 사원은 장생고를 이용한 고리대업으로 부를 축적하였으며, 그 결과 농민의 몰락이 촉진되었다. ④ 고려 시대에는 우경에 의한 심경법과 녹비·퇴비 등의 시비법이 보급되어 휴경지가 감소하였다.

오답풀이 ③ 농상집요는 원나라의 농업서적이며 이암이 소개한 것이다.

21 다음 글이 제시하는 시대의 경제 상황에 대한 설명으로 옳은 것은?

> 보통 백정이라고 불렸던 농민들은 조상 대대로 물려받은 토지를 경작하며 생계를 유지하였다.

① 이앙법이 전국적으로 실시되어 농업 생산력이 증대되었다.

② 관리들은 18등급으로 나누어 전지와 시지를 차등 있게 주었다.

③ 상품화폐경제가 발달하여 부를 축적한 도고가 출현하였다.

④ 관리들에게 녹읍을 지급하고 백성들에게 정전을 지급하였다.

22 모 방송국에서 외교 담판으로 유명한 서희를 주인공으로 한 드라마를 제작하고자 할 때, 등장할 수 없는 장면은? (2014년 기출)

① 과거를 통해 관직에 진출한 관리와의 대화

② 전시과에 따라 토지를 하사받는 서희의 모습

③ 목화 밭 사이를 지나 소손녕에게 가는 서희 일행

④ 개혁안을 올리는 최승로를 바라보는 서희의 모습

23 고려시대의 토지 종류와 그 대상을 연결한 것으로 옳은 것은? (2015년 기출)

① 과전 – 농민   ② 민전 – 향리

③ 공해전 – 관청   ④ 내장전 – 군인

---

21 **정답** ②

해설 자료에서 농민이 백정으로 불렸던 시기는 고려시대에 해당한다. ② 고려시대에는 전시과가 실시되어 관등을 기준으로 현직 관리들에게 18등급으로 구분하여 전지와 시지를 차등 지급하였다.

오답풀이 ① 이앙법이 전국적으로 실시된 것은 조선후기이다. ③ 상품화폐경제의 발달로 부를 축적한 도고라는 독점적 도매상인이 등장한 것은 조선후기이다. ④ 관리들에게 녹읍을 지급하고 정전을 지급한 것은 통일 신라시대에 해당한다.

22 **정답** ③

해설 서희는 성종 때 거란의 1차 침략 당시에 외교 담판으로 강동 6주를 획득하였다(993년). ① 고려는 광종 때부터 과거를 실시하였다(958년). ② 고려의 전시과 토지제도는 976년 경종 때 실시되었으므로 서희는 토지를 받을 수 있었다. ④ 최승로는 성종 때 시무 28조의 개혁안을 올렸다.

오답풀이 ③ 목화는 고려 후기 공민왕 때 문익점이 원나라를 통해 처음으로 가져왔으므로 성종 때의 사실이 아니다.

23 **정답** ③

해설 ③ 공해전은 중앙과 지방 관청 경비를 위해 지급한 토지이다.

오답풀이 ① 과전은 현직 관리에게 관등을 기준으로 지급한 토지이다. ② 민전은 백정 농민이 소유한 개인 사유지이다. ④ 내장전은 왕실 경비를 위해 지급한 토지이다.

4. 중세의 문화

01 고려 시대 유학에 대한 설명으로 옳지 않은 것은?

① 고려 초기에는 최승로, 김심언 등이 활동하면서 자주적 · 주체적인 학풍이 형성되었다.

② 광종 때 과거제가 실시되어 유학을 익힌 신진 관료들이 등용되었다.

③ 고려 중기의 김부식은 훈고학적 유학에 철학적 경향이 뚜렷하게 나타났다.

④ 고려 후기에는 신진사대부가 성리학을 수용하여 현실 사회를 개혁하고자 하였다.

02 고려의 문화와 사상에 관한 설명으로 옳지 않은 것은? (2019년 기출)

① 토착 신앙과 불교, 유교 등 다양한 신앙과 사상이 공존하였다.

② 북방 민족의 문화에 비해 한족의 문화를 높이 평가하였다.

③ 국사와 왕사 제도를 두어 불교에 국교의 권위를 부여하였다.

④ 고려 말 성리학자들은 이(理)와 기(氣)의 관계에 관한 연구를 심화하였다.

---

01 정답 ③

해설 ① 고려 초기에는 최승로, 김심언 등이 활동하면서 자주적 · 주체적인 학풍이 형성되었으며, 최승로는 시무 28조를 통해 자주적 민족의식을 표현하기도 하였다. ② 광종 때 과거제도가 처음 실시되어 유학을 익힌 신진 관료들이 등용되었다. ④ 고려 후기에는 향리 출신의 신진사대부가 성리학을 수용하여 당시 고려 사회 개혁을 추진하고자 하였다.

오답풀이 ③ 고려 중기에 훈고학적 유학에 철학적 경향이 뚜렷했던 학자는 최충이며, 김부식은 보수적 · 현실적인 유학자였다.

02 정답 ④

해설 ① 고려 시대는 유교를 통치이념으로 채택하였지만, 고려 사회에서는 토착 신앙과 불교가 유행하였다. 토착 신앙과 불교, 도교가 융합된 팔관회가 대표적인 예이다. ② 고려는 송과의 교류를 통해 한족의 문화를 적극적으로 수용하였으나, 거란과 여진족 등의 북방 유목민족의 문화는 경시하였다. ③ 고려 광종 때 국사, 왕사 제도를 실시하여 불교가 국교로서의 권위를 갖게 되었다.

오답풀이 ④ 성리학자들 사이에서 이(理)와 기(氣)의 관계에 관한 연구가 심도 있게 이루어진 것은 조선 시대이다.

03 고려 시대 문헌공도에 관한 설명으로 옳은 것을 모두 고른 것은? (2013년 기출)

> ㄱ. 국자감에 소속되어 있었다.
> ㄴ. 문종 때 세운 9재 학당이다.
> ㄷ. 사학 12도 중에서 가장 번성하였다.
> ㄹ. 장학 재단을 두어 경제 기반을 강화하였다.

① ㄱ, ㄴ   ② ㄱ, ㄹ

③ ㄴ, ㄷ   ④ ㄷ, ㄹ

04 다음 역사서들의 공통점으로 옳은 것은? (2011년 기출)

> ● 삼국유사   ● 제왕운기   ● 동명왕편   ● 해동고승전

① 중국 역사서의 영향을 받아 저술되었다.

② 정통 의식과 대의명분을 강조하는 성리학적 유교 사관이 대두하였다.

③ 민족적 자주 의식을 바탕으로 전통 문화를 올바르게 이해하려는 경향이 대두하였다.

④ 중국 중심의 존화주의적 역사의식이 반영되었다.

---

03 정답 ③

해설 ㄴ, ㄷ. 문헌공도는 고려 중기 문종 때 최충이 설립한 9재 학당이라는 사립학교를 의미한다. 당시에 설립된 사학 12도라는 사립학교 중에서 최충의 문헌공도가 가장 번성하여 많은 제자를 양성하였다.

오답풀이 ㄱ. 문헌공도를 비롯한 사학 12도는 사립학교였기 때문에 관학 교육 기관인 국자감과는 별도로 운영되어 오히려 관학을 위축시키는 결과를 초래하였다. ㄹ. 고려 중기에 사학의 발달로 관학이 위축되자 고려 정부는 양현고라는 장학재단을 설립하여 관학의 경제 기반을 강화하였다.

04 정답 ③

해설 ③ 자료의 역사서는 무신 집권기에서 원 간섭기에 걸쳐 민족적 자주 의식을 바탕으로 전통 문화의 올바른 이해를 목적으로 편찬된 자주적 역사서이다.

오답풀이 ① 자주적 역사서이므로 전혀 관련 없다. ② 이제현의 사략에 대한 설명이다. ④ 조선 16세기 사림파의 역사의식이다.

05 다음 내용과 관련된 역사서에 대한 설명으로 옳지 않은 것은?

> ● 현존하는 우리나라 최고(最古)의 역사서이다.
> ● 김부식이 신라 계승 의식을 반영하여 서술하였다.

① 고려 초의 구삼국사를 바탕으로 서술하였다.

② 기전체 서술 방식의 입장에서 본기, 지, 열전, 연표 등으로 나누어 편찬하였다.

③ 유교적 합리주의 사관에 입각하여, 설화·불교와 관련된 자료는 배제하였다.

④ 이자겸의 난을 배경으로 왕명에 의해 편찬된 관찬 역사서이다.

06 다음 중 고려 불교와 관련된 설명으로 옳지 않은 것은? (2011년 기출)

① 광종은 국사, 왕사 제도를 마련하여 불교가 국교의 권위를 갖도록 하였다.

② 몽골의 침입을 계기로 대장경이 처음 조판되었다.

③ 의천과 지눌은 불교 종파 통합 운동을 전개하였다.

④ 혜심은 유·불 일치설을 주장하여 성리학 수용의 사상적 토대를 마련하였다.

07 다음 사건을 발생시기가 앞선 순으로 바르게 나열한 것은? (2018년 기출)

> ㄱ. 건원중보(철전) 주조　　　　ㄴ. 삼국사기 편찬
> ㄷ. 상정고금예문 인쇄　　　　ㄹ. 직지심체요절 간행

① ㄱ → ㄴ → ㄷ → ㄹ　　　　② ㄱ → ㄷ → ㄹ → ㄴ

③ ㄴ → ㄱ → ㄹ → ㄷ　　　　④ ㄷ → ㄴ → ㄱ → ㄹ

---

05 정답 ④

해설 자료에서 김부식이 신라 계승 의식을 바탕으로 서술한 현존하는 가장 오래된 역사서는 삼국사기임을 알 수 있다. ①②③ 삼국사기는 고려 초의 구삼국사를 바탕으로 기전체 서술 방식의 입장에서 본기, 지, 열전, 연표 등으로 나누어 편찬하였다. 김부식은 유교적 합리주의 사관에 입각하여 설화와 불교 등과 관련된 자료는 제외하고 서술하였다.

오답풀이 ④ 삼국사기는 묘청의 서경 천도 운동 이후에 인종의 명에 의해 편찬된 관찬 역사서이다.

06 정답 ②

해설 ① 광종은 승과 제도를 실시하고 국사·왕사 제도를 마련하여 불교가 국교의 권위를 갖도록 하였다. ③ 의천은 천태종을, 지눌은 조계종을 창시하여 교종과 선종의 종파 간의 통합 운동을 전개하였다. ④ 혜심은 유·불 일치설을 주장하여 심성의 도야를 강조함으로써 성리학 수용의 사상적 토대를 마련하였다.

오답풀이 ② 고려 시대 대장경은 거란족의 침략을 계기로 만든 초조대장경이 최초의 대장경이며, 몽골의 침략을 계기로 만든 것은 재조(팔만) 대장경이다.

07 정답 ①

해설 ㄱ. 건원중보는 고려 성종 때 주조(996) → ㄴ. 삼국사기(인종, 1145) → ㄷ. 상정고금예문(1234) → ㄹ. 직지심체요절(1377)

08 다음은 고려시대 어떤 승려의 주장이다. 이에 대한 설명으로 옳지 않은 것은?

> 마음의 산란함을 제거하는 것이 정(定)이요, 마음의 혼침함을 극복하는 것이 혜(慧)이다. 정은 본체이고 혜는 작용이다. 작용은 본체를 바탕으로 해서 있게 되므로 혜가 정을 떠나지 않고, 본체는 작용을 가져오게 하므로 정은 혜를 떠나지 않는다.

① 교종을 중심으로 선종을 통합하려는 운동이다.
② 지눌이 제시한 조계종의 핵심 교리이다.
③ 수양의 방법으로 돈오점수를 제시하였다.
④ 무신 정권의 후원을 배경으로 발달하였다.

09 다음 중 풍수지리설과 관련된 사실로 잘못된 것은?

① 신라 말에는 국토의 재편성을 주장하여 신라 정부의 권위를 약화시켰다.
② 서경 길지설은 서경 천도와 북진 정책의 이론적 근거가 되었다.
③ 고려시대에는 풍수지리설의 유행으로 팔관회와 연등회 행사가 일시 중지되기도 하였다.
④ 조선시대에는 양반들의 묘지 선택을 두고 산송 문제가 일어나기도 하였다.

10 다음 중 고려 시대의 관학 진흥책에 해당하지 않는 것은? (2004년 기출)

① 7재
② 9재 학당
③ 양현고
④ 청연각, 보문각

---

08 정답 ①

해설 ②③④ 자료에서 정혜쌍수와 관련된 설명을 통해 고려 후기 지눌의 조계종임을 알 수 있다. 지눌의 조계종은 무신 정권의 후원을 받아 발달하였으며, 조계종의 핵심 교리는 정혜쌍수와 돈오점수이다.

오답풀이 ① 지눌의 조계종은 선종을 중심으로 교종을 통합하려는 불교 종파 통합 운동이다.

09 정답 ③

해설 ① 풍수지리설은 신라 말에 도참신앙과 결합하여 지방 중심의 국토 재편성을 주장하여 지방의 중요성을 자각하는 계기가 되었으며, 신라 정부의 권위를 약화시키는 결과를 초래하였다. ② 고려 시대 묘청은 서경 길지설을 근거로 서경 천도 운동과 북진 정책을 추진하였

다. ④ 조선 시대에는 풍수지리설이 양반 사대부의 묘지 선정에 이용되어 산송문제를 일으키기도 하였다.

오답풀이 ③ 고려 시대의 연등회, 팔관회 등의 불교 행사는 최승로의 시무 28조를 계기로 성종 때 일시적으로 폐지되었으며, 풍수지리설과는 관련이 없다.

10 정답 ②

해설 고려 중기 사학의 발달에 따른 관학 진흥책으로는 국자감(국학)에 전문강좌인 7재를 설치하였고, 장학재단으로 양현고를 설치하였다. 그 밖에 청연각 · 보문각 등의 학문 연구소와 서적 간행을 담당하는 서적포를 설치하였다.

오답풀이 ② 9재 학당은 최충이 설립한 대표적인 사학12도 중의 하나이다.

11 고려 시대의 과학 기술에 대한 설명으로 적당하지 않은 것은? (2002년 기출)

① 역법은 초기에는 당의 선명력을, 후기에는 독자적으로 개발한 수시력을 사용하였다.

② 과거에서는 의학, 천문학, 음양지리 등의 잡과를 시행하였다.

③ 금속 활자 기술이 발달하여 현존하는 최고의 금속 활자본으로 직지심체요절이 만들어졌다.

④ 최무선은 화통도감을 설치하여 화포와 화약을 제조하였다.

12 다음은 어떤 서적에 대한 설명인가? (2006년 기출)

> 고려 중기에는 우리나라 실정에 맞는 자주적인 의학이 발달하였는데, 13세기에 간행된 이 책은 우리 나라 가장 오래된 의학 서적으로 각종 질병에 대한 처방과 국산 약재 180여종이 소개되어 있다.

① 향약집성방　　　　② 향약구급방
③ 동의보감　　　　　④ 의방유취

---

11 정답 ①

해설 ② 고려 시대의 과거 시험에는 기술관을 선발하기 위한 잡과가 실시되었으며, 시험 과목으로는 의학, 천문학, 음양지리 등이 있었다. ③ 고려 시대에는 기존의 목판 인쇄술, 청동 주조 기술 발달, 먹과 종이 제조 기술 발달 등을 배경으로 금속 활자 인쇄술이 발달하였으며, 프랑스 파리 국립 도서관에 있는 직지심체요절은 현존하는 세계에서 가장 오래된 금속 활자본이다. ④ 최무선은 화통도감을 설치하여 화포와 화약을 제조하여 진포 대첩에서 왜구의 침략을 격퇴하였다.

오답풀이 ① 고려 시대에는 독자적인 역법이 없었기 때문에 초기에는 당의 선명력, 후기에는 원의 수시력을 사용하였다. 우리나라 기준의 최초의 역법은 조선 세종 때 만들어진 칠정산이다.

12 정답 ②

해설 ② 고려 시대에 편찬된 우리나라에서 가장 오래된 의학 서적은 향약구급방이다.

오답풀이 ① 향약집성방은 조선 세종 때 편찬되었으며, 우리나라의 전통적 약재와 치료 방법을 수록하였다. ③ 동의보감은 조선 광해군 때 허준이 편찬한 의학서적으로 유네스코 지정 세계 기록 문화유산이다. ④ 의방유취는 조선 세종 때 편찬된 의학백과사전이다.

13 다음은 신라와 고려 불교의 특징이다. 이와 관련된 설명으로 바르게 연결된 것은?

> ㄱ. 문자를 뛰어 넘어 구체적인 실천수행을 통하여 각자의 마음속에 내재된 깨달음을 얻는다.
> ㄴ. 이론의 연마와 실천을 아울러 강조하는 교관겸수를 제창하였다.
> ㄷ. 모든 존재는 상호의존적인 관계에 있으면서 서로 조화를 이루고 있다는 화엄사상을 정립하였다.
> ㄹ. 내가 곧 부처라는 깨달음을 위한 노력과 함께 꾸준한 수행으로 깨달음의 확인을 아울러 강조하였다.

① ㄱ - 지방에서 독자적인 세력을 구축하려는 호족의 이념적 기반이 되었다.
② ㄴ - 독경과 선 수행, 노동에 고루 힘쓰자는 개혁 운동인 수선사 결사를 제창하였다.
③ ㄷ - 임금도 향락을 멀리하고 도덕을 엄격하게 지킬 것을 강조하는 화왕계를 지었다.
④ ㄹ - 흥왕사를 근거지로 교종을 통합하려 하였으며, 국청사를 창건하고 천태종을 창시하였다.

14 고려시대에 제작된 대장경에 대한 설명으로 옳지 않은 것은?

① 초조대장경은 여진족의 침입을 계기로 부처의 힘을 빌려 적을 물리치고자 만들었다.
② 속장경(교장)은 의천이 불서목록인 신편제종교장총록을 토대로 간행하였다.
③ 재조대장경은 몽골의 침략으로 초조대장경이 소실된 후 고종 때 다시 만든 것이다.
④ 현재 합천 해인사에 보관되어 있는 팔만대장경은 재조대장경을 가리킨다.

---

13 정답 ①

해설 ① ㄱ - 신라 말 전래된 선종의 불교 수행 이론으로 선종은 사색과 참선을 통한 실천수행을 강조하여 개인주의적 경향이 뚜렷하였으며, 이런 성향이 당시 새롭게 성장한 호족 세력의 이념적 기반이 되었다.

오답풀이 ② ㄴ - 교관겸수는 의천의 천태종의 교리이며, 독경과 선 수행 및 노동에 고루 힘쓰자는 개혁 운동인 수선사 결사를 제창한 것은 조계종을 창시한 지눌이다. ③ ㄷ - 화엄사상을 정립한 승려는 통일 신라의 의상이며, 화왕계는 설총이 신문왕의 정치를 비판하면서 올린 글이다. ④ ㄹ - 자료는 조계종을 창시한 지눌이 주장한 돈오점수에 대한 설명이다. 흥왕사를 근거지로

교종의 통합을 추진하고 국청사를 창건하고 천태종을 창시한 승려는 의천이다.

14 정답 ①

해설 ② 속장경(교장)은 의천이 송, 요, 일본에서 불경 자료를 수집하여 불서 목록인 신편제종교장총록을 토대로 간행하였다. ③ ④ 초조대장경과 속장경은 몽골 침략을 계기로 소실되었다. 이후 고종 때 재조(팔만)대장경을 간행하였으며 현재 합천 해인사에 보관되어 있다.

오답풀이 ① 초조대장경은 거란족의 침략을 막고자 간행하였다.

15 다음 중 고려 시대 불교계의 동향과 관련된 설명으로 옳은 것은?

① 태조는 균여의 법상종을 후원하여 교종 불교의 통합을 추진하였다.

② 광종은 귀법사를 창건하여 화엄종의 본찰로 삼고, 왕사·국사 제도를 마련하였다.

③ 성종은 연등회와 팔관회를 부활하고 현화사, 흥왕사 등의 사찰을 건립하였다.

④ 원 간섭기에 혜심은 사원 경제의 폐단을 개혁하기 위해 백련 결사를 조직하였다.

16 고려 시대 역사서와 관련된 설명으로 옳은 것은?

① 김부식은 유교적 합리주의 사관에 입각하여 편년체 서술 방식으로 「삼국사기」를 편찬하였다.

② 각훈의 「해동고승전」은 불교사를 중심으로 고대의 민간 설화나 전래 기록을 수록하였다.

③ 일연의 「삼국유사」는 현존하는 가장 오래된 역사서로서 단군을 민족의 시조로 인식하였다.

④ 이승휴는 「제왕운기」에서 우리나라의 역사를 단군으로부터 서술하면서 중국사와 대등하게 파악하였다.

17 고려시대의 금속활자와 관련된 설명으로 옳은 것은?

① 현재 프랑스에 보관되어 있는 직지심체요절은 청주 직지사에서 간행하였다.

② 직지심체요절은 병인양요 당시에 프랑스에 의해 약탈을 당하였다.

③ 상정고금예문은 우리나라에서 가장 먼저 간행된 금속 활자 인쇄물이다.

④ 고려의 금속 활자는 밀랍 대신 식자판을 조립하는 방법으로 인쇄하였다.

---

15 정답 ②

해설 ② 광종은 귀법사를 창건하여 화엄종의 본찰로 삼고 균여를 등용하였으며, 왕사·국사 제도를 마련하여 불교가 국가적 권위를 갖도록 하였다.

오답풀이 ① 법상종은 통일신라의 진표가 개창한 종파이며, 균여는 화엄종 계열이다. ③ 성종은 최승로의 건의를 받아 연등회와 팔관회를 폐지하였으며, 연등회와 팔관회를 부활하고 현화사·흥왕사 등의 사찰을 건립한 것은 현종이다. ④ 혜심은 유·불 일치설을 주장하며 심성 도야를 강조하였으며, 백련 결사를 조직한 것은 요세이다.

16 정답 ④

해설 ④ 이승휴는 제왕운기에서 상편은 중국의 역사를 서술하고, 하편은 우리의 역사를 단군부터 서술하여 중국과의 역사적 대등 의식을 표현하였다.

오답풀이 ① 삼국사기는 기전체 역사서이다. ② 해동고승전은 우리나라의 유명한 승려 30인의 전기를 서술하였으며, 불교사를 중심으로 고대의 민간 설화나 전래 기록을 수록한 것은 일연의 삼국유사이다. ③ 현존하는 가장 오래된 역사서는 김부식의 삼국사기이다.

17 정답 ③

해설 ③ 상정고금예문은 이규보의 동국이상국집에 의하면 고종 21년(1234년)에 금속활자로 인쇄되었다고 기록되어 있으며, 현재 전해지지 않는다.

오답풀이 ① 직지심체요절은 우왕 3년(1377년)에 청주 흥덕사에서 간행하였으며, 현재 프랑스 국립 도서관에 보관되어 있다. ② 직지심체요절은 한말에 주한 프랑스 대리 공사로서 서울에 부임하였던 플랑시(Plancy, C.de.)가 수집해간 장서 속에 있었던 것이 1950년 프랑스 국립 도서관에 기증되어 오늘에 이른 것이다. 프랑스가 병인양요 당시에 약탈한 것은 조선 왕실 의궤가 대부분이었다. ④ 식자판을 이용한 인쇄 기술은 조선 세종 때부터 이루어졌다.

18 고려의 인쇄술에 관한 설명으로 옳은 것은? (2015년 기출)

① 의천은 대장도감을 설치하여 소위 '속장경'을 편찬하였다.

② 해인사에 보관 중인 팔만대장경은 거란의 침입 때인 현종 때 만들어졌다.

③ 상정고금예문은 서양의 최초 금속활자보다 200여년 앞선 것이다.

④ 청주 흥덕사에서 직지심체요절을 1234년에 금속활자로 인쇄하였다.

19 다음 (가), (나)에 관한 설명으로 옳은 것을 〈보기〉에서 고르면?

> (가) 그는 흥왕사를 근거지로 삼아 화엄종을 중심으로 교종을 통합하려 하였으며, 선종을 통합하기 위해 국청사를 창건하여 천태종을 창시하였다.
>
> (나) 그는 승려 본연의 자세로 돌아가 독경과 선 수행, 노동에 고루 힘쓰자는 수선사 결사 운동을 제창하였으며, 선종을 중심으로 교종을 포용하여 교와 선의 대립을 극복하고 선교 일치 사상을 완성하였다.

> ㄱ. (가)는 이론과 실천을 강조하는 교관겸수를 주장하였다.
> ㄴ. (나)는 유·불 일치설을 주장하며 심성 도야를 강조하였다.
> ㄷ. (가)는 문벌 귀족, (나)는 무신 정권의 후원을 받았다.
> ㄹ. (가)는 불교 교리의 통합인 반면에 (나)는 불교 교단 중심의 통합을 이루었다.

① ㄱ, ㄴ　　　　② ㄱ, ㄷ

③ ㄴ, ㄹ　　　　④ ㄷ, ㄹ

---

18 정답 ③

해설 ③ 상정고금예문은 현재 전해지지 않지만, 이규보의 동국이상국집에 의하면 고종 21년(1234년)에 금속활자로 인쇄되었다고 기록되어 있으며, 독일의 구텐베르크가 만든 금속활자보다 200여년 앞서 제작되었다.

오답풀이 ① 의천은 흥왕사에 교장도감을 설치하여 속장경(교장)을 편찬하였으며, 대장도감은 팔만(재조)대장경을 제작하기 위하여 설치한 것이다. ② 팔만대장경은 몽골 침략 이후 강화도에서 대장도감을 설치하고 편찬되었으며, 현재 합천 해인사에 보관되어 있다. ④ 직지심체요절은 우왕 3년(1377년)에 청주 흥덕사에서 간행하였으며, 현재 프랑스 국립 도서관에 보관되어 있다.

19 정답 ②

해설 (가)는 천태종을 창시한 의천에 관한 내용이고, (나)는 수선사 결사를 제창한 지눌에 관한 내용이다. ㄱ. 천태종의 교리인 교관겸수는 경전의 공부와 함께 참선을 병행해야 한다고 주장하여 이론과 실천의 양면성을 강조하였다. ㄷ. 의천은 왕실과 문벌 귀족의 지원을 받았다. 반면에 정치와 종교의 분리를 선언하고 신앙 결사 운동을 전개한 지눌은 최씨 정권의 후원을 받았다.

오답풀이 ㄴ. 혜심의 주장이다. ㄹ. 의천은 불교 교단을 왕실이 신봉하는 종파인 화엄종을 중심으로 재편하여 교단 조직의 통합을 추진하였다. 반면에 지눌은 선·교 일치의 완성된 철학 체계를 수립하여 불교 교리의 통합을 실현하였다.

20 고려 시대의 건축과 조형예술에 대한 설명으로 옳지 않은 것은?

① 초기에는 광주 춘궁리 철불 같은 대형 철불이 많이 조성되었다.

② 지역에 따라서 고대 삼국의 전통을 계승한 석탑이 조성되기도 하였다.

③ 팔각원당형의 승탑이 많이 만들어졌는데, 그 대표적인 예로 법천사 지광국사 현묘탑을 들 수 있다.

④ 후기에는 사리원의 성불사 응진전과 같은 다포식 건물이 출현하여 조선시대 건축에 큰 영향을 끼쳤다.

21 다음 중 고려 문화와 관련된 설명으로 옳은 것은? (2009년 기출)

① 상감청자는 송나라의 자기 기술을 가져와서 고려에서 발전하였다.

② 무구정광대다라니경은 최초의 금속 활자이나 전해지지 않고, 직지심체요절이 현존하는 최고의 금속활자로 인정받아 세계 기록 문화유산으로 등록되었다.

③ 고려 후기에는 향가를 계승한 경기체가가 창작되었다.

④ 이영은 원나라 북화의 영향을 받아 천산대렵도를 그렸다.

22 다음 중 현존하는 가장 오래된 고려시대의 목조 건축물은?

① 영주 부석사 무량수전   ② 예산 수덕사 대웅전

③ 안동 봉정사 극락전   ④ 성불사 응진전

---

20 정답 ③

해설 ① 고려 초기에는 광주 춘궁리 철불 같은 대형 철불이 많이 조성되었다. ② 고려의 석탑은 신라 양식을 계승하면서 지역에 따라서 고대 삼국의 전통을 계승한 석탑이 조성되기도 하였다. 또한 독자적인 조형미를 가미하면서 다양한 양식을 시도하여 다각 다층탑이 많이 조성되었다. ④ 성불사 응진전은 고려 후기에 원의 다포 건축 양식의 영향을 받은 대표적인 건축물로서 조선 시대 건축에 많은 영향을 끼쳤다.

오답풀이 ③ 고려 전기에는 신라의 팔각원당형 승탑을 계승한 승탑이 다수 만들어졌으며 여주 고달사지 승탑이 대표적인 승탑이다. 반면에 법천사 지광국사 현묘탑은 평면이 사각형인 특수 형태의 부도이다.

21 정답 ③

해설 ③ 경기체가는 고려 후기에 향가 형식을 계승한 문학 장르로서 신진사대부와 밀접한 관련이 있다.

오답풀이 ① 고려청자는 송의 자기 기술의 영향을 받았지만, 상감청자는 고려의 대표적인 독창적 문화이다. ② 무구정광대다라니경은 통일 신라에 제작된 현존하는 가장 오래된 목판 인쇄물이다. ④ 천산대렵도는 공민왕의 작품이다.

22 정답 ③

해설 ③ 안동 봉정사 극락전은 주심포 양식의 건축물로서 현존하는 가장 오래된 목조 건축물이다.

23 다음 문화유산 중에서 현재 외국에 보관되어 있지 않은 것은? (2008년 기출)

① 왕오천축국전　　　　　② 직지심체요절
③ 몽유도원도　　　　　　④ 천산대렵도

24 다음에 제시된 (가)~(다) 불상의 제작 시기를 순서대로 바르게 나열한 것은? (2013년 기출)

<table>
<tr><td>(가)</td><td>(나)</td><td>(다)</td></tr>
</table>

① (가) → (나) → (다)　　　② (나) → (가) → (다)
③ (나) → (다) → (가)　　　④ (다) → (나) → (가)

25 고려시대에 제작된 역사서는? (2014년 기출)

① 고려사　　　　　　　② 동국통감
③ 동국사략　　　　　　④ 제왕운기

---

23 정답 ④
해설 ① ② 파리 국립 도서관에 보관되어 있다. ③ 몽유도원도는 일본 덴리 대학교에 보관되어 있다.
오답풀이 ④ 천산대렵도는 현재 국립 중앙 박물관에 보관되어 있다.

24 정답 ③
해설 (나) 백제의 서산마애삼존석불 – (다) 통일 신라의 석굴암 본존불상 – (가) 고려 초기의 관촉사 석조미륵보살 입상

25 정답 ④
해설 ④ 제왕운기는 고려 충렬왕 때 이승휴가 편찬한 역사서이다.
오답풀이 ① 고려사는 조선 세종 때 정인지가 편찬하기 시작하여 문종 때 완성되었다. ② 동국통감은 조선 성종 때 서거정에 의해 편찬된 역사서이다. ③ 동국사략은 조선 초에 권근이 편찬한 동국사략과 16세기에 박상이 편찬한 동국사략으로 구분된다.

26 고려시대에 건립된 건축물로 옳지 않은 것은? (2018년 기출)

① 구례 화엄사 각황전

② 예산 수덕사 대웅전

③ 안동 봉정사 극락전

④ 영주 부석사 무량수전

27 고려 시대의 문학과 예술에 대한 설명으로 옳은 것은?

① 고려 전기의 서예는 송설체가 유행하였으며, 이암이 대표적이다.

② 고려 후기에는 향가 형식을 계승한 경기체가 신진 사대부를 중심으로 유행하였다.

③ 원 간섭기에는 주심포 건축 양식이 새로 등장하여 조선 시대 건축에 영향을 주었다.

④ 고려 중기에는 귀족의 취향에 맞는 화려하고 우아한 분청사기가 유행하였다.

28 고려 후기의 문화에 대한 설명으로 옳지 않은 것은?

① 이규보는 동명왕편에서 종래의 한문학 경향에 구애받지 않고 자유로운 문체를 구사하였다.

② 봉정사 극락전, 부석사 무량수전 등 주심포 양식의 건축물이 건립되었다.

③ 사군자 중심의 문인화가 유행하였으며, 이영의 예성강도가 대표적인 작품이었다.

④ 서민 감정을 대담하고 자유분방하게 표현한 청산별곡, 가시리, 쌍화점 등의 속요(장가)가 유행하였다.

---

26 정답 ①

해설 ② 예산 수덕사 대웅전, ③ 안동 봉정사 극락전, ④ 영주 부석사 무량수전은 고려 후기에 건립된 주심포 양식의 대표적인 건축물이다.

오답풀이 ① 화엄사 각황전은 조선 후기에 건립되었다.

27 정답 ②

해설 ② 경기체가는 향가 형식을 계승한 것으로 고려 후기에 신진 사대부를 중심으로 유행하였으며, 관동별곡·한림별곡·죽계별곡 등이 대표적인 작품이다.

오답풀이 ① 고려 전기에는 구양순체가 유행하였으며, 후기에는 송설체(조맹부체)가 유행하였다. ③ 조선 시대에 영향을 준 고려 후기의 건축 양식은 원의 영향을 받은 다포 양식이다. ④ 분청사기는 원 간섭기에서 조선시대 15세기 까지 유행하였던 자기이다.

28 정답 ③

해설 ① 이규보는 동명왕편에서 종래의 한문학 경향에 구애받지 않고 자유로운 문체를 구사함으로써 새로운 문학 세계를 추구하고자 하였다. ② 고려시대의 대표적인 주심포 양식의 건축물로는 안동 봉정사 극락전, 영주 부석사 무량수전, 예산 수덕사 대웅전 등이 있다. ④ 고려 후기에는 서민 감정을 대담하고 자유분방하게 표현한 청산별곡, 가시리, 쌍화점 등의 속요(장가)가 유행하였다.

오답풀이 ③ 고려 후기에는 사군자 중심의 문인화가 유행하였으나, 이영의 예성강도는 고려 전기의 대표적인 작품으로 현재는 전해지지 않고 있다.

29 다음 중 현존하는 고려시대의 문화유산 가운데 만들어진 시기가 가장 **빠른** 것은?

① 부석사 무량수전　　　　　　　　② 경천사 10층 석탑

③ 해인사 팔만대장경　　　　　　　④ 관촉사 석조 미륵보살 입상

30 다음의 문화유산에 대한 설명으로 옳지 **않은** 것을 고르면?

> ㄱ. 부석사 소조 아미타여래좌상　　　　　ㄴ. 고달사지 승탑
> ㄷ. 월정사 8각 9층탑　　　　　　　　　ㄹ. 혜허의 관음보살도

① ㄱ, ㄴ은 신라 양식을 계승하였다.

② ㄴ은 선종 불교의 영향을 받은 팔각원당형의 대표적인 승탑이다.

③ ㄷ은 송나라 탑 양식의 영향을 받은 고려 전기의 대표적인 석탑이다.

④ ㄹ은 고려 전기 문벌귀족의 극락왕생을 기원하는 구복적 요구에 의해 발달하였다.

31 고려자기에 대한 설명으로 옳지 **않은** 것은?

① 대표적인 청자 생산지는 강진과 부안 등지였다.

② 신라 자기 기술을 토대로 송의 자기 기술을 받아들여 독자적인 경지를 개척하였다.

③ 고려 전기에는 상감청자가 유행하였으나, 12세기 중엽부터 비취색의 순수청자가 발달하였다.

④ 원 간섭기 이후에는 북방 가마의 기술이 도입되면서 점차 소박한 분청사기가 유행하였다.

---

29 정답 ④

해설　관촉사 석조 미륵보살 입상(광종) → 해인사 팔만대장경(고종, 몽골 침략기) → 경천사 10층 석탑(충목왕, 1348) → 부석사 무량수전(우왕, 1376)

30 정답 ④

해설　① ② 부석사 소조 아미타여래좌상은 신라 불상 양식을 계승한 고려의 대표적인 불상이며, 고달사지 승탑은 선종 불교의 영향을 받은 승탑으로 신라 말의 승탑 양식을 계승한 팔각원당형의 대표적인 승탑이다. ③ 월정사 8각 9층탑은 송나라 탑 양식의 영향을 받은 고려 전기의 대표적인 석탑이다.

오답풀이　④ 혜허의 관음보살도는 고려 후기에 유행한 대표적인 불화로서 권문세족과 왕실의 극락왕생을 기원하는 구복적 요구에 의해 발달하였다.

31 정답 ③

해설　① 고려청자의 대표적인 생산지는 강진과 부안이다. ② 고려청자는 신라 자기 기술을 토대로 송의 자기 기술을 받아들여 독자적인 경지를 개척하였다. ④ 원 간섭기(13세기 중엽) 이후에는 소박한 분청사기가 유행하였다.

오답풀이　③ 고려 전기(11세기~12세기 초)에는 순수 비색 청자가 유행하였으며, 12세기 중엽부터는 상감청자가 유행하였다.

32 고려 시기 불교계에 관한 설명으로 옳은 것은? (2017년 기출)

① 의상이 지방에 화엄종 사찰을 설립하였다.

② 균여가 귀법사에서 법상종을 부흥시켰다.

③ 의천이 돈오점수를 주장하며 천태종을 개창하였다.

④ 지눌이 수선사를 결사하고 불교 개혁운동을 펼쳤다.

33 고려시대의 대장경에 관한 설명으로 옳지 않은 것은? (2014년 기출)

① 초조대장경은 부처님의 힘을 빌려서 거란족을 물리치기 위해 현종 때 제작하기 시작하였다.

② 초조대장경은 그 경판(經板)을 부인사에 보관했는데 몽골의 침입 때 불타버리고 말았다.

③ 의천이 간행한 속장경은 교종과 선종에 관한 동아시아 각국의 불경을 집대성한 것이다.

④ 팔만대장경은 일본의 불교발전에 기여를 하였다.

---

32 **정답** ④

해설 ④ 지눌은 수선사 결사를 조직하고 불교 개혁운동을 전개하였다.

오답풀이 ① 의상은 통일 신라 시대에 화엄종을 개창한 승려이다. ② 균여는 고려 초기에 화엄종을 보급한 승려이다. ③ 의천은 천태종을 개창하고 수행이론으로 교관겸수를 주장하였다. 돈오점수는 지눌이 개창한 조계종의 수행 이론이다.

33 **정답** ③

해설 ① 초조대장경은 현종 때 거란족의 침략을 부처님의 힘을 빌려 물리치기 위하여 제작되었다. ② 초조대장경은 대구 부인사에 보관되었으나, 몽골의 침략으로 불타버렸다. ④ 팔만대장경은 몽골 침략 당시에 최우가 강화도에서 대장도감을 설치하고 제작하였으며, 현재 합천 해인사에 보관되어 있다. 또한 팔만대장경본이 일본에 전래되어 일본 불교 발전에 크게 기여하였다.

오답풀이 ③ 의천의 속장경(교장)은 국내와 송 · 요 · 일본 등에서 수집한 대장경의 주석서인 장(章)과 소(疏)들을 모아 편찬한 것이며, 교종 중심의 교리를 정리하였기 때문에 선종과 관련된 내용은 포함되어 있지 않다.

1. 근세의 정치

01 다음의 업적과 관련된 왕으로 옳은 것은? (2018년 기출)

> ● 직전법 실시   ● 진관체제 실시   ● 경국대전 편찬 시작

① 태조   ② 태종
③ 세종   ④ 세조

02 조선 전기 정치상황에 관한 설명으로 옳은 것을 모두 고른 것은? (2015년 기출)

> ㄱ. 정도전은 민본적 통치규범을 마련하여 재상 권한을 축소시켰다.
> ㄴ. 성종은 사병을 혁파하고 호패법을 실시하였다.
> ㄷ. 세종은 의정부 서사제를 채택하여 왕의 권한을 분산시켰다.
> ㄹ. 태종은 6조 직계제를 채택하고 사간원을 독립시켜 대신들을 견제하였다.

① ㄱ, ㄴ   ② ㄱ, ㄹ
③ ㄴ, ㄷ   ④ ㄷ, ㄹ

03 다음 중 조선시대 중앙 통치 기구에 대한 설명으로 옳지 않은 것은? (2010년 기출)

① 의정부 – 국왕 직속 사법 기구
② 사헌부 – 관리 비리 감찰
③ 승정원 – 왕명 출납(국왕 비서 기관)
④ 홍문관 – 왕의 정치 자문과 왕명의 대필

---

01 정답 ④

해설 ④ 직전법(토지제도), 진관체제(지방군), 경국대전 편찬 시작은 조선 세조 때 실시된 정책이다.

02 정답 ④

해설 ㄷ. 세종은 의정부 서사제를 실시하여 왕의 권한 일부를 신하들에게 분산시키고, 대신에 국왕이 인사권과 군사권을 갖도록 조치하였다. ㄹ. 태종은 왕권 강화를 위하여 6조 직계제를 실시하고 사간원을 독립시켜 대신들을 견제하였다.

오답풀이 ㄱ. 정도전은 민본적 통치 규범을 마련하고 재상 중심의 정치를 주장하여, 왕의 독재를 견제하였다. ㄴ. 사

병 혁파와 호패법은 태종 때 실시되었다.

03 정답 ①

해설 ② 사헌부는 관리 비리 감찰과 풍속 교정의 역할을 담당하였다. ③ 승정원은 국왕 비서 기관으로 왕명 출납을 담당하였다. ④ 홍문관은 학술 기관으로 왕의 정책 결정에 대한 학문적 자문과 왕명의 대필을 담당하였으며, 홍문관의 관리들은 경연에 참여하였다.

오답풀이 ① 의정부는 3정승(재상)의 합의를 거쳐 국가 중대사를 결정짓는 조선의 합의제 기구이며, 국왕 직속 사법 기구는 의금부이다.

04 다음과 같은 조선의 정치 제도의 변화가 의미하는 것은? (2005년 기출)

> 6조 직계제 → 의정부서사제 → 6조 직계제

① 의사 결정 과정에서 합의를 중시하였다.
② 국왕과 관료의 도덕성 수련을 위한 제도적 장치가 강화되었다.
③ 합의제 축소를 통한 왕권의 전제화를 추구하였다.
④ 왕권과 신권 간의 권력 이동이 이루어졌다.

05 조선 태종의 정치에 관한 설명으로 옳지 않은 것은? (2019년 기출)

① 사병을 혁파하였다.
② 6조의 기능을 강화하였다.
③ 호패법을 실시하였다.
④ 경국대전 편찬을 시작하였다.

---

04 정답 ④

해설 ④ 6조 직계제는 의정부 재상의 합의 과정을 거치지 않고 국왕과 6조가 직접 연결되어 국왕이 정책을 결정하고 국왕의 명령을 받아 6조가 정책 업무를 집행하는 제도로서 태종과 세조 때 왕권 강화 목적으로 실시되었다. 반면에 의정부서사제는 의정부 재상의 합의를 통해 국가 정책을 결정하여 국왕의 재가를 받아 정책을 집행하는 제도로서 의사 결정 과정에서 재상의 합의를 중시하였으며, 세종 때 실시되었다가 성종 이후 다시 부활되었다. 세종은 의정부서사제를 통해 신하의 권리를 보장해주고 국왕은 인사권과 군사권을 장악하여 왕권과 신권의 조화를 추구하였다. 이렇게 6조 직계제와 의정부서사제가 변화되면서 실시된 것은 왕권과 신권의 권력 이동 관계 속에서 이해될 수 있다.

05 정답 ④

해설 ①② 조선의 태종은 왕권 강화를 위해 사병을 혁파하여 군사권을 장악하였으며, 6조 직계제를 실시하여 의정부의 권한을 축소시키고 6조의 기능을 강화하였다. ③ 태종은 유민을 방지하고 조세 징수와 군역 대상자를 파악하기 위하여 호패법을 실시하였다.

오답풀이 ④ 경국대전은 세조 때 편찬되기 시작하여 성종 때 완성되었다.

06 다음 자료들과 관련된 왕의 업적으로 옳지 않은 것은? (2013년 기출)

> ● 1년의 길이를 365.2425일, 한 달의 길이를 29.530593일로 계산하고 있을 정도로 지금의 달력과 비교해 보아도 손색이 없을 만큼 매우 정밀한 칠정산이라는 달력을 제작하였다.
> ● "근년에 와서 가뭄이 극심하여 비가 올 때마다 땅을 파서 흙 속에 젖어 들어간 깊이를 재었다. 그러나 정확하게 비가 온 양을 알 수 없어 구리를 부어 그릇을 만들고 이를 궁중에 설치하여 빗물이 그릇에 고인 깊이를 실험하였다."

① 철령 이북의 땅을 회복하여 국토를 넓혔다.

② 충신, 효자, 열녀 등의 행적을 그림과 글로 엮은 삼강행실도를 간행하였다.

③ 6조 직계제를 대신해 의정부 서사제를 시행하였다.

④ 궁 안에 내불당을 짓고 월인천강지곡을 편찬하였다.

07 다음 중 조선시대 3사에 대한 설명으로 옳지 않은 것은?

① 정사를 비판하고 관리의 비리를 감찰하는 언론 기능을 담당하였다.

② 3사의 구성원은 사헌부, 사간원, 예문관이었다.

③ 3사 중 사헌부와 사간원은 대간을 이루어 간쟁과 서경권을 행사하였다.

④ 권력의 독점과 부정을 방지하기 위한 것으로 조선 시대 정치의 특정적인 모습이다.

08 조선시대 지방행정에 관한 설명으로 옳지 않은 것은? (2017년 기출)

① 전국 8도에 관찰사를 파견하였다.

② 향리는 행정 실무를 맡아 수령을 보좌하였다.

③ 수령은 왕의 대리인으로 행정·사법·군사권을 가졌다.

④ 속현과 향·부곡은 주현을 통해 중앙 정부의 통제를 받았다.

---

06 정답 ①

해설 자료는 세종 때 만들어진 칠정산과 측우기에 대한 설명이다. ② 세종 때 설순이 유교 윤리를 보급하기 위해 충신, 효자, 열녀 등의 행적을 그림과 글로 엮은 삼강행실도를 간행하였다. ③ 세종은 왕권과 신권의 조화를 통한 정치를 위해 의정부 서사제를 실시하였다. ④ 세종 때 불교를 보호하기 위해 궁궐 안에 내불당을 지었으며, 훈민정음으로 월인천강지곡을 편찬하였다.

오답풀이 ① 철령 이북의 영토를 회복한 것은 고려 말 공민왕 때 쌍성총관부를 탈환함으로써 이루어졌다.

07 정답 ②

해설 ① 3사는 언론 기관으로 사간원은 잘못된 정치를 비판하고 사헌부는 관리의 비리를 감찰하는 역할을 담당하였다. ③ 사헌부와 사간원은 대간(양사)를 이루어 국왕

이나 고위 관리의 잘못된 정치를 비판하거나 서경권을 통해 관리 임명 동의권을 행사하였다. ④ 3사는 권력의 독점과 부정 방지를 위해 설치된 기관으로 조선 시대 정치의 특징을 엿 볼 수 있다.

오답풀이 ② 3사는 사헌부, 사간원, 홍문관으로 구성되었다.

08 정답 ④

해설 ① 조선 시대는 전국을 8도로 정비하고 관찰사를 파견하였다. ② 향리는 6방 조직으로 편성되었으며, 행정 실무를 맡아 수령을 보좌하였다. ③ 수령은 부·목·군·현에 파견된 지방관으로서 왕의 대리인으로 행정·사법·군사권을 가졌다.

오답풀이 ④ 조선 시대는 전국에 지방관(수령)이 파견되어 속현은 존재하지 않았다. 반면에 고려 시대에는 속현이 존재하였으며, 향리에 의해 운영되었다.

09 다음 조선 초기의 정책이 공통적으로 지향하는 것은? (2013년 기출)

● 향·소·부곡의 소멸   ● 면·리제 실시   ● 전국 군현에 지방관 파견

① 향촌 자치 강화   ② 성리학적 질서 강화
③ 중앙집권적 행정 체제 강화   ④ 사림 지배 체제 강화

10 다음 조선의 통치 체제에 대한 설명으로 옳지 않은 것은?

① 6조는 왕의 명령을 집행하며, 직능별로 행정 업무를 분담하였다.
② 의금부는 대역죄인을 재판하는 국왕 직속의 상설 사법 기관이었다.
③ 한성부는 수도 한양의 치안과 행정을 담당하였다.
④ 왕은 5품 이하의 관리를 임명할 때는 의정부의 재상과 이조판서의 동의를 얻어야 했다.

11 조선의 통치기구에 관한 설명으로 옳은 것을 모두 고른 것은? (2018년 기출)

ㄱ. 춘추관은 역사서의 편찬과 보관을 맡았다.
ㄴ. 장례원은 수도의 행정과 치안을 담당하였다.
ㄷ. 사간원은 노비 문서의 관리와 노비 소송을 맡았다.
ㄹ. 승정원은 왕의 비서기관으로 왕명의 출납을 담당하였다.

① ㄱ, ㄴ   ② ㄱ, ㄹ
③ ㄴ, ㄷ   ④ ㄷ, ㄹ

---

09 정답 ③

해설 ③ 조선왕조는 고려시대의 향·소·부곡을 면·리제로 개편하여 양인의 신분을 확대하였으며, 전국의 군현에 지방관을 파견하였다. 그 결과 향리가 지배하였던 향·소·부곡과 속현이 소멸되어 지방 세력에 의한 백성에 대한 착취를 차단할 수 있었으며, 향리의 세력도 약화되었다. 이것은 조선왕조가 중앙 집권적 행정체제를 강화하려는 의도에서 실시되었던 것이다.

10 정답 ④

해설 ① 6조는 왕의 명령을 집행하며, 부서별로 행정 업무를 분담하여 행정의 효율성과 전문성을 추구하였다. ② 의금부는 국왕 직속의 사법기구로서 국가 대역인에 대한 재판 업무를 담당하였다. ③ 한성부는 수도 한양의 치안과 행정 및 토지와 가옥과 관련된 소송을 담당하였다.

오답풀이 ④ 왕이 5품 이하의 관리를 임명할 때는 대간(사간원, 사헌부)의 서경권에 의해 동의를 받아야 했다.

11 정답 ②

해설 ㄱ. 춘추관은 조선왕조실록을 비롯한 역사서의 편찬과 보관을 담당하였다. ㄹ. 승정원은 왕의 비서기관으로 왕명의 출납을 담당하였다.

오답풀이 ㄴ. 장례원은 노비 문서의 관리와 노비 소송을 담당하였다. ㄷ. 사간원은 국왕의 잘못된 정치를 비판하는 간쟁권을 행사하였다.

12 다음 지방행정 제도를 시기 순으로 바르게 나열한 것은?

> ㄱ. 전국을 8도로 나누고 도 아래에는 부 · 목 · 군 · 현을 두었다.
> ㄴ. 전국을 5도와 양계, 경기로 나누었다.
> ㄷ. 9주 5소경의 지방제도를 마련하였다.
> ㄹ. 전국을 23부 337군으로 개편하였다.

① ㄱ → ㄴ → ㄷ → ㄹ   ② ㄴ → ㄷ → ㄹ → ㄱ

③ ㄷ → ㄴ → ㄱ → ㄹ   ④ ㄹ → ㄷ → ㄴ → ㄱ

13 다음은 고려와 조선 시대의 중앙 통치 조직과 관련된 내용이다. 그 내용이 잘못 연결된 것은?

	담당 업무	고려	조선
①	합의제 기구	도병마사, 식목도감	의정부
②	최고 교육 기관	주자감	성균관
③	국가 회계 업무	삼사	호조
④	관리 감찰	어사대	사헌부

14 다음 중 시대별 관리 선발 시험에 관한 내용 중 바르지 못한 것은? (2012년 기출)

① 통일 신라 시대의 독서삼품과는 골품제도 기반위에서 관리를 채용했다.

② 고려시대는 과거제를 실시하여 유학을 익힌 신진 인사를 등용하여 신 · 구 교체를 도모하였다.

③ 조선 중종 때 천거제의 일종인 현량과를 통해서 사림파가 대거 등용되었다.

④ 조선시대 잡과는 3년마다 실시되었고 분야별로 정원이 정해졌다.

---

12 정답 ③

해설 각 시대별 지방 행정 조직은 ㄷ. 9주 5소경(통일 신라) – ㄴ. 5도 양계와 경기(고려) – ㄱ. 8도와 부목군현(조선) – ㄹ. 23부 337군(1894년 2차 갑오개혁) 순서로 정비되었다.

13 정답 ②

오답풀이 ② 고려의 최고 교육 기관은 국자감이며, 주자감은 발해의 최고 교육 기관이다.

14 정답 ①

해설 ② 고려는 광종 때 과거제도를 최초로 실시하여 유학을 익힌 신진 관리를 등용함으로써 신 · 구세력의 교체를 도모하였다. ③ 조선 중종 때 조광조는 사림파를 중앙 정계에 등용시키기 위해 무시험으로 관리를 등용하는 현량과를 실시하였다. ④ 조선시대의 잡과는 3년마다 해당 관청에서 실시하였으며 분야별로 정원이 정해져 있었다.

오답풀이 ① 통일 신라는 원성왕 때 독서삼품과를 실시하여 유교 경전 학습 능력을 토대로 관리를 등용하고자 하였으나, 진골 귀족의 반대와 골품제도의 원칙이 유지되었기 때문에 제대로 실시되지 못하였다.

15 다음 자료의 (가)와 (나)에 대한 설명으로 옳은 것은?

> [　(가)　]는 재상과 대등하다. 일정한 직책에 매이지 않고 천하의 득실과 백성의 이해, 나라의 주요한 일에 관여하는 것은 재상만이 할 수 있는데, [　(가)　]는 이에 대해 말할 수 있으니, 그 지위는 낮지만 직무는 재상과 다를 바 없다. [　(나)　]는 비록 같은 언관이지만 그 직책은 달라, 규찰을 맡아 백관의 비리를 다스린다. 그러므로 임금에게 잘못이 있으면 [　(가)　] 글을 올려 아뢰고, 신하가 법을 어기면 [　(나)　]가 상소하여 탄핵한다.
> 「경제문감」

① (가)는 국가의 중요 정책을 협의하여 결정하였다.

② (나)는 왕명의 신속한 수행을 보조하였다.

③ (가)는 사헌부, (나)는 홍문관에 속하였다.

④ (가)와 (나)는 권력 독점과 부정을 방지하는 기능을 하였다.

16 다음 중 조선 초의 군역과 군사제도에 관한 내용으로 옳은 것은? (2006년 기출)

① 정군 농민은 보인의 지원을 받아 5위나, 영·진에 나가 복무하였다.

② 농병일치제가 무너지고 용병제가 도입되었다.

③ 5군영이 정비되면서 농병일치제가 실시되었다.

④ 양인 장정은 누구나 군적에 등록하고 군역을 부담하였다.

---

15 정답 ④

해설 자료에서 (가)는 사간원, (나)는 사헌부이다. 조선 시대의 대표적 언론 기관인 사간원은 왕에 대한 간쟁을, 사헌부는 관리들에 대한 비리 감찰을 하였다. 이러한 기능을 수행하는 과정에서 사간원과 사헌부는 대간을 구성하여 간쟁권과 서경권을 행사함으로써 권력의 독점과 부정을 방지하는 데 기여하였다.

오답풀이 ① 의정부의 역할이다. ② 승정원 관리들이 왕명의 출납업무를 맡았다. ③ 홍문관은 왕의 학문적 자문에 응하고 경연을 겸하여 정책에 대한 언론 역할을 담당하였다.

16 정답 ①

해설 ① 세조 때 보법이 제정되어 군역 제도가 정비되었는데, 군역 대상자는 현역 군인 정군과 정군의 비용을 부담하는 보인으로 구성되었으며, 정군은 중앙군인 5위나 지방군인 영진군에서 복무하였다.

오답풀이 ② 조선 초의 군역제도의 원칙은 양인 농민이 농업에 종사하는 한편, 군역의 의무를 부담하는 농병일치의 원칙이 적용되었다. ③ 5군영은 조선 후기의 중앙군으로 직업 군인인 용병제로 운영되었다. ④ 군역제도의 원칙은 양인개병제로서 양인은 모두 군역의 의무를 부담하도록 되었지만, 실제로는 양반과 학생, 향리 등은 면제되었으며 농민이 대부분 군역의 의무를 담당하였다.

17 다음 중 조선시대 중앙 집권 체제 강화와 관련된 내용으로 옳지 않은 것은? (2009년 기출)

① 승정원과 의금부를 설치하였다.

② 각 도에 관찰사를 파견하여 수령을 감독하였다.

③ 행정의 효율성을 높이기 위하여 향리의 권한을 강화하였다.

④ 조운제, 봉수제, 역참제를 실시하였다.

18 조선 시대 일반 백성이 정사에 관한 일이나 억울한 사정을 임금에게 전할 수 있었던 방법이 아닌 것은? (2011년 기출)

① 장계(狀啓) ② 격쟁상언(擊錚上言)

③ 응지상소(應旨上疏) ④ 신문고

19 조선 시대 지방 행정에 대한 설명으로 옳은 것은?

① 향 · 소 · 부곡이라는 특수 행정 구역이 설치되었다.

② 도에는 안찰사가 파견되어 수령의 업무 성적을 평가하였다.

③ 국경 지역에는 군사적 특수성을 고려하여 병마사를 파견하였다.

④ 수령은 왕의 대리인으로 지방의 행정, 사법, 군사권을 행사하였다.

---

17 정답 ③

해설 조선시대는 중앙 집권 체제의 강화와 왕권 강화에 역점을 두었다. ① 국왕 비서기관인 승정원과 국왕 직속의 사법 기구인 의금부 등의 왕권 강화 기구를 설치하였으며, ② 8도에 관찰사를 파견하여 부목군현의 수령을 감찰하도록 하였다. ④ 그 밖에 조운제 · 봉수제 · 역참제를 실시하고, 고려와는 달리 모든 군현에 지방관을 파견하고 지방관의 권한을 강화시켰으며, 경재소를 통해 지방 양반 세력이 운영하는 유향소를 통제하도록 하였다.

오답풀이 ③ 조선 시대에는 중앙 집권 체제를 강화하기 위하여 지방의 향리의 권한을 약화시켜 6방 조직에 편성하여 아전으로 격하시켰다.

18 정답 ①

해설 ② 격쟁상언은 왕이 행차하는 경우에 백성들이 징을 치고 나가서 억울한 일을 호소하는 제도이다. ③ 응지상소는 나라에 천재지변이나 좋지 않은 일이 있을 때 임금이 자신의 허물을 지적해 달라고 상소를 요구하는 '구언'(求言)에 대응하여 관리나 백성들이 왕에게 올리는 상소이다. ④ 신문고는 태종 때부터 실시한 제도로서 글을 모르는 백성이 억울한 일을 호소하도록 허용한 제도인데, 실제로는 제대로 실시되지 못하였다.

오답풀이 ① 장계는 왕명을 받고 지방에 파견된 신하가 자기 관하의 중요한 일을 왕에게 보고하거나 청하는 문서이다.

19 정답 ④

해설 ④ 수령(지방관)은 국왕의 명을 받아 부 · 목 · 군 · 현에 파견되어 왕을 대신하여 행정, 사법, 군사권을 행사하여 백성을 통치하였다.

오답풀이 ① 향, 소, 부곡은 조선 시대에 와서 소멸되고 일반 군현으로 승격되었다. ② 8도에는 관찰사가 파견되었으며, 안찰사는 고려 시대 5도에 파견된 지방관이었다. ③ 국경 지역에 병마사를 파견한 것은 고려 시대의 군사 행정 구역이었던 양계 지역과 관련된 사실이다.

20 조선 시대 통치 체제 정비와 관련된 설명으로 옳지 않은 것은?

① 문 · 무반 관리는 18관등으로 구분하고 정3품 이상은 당상관, 그 이하는 당하관이라 하였다.

② 중앙 정치 체제는 의정부와 6조 체제로 편성되었다.

③ 대간은 모든 관리를 대상으로 관리 임명 동의권인 서경권을 행사하였다.

④ 합리적인 인사 행정을 위한 제도가 갖추어져 관료적 성격이 더욱 강화되었다.

21 조선시대 관리 등용제도에 관한 설명으로 옳지 않은 것은? (2015년 기출)

① 무과 예비 시험으로 소과가 있었다.

② 잡과는 분야별로 합격 정원이 있었다.

③ 과거, 음서, 천거를 통해 관리를 선발하였다.

④ 권력의 집중과 부정을 막기 위해 상피제를 실시하였다.

22 조선 전기의 군역 제도와 군사 제도에 대한 설명으로 옳지 않은 것은?

① 중앙군인 5위는 특수병, 갑사, 정군 등으로 구성되었다.

② 지방군의 운영 체제는 진관 체제에서 제승 방략 체제로 바뀌었다.

③ 양인개병제의 원칙에 따라 모든 양인은 현역 군인으로 복무하였다.

④ 서리, 잡학인, 노비 등으로 구성된 잡색군은 유사시 향토방위의 임무를 담당하였다.

---

20 정답 ③

해설 ① 조선의 관리는 18관등 조직으로 구성되었고 정3품 이상의 당상관은 정책 논의에 참석하는 주요 관서의 책임자였으며, 당하관은 정3품 이하의 관리들로서 각 관서의 행정 실무를 담당하였다. ② 조선의 중앙 통치 조직은 의정부와 6조 체제를 중심으로 운영하여 행정의 효율성과 전문성을 추구하였다. ④ 조선 시대에는 품계에 따라 관리를 등용하고, 상피제와 서경제의 엄격한 적용, 근무 성적을 평가하여 승진과 좌천의 자료로 활용하는 등 합리적인 인사 행정 제도가 갖추어져 관료적 성격이 강화되었다.

오답풀이 ③ 사헌부와 사간원으로 구성된 대간의 서경권은 5품 이하의 관리를 대상으로만 적용되었다.

21 정답 ①

해설 ② 잡과는 해당 관청에서 실시하였으며, 분야별로 정원이 정해져 있었다. ③ 조선의 관리 등용 제도로는 과거, 음서, 천거 등이 실시되었다. ④ 상피제는 친인척과 동일 부서에 근무하지 않도록 하고, 출신 지역의 지방관으로 임명하지 않는 제도로서 권력의 집중과 부정 방지를 위하여 실시되었다.

오답풀이 ① 무과는 예비 시험이 따로 실시되지 않았으며, 소과는 문과의 예비 시험이다.

22 정답 ③

해설 ① 5위는 중앙군으로서 종친 · 외척 · 공신 · 고위 관료의 자제로 구성된 특수병과 시험에 의해 선발된 직업 군인인 갑사, 농민 의무병인 정군으로 구성되었다. ② 지방군의 운영 체제는 세조 때부터 군현 단위의 지역 방위 체제인 진관 체제로 운영되었으며, 16세기 이후에는 유사시에 각 지역의 수령들이 소속 군대를 이끌고 지정된 방위지역으로 이동하여 중앙에서 파견된 전문 군사 지휘관의 지휘를 받는 제승 방략 체제로 전환되었다. ④ 잡색군은 일종의 예비군으로 평상시에 생업에 종사하고 일정 기간 훈련을 받아 유사시에 대비하도록 운영하였으며, 서리 · 잡학인 · 신량역천인 · 노비 등으로 구성되었다.

오답풀이 ③ 양인개병제의 원칙 아래 원칙적으로 양인에 속한 양반, 중인, 상민층은 군역의 의무를 부담하도록 되었지만 양반은 관료층으로서 신분적 지위를 배경으로 군역의 의무가 면제되었으며, 그 밖에 향리, 학생, 상인, 수공업자 등도 군역의 의무를 부담하지 않았다. 실질적으로 군역의 부담은 상민층에 소속된 농민이 주로 부담하였다.

23 조선 시대의 교육 제도와 관련된 설명으로 옳지 않은 것은?

① 생원과와 진사과에 합격하면 성균관에 입학할 수 있었다.

② 4학은 한양에 설치된 중등 교육 기관으로 중학, 동학, 남학, 서학이 있었다.

③ 향교는 양반 자제들만 입학이 가능하였다.

④ 기술 교육은 해당 관청에서 담당하였다.

24 다음과 같은 주장을 펼친 정치세력에 대한 설명으로 옳지 않은 것은? (2007년 기출)

- 중앙 집권보다는 향촌자치를 추구하였다.
- 도덕과 의리에 바탕을 둔 왕도정치를 강조하였다.
- 주로 고려 말 정몽주, 길재의 학풍을 계승하였다.

① 관학파의 학풍을 계승하고 과학 기술 발전에 관심을 가졌다.

② 소격서를 폐지하고 소학 교육을 강조하였다.

③ 기자조선을 존중하며 존화주의적 사관을 가졌다.

④ 16세기 이후 조선의 정치와 사상을 지배하였다.

25 조선시대 정치기구와 그 기능의 연결이 옳지 않은 것은? (2016년 기출)

① 중추원 — 관리 비행 감찰

② 승문원 — 외교 문서 작성

③ 춘추관 — 역사 편찬 및 보관

④ 한성부 — 수도 치안 담당

---

23 정답 ③

해설 ① 생원과 · 진사과(소과) 합격자는 성균관에 입학할 수 있었으며, 그 밖에 문과(대과)에 곧바로 응시하거나 하급 관리로 진출할 수도 있었다. ② 4학은 한양에 설치된 중등 교육 기관으로 중학, 동학, 남학, 서학이 있었으며 양인 이상의 신분이면 누구나 입학할 수 있었다. ④ 기술 교육은 중앙은 해당 관청에서 지방은 각 지방 관청에서 담당하였다.

오답풀이 ③ 향교는 양인 이상의 신분이면 누구나 입학할 수 있었으므로, 양반 뿐만 아니라 평민 자제도 가능하였다.

24 정답 ①

해설 자료에서 향촌자치를 추구하고 왕도정치를 강조하며 정몽주와 길재의 학풍을 계승했다는 사실을 통해 사림 파임을 알 수 있다. ② 사림파 중에서 조광조는 성리학 이외의 종교와 사상을 이단으로 규정하여 도교의 제천 행사였던 초제를 담당한 소격서의 폐지를 주장하는 한편 소학 교육을 강조하였다. ③ 사림파는 존화주의적 역사관에 입각하여 기자조선을 중시하였다. ④ 사림파는 16세기 후반 선조 때 정권을 장악한 이후 조선의 정치와 사상계를 지배하였다.

오답풀이 ① 관학파의 학풍을 계승하고 과학 기술 발전에 관심을 가진 것은 훈구파에 해당한다.

25 정답 ①

해설 ② 승문원은 외교 문서를 담당하였다. ③ 춘추관은 역사 편찬을 담당하였으며, 조선왕조실록을 편찬하였다. ④ 한성부는 수도 한양의 행정과 치안을 담당하였다.

오답풀이 ① 중추원은 고려시대에 군사 기밀과 왕명 출납을 담당하던 관청이었다.

26 다음 ( )에 들어갈 내용으로 옳은 것은? (2018년 기출)

> 남곤, 심정 등과 같은 공신들은 중종반정 이후 개혁을 추진하던 조광조 일파를 모함하여, 죽이거나 유배를 보냈다. 이 사건을 ( )라고 한다.

① 무오사화

② 갑자사화

③ 기묘사화

④ 을사사화

27 다음 밑줄 친 (가), (나)의 정치 세력에 대한 비교로 옳은 것은?

> 조선의 문물제도가 정비되는 16세기를 전후하여 (가)새로운 정치 세력이 등장하였다. 이들은 중앙의 정치 무대에 진출하면서 (나)기존의 세력과 대립하였다.

	구 분	(가)	(나)
①	정치 성향	부국강병 중시	도덕과 명분 중시
②	통치 체제	향촌 자치	중앙 집권 체제
③	사상	성리학 이외 불교, 도교 사상도 수용	성리학 이외에는 이단으로 배척
④	기 원	급진파 사대부	온건파 사대부

---

26 정답 ③

해설 ③ 조광조 개혁 정치에 불만을 가진 훈구파의 모함으로 일어난 사화는 기묘사화이다.

오답풀이 ① 무오사화는 김종직의 조의제문, ② 갑자사화는 폐비윤씨, ④ 을사사화는 외척의 권력 다툼으로 인하여 일어났다.

27 정답 ②

해설 ① 자료는 훈구파가 주초위왕의 4글자를 이용하여 조

광조를 모함하여 일으킨 기묘사화이다. ③ 조광조를 비롯한 사림파는 성리학 이외의 종교와 사상을 이단으로 배척하여, 도교의 제천행사를 담당하던 소격서의 폐지를 주장하고 3사의 언론 활동을 바탕으로 한 왕도정치를 실현하고자 하였다. ④ 사림파는 사화를 계기로 몰락한 후 향약과 서원을 기반으로 향촌사회에서 세력을 확장한 후 선조 때부터 정권을 장악하였다.

오답풀이 ② 사화를 계기로 훈구파의 탄압을 받아 사림파가 몰락하였으며, 왕권 강화와는 관련이 없다.

28 사림의 정치적 성장과 관련하여 당시의 내용 설명이 옳지 않은 것은?

성종	연산군	중종	명종	선조
A	B	C	D	E

① A : 훈구 세력 견제를 위해 사림이 중용되어 3사 언관직에 진출하였다.

② B : 사림의 언론 활동을 억제하고 기묘사화가 발생하였다.

③ C : 현량과를 통하여 사림이 대거 등용되기도 하였다.

④ D : 외척 간의 권력 다툼에 휩쓸려 사림이 을사사화로 정계에서 밀려났다.

⑤ E : 사림 세력이 대거 중앙 정계로 진출하여 초기에는 동인이 정국을 주도하였다.

29 다음 내용과 관련 있는 인물이 추진한 정책으로 옳지 않은 것은? (2013년 기출)

● 기묘명현	● 공론 정치	● 사림의 성장

① 경연의 강화   ② 삼정의 개혁

③ 소학의 보급   ④ 방납 폐단의 시정

---

28 정답 ②

해설 ① 성종은 훈구파를 견제하기 위하여 사림파를 등용하였으며, 사림파는 주로 3사의 언관직과 전랑직에 등용되어 훈구파를 비판하였다. ③ 조광조는 중종 때 현량과를 실시하여 사림파를 대거 중앙 정계에 등용시켰다. ④ 명종 때는 윤임과 윤원형을 중심으로 한 외척 간의 권력 다툼으로 일어난 을사사화에 휘말려 다수의 사림파가 희생되었다. ⑤ 선조 이후 사림파가 집권하면서 붕당정치가 시작되었으며, 선조 때는 동인이 정권을 장악하였다.

오답풀이 ② 연산군 때에는 김종직의 조의제문을 계기로 무오사화, 폐비 윤씨 문제로 갑자사화가 일어났으며 기묘사화는 중종 때 조광조의 개혁 정치를 계기로 일어났다.

29 정답 ②

해설 자료에서 기묘명현은 조광조와 관련되어 발생한 기묘사화를 의미하며 조광조는 현량과를 실시하여 사림파의 중앙 정계 진출을 확대함으로써 사림파의 성장을 도모하였으며, 공론 정치를 표방하였다. ① 조광조는 언론 정치의 활성화를 위해 왕과 신하가 함께 학문과 정치를 토론하는 경연의 강화를 주장하였다. ③ 조광조는 소학과 향약을 보급시켜 유교 질서를 확산시키고자 하였다. ④ 토산물을 납부하는 공납에서 방납의 폐단으로 농민의 부담이 증가되자, 이를 해결하기 위한 개혁안을 제시하였다.

오답풀이 ② 삼정의 문란은 19세기 세도정치기에 발생한 전정, 군정, 환곡의 폐단이며 흥선대원군은 삼정의 폐단을 해결하기 위해 여러 가지 개혁을 실시하였다.

30 다음은 조선시대 사화와 관련된 내용이다. 사건 발생 순서를 바르게 나열한 것은?

> ㄱ. 조광조는 개혁 정치를 실시하였으나, 훈구파의 모함으로 정계에서 밀려났다.
> ㄴ. 윤임과 윤원형의 외척 간의 권력다툼으로 윤임과 연결된 다수의 사림파가 희생되었다.
> ㄷ. 김종직이 향우가 의제를 시해한 것을 세조가 단종을 죽인 것에 비유하는 글을 남긴 것을 계기로 영남 지역의 사림이 대부분 몰락하였다.
> ㄹ. 연산군이 자신의 생모인 폐비 윤씨와 관련된 신하들을 다수 죽이는 과정에서 사림파가 화를 입었다.

① ㄱ → ㄴ → ㄷ → ㄹ   ② ㄷ → ㄹ → ㄱ → ㄴ

③ ㄴ → ㄹ → ㄷ → ㄱ   ④ ㄹ → ㄷ → ㄴ → ㄱ

31 조선 시대 사림파에 대한 설명으로 옳지 않은 것은? (2010년 기출)

① 서원과 향교를 바탕으로 향촌 사회에서 세력을 강화시켰다.

② 선조 때 중앙 정계에 진출하여 정권을 장악하였다.

③ 성리학을 절대적인 학문으로 삼고 다른 종교와 사상을 철저하게 배척하였다.

④ 정치 이념과 학문 성향에 따라 붕당을 형성하였다.

---

30 정답 ②

해설 ㄷ. 무오사화(연산군 4년, 1498) - ㄹ. 갑자사화(연산군 10년, 1504) - ㄱ. 기묘사화(중종 14년, 1519) - ㄴ. 을사사화(명종 즉위년, 1545)

31 정답 ①

해설 ② 사림파는 선조 때 정권을 장악하였으며, 이후 붕당을 형성하여 붕당 정치를 전개하였다. ③ 사림파는 성리학을 절대적인 학문으로 삼고 다른 종교와 사상을 철저하게 배척하였다. ④ 사림파는 정치적 이념과 학문적 성향에 따라 선조 때 동인과 서인 등의 붕당을 형성하였다.

오답풀이 ① 사림파는 서원과 향약을 기반으로 향촌 사회에서 영향력을 확대해 나갔으며, 향교는 국가에서 지방에 설치한 중등 관립 교육 기관이다.

32 다음 정치 세력과 관련된 설명으로 옳은 것을 〈보기〉에서 고르시오.

> ● 세조의 집권 이후 공신으로서 정치적 실권을 장악하였다.
> ● 관학파의 학풍을 계승하였으며 중앙 집권 체제 강화를 강조하였다.

> 〈보기〉
> ㄱ. 왕실과의 혼인을 통해 권력을 장악하였으며, 대농장을 확대해 나가기도 하였다.
> ㄴ. 소학을 보급하고 향촌의 성리학적 질서를 강화하였다.
> ㄷ. 부국강병과 민생 안정을 강조하여 문물제도 정비에 크게 기여하였다.
> ㄹ. 의리와 도덕을 바탕으로 한 왕도정치를 강조하였다.

① ㄱ, ㄴ   ② ㄱ, ㄷ   ③ ㄴ, ㄹ   ④ ㄷ, ㄹ

33 조선 초기의 대외관계에 대한 설명으로 옳지 않은 것은?

① 사대교린의 외교 정책을 일관되게 추진하였다.
② 명과는 요동정벌과 여진문제로 한때 대립하기도 하였다.
③ 태종 이후 북진 정책으로 명과의 관계가 더욱 악화되었다.
④ 여진에게는 회유책으로 국경지방에 무역소를 두었다.

---

32 정답 ②

해설 자료는 훈구파와 관련된 설명이다. ㄱ. 훈구파는 세조 집권 이후 왕실과의 혼인을 통해 권력을 장악하였으며, 권력을 바탕으로 대농장을 소유한 대지주층이었다. ㄷ. 훈구파는 관학파의 학풍을 계승하여 문물제도 정비에 힘써 부국강병과 민생 안정에 기여하였다.

오답풀이 ㄴ. ㄹ은 사림파와 관련된 내용이다.

33 정답 ③

해설 ① 조선은 건국 초부터 사대교린 정책을 대외 정책의 원칙으로 일관되게 추진하여, 명과는 친선 사대 정책을 실시하였고 여진과 일본을 상대로는 교린 정책을 실시하였다. ② 명과는 태조 때 정도전의 요동 수복 운동과 여진 문제로 갈등 관계가 유지되었다. ④ 여진족은 교린 정책을 실시하여 무역소를 통한 국경 무역과 북평관을 통한 조공 무역을 허락하는 회유책을 펼쳤다.

오답풀이 ③ 태종 이후 조선은 요동 수복을 보류하고 여진족을 정벌하면서부터 명과 친선 사대 관계로 변하였다.

34 다음은 임진왜란 당시의 가상 일지이다. (가)와 (나) 사이에 들어갈 내용으로 볼 수 없는
것은?

> (가) 적들의 배가 그 끝이 보이지 않을 정도로 부산포 앞바다를 가득 덮었다. 적들의 공격으로 부산성
> 이 함락되고 첨사 정발이 전사하였다.
> (나) 휴전 회담이 결렬되자, 가토 기요마사 등의 장수가 이끄는 14,500명의 군사를 선봉으로 하여 적
> 군이 다시 쳐들어왔다.

① 조선 정부는 훈련도감을 설치하고 조총을 제작하였다.

② 조 · 명 연합군이 평양성을 탈환하였다.

③ 이순신이 적의 수군을 명량에서 대파하였다.

④ 권율이 행주산성에서 적군의 공격을 물리쳤다.

35 다음 사료와 관련된 전쟁이 국내외에 끼친 영향으로 옳지 않은 것은? (2013년 기출)

> "견내량의 지형이 좁고 암초가 많아서 판옥선은 배끼리 부딪치기 쉬우므로 싸움하기가 어려울 뿐 아
> 니라, 적이 만일 형세에 불리하면 기슭을 타고 육지로 올라갈 것이라 생각되어 한산도 앞 바다로 꾀어
> 내서 모두 해치워 버릴 전략을 세웠다."

① 인구 감소   ② 문화재 손실

③ 여진 성장   ④ 북벌론 대두

---

34 **정답** ③

해설 자료에서 (가)는 임진왜란 초기의 부산성 함락이며,
(나)는 휴전 이후의 정유재란이다. ① 휴전 직후 조선
정부는 속오법을 제정하여 지방군 편제를 개편하고 훈
련도감을 설치하였으며, 조총과 화포를 제작하였다.
② ④ 임진왜란 초기에서 휴전 회담 이전까지의 사실
이다.

오답풀이 ③ 정유재란 이후 이순신은 명량, 노량 해전에서 일본
수군을 격파하였다.

35 **정답** ④

해설 자료에서 견내량과 한산도 앞바다를 통해 이순신 장군
의 임진왜란 당시의 한산도 대첩과 관련된 내용임을
알 수 있다. ①②③ 임진왜란으로 인구가 감소하였으
며, 경복궁 · 불국사 · 사고(史庫) 등 많은 문화재가 손
실되었다. 또한 임진왜란 이후 명의 세력은 약화되고
여진족이 성장하여 후금을 건국하였다.

오답풀이 ④ 북벌론은 병자호란 이후에 명에 대한 의리를 지키
고 청에 대한 복수를 위해 대두되었다.

36 조선 전기의 대외 관계와 관련된 설명으로 옳은 것은?

① 태종 때 이종무는 쓰시마 섬을 공격하여 왜구를 토벌하였다.

② 조선은 임진왜란 이후 일본과 계해약조를 체결하고 제한된 조공 무역을 허락하였다.

③ 세조 때 여진족을 토벌하여 4군6진을 개척함으로써 압록강에서 두만강의 국경선을 확보하게 되었다.

④ 광해군의 명과 후금 사이에서 중립 외교 정책은 인조반정의 중요한 원인이 되었다.

37 16세기 조선 중종 초에 여진족과 왜구에 대비하기 위한 임시회의 기구로 설치되었다가 임진왜란을 거치면서 거의 모든 정무를 총괄할 만큼 중요성이 커진 기구는?

① 삼군부　　　　　　　② 도병마사

③ 비변사　　　　　　　④ 5군영

38 다음의 내용과 관련된 것으로 옳은 것은? (2016년 기출)

> 조선시대 서리, 잡학인, 신량역천인, 노비 등이 소속되어 유사시에 대비하게 한 예비군의 일종이다.

① 갑사　　　　　　　　② 삼수병

③ 신보군　　　　　　　④ 잡색군

---

36 정답 ④

해설 ④ 임진왜란 이후 명이 후금과 전쟁을 치르면서 군사 지원을 요청하자, 광해군은 두 나라 사이에서 실리를 추구한 중립외교 정책을 실시하였다. 광해군의 지시로 파견된 강홍립은 당시의 정세를 파악한 후 청에게 항복하였던 것이다. 이러한 광해군의 중립 외교 정책은 명과의 의리를 강조하는 서인의 비판을 받았으며, 결국 서인이 주도한 인조반정으로 광해군은 물러나게 되었다.

오답풀이 ① 이종무가 쓰시마 섬을 토벌한 것은 세종 때의 사실이다. ② 계해약조는 세종 때 일본과 체결하였으며, 임진왜란 이후에는 광해군 때 기유약조를 체결하고 일본에게 제한된 조공 무역을 허락하였다. ③ 여진족을 토벌하고 4군 6진을 한 것은 세종 때의 사실이다.

37 정답 ③

해설 ③ 조선 중종 때 3포왜란을 계기로 설치된 비변사는

초기에는 국방 문제를 담당하던 임시 기구였으나, 임진왜란 이후에는 국가 정책 전반을 담당하는 최고 권력 기구로 발전하였다.

오답풀이 ① 삼군부는 조선 초기 군사 관련 업무를 담당하던 기구였다. ② 도병마사는 고려 시대 국방 문제를 담당하였던 귀족 회의 기구였다. ④ 5군영은 조선 후기 중앙군이다.

38 정답 ④

해설 ④ 잡색군은 조선 시대에 서리, 잡학인, 신량역천인, 노비 등으로 구성한 예비군이다.

오답풀이 ① 갑사는 조선시대에 시험에 의해 선발된 일종의 직업 군인이다. ② 삼수병은 임진왜란 중에 설치된 훈련도감의 군인으로 포수, 살수, 사수 등으로 구성되었다. ③ 신보군은 고려시대 윤관이 조직한 별무반에 소속된 보병 부대이다.

39 다음 소설이 서술하고 있는 시기에 관한 설명으로 옳지 않은 것은? (2013년 기출)

> 이 말을 들은 청나라 왕이 크게 기뻐하며 한유와 용골대를 대장으로 삼고, 날랜 군사 십만을 주어 조선을 공격하게 하였다. "이제 조선 땅을 공격하기 위해 경들을 보내니, 부디 온 힘을 다하여 성공하도록 하라. 북으로는 가지 말고 동으로 가서 동대문을 공격하고 들어가 장안을 몰아치면 큰 공을 이룰 것이다. 경들은 반드시 성공하고 돌아와 이름을 기리 전하도록 하라." 두 장군은 곧장 십만 대병을 거느리고 행군을 시작하였다. 동해를 건너 바로 도성으로 향하면서 중간 중간에 봉화를 끊고 물밀 듯이 내려왔다. 그러나 수 천리 떨어진 조정에서는 이 사실을 아는 이가 아무도 없었다.   ─「박씨전」─

① 서인들이 정치를 주도하고 있었다.
② 친명배금(親明排金) 정책을 실시하고 있었다.
③ 청의 침입에 대항하기 위하여 훈련도감을 설치하였다.
④ 반정(反正)을 통해 인조가 집권하고 있었다.

40 다음 글의 정치형태와 관련된 설명으로 옳지 않은 것은?

> 김효원이 알성과거에 장원으로 합격하여 이조전랑의 물망에 올랐으나 심의겸이 반대하였다. 그 후 심의겸 동생이 장원급제하여 이조전랑에 천거되었으나 김효원이 반대하였다. 양측 친지들이 각기 다른 주장을 내세우면서 서로 배척하여 동인, 서인의 말이 여기서 비롯되었다.   ─ 연려실기술 ─

① 16세기 훈구세력과 사림세력의 갈등이 고조되면서 시작되었다.
② 정치적 이념과 학문적 경향에 따라 결집되어 정파적 성격과 학파적 성격을 동시에 지녔다.
③ 붕당의 공론은 지배층의 의견을 수렴하는데 그치는 한계를 지녔다.
④ 붕당정치를 통해 공론이 중시되는 정국이 되어 비변사가 강화되었다.

---

39 **정답** ③

해설 자료는 청나라 왕(태종)이 용골대 등을 보내 조선을 침략한 병자호란 당시의 사실을 기록한 박씨전의 내용이다. ① 병자호란은 인조 때 일어났으며, 당시의 붕당정치는 서인 정권이 주도하고 있었다. ② 서인정권은 친명배금정책을 실시함으로써 여진족의 후금을 자극하여 정묘호란이 일어나는 원인이 되기도 하였다. ④ 서인 정권은 반정을 일으켜 광해군을 축출하고 인조를 왕으로 추대하였다.

오답풀이 ③ 훈련도감은 임진왜란 중에 일본의 침략에 대비하여 설치한 중앙군이다.

40 **정답** ①

해설 자료는 조선 선조 때 이조전랑 문제로 발생한 붕당 정치에 대한 설명이다. ② 붕당 정치는 정치적 이념과 학문적 경향에 따라 형성된 붕당에 의해 전개된 정치 형태였다. 따라서 각 붕당들은 정파적·학파적 성격을 동시에 지녔다. ③ 붕당 정치는 사림파 전체의 의견을 바탕으로 형성된 공론을 바탕으로 이루어진 정치였기 때문에 지배층의 의견만 반영된 정치였으며, 백성의 여론은 반영되지 않았다는 한계점을 가지고 있다. ④ 붕당 정치는 공론을 중시하는 정치였기 때문에 당시 국가 최고 정무 기구였던 비변사를 통해 붕당의 의견을 수렴하여 정치를 집행하였으며, 그 과정에서 비변사의 기능은 강화되어 갔다.

오답풀이 ① 붕당 정치는 16세기 후반 선조 이후 사림파 간에 붕당이 형성되면서 시작된 정치 형태이며, 훈구파와 사림파의 갈등으로 발생한 사건은 사화이다.

41 다음 중 붕당정치와 관련된 설명으로 옳지 않은 것은?

① 붕당 정치는 척신 정치의 잔재 청산과 이조전랑을 둘러싼 관직 다툼으로 시작되었다.

② 동인은 신진 사림인 김효원을 중심으로, 서인은 기성 사림인 심의겸을 중심으로 형성되었다.

③ 선조 때 동인은 정여립 모반 사건으로 인하여 남인과 북인으로 나뉘었다.

④ 임진왜란 후 서인이 집권하여 광해군 때까지 정국을 주도했다.

42 다음과 같은 논쟁을 벌여 대립한 붕당은? (2007년 기출)

> 왕실 상복 문제에서 비롯된 정치적 논쟁으로서 효종의 정통성 문제로까지 비화되었다.

① 서인과 남인   ② 노론과 소론

③ 북인과 남인   ④ 호론과 낙론

43 다음 중 임진왜란 이후의 변화에 대한 설명으로 옳은 것은? (2004년 기출)

① 양반 중심의 신분 제도가 붕괴되기 시작하였다.

② 비변사의 기능이 약화되고 왕권이 강화되었다.

③ 북학 운동이 적극적으로 전개되었다.

④ 붕당 정치의 폐단이 제거되어 정치적 안정이 이루어졌다.

---

41 정답 ④

해설 ① 붕당정치는 선조 때 외척에 의한 척신 정치의 폐단을 해결하는 방법과 3사의 인사권을 가진 이조전랑을 둘러싼 관직 다툼으로 인하여 사림파 내부에 동인과 서인의 붕당이 형성되면서 시작되었다. ② 김효원과 심의겸이 이조전랑 문제를 놓고 대립하는 과정에서 김효원을 중심으로 한 신진 사림은 동인을 형성하였고, 심의겸을 중심으로 한 기성 사림은 서인을 형성하였다. ③ 선조 때 동인은 정여립 모반 사건을 계기로 반대 세력인 서인을 처리하는 과정에서 온건파인 남인과 강경파인 북인으로 분열되었다.

오답풀이 ④ 임진왜란 당시에 의병장을 배출한 북인이 광해군 즉위 후에 정권을 장악하였다.

42 정답 ①

해설 ① 자료는 현종 때 효종의 정통성 때문에 상복 입는 기간을 놓고 일어난 예송 논쟁과 관련된 설명이다. 예송 논쟁은 서인과 남인 간에 발생한 정치적 사건으로 기해예송(1659) 때는 서인이 승리하였고, 갑인예송

(1674) 때는 남인이 승리하였다.

43 정답 ①

해설 ① 임진왜란 이후 조선 정부는 국가 재정을 확보하기 위해 납속책과 공명첩을 발급하여 실시하여, 양인과 천민에게 신분 상승의 기회를 합법적으로 보장해 주었다. 그 결과 양인은 양반이 되고 노비는 양인이 됨으로써 양반 중심의 신분제는 무너지기 시작하였다.

오답풀이 ② 임진왜란 이후 국방의 중요성이 높아져 국방을 담당하던 비변사의 기능이 강화되어 국정 전반을 담당하는 최고 권력 기구로 발전하면서 왕권이 약화되고 의정부와 6조의 기능도 유명무실해졌다. ③ 병자호란 이후 청을 정벌하기 위한 북벌 운동이 현실적으로 불가능해지면서 조선은 청의 발달된 문화를 적극적으로 받아들이자는 북학 운동이 본격적으로 전개되었다. ④ 붕당 정치는 선조 때 시작되어 임진왜란 이후 본격적으로 전개되면서 붕당 간의 정치적 다툼이 극심해져 정치적 안정은 기대하기 어려웠다.

44 호란과 관련된 설명으로 옳지 않은 것은?

① 서인의 친명배금정책은 후금을 자극하여 정묘호란이 발생하였다.

② 병자호란 당시 청의 군신관계 요구를 받아들일 것을 주장한 주화파는 주로 정통 성리학자들이 중심을 이루었다.

③ 주전파는 명에 대한 의리와 명분을 강조하는 입장이었다.

④ 병자호란 이후 청에게 당한 수치를 씻기 위해 북벌운동이 전개되었다.

45 다음 자료에 나타난 대외 인식에 대한 설명으로 옳지 않은 것은?

> 화의(和議)로 백성과 나라를 망치기가 …… 오늘날과 같이 심한 적이 없습니다. 중국은 우리나라의 부모요, 오랑캐는 부모의 원수입니다. 신하된 자로서 부모의 원수와 형제가 되어 부모를 저버리겠습니까? 하물며 임란의 일은 터럭만한 것도 황제의 힘이어서 우리나라가 살아 숨 쉬는 한 은혜를 잊기 어렵습니다. …… 차라리 나라가 없어질지라도 의리는 저버릴 수 없습니다.

① 효종 시기 북벌 운동의 배경이 되었다.

② 청에 대한 적개심을 표현하고 있다.

③ 광해군 시기의 대외 정책을 계승하는 입장에 서 있다.

④ 주로 이이의 학통을 이어받은 붕당에서 이 견해를 지지하였다.

---

44 정답 ②

해설 ① 인조 때 서인 정권은 명분론에 입각한 친명배금정책을 펼쳐 후금을 자극하여 그 결과 정묘호란이 일어났다. ③ 주전파는 청의 군신 관계 요구를 거부하고 명에 대한 의리와 명분을 강조하면서 청과의 전쟁을 주장하였다. ④ 병자호란 이후 효종 때는 청에 당한 수치를 씻기 위해 북벌 운동이 전개되었다.

오답풀이 ② 병자호란 당시 주화파는 실리를 중시하여 청의 군신 관계 요구를 받아들일 것을 주장하였으며, 정통 성리학자들은 주전파에 해당하는 사실이다.

45 정답 ③

해설 자료는 병자호란 당시에 청의 군신 관계 요구를 반대하면서 친명배금정책을 주장한 서인의 척화주전론으로서, 척화주전론은 성리학적 명분론과 중국 중심의 화이론에 입각한 대외 인식으로 이해된다. ① 효종의 북벌론은 청에 대한 치욕을 갚고 동시에 명에 대한 복수를 전제로 전개되었기 때문에 중국 중심의 존화주의와 성리학적 명분론에 입각한 대외 정책으로 이해된다. ② 청에 대한 적개심은 회이관에 입각한 대외 인식이다. ④ 서인은 이이의 학통을 계승하여 형성되었다.

오답풀이 ③ 광해군과 북인의 대외 정책은 중립 외교이다. 이는 실리적 대외 인식으로 서인의 중국 중심의 화이론(존화주의)과는 관계가 없다.

46 다음 사실로 알 수 있는 조선의 정치적 특징은? (2014년 기출)

> ● 의정부는 3정승의 합의에 의해 정책을 결정하였다.
> ● 사간원은 왕이 바른 정치를 하도록 일깨워주었다.
> ● 관리의 비리를 감찰하는 사헌부가 있었다.

① 국왕권의 강화 　　　　　　② 관리 등용의 공정성 확보
③ 권력의 독점과 부정을 방지 　④ 문벌 귀족의 정치 참여 보장

47 조선시대 인재 선발 제도에 관한 설명으로 옳지 않은 것은? (2017년 기출)

① 소과는 생원시와 진사시를 말한다.
② 기술관을 뽑는 시험으로 잡과가 있었다.
③ 정기 시험으로 증광시와 알성시가 있었다.
④ 문과 식년시의 초시는 각 도의 인구 비례로 선발하였다.

48 다음을 발생한 순서대로 옳게 나열한 것은? (2014년 기출)

> ㄱ. 옥포해전 　　ㄴ. 명량해전 　　ㄷ. 한산도대첩 　　ㄹ. 노량해전

① ㄱ → ㄴ → ㄹ → ㄷ 　　　　② ㄱ → ㄷ → ㄴ → ㄹ
③ ㄷ → ㄱ → ㄴ → ㄹ 　　　　④ ㄷ → ㄹ → ㄱ → ㄴ

---

46 정답 ③

해설 ③ 의정부 3정승의 합의제를 통한 재상 중심의 정치와 사간원의 왕에 대한 간쟁의 역할은 국왕의 독재를 견제하려는 의도에서 실시되었다. 또한 사헌부의 관리 비리 감찰 기능은 관리들의 부정 방지를 목적으로 실시한 것임을 알 수 있다.

47 정답 ③

해설 ① 소과는 생원과 진사를 선발하는 시험으로 생진과라고도 한다. ② 잡과는 기술관을 선발하는 시험이다. ④

문과의 식년시는 3년마다 실시하는 정기 시험으로 초시 · 복시 · 전시로 구분하여 실시하였다. 초시는 각 도의 인구에 비례하여 선발하였다.

오답풀이 ③ 증광시(국가의 큰 경사)와 알성시(성균관 유생 대상)는 부정기적으로 실시하는 과거 시험이다.

48 정답 ②

해설 ㄱ. 옥포해전(1592.5) → ㄷ. 한산도대첩(1592.10) → ㄴ. 명량해전(1597) → ㄹ. 노량해전(1598)

2. 근세의 사회

01 조선 시대의 신분 제도에 대한 설명으로 옳지 않은 것은?

① 문·무 양반의 관직을 받은 자들만 사족으로 인정하고 향리, 서리, 기술관 등은 중인으로 격하시켰다.

② 서얼은 문과에 응시하는 것이 금지되었고 간혹 무반직에 등용되기도 하였다.

③ 양천 제도를 법제화였으나 반상 제도가 일반화되면서 양반과 상민 간의 차별이 이루어졌다.

④ 솔거노비는 노동력 대신에 신공을 바쳤으며, 사노비는 국가에 신공을 바치거나 관청에 노동력을 제공하였다.

02 다음은 조선시대 신분구조이다. (가)~(라)에 대한 설명으로 옳지 않은 것은?

(가) 양반	(나) 중인	(다) 상민	(라) 천민

① (가)는 본래 문반과 무반을 아울러 부르는 명칭이었다.

② 서얼은 (나)의 신분적 처우를 받았으므로 중서라고도 불리었다.

③ 군공을 세우는 등의 경우가 아니면 (다)는 신분 상승 기회가 많지 않았다.

④ (라)의 대부분을 차지하는 노비는 재산으로 취급되었으므로 매매, 상속, 증여의 대상이었다.

⑤ (나)는 (가)로 신분 상승 할 기회가 법적으로 보장되어 있었지만, (다)와 (라)는 보장이 없었다.

---

01 정답 ④

해설 ① 문·무 양반의 관직자만 사족(士族)으로 인정하고 이서층(서리)과 향리, 기술관 등을 하급 지배 신분인 중인으로 격하시켰다. ② 서얼은 중인 신분으로 간주되었으며, 법으로 문과 응시가 금지되어 주로 무반직에 등용되었다. ③ 조선의 신분제는 법제적으로 양천제였으나, 16세기 이후 반상제가 일반화되면서 4신분제가 정착되고 양반과 상민 간에 차별이 이루어졌다.

오답풀이 ④ 사노비는 개인에게 소속된 노비로서 노동력 대신에 신공을 바치는 것은 외거노비이며, 솔거노비는 주인과 함께 살면서 집안일에 종사하는 사노비이다. 국가에 신공을 바치거나 관청에 노동력을 제공하는 노비는 공노비이다.

02 정답 ⑤

해설 ① 양반의 원래 의미는 문반 관료와 무반 관료를 아울러 부르는 명칭이었으나, 16세기 이후에는 문무 관료와 가족 및 그들이 속한 가문 전체를 가리키는 특권 신분의 의미로 바뀌었다. ② 서얼은 첩의 자식으로 중서라고 불리었으며 신분상으로 중인층에 포함되었다. ③ 상민은 원칙적으로는 과거에 응시하여 관직에 진출할 수 있었지만, 실제로는 불가능하였으며 군공을 세운 경우에는 가능하였다. ④ 천민의 대부분을 차지한 것은 노비였으며, 노비는 재산으로 취급되어 매매, 상속, 증여의 대상이 되었다.

오답풀이 ⑤ 중인과 상민은 양반으로 신분 상승할 기회가 보장되어 있었지만, 천민은 불가능하였다.

03 조선 전기 노비에 대한 설명으로 옳지 않은 것은?

① 노비종모법에 따라 모계 소생의 자녀만이 노비가 되었다.

② 솔거노비는 주인과 함께 살며 주인이 원하는 모든 노동력을 제공하였다.

③ 외거 노비는 주인과 따로 거주하면서 주인의 토지를 경작하여 일부를 신공으로 바쳤다.

④ 노비는 소유주의 재산으로서 매매, 양도, 상속이 되었고 자기 재산을 소유할 수 있었다.

04 조선 시대 서얼에 대한 설명으로 옳지 않은 것은?

① 일반적으로 양반의 첩의 아들을 가리킨다.

② 법제적으로 문과와 생원 및 진사과 응시가 금지되었다.

③ 음서 등을 거쳐 주로 관직에 진출하였다.

④ 조선 후기에는 청요직 진출을 위한 신분 소청 운동을 전개하였다.

05 다음 중 조선 시대의 신분 제도에 대한 설명으로 가장 옳은 것은?

① 법적으로 양반만 과거에 응시할 수 있었고 상민이나 천민은 과거에 응시할 자격이 없었다.

② 조선 사회에서 농민은 상인보다 우월한 지위를 차지하였다.

③ 조선 상민의 대다수는 농민으로서 이를 백정이라 불렀다.

④ 양반은 신분적 특권을 누렸으나 군역 등 국역을 면제받지는 못하였다.

---

03 정답 ①

해설 ② 솔거노비는 주인 집에 살면서 노동력을 제공하고 대신에 의식주의 생계를 보장받았다. ③ 외거노비는 주인과 따로 살면서 주인의 토지를 경작하고 생산물의 일부를 신공(身貢)으로 바쳤으며, 독립된 가정을 꾸리고 재산 축적도 가능하였다. ④ 노비는 매매, 양도, 상속이 가능한 비자유민이었지만, 자신의 재산을 소유할 수는 있었다.

오답풀이 노비종모법은 조선 후기에 실시되어 어머니가 노비인 경우에만 노비가 되었으며 평민인 경우에는 자식도 평민 신분을 획득하였다. 반면에 조선 전기에는 일천즉천의 원칙 아래 부모 중 한 쪽만 노비여도 자식은 무조건 노비가 되었다.

04 정답 ③

해설 ① 조선시대에서 서얼은 양반의 정실(본부인)이 아닌 첩의 아들을 가리킨다. ② 경국대전에 의해 법으로 서얼은 문과와 생원, 진사과 응시가 불가능하여 관직 진출에 제한을 받기 때문에 주로 무과에 응시하여 무

반직에 진출하였다. ④ 서얼은 조선 후기에 꾸준히 청요직(3사 언관직) 진출을 위한 신분 상승 운동을 전개하여, 철종 2년(1851)에 청요직 진출이 허용되었다.

오답풀이 ③ 조선에서 음서는 2품 이상의 고위 관료에게 주어진 특권이었기 때문에 서얼에게는 해당되지 않았다.

05 정답 ②

해설 ② 조선은 농본억상 정책을 취하였기 때문에 같은 양인층에서도 농민을 우대하고 상인을 천시하여 농민에게는 문과 응시의 자격이 주어졌으나, 상인은 불가능하였다.

오답풀이 ① 조선시대에서는 원칙적으로 양인의 신분에 포함된 양반, 중인, 상민(농민)에게는 모두 과거 응시의 자격이 주어졌으나 천민은 과거 응시가 불가능하였다. ③ 백정은 고려 시대에서는 양민인 농민을 의미하였지만, 조선에서는 도살업에 종사하는 천민이었다. ④ 양반은 신분적 특권을 이용하여 군역 등 각종 국역을 면제받았다.

06 다음의 (가) 제도와 관련된 설명으로 옳지 않은 것은?

> 조광조와 김식 등이 아뢰기를, "백성들을 교화하고 풍속을 성취하는 데에는 ☐(가)☐만한 것이 없습니다. …(중략)… 『주례』에 보면 '향당(鄕黨)을 세워 겨레를 바르게 하되 스승을 두어 서로 타일러 지도한다.' 하였는바, 이는 실로 ☐(가)☐에 관한 법입니다. 그러니 지금 주(周)나라의 제도를 따라 본보기가 될 만한 제도를 크게 세우도록 하소서." 하니, 상(上)이 이를 따랐다.

① 조광조에 의해 처음 장려되었으며, 선조 이후 이이, 이황에 의해 전국으로 보급되었다.

② 모범적인 향약에 대하여 국가에서 토지나 노비를 주어 장려하였다.

③ 유교적인 예의 풍속으로 백성을 교화시키는 역할을 하였다.

④ 향촌사회에서 사림의 지위 강화 목적으로 운영되어 국가의 농민 지배력을 약화시켰다.

07 조선시대 법률 제도에 관한 설명으로 옳지 않은 것은? (2013년 기출)

① 노비에 관련된 문제는 의금부에서 처리하였다.

② 형벌에 관한 사항은 대부분 대명률의 적용을 받았다.

③ 범죄 중에 가장 무겁게 취급된 것은 반역죄와 강상죄였다.

④ 관찰사와 수령이 관할 구역 내의 사법권을 가졌다.

---

06 정답 ②

해설 ① 향약은 중종 때 조광조가 처음 장려하였으며, 선조 때 이황과 이이에 의해 전국으로 보급되었다. ③ 향약은 유교적 윤리와 예를 보급하여 백성을 교화시키는 역할을 담당하였다. ④ 향약은 향촌사회에서 사림의 지위 강화 목적으로 운영되어 사림파의 농민에 대한 통제력을 강화시키는 역할을 담당하였으며, 그 결과 국가의 농민 지배력을 약화시켰다.

오답풀이 ② 향약은 사림 양반이 지방에 설치한 향촌 자치 규약으로 국가로부터 재정 지원을 받지 않았으며, 국가로부터 재정 지원을 받은 것은 사액서원에 대한 설명이다.

07 정답 ①

해설 ② 형벌과 관련된 형법은 경국대전의 내용이 부족하여 주로 중국의 대명률에 의거하여 처리하였다. ③ 범죄 중에서 반역죄와 강상죄를 가장 큰 죄로 취급하여 연좌제를 적용하였다. ④ 관찰사와 수령은 각각 자기 지역 내의 사법권을 행사하였다.

오답풀이 ① 노비와 관련된 장부와 소송 문제는 장례원에서 처리하였다.

08 조선 시대 중인 신분에 대한 설명으로 옳은 것을 고르면?

> ㄱ. 좁은 의미로는 양반과 상민의 중간 계층을 가리키며, 넓은 의미로는 기술관을 가리켰다.
> ㄴ. 직역을 세습하며 같은 신분 간에 혼인하였으며 관청 주변에 거주하였다.
> ㄷ. 중국을 왕래하던 역관은 무역을 통해 부를 축적하기도 하였다.
> ㄹ. 향리는 토착 세력으로 수령을 보좌하면서 직역의 대가로 국가로부터 토지를 지급받았다.

① ㄱ, ㄴ   ② ㄴ, ㄷ

③ ㄱ, ㄹ   ④ ㄷ, ㄹ

09 다음 내용의 공통적인 성격으로 가장 옳은 것은?

> ● 진대법   ● 의창   ● 환곡

① 농민의 공동 노동 조직이었다.   ② 불교의 신앙 조직이었다.

③ 농민 생활을 안정시키기 위한 제도였다.   ④ 장례, 제사의 풍속과 관련 있다.

10 조선 시대의 사법 기관 중에서 삼법사에 해당하지 않는 것은? (2002년 기출)

① 형조   ② 사헌부

③ 한성부   ④ 사간원

---

08 정답 ②

해설 ㄴ. 서리 · 향리 · 기술관 등은 직역을 세습하며 같은 신분 간에 혼인하였으며 관청 주변에 거주하였다. ㄷ. 역관은 중국이나 일본을 왕래하면서 무역 활동을 통해 부를 축적하기도 하였다.

오답풀이 ㄱ. 중인은 좁은 의미로는 기술관을 가리키며 넓은 의미로는 양반과 상민의 중간 계층을 의미하였다. ㄹ. 조선시대의 향리는 수령을 보좌하여 지방의 말단 행정 실무를 담당하였으나, 직역의 대가로 토지는 지급되지 않았다. 반면에 고려의 향리는 직역의 대가로 외역전을 지급받았다.

09 정답 ③

해설 ③ 자료에서 진대법은 고구려, 의창은 고려, 환곡은 조선에서 각각 빈민 구제를 목적으로 실시되었던 춘대추납의 제도이다. 이 제도는 농민 생활의 안정을 통해 국가 체제를 유지하는 데 목적이 있었다.

10 정답 ④

해설 ① ② ③ 삼법사는 조선에서 형조, 사헌부, 한성부를 가리킨다. 형조는 일반 사건에 대한 재심과 사법 행정 기관의 감독 업무를 담당하였고, 사헌부는 관리의 감찰과 양반의 일반 재판 업무를 담당하였으며, 한성부는 수도의 행정과 치안 및 토지, 가옥과 관련된 소송을 담당하였다.

오답풀이 ④ 사간원은 간쟁권을 통해 왕에게 간언을 하고, 정책에 대해 의논하거나 잘못된 정책을 비판하는 기능을 담당하였다.

11 조선 시대 향촌 사회의 조직과 운영 중 옳지 않은 것은?

① 지방 자치를 위하여 설치한 기구가 유향소였다.

② 유향소와 경재소는 고려 기인제도가 분화 발전한 것이다.

③ 향안, 향규, 향회를 통해 지방 사족은 지배를 강화하였다.

④ 촌락의 농민 조직으로 두레와 향도가 있었다.

12 조선시대에 실시된 여러 가지 제도 중 그 목적이나 의도가 다른 하나는?

① 환곡제   ② 오가작통제

③ 사창제   ④ 동·서 활인서

13 조선시대의 호패법과 관련된 설명으로 옳지 않은 것은?

① 16세 이상의 남자와 여자에게 발급되었다.

② 양반부터 노비까지 모두 착용하게 하였다.

③ 신분에 따라 호패의 재료와 기재 내용을 달리하였다.

④ 군역과 요역 대상자를 파악하기 위해서 실시하였다.

---

11 정답 ②

해설 ① 유향소는 지방 사족 양반이 운영하는 향촌 자치 기구로서 수령보좌와 감시, 향리 규찰, 백성 교화, 여론 수렴 등의 기능을 담당하였다. ③ 지방의 사족 양반은 향안(지방 사족의 명단) 작성, 향회(사족 양반의 회의 기구) 운영, 향규(향회의 규칙) 제정을 통하여 결속력을 강화하면서 지방민을 통제하였다. ④ 두레와 향도는 촌락의 농민 조직으로서 두레는 삼한시대부터 운영되어 온 공동 노동의 작업 공동체이며, 향도는 고려 시대부터 전해 온 농민 공동 조직체이다.

오답풀이 ② 조선의 유향소와 경재소는 고려의 사심관 제도에서 그 기능이 분화되었다.

12 정답 ②

해설 환곡제와 사창제는 빈민 구제를 목적으로 실시한 제도이며, 동·서 활인서는 유랑자의 수용과 구휼을 담당한 기관이다. 따라서 환곡제, 사창제, 동·서 활인서는 농민 생활 안정을 목적으로 실시하였던 제도이다.

오답풀이 ② 오가작통제는 조선 정부에서 농민의 농촌 이탈 방지를 위해 실시한 농민 통제책이다.

13 정답 ①

해설 ② 호패는 양반부터 노비에 이르기까지 16세 이상의 모든 남자가 소지한 일종의 신분 증명서였다. ③ 호패는 신분에 따라 그 재료와 기재 내용이 달랐다. ④ 호패법의 실시 목적은 정남의 수를 파악하고 농민의 농촌 이탈을 방지하여 군역과 요역 대상자의 기준을 마련하기 위해서였다.

오답풀이 ① 호패법은 군역과 요역 대상자를 확보하기 위해 실시된 제도였기 때문에 여자에게는 호패를 발급하지 않았다.

14 다음 표에 대한 설명으로 옳지 않은 것은?

고려	군·현민	(가)
	향·부곡·소민	(나)
조선	농민·상인·수공업자	(다)
	신량역천인	(라)

① (가)는 과거 응시 자격이 있었다.

② (나)는 (가)보다 공물 부담이 무거웠다.

③ (다)는 세금을 국가에 납부하였다.

④ 조선 시대의 백정은 (라)에 속했다.

15 조선 시대의 서원에 대한 설명으로 옳지 않은 것은?

① 최초의 서원인 백운동 서원은 안향을 모시는 서원이었으며, 소수서원으로 사액되었다.

② 사액서원은 국가로부터 지원을 받았으므로 경기 지방에 가장 많았다.

③ 지방 사림 양반 자제를 위한 사립 교육 기관이었다.

④ 성리학과 지방 문화의 발전과 확대에 기여하였다.

16 조신시대 사회징책에 대한 실명으로 옳지 않은 것은?

① 농민의 생활이 어려워졌을 때 자치적으로 의창과 상평창을 설치하고 환곡제를 실시하여 농민을 구제하였다.

② 의료시설로는 혜민국, 동·서 대비원, 제생원, 동·서 활인서 등이 있었다.

③ 재판에 불만이 있을 때에는 상부 관청에 소송을 제기할 수 있었다.

④ 농본정책을 실시하여 양반 지주의 토지 겸병을 억제하고 농민의 토지 이탈을 방지하고자 하였다.

---

14 **정답** ④

해설 ① 고려시대 군현민은 양인 신분으로 과거 응시 자격이 있었다. ② 향·부곡·소민은 하층 양민으로서 군현의 일반 농민보다 공물의 부담이 더 컸다. ③ 조선의 상민(농민, 상인, 수공업자)은 국가에 대하여 조세, 공물, 역의 의무가 있었다.

오답풀이 ④ 조선 시대의 백정은 도살업에 종사하는 천민이며, 신량역천인은 신분은 양인에 속하면서 천한 직업에 종사하는 신분으로 봉수꾼, 수군, 나장 등이 있다.

15 **정답** ②

해설 ① 최초의 서원은 중종 때 주세붕이 세운 백운동 서원이며 안향을 모셨다. 이후 명종 때 이황의 건의로 사액서원이 되면서 소수서원으로 바뀌었다. ③ 서원은 사림 양반이 지방에서 설립한 사립 교육 기관이다. ④ 서원은 선현의 학풍을 계승하고 지방 양반 자제의 교육을 전담하여 지방 사회에 성리학과 문화 발전에 크게 기여하였다.

오답풀이 ② 사액서원은 국가로부터 토지, 노비, 서적 등의 재정 지원을 받았으며, 특히 영남 지방(경상도) 지역에 가장 많았다.

16 **정답** ①

해설 ② 혜민국과 동·서 대비원은 수도권의 서민 환자의 구제와 약재 판매를 담당하였으며, 제생원은 지방민의 구호와 진료, 동·서 활인서는 여행자와 유랑민의 수용과 구휼을 담당하였다. ③ 재판에 불만이 있을 때에는 상부 관청에 소송을 제기할 수 있었다. ④ 농민 생활의 안정이 국가 체제 유지에 절대적이었기 때문에 양반 등 지배층에 의한 불법적 토지 겸병을 억제함으로써 농민의 토지 이탈을 방지하고자 하였다.

오답풀이 ① 의창과 상평창을 통해 환곡제를 실시한 것은 국가에서 실시한 것이지, 농민이 자치적으로 실시한 것은 아니다.

17 / 16세기 사림파가 추구한 성리학적 사회 질서 유지와 거리가 먼 것은?

① 성리학적 도덕 윤리를 강조하고 신분 질서의 안정을 목적으로 예학을 보급하였다.

② 촌락의 자치적 운영을 위해 사림 양반이 중심이 되어 향약을 실시하였다.

③ 두레나 계를 조직하여 어려울 때 상부상조하고자 하였다.

④ 사림 양반은 문벌의 권위를 과시하고 다른 종족이나 하급 신분에 대한 우월 의식을 고취시키기 위해 족보를 작성하였다.

18 / 16세기 사족 중심의 향촌 지배 방식과 관련된 설명으로 옳지 않은 것은?

① 향촌 사회의 사족 양반들은 향촌 지배를 위해 사족들의 명부인 향안을 만들었다.

② 사족들은 자신들의 총회인 향회를 통해 결속력을 강화하고 지방민을 통제하였다.

③ 유향소(향청)를 통해 향촌 사회의 풍속을 바로잡고자 하였다.

④ 향촌 사회의 주도권을 놓고 구향과 신향이 치열하게 대립하였다.

19 / 조선 초기 가족제도와 혼인 제도에 대한 설명으로 옳은 것은?

① 아들이 없는 집안에서는 양자를 입양하는 것이 일반화되었다.

② 적장자 중심의 재산 상속제가 확립되었다.

③ 혼인에 있어 친영 제도가 정착되었다.

④ 제사는 형제가 돌아가면서 지내거나 분담하였다.

---

17 정답 ③

해설 16세기 사림파가 집권한 이후 성리학적 사회 질서를 유지하기 위해 다양한 방안을 강구하였다. ① 주자가례를 바탕으로 한 예학을 보급하여 성리학적 도덕 윤리를 강조하는 한편, 신분 질서의 안정을 추구하였다. ② 향약을 보급하여 향촌 사회를 사림 양반이 주도적으로 운영해 나갔다. ④ 양반의 신분적 우월성을 과시하기 위해 족보를 작성하는 한편 족보를 암기하는 보학을 중요시하였다.

오답풀이 ③ 두레와 계는 농민의 공동체 조직으로 사림파는 음사로 규정하여 오히려 배척하면서 향약에 편입시켰다.

18 정답 ④

해설 ① ② ③ 16세기 이후 사족(사림양반)은 향촌 사회를 지배하기 위하여 자신들의 명부인 향안을 만들고 총회인 향회와 향회의 규칙인 향규를 제정하여 결속력을 강화하고 지방민을 통제하였다. 뿐만 아니라 유향소

(향청)를 통해 향촌 자치 기능을 강화하고 향촌 사회의 풍속을 바로잡기 위해 노력하였다.

오답풀이 ④ 구향(기존 양반)과 신향(부농층 출신 양반)이 향촌 사회 주도권을 놓고 대립한 것은 조선 후기에 해당하는 사실이다.

19 정답 ④

해설 ④ 조선 초기에는 형제들이 돌아가면서 제사를 지내거나 분담하여 지내기도 하였다.

오답풀이 ① 양자를 입양하는 것이 일반화된 것은 조선 후기에 해당하는 사실이다. ② 조선 초의 재산 상속은 자녀 균분 상속이 원칙이었으며, 대를 잇는 자식에게는 1/5을 추가로 지급하였다. ③ 조선 초기의 혼인은 결혼 후 남자가 여자집에서 사는 남귀여가혼이 실시되기도 하였으며, 친영제도(시집살이)는 조선 후기의 혼인 제도이다.

20 조선 시대 족보에 대한 설명으로 옳지 않은 것은?

① 종족의 종적인 내력과 횡적인 종족 관계를 확인시켜 주는 기능을 하였다.

② 결혼 상대자를 구하거나 붕당을 구별하는 데 중요한 자료로 활용하였다.

③ 조선 왕실의 족보로서 선원록이 제작되었다.

④ 가족과 종족 상호 간의 상장제례 의식을 바로잡는 데 기여하였다.

21 조선 시대 예학에 대한 설명으로 옳지 않은 것은?

① 삼강오륜을 기본 덕목으로 강조하였다.

② 양반 사대부의 신분적 우월성을 강조하는데 도움을 주었다.

③ 사림 간의 정쟁의 구실로 이용되기도 하였다.

④ 향도계, 동린계가 양반 사족들에 의해 보급되었다.

22 다음 사회계층에 관한 실명으로 옳은 것은? (2014년 기출)

> ● 조선시대 기술직이나 행정 실무에 종사하였다.(의술·통역·산술·법률)
> ● 조선 후기 경제 변동에 부응하여 부를 축적하고 전문적 지식을 쌓았다.

① 양반과 상민의 중간 신분에 해당하였으며 시사(詩社)를 결성하기도 하였다.

② 신분은 양인이면서 천인들이 해야 할 일을 맡았다.

③ 유향소를 구성하여 수령을 보좌하고 향촌 사회의 풍속을 바로 잡았다.

④ 각종 국역 면제 특권을 가졌으며, 경제적으로는 지주층에 속한다.

---

20 정답 ④

해설 ① 족보는 종족의 종적인 내력과 횡적인 종족 관계를 확인시켜 주는 기능을 하였기 때문에 족보를 통해서 안으로는 종족 내부의 결속력을 강화하고, 밖으로는 다른 종족이나 하급 신분에 대하여 우월 의식을 가질 수 있었다. ② 족보는 결혼 상대자를 구하거나 붕당을 구별하는 데 중요한 자료로 활용하였다. ③ 조선에서는 왕실의 족보로서 선원록을 별도로 제작하였다.

오답풀이 ④ 가족과 종족 상호 간의 상장제례 의식을 바로잡는 데 기여한 것은 종족 내부의 의례를 규정한 예학이었다.

21 정답 ④

해설 ① 예학은 삼강오륜을 기본 덕목으로 강조하여 성리학 중심의 사회 질서 유지에 기여하였다. ② 예학은 양반들이 성리학적 도덕 윤리를 강조하여 신분 질서의 안정을 추구 목적으로 성립된 학문으로서 양반 사대부의

신분적 우월성 강조에 이용되었다. ③ 예학은 사림간의 정쟁의 구실로 이용되어 17세기 말 현종 때 예송 논쟁이 발생되기도 하였다.

오답풀이 ④ 향도계와 동린계는 농민들이 중심이 되어 서로 힘들 때 도와주는 상호부조를 목적으로 조직된 결사 조직이다.

22 정답 ①

해설 ① 자료는 기술직에 종사하는 중인층에 대한 설명이다. 중인은 양반과 상민의 중간 신분에 해당하였으며, 조선 후기에는 시사(詩社)라는 시인 동우회를 결성하여 문학 활동을 전개하였다.

오답풀이 ② 신량역천에 대한 설명으로 칠반천역이라 불리었으며 수군, 나장, 봉수군, 조졸, 조례, 나장, 일수, 역졸 등이다. ③ 유향소는 지방 양반들이 운영하는 향촌 자치 조직이다. ④ 양반은 법률과 제도로써 국역 면제의 특권을 가졌으며, 경제적으로는 지주층에 속하였다.

23 서원(書院)의 기능으로 옳은 것을 모두 고른 것은? (2014년 기출)

> ㄱ. 소과에 합격한 생원 · 진사 이상이 입학 대상이 되었다.
> ㄴ. 봄 · 가을에 향음주례(鄕飮酒禮)를 거행하였다.
> ㄷ. 학문의 연구와 선현(先賢)에 대한 제사를 받드는 것이 주된 목적이었다.
> ㄹ. 공자(孔子)와 그 제자 및 대유(大儒)들의 제사를 받들었다.

① ㄱ, ㄷ   ② ㄱ, ㄹ
③ ㄴ, ㄷ   ④ ㄴ, ㄹ

24 조선시대 유향소에 관한 설명으로 옳은 것을 모두 고른 것은? (2016년 기출)

> ㄱ. 향촌 자치를 위하여 설치한 기구이다.
> ㄴ. 소과 합격자를 입학 대상으로 하였다.
> ㄷ. 백성을 교화하고 수령의 자문에 응하였다.
> ㄹ. 중등교육기관으로 성현에 대한 제사를 담당하였다.

① ㄱ, ㄷ   ② ㄱ, ㄹ
③ ㄴ, ㄷ   ④ ㄴ, ㄹ

25 조선 시대 중인 신분에 해당하지 않는 것은? (2016년 기출)
① 향리   ② 역관
③ 도고   ④ 서리

---

23 정답 ③

해설 ㄴ. 서원은 향촌의 선비나 유생이 학덕과 연륜이 높은 사람을 손님으로 모시고 술을 마시며 잔치를 하는 향음주례를 해마다 봄과 가을에 거행하였다. ㄷ. 서원은 학문 연구와 선현에 대한 제사를 받드는 것을 목적으로 사림파가 설립한 사립학교이다.

오답풀이 ㄱ. 소과에 합격한 생원 · 진사 이상이 입학 대상이 되는 교육 기관은 성균관이다. ㄹ. 서원에서는 선현에 대한 제사를 담당하는 곳으로 서원마다 각기 다른 사람을 제사지냈다. 공자와 그 제자 및 유학자를 모시는 곳은 문묘이다. 문묘는 성균관과 지방의 향교에 설치되었다.

24 정답 ①

해설 ㄱ. 유향소는 조선 시대에 설치된 향촌 자치 기구로서, 양반들이 주로 운영하였다. ㄷ. 유향소는 백성 교화, 수령 감시 및 보좌, 향리 규찰 등의 역할을 담당하였다.

오답풀이 ㄴ. 소과 합격자를 대상으로 설치된 것은 성균관이다. ㄹ. 향교는 지방에 설립된 조선의 중등 교육 기관으로 성현에 대한 제사를 담당하였다.

25 정답 ③

해설 ① ② ④ 조선 시대의 중인 신분은 향리 · 서리 및 역관 · 의관 등의 기술관으로 구성되었으며, 서얼도 중인 신분에 포함되었다.

오답풀이 ③ 도고는 조선 후기에 등장한 독점적 도매 상인이다.

3. 근세의 경제

01 과전법에 관한 설명으로 옳지 않은 것은? (2013년 기출)

① 공신전은 세습할 수 있었다.

② 과전을 경기 지방의 토지로 지급하였다.

③ 전세를 토지 1결당 미곡 4두로 고정시켰다.

④ 죽거나 반역을 하면 국가에 반환하도록 정하였다.

02 다음과 같은 경제관이 반영된 경제 정책으로 옳지 않은 것은?

> ● 검소한 것은 덕이 함께 하는 것이며, 사치는 악의 큰 것이니, 사치스럽게 사는 것보다는 차라리 검소해야 할 것이다.
> ● 농사와 양잠은 의식의 근본이니, 왕도 정치에서 우선이 되는 것이다.
> ● 우리나라에는 이전에 공상(工商)에 관한 제도가 없어, 백성들 중 게으르고 놀기 좋아하는 자들이 수공업과 상업에 종사하였기 때문에 농사를 짓는 백성이 줄어들었다.

① 상공업자가 허가 없이 마음대로 영업하는 것을 규제하였다.

② 상평통보, 저화 등의 화폐를 발행하여 적극적으로 유통시켰다.

③ 기술자들을 공장안에 등록시켜 물품을 제작하게 하였다.

④ 정부는 농사직설, 금양잡록 등의 농서를 보급하고, 농번기에 잡역 동원을 금하였다.

---

01 **정답** ③

해설 ① 과전법에서 공신에게 지급하는 공신전과 수신전(미망인), 휼양전(유자녀) 등은 세습이 허용된 토지였다. ② 과전법에서 지급 대상의 토지는 경기 지방의 토지만을 대상으로 하였다. ④ 과전은 사망·반역시에는 국가에 반환하는 것이 원칙이다.

오답풀이 ③ 과전법에서 징수한 전세(토지세)는 토지 1결당 생산량의 1/10을 징수하였다. 전세를 1결당 미곡 4두로 고정한 것은 조선 후기 영정법과 관련된 내용이다.

02 **정답** ②

해설 자료는 조선의 농본주의 정책과 관련된 내용이다. 조선은 농업을 경제활동의 중심으로 삼았으며, 상대적으로 상공업을 천시여기면서 국가가 엄격히 통제하였다. ① 상공업자는 국가의 허가 없이는 마음대로 경제 활동을 할 수 없도록 규제하였다. ③ 수공업 제품은 기술자들을 공장안이라는 수공업자 명부에 등록시켜 관청과 왕실에 필요한 물품을 제작하여 공급하도록 하였다. ④ 조선 정부는 농업을 장려하기 위하여 농사직설, 금양잡록 등의 농업 서적을 편찬하여 보급하였으며, 농번기에는 국가에서 함부로 노동력을 동원하지 못하도록 하였다.

오답풀이 ② 조선 전기에는 국가의 엄격한 상공업 통제 정책과 자급자족의 농업 경제 구조 때문에 화폐 유통이 부진하였다. 상평통보는 조선 후기 숙종 때 발행한 화폐이다.

03 다음은 조선시대의 토지제도 변천과정이다. 각각의 내용에 대한 설명으로 옳지 않은 것은? (2007년 기출)

> (가) 과전법 ➡ (나) 직전법 ➡ (다) 관수관급제 ➡ (라) 직전법 폐지

① (가)는 신진 사대부의 경제적 기반을 마련하기 위해 실시하였다.

② (나)는 관리들에게 지급할 토지 부족으로 인하여 실시되었다.

③ (나)에서 (다)로 바꾼 것은 양반 관료의 과도한 수조권 남용이 문제시되었기 때문이다.

④ (라)로 인해 국가의 토지 지배권이 약화되었다.

04 조선 시대 전기의 농민의 부담과 관련된 설명으로 옳지 않은 것은?

① 전세는 토지 1결 당 생산량의 1/10을 납부하였다.

② 공물은 촌락 단위로 지역의 토산물을 납부하였다.

③ 요역은 토지 8결당 1인을 차출하였으며 1년 중 6일을 초과하지 않았다.

④ 농민에게 공물은 전세보다 더 큰 부담이었다.

---

03 정답 ④

해설 ① 과전법은 위화도 회군을 계기로 정권을 장악한 신진사대부가 경제적 기반을 확보하기 위해 실시하였다. ② 과전법에서 세습지가 증가하면서 신진 관료에게 지급할 토지가 부족해지면서 현직 관리에게만 수조권을 지급하는 직전법이 실시되었다. ③ 직전법 실시 이후 양반 관료의 수조권 남용으로 농민의 세금 부담이 커지자, 성종 때 관수관급제를 실시하여 국가에서 직접 수조권을 징수하여 관리에게 지급하였다.

오답풀이 ④ 명종 때 직전법이 폐지되면서 국가에서 수조권을 지급하는 제도는 완전히 소멸되고 대신 현물 녹봉제가 실시되면서 국가의 토지 지배력은 강화되었다.

04 정답 ②

해설 ① 과전법에 의하여 전세(조세)는 300두를 기준으로 토지 1결당 1/10에 해당하는 30두를 납부하였다. ③ 요역은 16세에서 60세까지의 남자가 부담하였으며, 토지 8결당 1인을 차출하였으며, 1년 중 6일을 초과할 수 없었으나, 실제로는 빈번하게 동원하였다. ④ 공물은 생산량의 감소와 생산지의 변화로 인하여 물품 납부의 어려움이 많기 때문에 전세보다 큰 부담으로 작용하였다.

오답풀이 ② 공물은 가호(호구)를 기준으로 집집마다 일정량을 징수하였다.

05 조선 전기 16세기에 나타난 경제상의 변화로 옳지 않은 것은?

① 군역에서는 대립제와 방군수포제의 폐단이 발생하였다.

② 환곡은 고리대로 변질되어 농민의 부담이 증가하였다.

③ 중앙 관청의 서리에 의한 방납의 폐단이 유행하였다.

④ 농민 생활이 악화되어 홍경래의 난을 비롯한 농민 반란이 일어났다.

06 조선 시대에 실시되었던 전분 6등법과 연분 9등법에 대한 설명으로 옳은 것은?

① 풍흉에 관계없이 토지 1결 당 수확량의 1/10을 징수하였다.

② 토지 비옥도와 풍흉의 정도를 기준으로 조세를 차등 징수하였다.

③ 세조 때에 이 제도가 처음 실시되었다.

④ 농민의 부담을 줄이기 위해 토지 1결당 4두로 고정하여 조세를 징수하였다.

07 조선 전기 농업 활동과 관련된 설명으로 옳지 않은 것은?

① 목화 재배가 확대되어 면포 생산이 증가하였다.

② 밑거름과 덧거름을 사용하면서 휴경지가 소멸되었다.

③ 이모작이 전국적으로 실시되면서 보리 재배도 확대되었다.

④ 농민들의 실제 농사 경험을 수집하여 정리한 「농사직설」이 간행되어 보급되었다.

---

05 정답 ④

해설 ② 장기간 평화가 지속되자 16세기 이후 군역이 점차 요역화되면서 국가의 빈번한 요역 동원이 농사에 큰 지장을 초래하게 되자, 농민들은 요역을 기피하려 하였고 이에 정부에서는 군인들을 각종 요역에 동원하는 군역의 요역화 현상이 나타나게 되었다. 그리하여 농민들이 포를 납부하고 군역을 면제받는 방군수포제와 다른 사람에게 돈을 주고 대신 군역을 부담하게 하는 대립제가 성행하였다. ③ 환곡은 원래 농민 생활 안정을 위해 실시한 제도로서 곡식을 빌려주고 1/10의 이자를 받았는데, 점차 고리대로 변질되면서 농민의 부담은 커져만 갔다. ④ 중앙 관청의 서리가 공물을 대납하고 납부한 양보다 더 많은 양을 착취하는 방납의 폐단으로 농민의 부담은 증가하였다.

오답풀이 ④ 홍경래의 난은 조선 후기 1811년에 일어난 농민 반란이다.

06 정답 ②

해설 ② 전분 6등법은 토지 비옥도를 기준으로 전국의 토지를 6등급으로 구분하였으며, 연분 9등법은 풍흉의 정도를 기준으로 9등급으로 구분하여 해마다 차등 징수하였다.

오답풀이 ① 수확량의 1/10 징수는 과전법에서의 원칙이며, 전분6 등법과 연분 9등법에서는 최고 20두에서 최저 4두를 징수하였다. ③ 전분6 등법과 연분 9등법은 세종 때 공법(貢法)이라는 이름으로 실시되었다. ④ 토지 1결 당 4두를 고정 징수하는 것은 인조 때 실시한 영정법에 해당한다.

07 정답 ③

해설 ① 고려 말 문익점에 의해 목화가 도입되어 조선시대에서는 함경도를 제외한 전국에서 재배되어 의생활의 큰 변화가 나타났으며, 무명은 화폐 기능을 대신하여 상업 발달을 촉진시키기도 하였다. ② 조선 전기에는 시비법이 발달하여 밑거름과 덧거름을 사용하면서 휴경지가 소멸되고 농경지의 상경화 현상이 나타났다. ④ 세종 때 정초가 농민들의 실제 농사의 경험을 토대로 농사직설을 저술하여 농업 발달에 커다란 기여를 하였다.

오답풀이 ③ 조선 후기에 이앙법(모내기)이 전국적으로 실시되면서 벼와 보리의 이모작이 일반화되었으며, 조선 전기에는 이앙법이 남부 일부 지방에서만 실시되어 이모작도 남부 일부 지역에서만 실시되었다.

08 조선 전기의 상업 활동과 관련된 설명으로 옳지 않은 것은?

① 한양 중심가에는 시전을 조성하고, 지방 각 지역에서는 장시가 확산되었다.

② 공인(貢人)의 활동이 활발해졌다.

③ 저화, 조선통보 등의 화폐가 발행되었으나 유통은 부진하였다.

④ 시전 상인에게는 특정 상품에 대한 독점 판매권이 보장되었다.

09 조선 전기의 경제 정책과 경제 활동에 대한 설명으로 옳지 않은 것은?

① 과전법에서 과전은 관리들에게 해당토지의 소유권을 지급한 것이다.

② 사치와 낭비 및 빈부 격차를 방지하기 위해 상공업 활동을 국가가 엄격히 통제하였다.

③ 16세기에 이르러 수취 제도의 폐단과 지주 전호제의 발달로 인해 몰락하는 농민이 증가하였다.

④ 평안도와 함경도에서 거두는 조세는 경창으로 수송하지 않고 그곳의 군사비와 사신 접대비로 쓰게 하였다.

10 다음 중 조선시대의 육의전에 해당하지 않는 것은? (2001년 기출)

① 염전
② 지전
③ 무명전
④ 명주전

---

08 정답 ②

해설 ① 한양 중심가에 시전을 설치하고 상인세를 받고 시전 상인의 상업 활동을 허용하였으며, 15세기 후반 이후에는 지방에서 장시가 개설되어 보부상들이 활발히 활동하였다. ③ 조선 시대에는 저화, 조선통보 등의 화폐가 주조되었으나 농업 중심의 자급자족적 경제 구조로 화폐 유통은 부진하였다. ④ 시전상인은 왕실이나 관청에 물품을 공급하는 대신에 특정 상품에 대한 독점 판매권(금난전권)을 보장받았다.

오답풀이 ② 공인은 조선 후기 대동법을 계기로 국가에서 고용한 어용상인이다.

09 정답 ①

해설 ② 조선 정부는 농본억상 정책과 사농공상의 차별적 직업관, 사치와 낭비 및 빈부 격차를 방지하기 위해 상공업 활동을 국가가 엄격히 통제하였다. ③ 16세기에는 방납의 폐단, 환곡의 고리대로의 변질, 방군수포제 등 수취 체제의 폐단이 극심해지고 병작반수제를 기반으로 하는 지주전호제가 확산되면서 몰락 농민이 증가하였다. ④ 평안도와 함경도는 잉류 지역으로 설정하여 조세를 한양의 경창으로 운반하지 않고 군사비와 사신 접대비로 사용하도록 하였다.

오답풀이 ① 과전법에서 관리에게 지급하는 과전은 토지의 소유권을 지급한 것이 아니라 조세를 징수할 수 있는 수조권을 지급하였다.

10 정답 ①

해설 ① 조선시대의 육의전은 시전 상인이 취급한 6가지의 주요 상품으로 비단, 명주, 모시, 무명, 어물, 종이 등이며 소금은 해당하지 않는다.

11 조선 전기에 농민의 유망을 막고 통제를 더욱 강화하기 위해 정부에서 실시한 정책을 2개 고르시오.

① 경시서 설치　　　　　　　　② 오가작통법 제정

③ 구황작물 재배　　　　　　　④ 호패법 실시

12 다음은 행상들의 생활을 잘 보여 주고 있는 조선 시대의 민요이다. 여기에 등장하는 상인에 대해 바르게 설명한 것은?

> 짚신에 감발 차고 패랭이 쓰고/ 꽁무니에 짚신 차고 이고지고
> 이장 저장 뛰어가서/ 장돌뱅이 동무들 만나 반기며
> 이 소식 저 소식 묻고 듣고/ … (중략) …
> 손잡고 인사하고 돌아서네/ 다음 날 저장에서 다시 보세

① 전국의 장시를 하나의 유통망으로 연결하는데 결정적 역할을 하였다.

② 특성 상품에 대한 녹섬 판매권을 가지고 있었다.

③ 한양에서 활동하는 상인으로 점포세와 상세를 납부하였다.

④ 이들의 불법적인 상행위를 통제하기 위해 경시서를 두었다.

13 다음 중 조선 전기의 농촌 사회에서 볼 수 있는 모습으로 옳은 것은?

① 할머니는 텃밭에서 캐온 고구마를 잡수시고 계셨다.

② 할아버지가 마루에서 담배를 피우시고 계셨다.

③ 어머니는 산 너머 밭에서 목화를 따가지고 오셨다.

④ 아버지가 뒷밭에 감자를 캐러 가셨다.

---

11 정답 ② ④

해설 ② ④ 조선 정부는 농민의 유망을 방지하고 통제를 위해 오가작통법과 호패법을 실시하였다.

오답풀이 ① 경시서는 시전상인의 불법 상행위를 감시하고 물가 조절을 위해 설치되었다. ③ 구황작물은 조선 후기 이후 식량 대용 작물로 감자, 고구마 등이 생산되었다.

12 정답 ①

해설 자료에서 '이장 저장 뛰어가서 장돌뱅이 동무들 만나 반기며 ……' 내용을 통해 조선의 보부상임을 알 수 있으며, 보부상은 전국의 장시를 무대로 활동하면서 전

국의 장시를 하나의 유통망으로 연결시켰다.

오답풀이 ② ③ ④ 모두 시전상인에 대한 설명이다.

13 정답 ③

해설 ③ 목화는 고려 말 문익점에 의해 전래된 이후 조선 전기에 재배가 확대되었다.

오답풀이 ① ② ④ 고구마, 담배, 감자는 조선 후기에 외래 작물로 수입되어 고구마와 감자는 구황작물로 재배되었으며, 담배는 상품 작물로 전라도 지역을 중심으로 재배되었다.

14 다음 기구가 발명된 시기의 농업 상황으로 적절하지 않은 것은?

> 길이 1자 5촌, 지름 7촌으로 만들어서 서운관에 설치하고, 각 고을에도 객사의 마당 가운데 설치하라. 비가 올 때마다 관원과 수령이 비 내린 상태를 직접 살피며 물의 깊이를 재고, 비 내린 일시와 날이 개인 일시 등을 기록하여 보고하도록 한다.

① 우경이 시작되면서 깊이갈이가 가능해졌다.

② 목화 재배가 확대되면서 의생활이 개선되었다.

③ 밭농사로 조·보리·콩의 2년 3작이 널리 행해졌다.

④ 남부 지방에 모내기가 보급되어 벼와 보리의 이모작이 가능해졌다.

15 조선 초기에 실시된 과전법과 관련된 설명으로 옳지 않은 것은?

① 조세율을 1/10로 인하하고 병작반수제를 금지시켰다.

② 과전은 경기도를 비롯한 8도의 토지로 지급하였다.

③ 수조권은 전·현직 관리에게 지급하였으며, 사망·반역 시에는 국가에 반납하였다.

④ 15세기 후반에는 과전이 부족하여 직전법으로 바뀌면서 현직 관리에게만 수조권을 지급하였다.

---

14 **정답** ①

해설 제시된 자료는 세종 때 제작된 측우기와 강수량 측정에 관한 내용이다. ② 고려 후기 공민왕 때 문익점이 목화씨를 들여와 목화 재배가 시작되었으며, 이는 조선 시대 의생활에 큰 영향을 끼쳤다. ③ 정부와 농민의 노력으로 농업 기술이 발달하여 2년 3작의 윤작법이 널리 행해졌다. ④ 조선 전기에는 남부 일부 지역에서 모내기법이 보급되어 쌀과 보리의 이모작이 가능하였다.

오답풀이 ① 우경은 6세기 이후 점차 확대되었으며, 소에 쟁기를 매어 밭을 갈면 깊이갈이가 가능해져 생산력이 증대되었다.

15 **정답** ②

해설 ① 신진사대부는 권문세족에 의한 농장 확대로 몰락한 농민의 생활을 안정시키기 위해 과전법을 실시하면서 조세율을 1/10로 인하하고 병작반수제를 금지시켰다. ③ 수조권은 전·현직 관리를 대상으로 지급하였으며, 사망·반역 시에는 국가에 반납하였다. ④ 과전법에서는 수신전, 휼양전, 공신전 등의 세습지가 증가하면서 신진 관리에게 지급할 토지가 부족해지자, 세조 때 직전법을 실시하여 현직 관리만을 대상으로 지급하였다.

오답풀이 ② 과전은 경기도만을 대상으로 지급하였다.

16 조선 전기 양반의 경제 활동에 대한 설명으로 옳지 않은 것은?

① 양반의 경제적 기반은 과전, 녹봉, 자신 소유의 토지와 노비 등이었다.

② 15세기 이후에는 농장을 확대하면서 유망민을 노비화시켜 토지를 경작하도록 하였다.

③ 구매, 소유 노비의 출산 및 혼인으로 노비를 확보하였다.

④ 국가에서 양반에게 지급하는 수조지의 면적은 점차 확대되었다.

17 조선 시대의 수공업 활동에 대한 설명으로 옳지 않은 것은?

① 관영 수공업자는 매년 일정 기간 책임량을 제조하여 납품하였다.

② 관영 수공업자는 관청에서 근무하는 대가로 국가로부터 녹봉을 지급받았다.

③ 민영 수공업자들은 농기구나 양반들을 위한 사치품을 생산하였다.

④ 16세기 이후 부역제의 해이와 상업의 발달로 관영 수공업은 쇠퇴하였다.

18 다음 중 조선 전기의 상업 활동과 관련된 설명으로 옳은 것은?

① 개성의 송상, 의주의 만상은 대외 무역을 통해 대상인으로 성장하였다.

② 유통의 편의를 위해 삼한통보, 해동통보, 활구 등을 사용하였다.

③ 육의전은 국가에 대한 부담 없이 금난전권을 부여받아 대상인으로 성장하였다.

④ 보부상은 지방의 장시를 무대로 농산물, 수공업 제품, 수산물, 약재 등을 판매하였다.

---

16 정답 ④

해설 ① ② ③ 조선의 양반은 과전, 녹봉, 조상에게 물려받은 토지와 노비 등을 경제적 기반으로 하였으며, 15세기 이후에는 농장을 확대하여 병작반수제에 의해 소작농에게 1/2을 징수하거나 유망민을 노비화시켜 토지를 경작하도록 하였다. 또한 구매, 소유 노비의 출산 및 혼인을 통해 노비의 수를 늘렸다.

오답풀이 ④ 수조권을 지급하는 과전법이 직전법으로 바뀌고 직전법이 폐지되면서 양반에게 지급하는 수조지의 면적은 소멸되었다.

17 정답 ②

해설 ① 관영 수공업자는 부역의 의무로서 매년 일정 기간 관청 수요품을 책임량만큼 제조하여 납품하였다. ③ 민영 수공업자는 농민들을 상대로 농기구 등의 물품을 제작·공급하거나 양반의 사치품을 생산하였다. ④ 16세기 이후에는 수공업자가 관청에 소속되어 활동하는 부역의 의무를 기피하는 현상이 심화되고 상업이 발달하면서 관영 수공업은 쇠퇴하였다.

오답풀이 ② 조선시대에서는 관영수공업자에게는 녹봉을 지급하지 않았다. 대신에 초과 생산한 물품은 세금을 내고 판매할 수 있었으며, 부역 동원 기간 이외에는 사적으로 제품을 생산할 수 있었다.

18 정답 ④

해설 ④ 보부상은 관허상인으로 15세기 말 등장한 장시를 무대로 돌아다니면서 농산물, 수공업 제품, 수산물, 약재 등을 판매하였다.

오답풀이 ① 송상, 만상은 조선 후기에 활동한 대상인이다. ② 삼한통보, 해동통보, 활구는 고려 시대에 사용된 화폐이다. ③ 육의전은 시전 상인이기 때문에 국가에 대한 관수품을 조달하지 않고서는 특정 상품에 대한 독점 판매권(금난전권)을 부여받을 수 없었다.

19 다음 중 과전법에 소속된 토지와 그 내용이 잘못 연결된 것은?

① 수신전 – 관리 미망인에게 지급한 세습지

② 휼양전 – 관리의 유자녀에게 지급한 토지로 세습은 불가능

③ 별사전 – 준공신에게 지급한 토지로 3대까지 세습 가능

④ 공해전 – 중앙 관청 경비 조달위해 지급

20 조선 전기 수취 체제에 대한 설명으로 옳은 것은?

① 잉류 지역은 평안도와 함경도만 해당되었다.

② 군역의 폐단을 해결하기 위해 호포제를 실시하였다.

③ 세종 때 공법이 실시되면서 전세는 최고 20두에서 최저 4두를 징수하였다.

④ 공물에서의 폐단을 해결하기 위해 이이와 유성룡 등은 대동법의 실시를 주장하였다.

---

19 **정답** ②

오답풀이 ② 휼양전은 관리의 유자녀에게 지급한 토지로 세습이 가능하였다.

20 **정답** ③

해설 ③ 세종 때 공법(전분 6등법, 연분 9등법)이 실시되면서 토지 비옥도와 풍흉의 정도를 기준으로 하여 최고 20두에서 최저 4두를 징수하였다.

오답풀이 ① 잉류 지역은 평안도, 함경도 외에도 제주도도 운반의 어려움 때문에 잉류 지역으로 포함되었다. ② 군역의 폐단을 해결하기 위한 호포제는 고종 때 흥선 대원군에 의해서 실시되었다. ④ 이이와 유성룡은 공물에서 발생한 방납의 폐단을 해결하고자 수미법의 실시를 주장하였으며, 대동법은 조선 후기에 수미법을 바탕으로 실시된 제도이다.

21 다음 자료와 관련된 시기에 대한 설명으로 적절하지 않은 것은?

> ● 백성으로 농지를 가진 자가 없고, 농지를 가진 자는 오직 부유한 상인들과 사족들뿐입니다.
> 「중종실록」
> ● 모자란 군액의 번가(番價)가 너무 무거워 백성들의 고통이 심합니다. 보병이 한 번 군역에 종사하면 들어가는 비용이 베 150필까지 되므로, 가난한 백성들이 파산하여 집이 망합니다. 「중종실록」
> ● 지방에서 토산물을 공물로 바칠 때 공납을 일체 막고, 본래 값의 백배가 되지 않으면 받지 않습니다. 「선조실록」

① 병작반수제를 기반으로 하는 지주전호제가 확산되었다.

② 방납의 폐단을 해결하기 위한 방안으로 수미법이 주장되기도 하였다.

③ 대립제와 방군수포제가 횡행하면서 군적이 부실해졌다.

④ 수조권에 입각한 토지 지배가 강화되었다.

22 조선 전기의 경제 상황에 관한 설명으로 옳은 것은? (2018년 기출)

① 저화, 조선통보가 발행되었다.

② 상평통보가 전국적으로 유통되었다.

③ 조세와 지대의 금납화가 이루어졌다.

④ 시중에 동전이 부족한 전황이 발생하였다.

---

21 정답 ④

해설 자료는 조선 전기 16세기 후반의 상황에 대한 설명이다. ① 16세기에 직전법이 폐지되면서 병작반수제를 기반으로 하는 지주전호제가 확산되어 농민의 몰락을 촉진시켰다. ② 토산물을 납부하는 공납에서 방납의 폐단이 극심하여 농민의 부담이 증가되자, 이이와 유성룡 등은 수미법을 실시할 것을 주장하였다. ③ 16세기 후반 이후 군역의 요역화 현상이 나타나면서 대립제와 방군수포제가 확산되면서 군적이 부실해졌다.

오답풀이 ④ 16세기 이후 농민들은 고리대, 조세 부담(방납의 폐단, 방군수포제, 환곡 문란 등)으로 몰락하고, 그 결과 대부분의 토지는 부유한 상인, 양반들의 소유가 되고, 양반 지주가 소작농을 지배하는 지주전호제가 발달하였다. 지주전호제는 수조권에 의한 토지 지배가 아니라 소유권에 의한 토지 지배이다.

22 정답 ①

해설 ① 저화(지폐)와 조선통보는 조선 전기에 사용된 화폐이다.

오답풀이 ②③④ 조선 후기의 경제 활동과 관련된 사실이다.

4. 근세의 문화

01 한글 창제와 관련된 설명으로 옳지 않은 것은? (2003년 기출)

① 월인천강지곡을 편찬하여 한글의 유용성을 실험하였다.

② 서리를 채용하는 시험 과목을 채택하였다.

③ 피지배층에 대한 도덕적 교화를 목적으로 편찬되었다.

④ 양반들은 한글을 보급하기 위해 적극적으로 사용하였다.

02 조선 전기 역사서의 편찬과 관련된 설명으로 옳지 않은 것은?

① 정도전의 고려국사는 조선 건국의 정당성을 확보하려는 의도로 편찬되었다.

② 조선왕조실록은 국왕의 사후에 춘추관을 중심으로 실록청을 설치하여 편찬하였다.

③ 15세기 중엽에는 고려 왕조를 자주적 입장에서 편찬한 역사서가 편찬되었다.

④ 16세기의 대표적 역사서인 박상의 동국사략에는 자주적 역사의식을 바탕으로 단군 조선을 서술하였다.

03 조선 전기 과학기술의 발달에 관한 설명으로 옳은 것을 모두 고른 것은? (2017년 기출)

> ㄱ. 물시계인 자격루를 제작하였다.
> ㄴ. 국왕의 행차를 위해 한강에 배다리를 놓았다.
> ㄷ. 최초로 백리척을 사용하여 동국지도를 제작하였다.
> ㄹ. 고구려의 천문도를 바탕으로 천상열차분야지도를 돌에 새겼다.

① ㄱ, ㄴ   ② ㄱ, ㄹ

③ ㄴ, ㄷ   ④ ㄷ, ㄹ

---

01 **정답** ④

해설 ① ② ③ 세종은 한글을 창제하고(1443) 한글의 유용성을 확인하기 위해 월인천강지곡과 용비어천가를 한글로 편찬하여 실험하였으며, 서리를 채용하는 시험 과목으로 채택하기도 하였다. 한글의 창제는 우리말을 자유롭게 표현하고 피지배층을 도덕적으로 교화시켜 양반 중심의 사회를 원활하게 유지하려는 의도가 있었다.

오답풀이 ④ 양반들은 한글 사용을 적극적으로 반대하였다.

02 **정답** ④

해설 ① 정도전의 고려국사는 고려 말 이제현의 사략을 계승하여 편년체 방식으로 서술하였으며, 조선 건국의 정당성을 확립하고 성리학적 통치 규범을 정립하기 위해 편찬하였다. ② 조선왕조실록은 정치적 공정성을 확립하기 위해 국왕의 사후에 춘추관을 중심으로 실록청을 설치하여 편찬하는 것이 원칙이었다. ③ 15세기 중엽에는 고려 왕조를 자주적 입장에서 편찬한 역사서가 편찬되었는데, 정인지의 고려사, 김종서의 고려사절요가 대표적인 역사서이다.

오답풀이 ④ 16세기에는 사림파의 존화주의적 역사의식이 보편화되어 단군을 부정하고 기자를 중시하였으며, 대표적인 역사서가 박상의 동국사략과 이이의 기자실기이다.

03 **정답** ②

해설 ㄱ. 물시계(자격루)는 조선 전기 세종 때 제작되었다. ㄹ. 천상열차분야지도는 조선 전기 태종 때 고구려의 천문도를 바탕으로 제작한 천문도이다.

오답풀이 ㄴ. 한강의 배다리는 조선 후기 정조 때 제작하였다. ㄷ. 동국지도는 조선 후기 영조 때 정상기가 최초로 백리척을 사용하여 제작하였다.

04 다음 중 조선왕조실록에 대한 설명으로 옳은 것은?

① 실록 편찬에 이용되는 사초는 국왕과 사관만이 볼 수 있다.

② 실록은 왕에 따라서 편년체 또는 기전체로 서술하였다.

③ 임진왜란 이후 유일하게 보존된 전주사고를 바탕으로 광해군 때 5대 사고로 정비되었다.

④ 조선왕조실록은 태종 때 태조 실록이 간행되어 순종실록까지 완성되어 보존되고 있다.

05 조선 전기에 조선왕조실록에서 나오는 국왕의 선정, 치적에 관한 내용을 따로 모아서 편찬된 서적은?

① 국조보감   ② 국조오례의

③ 동국통감   ④ 동국정운

06 조선 시대에 다음 서적들이 편찬된 목적으로 옳은 것은?

● 삼강행실도 ● 국조오례의 ● 동몽수지

① 국가 재정 확보   ② 왕도정치 구현

③ 신분 질서 유지   ④ 유교적 사회 질서 확립

---

04 정답 ③

해설 ③ 임진왜란을 계기로 4대 사고 중에서 춘추관, 성주, 충주 사고는 모두 소실되고 유일하게 전주 사고만 보존되어 광해군 때 5대 사고로 확장되어 정비되었다.

오답풀이 ① 실록과 사초는 원칙적으로 누구도 볼 수 없으며, 때로 사관에게는 부분적으로 허용되었다. ② 조선왕조실록은 편년체 형식으로만 서술되었다. ④ 조선왕조실록은 태조실록부터 철종실록까지만 인정하며, 고종실록과 순종실록은 일제 시대에 편찬되었기 때문에 객관성이 결여되어 실록으로 포함하지 않고 있다.

05 정답 ①

해설 ① 국조보감은 실록에 기록된 역대 국왕의 선정과 치적과 관련된 내용만을 정리하여 볼 수 있도록 세조 4년(1458)에 편찬되었다.

오답풀이 ② 국조오례의는 성종 때 국가 행사에 필요한 5가지 의례를 정비한 의례서로서 길례(제사), 가례(관례·혼례), 빈례(사신 접대), 군례(군사 의식), 흉례(장례 의식)로 구분되어 서술하였다. ③ 동국통감은 성종 때 서거정이 저술한 최초의 편년체 형식의 통사로서 단군조선부터 고려까지의 역사를 기록하였다. ④ 동국정운은 세종 때 한글의 발음과 관련되어 편찬된 음운서이다.

06 정답 ④

해설 ④ 삼강행실도는 유교의 삼강의 모범을 보인 효자, 열녀 등을 그림을 통해 설명한 의례서이고, 국조오례의는 조선의 유교식 국가의례를 규정한 서적이며, 동몽수지는 어린아이가 지켜야 할 도리를 서술한 서적으로 조선왕조가 유교적 사회질서를 확립하려는 의도에서 편찬되었다.

07 조선 전기 문화에 관한 설명으로 옳은 것은? (2016년 기출)

① 유득공은 발해고에서 발해의 역사를 본격적으로 다루었다.

② 이중환은 택리지에서 지리적 환경 및 풍속을 자세히 조사하였다.

③ 김정호는 대동여지도에서 산맥, 하천과 함께 도로망을 자세히 표시하였다.

④ 정초는 농사직설에서 우리나라 농토와 현실에 알맞은 농사짓는 법을 소개하였다.

08 다음은 훈구파와 사림파에 대한 내용을 비교한 것이다. 그 내용이 잘못된 것은?

(2003년 기출)

	구분	훈구파	사림파
①	정치	중앙 집권 강화	향촌자치와 왕도정치
②	학풍	경학 중시	사장 중시
③	역사 의식	단군 중시	기자 중시
④	사상 정책	타 사상에 관대	타 사상 배척(명분강조)

09 조선시대 교육기관에 관한 설명으로 옳지 않은 것은? (2018년 기출)

① 서원과 서당은 사립 교육 기관이었다.

② 성균관의 입학자격은 생원과 진사를 원칙으로 하였다.

③ 잡학은 해당 기술 관청에서 직접 교육을 담당하였다.

④ 중앙에 향교를 두고 지방에 서학, 동학, 남학, 중학의 4부 학당을 두었다.

---

07 정답 ④

해설 ④ 농사직설은 조선 전기 세종 때 정초가 농민의 실제 농사 경험을 토대로 저술한 우리나라 최초의 농업 서적이다.

오답풀이 ① ② ③ 조선 후기의 문화와 관련된 사실이다.

08 정답 ②

해설 ① 정치적으로 훈구파는 중앙 집권 체제 강화를 강조하였으며, 사림파는 서원과 향약을 토대로 한 향촌자치와 의리와 도덕을 바탕으로 한 왕도정치를 강조하였다. ③ 역사의식은 훈구파는 자주적 역사의식을 바탕으로 단군을 중시한 반면, 사림파는 존화주의적 역사의식을 바탕으로 기자를 중시하였다. ④ 사상적으로 훈구파는 성리학 이외에 다른 사상에 대하여 포용적인 입장을 취한 반면, 사림파는 성리학적 명분론에 입각

하여 성리학 이외의 다른 사상과 종교는 이단으로 철저하게 비판하였다.

오답풀이 ② 학문적으로 훈구파는 사장(시와 문장)을 중시하여 문학과 예술의 발달에 영향을 끼쳤으며, 사림파는 유교 경전을 암기하는 경학을 중시하여 상대적으로 문학과 예술 활동이 저조하였다.

09 정답 ④

해설 ① 서당과 서원은 조선시대 전국에 설립된 사립학교이다. 서원은 사림파가 설립하였다. ② 성균관은 원칙적으로 소과(생진과)에 합격한 생원·진사에게 입학이 허용되었다. ③ 기술관을 양성하는 잡학 교육은 해당 관청에서 담당하였다.

오답풀이 ④ 4부 학당은 중앙에, 향교는 지방에서 운영한 국립 교육기관이다.

10 다음은 어느 학자에 대한 설명이다. 이 학자의 학통을 계승한 붕당의 활동으로 옳지 않은 것은?

> 그는 주기론의 입장에서 관념적 도덕 세계를 중요시하는 동시에 경험적 현실 세계를 존중하는 새로운 철학 체계를 수립하였다. 또한 수미법 실시, 10만 양병설 등을 주장하여 현실 문제의 개혁을 과감하게 주장하였다.

① 현종 때 예송문제로 남인과 대립하였다.

② 영조 때 사도세자의 죽음을 계기로 정권을 장악하였다.

③ 5군영을 군사적 기반으로 세력 기반을 강화시켰다.

④ 절의를 중시하여 임진왜란 때 많은 의병장을 배출하였다.

11 다음 지도와 관련된 설명으로 옳은 것은?

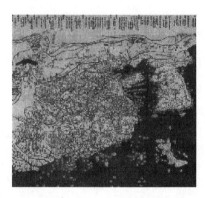

① 만주 지역을 상세히 표시하였으며 대마도를 조선 영토로 표시하였다.

② 거리를 알 수 있도록 10리마다 눈금이 표시되었다.

③ 지금 남아 있는 세계 지도 중에서 동양에서 가장 오래된 것이다.

④ 최초로 100리척을 사용하여 제작된 지도이다.

---

10 정답 ④

해설 자료는 주기론적 입장에서 경험적 현실 세계를 중시하고, 일원론적 이기이원론 등을 주장한 이이에 관한 설명이다. ① ② ③ 이이의 주기론을 계승한 서인은 인조반정 이후 병권을 장악하고자 총융청과 어영청 등의 군영을 설치하였고 남인과 공존 관계를 유지하면서 붕당 정치를 활성화시켰다. 이러한 공존 관계는 현종 때 예송논쟁으로까지 이어졌다. 그러나 숙종 때 갑술환국으로 남인이 몰락하고 서인의 일당 전제화가 이루어졌다. 이에 앞서 서인이 경신환국을 계기로 송시열을 영수로 하는 노론과 윤증을 중심으로 하는 소론으로 나누어졌는데, 남인의 몰락 이후 두 세력은 계속 대립하였다. 영조 때에는 노론과 소론의 공존 관계가 유지되는 듯 하였으나, 사도 세자의 죽음을 계기로 노론이 권력을 장악하였다.

오답풀이 ④ 조식과 서경덕의 학문을 계승한 북인에 해당하는 사실로서, 북인은 절의를 중시하여 임진왜란 당시 정인홍, 곽재우 등의 의병장이 배출되었다.

11 정답 ③

해설 ③ 그림의 지도는 조선 태종 때 이회, 이무 등이 편찬한 혼일강리역대국도지도이다. 이 지도는 현존하는 동양에서 가장 오래된 세계 지도로서 유럽, 아프리카, 한반도, 중국, 일본 등이 그려져 있으며 아메리카 대륙은 빠져 있다.

오답풀이 ① 조선방역지도(16C), ② 대동여지도(김정호), ④ 동국지도(정상기)

12 다음 중 조선 전기의 문화와 관련된 내용으로 잘못 연결된 것은? (2011년 기출)

① 칠정산 – 우리나라 기준의 최초의 역법

② 향약구급방 – 세종 때 전통 약재와 치료 방법을 서술한 의학 서적

③ 농사직설 – 농민의 실제 경험담을 토대로 제작된 최초의 농업 서적

④ 국조오례의 – 국가 행사와 관련된 5가지 의례 정비

13 우리나라 인쇄 문화에 관한 설명으로 옳지 않은 것은? (2013년 기출)

① 무구정광대다라니경은 현존하는 가장 오래된 금속활자 인쇄물이다.

② 고려 시대 대장도감에서 만든 재조대장경은 현재 합천 해인사에 보관되어 있다.

③ 청주 흥덕사에서 간행한 직지심체요절은 세계기록유산으로 등재되었다.

④ 조선 태종 때에는 주자소를 설치하고 금속활자 계미자를 주조하였다.

14 조선 초기 불교와 관련된 설명으로 잘못된 것은?

① 도첩제 실시로 승려 출가 제한

② 세종 때는 선·교 양종 36개 절 만 인정

③ 왕실과 민간에서 불교는 이미 단절

④ 세조 때는 간경도감에서 불경 번역 및 간행

---

12 정답 ②

해설 ① 칠정산은 세종 때 아라비아의 회회력과 중국의 수시력을 토대로 한양을 기준으로 만든 최초의 역법이다. ③ 농사직설은 세종 때 정초가 농민의 농사에 대한 실제 경험담을 토대로 제작된 최초의 농업 서적이다. ④ 국조오례의는 성종 때 조선왕조의 국가 행사와 관련된 5가지 의례를 정리한 의례서이다.

오답풀이 ② 향약구급방은 고려시대에 편찬한 현존하는 가장 오래된 의학 서적이며, 세종 때 편찬한 의학 서적은 향약집성방이다.

13 정답 ①

해설 ② 재조(팔만)대장경은 고려 시대 몽골 침입을 계기로 강화도에서 대장도감을 설치하여 제작하였으며, 현재는 합천 해인사에 보관되어 있다. ③ 직지심체요절은 고려 후기에 청주 흥덕사에서 간행하였으며 유네스코

지정 세계 기록 문화유산으로 지정되었다. ④ 조선 태종 때에는 주자소를 설치하고 금속활자인 계미자를 주조하였다.

오답풀이 ① 무구정광대다라니경은 통일 신라 시대에 제작된 현존하는 가장 오래된 목판인쇄물이다. 현존하는 가장 오래된 금속 활자본은 직지심체요절이다.

14 정답 ③

해설 ① 태조 때 도첩제라는 승려 자격증 제도를 실시하여 승려의 수를 제한하고 사원 건립을 억제하였다. ② 세종 때는 선·교 양종으로 통합하고 선·교에 각 18사와 36개의 절만 인정하였다. ④ 세조 때는 간경도감을 설치하고 불경 번역 및 간행을 추진하였으며, 원각사지 10층 석탑을 건립하였다.

오답풀이 ③ 조선에서는 불교를 억압하는 정책을 실시하였지만, 백성과 부녀자를 중심으로 계속 유행하였다.

15 밑줄 친 기구가 설치된 시기의 모습으로 옳은 것은? (2013년 기출)

> 종이를 전문적으로 생산하는 관청으로 조지서를 설치하고 다양한 종이를 대량으로 생산하여, 수많은 서적을 인쇄할 수 있게 되었다.

① 금속활자로 상정고금예문을 인쇄하였다.

② 교장도감을 설치하여 전적을 간행하였다.

③ 밀랍 대신 식자판을 조립하는 방안을 창안하였다.

④ 현존하는 세계 최고의 금속활자로 만든 책이 간행되었다.

16 다음에서 설명하는 인물에 대한 내용으로 옳은 것은? (2006년 기출)

> ● 사회제도나 질서를 확립하기 위해서는 무엇보다도 국민의 경제적 안정이 선행되어야 한다. 그리고 정치, 경제, 사회, 교육 등 전 분야에서의 변법을 통한 사회 개혁이 필요하다.
> ● 인간을 포함한 모든 사물의 특성이 제각기 다른 것은 '기'의 국한성 때문이다. 그러니 서로 다른 특성 속에 본체로서의 '이'가 내재하고 있다는 의미에서 보면 인간이나 사물은 모두 동일하다.

① 동호문답, 성학집요 등을 저술하였다.

② 일본 성리학 발전에 큰 영향을 주었다.

③ '기'보다는 '이'를 중심으로 자신의 이론을 전개하였다.

④ 유교, 불교, 도교의 사상을 바탕으로 민간 신앙의 요소를 융합하였다.

---

15 정답 ③

해설 ③ 조지서를 설치하여 종이를 생산하고 서적을 인쇄한 것은 조선 전기 세종 때의 사실이다. 세종 때 기존의 밀랍 대신에 식자판을 조립하는 인쇄 기술이 개발되어 인쇄 능률이 2배 이상 올랐다.

오답풀이 ① 상정고금예문은 고려 시대 1234년에 제작된 가장 오래된 금속활자본이며, 현재는 전해지지 않는다. ② 교장도감은 대각국사 의천이 교장이라는 대장경 해석서를 편찬하기 위해 설치하였다. ④ 현존하는 세계 최고의 금속 활자본은 고려 후기에 제작된 직지심체요절이다.

16 정답 ①

해설 ① 자료에서 정치, 경제, 사회 전반에 걸친 개혁을 주장하고 기의 국한성을 강조한 것은 이이와 관련된 사실이다. 이이는 주기론을 집대성하여 일원적 이기이원론을 주장하고 10만 양병설, 수미법 등의 다양한 개혁안 제시하였으며, 동호문답, 성학집요 등의 저술을 남겼다.

오답풀이 ② ③ 이황의 성리학은 임진왜란 이후 일본 성리학에 큰 영향을 끼쳤으며 '기'보다는 '이'의 가치를 중시하는 주리론 입장을 취하였다. ④ 이이와 이황은 사림파로서 성리학을 절대적인 가치로 보았기 때문에 유교, 불교, 도교 등의 사상과는 관련이 없다.

17 조선과 고려의 건축과 조각에 대한 설명으로 옳지 않은 것은?

① 현존하는 봉정사 극락전, 부석사 무량수전, 수덕사 대웅전 등은 주심포식 건물들이다.

② 해인사의 장경판전에는 초조대장경이 보관되어 있다.

③ 조선 초기에는 궁궐, 관아, 성문 등이 건축의 중심이 되었다.

④ 16세기 이후에는 주택, 정자, 사원 건축 양식이 결합된 서원 건축이 유행하였다.

18 다음에서 설명하는 시기의 문화적 특징으로 옳지 않은 것은?

> 이 시기의 사림은 도덕성과 수신을 중시하였으며, 그것을 사회적으로 실천하는 가운데 인간 심성에 대하여 깊은 관심을 가졌다.

① 기술 경시 풍조가 형성되어 과학 기술은 점차 침체되었다.

② 선비의 정신 세계를 표현한 사군자가 유행하였다.

③ 백자가 선비들의 취향과 어울려 널리 이용되었다.

④ 궁궐, 관아, 성문, 학교 등이 건축의 중심이 되었다.

19 다음 중 조선 시대 과학기술에 관한 설명으로 옳지 않은 것은? (2012년 기출)

① 천상열차분야지도 – 태조 때 고구려 천문도를 바탕으로 돌에 새긴 천문도

② 칠정산 – 세종 때 서울을 기준으로 제작된 우리나라 최초의 역법

③ 의방유취 – 세종 때 간행된 현존하는 가장 오래된 의학 서적

④ 농사직설 – 세종 때 간행된 최초의 농업 서적

---

17 정답 ②

해설 ① 봉정사 극락전, 부석사 무량수전, 수덕사 대웅전은 고려 후기에 건립된 주심포식 건축물로서 현존하고 있다. ③ 조선 초에는 경복궁, 숭례문, 개성 남대문 등 궁궐, 관아, 성문 등의 공공 건축물이 중심을 이루었다. ④ 16세기에는 사림파에 의해 주택, 정자, 사원 건축 양식이 결합된 서원 건축이 유행하였다.

오답풀이 ② 합천 해인사의 장경판전에는 팔만(재조) 대장경이 보관되어 있으며, 초조대장경은 고려시대 몽골 침략을 계기로 소실되었다.

18 정답 ④

해설 자료에서 사림에 대한 내용이 서술된 것으로 보아 16세기임을 알 수 있다. ① 사림파의 기술 경시 풍조로 인하여 16세기에는 과학 기술은 점차 침체되었다. ② 16세기에는 사군자의 회화풍이 유행하였다. ③ 16세기에는 선비(사대부)의 취향에 부합하는 백자가 유행하였다.

오답풀이 ④ 궁궐, 관아, 성문 등의 공공건물 건축은 15세기에 유행하였다.

19 정답 ③

해설 ① 천상열차분야지도는 태조 때 고구려 천문도를 바탕으로 돌에 새긴 천문도이다. ② 칠정산은 세종 때 중국의 수시력과 아라비아의 회회력을 바탕으로 서울을 기준으로 제작된 우리나라 최초의 역법이다. ④ 농사직설은 세종 때 정초가 농민의 실제 경험담을 토대로 간행한 우리나라 최초의 농업 서적이다.

오답풀이 ③ 의방유취는 세종 때 간행한 의학백과사전이며, 현존하는 가장 오래된 의학 서적은 고려시대의 향약구급방이다.

20 다음의 내용이 잘못 연결된 것은? (2005년 기출)

① 농상집요 – 우리나라 농민의 실제 경험담을 토대로 저술한 최초의 농업 서적

② 동문선 – 성종 때 서거정이 우리나라 역대 시문을 정리하여 편찬

③ 삼강행실도 – 충신, 효자, 열녀들의 행적을 그림으로 묘사하고 설명한 윤리서

④ 혼일강리역대국도지도 – 현존하는 동양에서 가장 오래된 세계 지도

21 다음 중 현재 일본에 있는 문화재가 아닌 것은? (2004년 기출)

① 칠지도　　　　　　　　② 신라 민정문서

③ 안견의 몽유도원도　　　④ 징비록

22 조선 전기의 예술에 대한 설명으로 옳은 것은?

① 공예는 생활용품이나 문방구 등에서 특색 있는 발달을 보였다.

② 분청사기와 백사가 낳이 만들어졌는데 후기로 갈수록 분청사기가 주류를 이루었다.

③ 궁궐, 관아, 성문, 학교 건축이 발달했던 고려시대와 대조적으로 사원 건축이 발달하였다.

④ 양반들은 장인들이 하는 일이라 하여 서예를 기피하였으나 그림은 필수적 교양으로 여겼다.

---

20 정답 ①

해설 ② 동문선은 조선 성종 때 서거정이 역대 시를 수집하여 간행한 시문집이다. ③ 삼강행실도는 세종 때 설순이 충신, 효자, 열녀의 모범이 되는 행적을 그림으로 묘사하고 설명한 유교 윤리서이다. ④ 혼일강리역대국도지도는 태종 때 제작된 현존하는 동양에서 가장 오래된 세계 지도이다.

오답풀이 ① 농상집요는 고려 후기에 이암이 원에서 수입하여 소개한 원의 농업서적이며, 우리나라 농민의 실제 경험담을 토대로 저술한 최초의 농업 서적은 세종 때 간행된 농사직설이다.

21 정답 ④

해설 ① 칠지도는 일본의 이소노카미 신궁에 보관, ② 신라 민정 문서는 일본 동대사 정창원에 보관, ③ 안견의 몽

유도원도는 일본 덴리대에 보관되어 있다.

오답풀이 ④ 징비록은 유성룡의 저서로서 임진왜란과 관련된 중요한 자료로 평가되어 현재 국보 제132호로 지정되어 국내에 보관되어 있다.

22 정답 ①

해설 ① 조선 시대는 실용과 검소함을 중시하여 주로 생활 필수품이나 사대부의 문방구 등의 공예품을 중심으로 발달하였다.

오답풀이 ② 조선 전기에는 15세기에 분청사기가 유행한 후 16세기 이후에는 백자가 유행하였다. ③ 15세기에는 궁궐, 관아, 성문, 학교 등의 공공 건물 중심의 건축이 유행하였으며, 사원 건축은 고려 시대에 유행하였다. ④ 양반에게 있어서 서예는 필수 교양이었기 때문에 유명한 서예가도 다수 배출되었다.

23 다음 내용과 관련된 사상가에 대한 설명으로 옳지 않은 것은?

> ● '성학십도'를 저술하여 군주 스스로가 성학을 준수할 것을 제시하였다.
> ● 주자의 이기이원론을 발전시켜 주리 철학을 확립하였다.

① 김성일, 유성룡 등에게 계승되어 영남학파를 형성하였다.

② 인간의 심성을 중시하고 근본적이며 이상주의적인 성격이 강하였다.

③ 임진왜란 이후 일본에 전해져 일본 성리학 발전에 영향을 끼쳤다.

④ 10만 양병설과 수미법의 실시를 주장하였다.

24 다음은 서거정의 '동문선'의 서문을 발췌한 글이다. 이와 유사한 문화의식에 해당하는 것은?

> 우리나라의 여러 성군이 다스린 백여 년 동안에 나온 인물들은 위대하고 뛰어나서 문장을 지음에 있어 마음을 감동시킴이 옛날에 비해 손색이 없습니다. 이것은 우리의 글이 송이나 원의 글도 아니고 한이나 당의 글도 아니며, 바로 우리의 글이기 때문입니다. 따라서 마땅히 우리나라의 글을 중국 역대의 글과 나란히 천지 사이에 행하게 하여야 합니다.

① 소학과 주자가례의 보급

② 산송 문제의 발생

③ 농사직설과 향약집성방의 편찬

④ 이이의 기자실기

---

23 정답 ④

해설 자료에서 성학십도는 이황의 저서이며, 이황은 주자의 이기이원론을 발전시켜 주리론을 집대성하였다. 이황의 학문은 김성일, 유성룡 등에 계승되어 영남학파를 형성하였으며, 학문적으로는 인간의 심성을 중시하고 근본적이고 이상주의적 성향이 강하였다. 이러한 이황의 사상은 임진왜란 이후 일본에 전해져 일본 성리학 발전에 큰 영향을 끼쳤다.

오답풀이 ④ 10만 양병설과 수미법의 실시를 주장한 사람은 이이 이다.

24 정답 ③

해설 ③ 자료는 서거정의 동문선에 실려 있는 우리 전통 문화에 대한 자부심과 관련된 내용으로, 세종 때 편찬된 농사직설은 우리 농민들의 실제 경험담을 토대로 편찬한 우리나라 최초의 농업 서적이며, 향약집성방은 우리의 전통 약재와 치료 방법을 집대성한 자주적인 의학 서적이다. 따라서 서거정의 문화 의식과 유사하다고 볼 수 있다.

오답풀이 ① 소학과 주자가례는 사림파가 성리학적 사회질서를 강화하기 위해 보급하였기 때문에 자주적 문화 의식과는 관련이 없다. ② 산송문제는 풍수지리설의 영향으로 조선 양반 사대부 간에 발생한 것이다. ④ 이이의 기자실기는 사림파의 존화주의에 입각한 중국 중심의 역사의식이 반영된 역사서이다.

25 ㉠~㉣에 대한 설명으로 옳지 않은 것은?

> 유네스코가 세계문화유산으로 등재한 우리나라의 문화유산은 ㉠종묘, 해인사 장경판전, 불국사와 석굴암, 수원 화성, 창덕궁, 경주 역사유적지구, ㉡고창·화순·강화의 고인돌 유적, 안동 하회마을과 경주 양동마을, 조선시대 왕릉 등이다. 또 훈민정음, ㉢조선왕조실록, 승정원일기, ㉣직지심체요절, 해인사 고려대장경판 및 제경판, 조선왕조의궤, 동의보감, 일성록, 5·18 민주화 운동 기록물 등이 유네스코의 세계 기록유산으로 등재되어 있다.

① ㉠ – 조선시대 왕과 왕비의 신주를 모셨다.

② ㉡ – 청동기시대의 돌무덤이다.

③ ㉢ – 태조에서 철종 때까지의 역사를 편년체로 기록하였다.

④ ㉣ – 병인양요 때 프랑스 군에게 약탈당하였다.

26 다음 중 유네스코 지정 세계 문화 유산에 해당하지 않는 것은?

① 종묘

② 수원 화성

③ 불국사·석굴암

④ 경복궁

27 조선 전기의 문학과 예술에 대한 설명으로 옳지 않은 것은?

① 서거정의 동국통감은 중국에 대한 사대주의를 반영하여 서술한 역사서이다.

② 김시습의 금오신화는 옛 도읍지를 배경으로 민중의 생활 감정과 역사 의식을 표현한 대표적인 설화 문학이다.

③ 15세기에는 회청색의 분청사기가 유행하였다.

④ 안견의 몽유도원도는 현실 세계와 이상 세계를 대각선 구도를 활용하여 표현한 15세기의 대표적인 회화 작품이다.

---

25 정답 ④

해설 ① 종묘는 조선시대 역대의 왕과 왕비 및 추존(追尊)된 왕과 왕비의 신주(神主)를 모신 왕가의 사당으로 1995년에 세계문화유산으로 지정되었다. ② 고인돌은 청동기 시대의 대표적인 무덤으로 지배층의 권력을 상징하는 유물이었다. ③ 조선왕조실록은 태조에서 철종 때까지의 역사를 편년체로 기록하였으며, 고종과 순종실록은 일제시대에 편찬되었기 때문에 객관성이 떨어져 편찬되지 않았다.

오답풀이 ④ 직지심체요절은 한말에 주한 프랑스 대리공사로서 서울에 부임하였던 플랑시(Plancy,C.de.)가 수집해간 장서 속에 있었던 것이 1950년 프랑스 국립도서관에 기증되어 오늘에 이른 것이다. 프랑스가 병인양요 당시에 약탈한 것은 조선 왕실 의궤가 대부분이었다.

26 정답 ④

해설 ① 종묘(1995), ② 수원 화성(1997), ③ 불국사·석굴암(1995)

오답풀이 ④ 경복궁은 세계 문화 유산으로 지정되지 않았다.

27 정답 ①

해설 ② 김시습의 금오신화는 15세기에 간행된 대표적인 설화 문학 작품으로 평양, 개성, 경주 등 옛 도읍지를 배경으로 남녀 간의 사랑과 불의에 대한 비판을 수록하여 민중의 생활 감정과 역사 의식을 표현하였다. ③ 15세기에는 분청사기가 유행하였으며, 16세기에는 순백자가 유행하였다. ④ 안견의 몽유도원도는 안평대군의 꿈을 토대로 현실 세계와 이상 세계를 대각선 구도를 활용하여 표현한 15세기의 대표적인 회화 작품이다.

오답풀이 ① 서거정의 동국통감은 단군 조선부터 고려까지를 자주적 입장에서 편년체로 서술한 최초의 통사이다.

28 조선 전기의 예술에 대한 설명으로 옳지 않은 것은?

① 15세기에는 조맹부체가 유행하였으며, 안평대군이 대표적인 서예가였다.

② 15세기에는 고려자기의 기법을 계승한 회청색의 청화백자가 유행하였다.

③ 16세기에는 사대부의 취향에 부합하는 백자가 유행하였다.

④ 목공예와 돗자리 공예에서는 재료의 자연미를 그대로 살린 작품들이 많이 만들어졌다.

29 16세기에 성리학과 관련된 설명으로 옳지 않은 것은?

① 16세기에는 사림의 인간의 심성에 대한 관심이 고조되면서 크게 발달하였다.

② 이이의 학문은 조헌과 김장생에게 계승되어 기호학파를 형성하였다.

③ 조식은 노장 사상에 포용적이었으며, 학문의 실천성을 강조하였다.

④ 서경덕은 주리론의 선구자로서 이(理)를 중심으로 이론을 전개하였다.

30 다음 중 건립된 시기가 다른 건축물은?

① 도산 서원　　　　　　　　② 숭례문

③ 해인사 장경판전　　　　　④ 창덕궁

31 다음 중 세계 기록유산이 아닌 것은? (2010년 기출)

① 해인사 장경판전　　　　　② 직지심체요절

③ 조선왕조실록　　　　　　④ 승정원 일기

---

28 **정답** ②

해설 ① 15세기에는 조맹부체(송설체)가 유행하였으며, 안평대군이 대표적인 서예가로 활동하였다. ③ 16세기에는 사대부의 취향에 부합하는 깨끗하고 담백한 백자가 유행하였다. ④ 목공예와 돗자리 공예에서는 재료의 자연미를 극대화하여 실용성과 예술성을 조화시킨 작품이 많이 만들어졌다.

오답풀이 ② 15세기에 유행한 조선의 대표적인 자기는 분청사기이며, 청화백자는 조선 후기에 유행한 자기이다.

29 **정답** ④

해설 ① 16세기에는 특히 사림의 도덕성과 수신을 중시하고 인간의 심성에 대한 관심이 고조되면서 성리학이 크게 발달하였다. ② 이이는 주기론을 집대성하였으며 그의 학문은 조헌과 김장생에게 계승되어 기호학파를 형성하였다. ③ 조식은 주기론자로서 노장 사상에 포용적이었으며, 학문의 실천성을 강조하였다.

오답풀이 ④ 서경덕은 주기론의 선구자로서 기(氣)를 중시하였으며, 불교와 노장 사상에 개방적 태도를 취하였다.

30 **정답** ①

해설 ② ③ ④ 15세기에는 궁궐, 성문, 학교, 관아 등 규모가 큰 건축물과 불교 관련 건축물이 주로 건립되었으며, 대표적인 건축물로는 숭례문, 평양의 보통문, 창덕궁, 해인사 장경판전, 무위사 극락전 등이 있다.

오답풀이 ① 도산 서원은 16세기의 대표적인 서원 건축이다.

31 **정답** ①

해설 ② ③ ④ 유네스코 지정 세계 기록 문화 유산은 직지심체요절, 조선왕조실록, 승정원일기 외에 훈민정음, 조선 왕조 의궤, 동의보감, 해인사 고려 대장경과 제경판, 일성록, 5 · 18 광주 민주화 운동 관련 기록물 등이 포함되어 있다.

오답풀이 ① 해인사 장경판전은 팔만대장경을 보관한 건축물로서 유네스코 지정 세계 문화 유산이다.

32 조선왕조실록에 관한 옳은 것을 모두 고른 것은? (2014년 기출)

> ㄱ. 임진왜란 이전에는 4부를 만들어 춘추관, 전주, 성주, 충주 사고에 보관하였다.
> ㄴ. 사초(史草), 시정기 등을 바탕으로 편찬하였다.
> ㄷ. 고종 실록과 순종실록은 기전체 역사서로 총독부에서 편찬하였다.
> ㄹ. 임진왜란 때 전주 사고본만이 남고 나머지는 소실되었다.

① ㄱ, ㄴ   ② ㄴ, ㄷ

③ ㄱ, ㄴ, ㄹ   ④ ㄱ, ㄴ, ㄷ, ㄹ

33 조선 과학기술의 발달에 관한 설명으로 옳지 않은 것은? (2014년 기출)

① 토지 측량 기구인 인지의와 규형을 제작하였다.

② 화기 제작과 그 사용법을 정리한 총통등록을 간행하였다

③ 치료 예방법과 7백종의 국산 약재를 정리한 향약구급방을 세종 때 간행하였다.

④ 우리나라 역사상 최초로 서울을 기준으로 천체 운동을 계산한 칠정산을 만들었다.

---

32 **정답** ③

해설 ㄱ. 조선왕조실록은 임진왜란 이전에 춘추관, 전주, 성주, 충주의 4대 사고에 보관하였다. ㄴ. 조선왕조실록은 사초, 시정기, 승정원일기, 일성록 등을 바탕으로 편찬하였다. ㄹ. 조선왕조실록은 임진왜란 때 전주 사고본만 남고 나머지는 소실되었으며, 광해군 때 전주 사고본을 바탕으로 5대 사고로 정비하여 보관하였다.

오답풀이 ㄷ. 조선왕조실록은 편년체 방식으로 서술되었으며, 고종 실록과 순종 실록은 일제 강점기에 조선총독부에서 조선 왕족의 의전 및 조선 왕족과 관련된 사무를 담당하던 이왕직에서 편찬하였기 때문에 왜곡되었을 가능성이 많아서 실록으로 인정하지 않는다.

33 **정답** ③

해설 ① 인지의와 규형은 세조 때 제작된 토지 측량 기구로서 지도 제작에도 활용되었다. ② 총통등록은 세종 때 화약 무기의 제작과 사용법을 정리한 병서이다. ④ 칠정산은 세종 때 원의 수시력을 바탕으로 명의 대통력과 아라비아의 회회력을 참고로 하여 서울을 기준으로 제작한 우리나라 최초의 역법이다.

오답풀이 ③ 세종 때 우리 풍토에 맞는 치료 예방법과 전통(국산) 약재를 정리한 향약집성방을 편찬하였다. 향약구급방은 고려 후기에 편찬된 현존하는 가장 오래된 의학서이다.

34 다음 내용과 관련된 것은? (2014년 기출)

> 조선시대 최고(最高)의 국립 교육기관으로 입학 자격은 생원, 진사를 원칙으로 하였다. 도서관으로 존경각을 두었다.

① 향교

② 성균관

③ 서원

④ 동약

35 조선시대 편찬된 서적에 관한 설명으로 옳지 않은 것은? (2017년 기출)

① 경국대전은 이전, 호전, 예전, 병전, 형전, 공전으로 구성된 법전이다.

② 국조오례의는 길례, 가례, 빈례, 군례, 흉례를 정리한 의례서이다.

③ 고려사절요는 고려시대 역사를 정리한 기전체 역사서이다.

④ 동국통감은 고조선부터 고려 말까지의 역사를 정리한 편년체 역사서이다.

36 다음 내용의 인물과 관련이 있는 것은? (2015년 기출)

> 그는 왕이 성군이 되기를 바라는 뜻에서 10개의 도표(圖表)와 그에 대한 체계적인 해설이 있는 글을 저술하였다. 여기에서 제1 태극도는 우주의 생성 원리를, 제8 심학도는 마음 수련법을 구체적으로 제시하고 있다.

① 동호문답과 성학집요를 저술하였다.

② 지행합일의 실천성을 강조하는 양명학을 연구하였다.

③ 유성룡, 김성일 등의 영남학파에 영향을 끼쳤다.

④ 주자의 학문 체계를 비판하여 사문난적으로 몰렸다.

---

34 정답 ②

해설 ② 성균관은 조선 시대 최고 교육 기관으로 소과에 합격한 생원과 진사에게만 입학 자격을 허용하였으며, 존경각(도서관), 명륜당(강의실), 문묘 등이 설치되었다.

오답풀이 ① 향교는 지방에 설립된 중등 교육 기관으로 중앙에서 교수와 훈도 등의 교관이 파견되었다. ③ 서원은 사림파가 16세기 이후에 설립한 사립 교육 기관이다. ④ 동약은 사족 양반들이 동계와 함께 촌락의 백성들에 대한 사회적·경제적 지배력을 강화하기 위하여 만든 조직이다.

35 정답 ③

해설 ① 경국대전은 성종 때 편찬한 조선의 법전으로 이전, 호전, 예전, 병전, 형전, 공전의 6전체제로 구성되었다.

② 국조오례의는 유교식 국가 의례(길례, 가례, 빈례, 군례, 흉례)를 정리하였다. ④ 동국통감은 성종 때 서거정이 고조선부터 고려 말까지의 역사를 정리한 편년체 역사서이다.

오답풀이 ③ 고려사절요는 고려시대 역사를 정리한 편년체 역사서이다.

36 정답 ③

해설 ③ 자료는 이황이 저술한 성학십도와 관련된 설명이다. 이황은 주리론을 집대성하고 유성룡·김성일 등의 영남학파 형성에 영향을 끼쳤다.

오답풀이 ① 동호문답과 성학집요는 이이의 저술이다. ② 양명학은 조선 후기에 정제두에 의해 체계화되었다. ④ 윤휴와 박세당은 주자의 학설을 비판하여 노론으로부터 사문난적으로 배척당하였다.

Ⅴ 근대 사회의 태동

1. 근대 태동기의 정치

01 다음에 해당하는 국왕의 업적으로 옳은 것은? (2016년 기출)

> 1789년 아버지인 사도세자의 묘를 당시 수원 읍성이 있던 지역으로 옮겼다. 그 대신 수원 읍성은 오늘날의 수원으로 옮기고 이름을 화성부라 하였다.

① 장용영 설치   ② 별기군 설치

③ 금위영 설치   ④ 훈련도감 설치

02 다음은 조선 후기에 이루어진 제도 변화와 관련한 내용이다. 설명으로 옳지 않은 것은?

> (가) 삼수병으로 편성된 부대를 만들었는데, 이들은 장기간 근무를 하고 일정한 급료를 받는 상비군으로서, 직업 군인의 성격을 가졌다.
> (나) 양반에서부터 노비에 이르기까지 편제되었으며, 평상시 생업에 종사하다가 적이 침입하면 전투에 동원되었다.

① (가)는 중앙군 5군영 중의 하나이다.

② (가)는 병자호란 이후 북벌을 추진하는 과정에서 설치되었다.

③ (나)는 지방군 제도로 속오군이라 한다.

④ (나)는 양반들이 편제되는 것을 회피하여 문제가 발생하였다.

---

01 정답 ①

해설 ① 자료에서 사도세자는 정조의 아버지이며, 정조는 사도세자의 묘를 수원으로 옮기고 현륭원이라 하였다. 또한 정조는 수원 화성을 축조하였으며, 국왕 친위 부대로서 장용영을 설치하였다.

오답풀이 ② 별기군은 1880년에 설치한 서양식 신식 군대이다. ③ 금위영은 숙종 때 설치한 중앙군이다. ④ 훈련도감은 임진왜란 중에 직업 군인을 중심으로 설치한 중앙군이다.

02 정답 ②

해설 ① ③ ④ 자료에서 (가)는 훈련도감, (나)는 속오군이다. 훈련도감은 임진왜란 중에 설치되었으며 이후 중앙군인 5군영의 핵심을 이루었다. 속오군은 임진왜란 이후 편성된 지방군 체제로 양반, 농민, 노비로 구성된 양천 혼성군이었으며, 양반들이 기피하면서 농민과 노비의 군역의 부담이 커졌다.

오답풀이 ② 효종 때 추진되었던 북벌 운동의 핵심 군영은 어영청이다.

03 조선 시대 붕당에 관한 설명으로 옳지 않은 것은? (2019년 기출)

① 척신 정치의 잔재 청산과 이조 전랑 임명 문제를 둘러싸고 동인과 서인으로 분열하였다.

② 효종의 적장자 자격 인정 여부를 둘러싸고 서인과 남인 사이에 예송논쟁이 전개되었다.

③ 영조는 노론과 소론의 강경파를 등용하여 서로 견제하게 하는 탕평책을 실시하였다.

④ 사람과 짐승의 본성이 같은지 여부를 둘러싸고 노론이 낙론과 호론으로 나뉘었다.

04 다음 중 비변사에 대한 설명으로 옳지 않은 것은?

① 임진왜란 이후 문무 고위 관리들의 합의 기관으로 확대되었다.

② 전·현직 3정승, 6조의 판서와 참판, 5군영 대장, 강화 유수, 대제학 등이 참여하였다.

③ 세도 정치기의 중심 기구로서 역할을 담당하였다.

④ 흥선대원군은 왕권 강화를 위해 비변사를 폐지하고 의정부와 삼군부의 기능을 부활하였다.

---

03 정답 ③

해설 ① 선조 때 정권을 장악한 사림파는 척신 정치의 잔재 청산과 이조 전랑 임명 문제를 둘러싸고 동인과 서인으로 분열하였다. ② 현종 때 효종의 정통성 여부를 둘러싸고 상복 입는 기간을 다투었던 예송 논쟁이 서인과 남인 사이에 일어났으며, 이를 계기로 남인이 집권하였다. ④ 노론은 인간의 심성론을 연구하는 과정에서 사람과 짐승의 본성이 같은지 여부를 둘러싸고 낙론과 호론으로 분열되었다.

오답풀이 ③ 영조는 온건하고 타협적인 인물과 왕권에 순종하는 탕평파를 중심으로 정국을 운영하는 탕평책을 실시하였다.

04 정답 ②

해설 ① 비변사는 중종 때 3포왜란을 계기로 임시기구로 설치되었다가, 임진왜란 이후에는 3정승을 비롯한 문무 고위관리들이 참여하여 국가 정책 전반을 담당하는 최고 권력 기구로 기능이 확대되었다. ③ 세도정치기에 비변사는 세도가문의 권력 기반이 되어 정치의 핵심 기구 역할을 담당하였다. ④ 흥선대원군은 왕권 강화를 위해 비변사를 폐지하고 의정부(행정)와 삼군부(군사)의 기능을 부활하였다.

오답풀이 ② 비변사에는 전·현직 3정승, 공조를 제외한 5조의 판서와 참판, 5군영 대장, 강화 유수, 대제학 등이 참여하였다.

05 다음이 설명하는 군사 기구는? (2015년 기출)

> ● 임진왜란 중에 설치한 군사기구
> ● 포수 · 사수 · 살수의 삼수병으로 편제

① 장용영 ② 어영청

③ 총융청 ④ 훈련도감

06 다음 (가), (나)의 주장이 정치적 대립으로 이어진 배경에 대한 설명으로 옳지 않은 것은?

> (가) 효종은 임금이셨으니 새 어머니인 인조 임금의 계비는 돌아가신 효종에 대해 3년 상복을 입어야
> 합니다. 임금의 예는 보통 사람과 다릅니다.
> (나) 효종은 형제 서열상 차남이셨으니 새 어머니인 인조 임금의 계비는 돌아가신 효종에 대해 1년복
> 만 입어야 합니다. 천하의 예는 모두 같은 원칙에 따라야 합니다.

① 왕이 직접 나서서 환국을 주도하였다.

② 서인이 우세한 가운데 남인의 세력이 성장하였다.

③ 효종의 왕위 계승의 정통성 문제와 관련이 있었다.

④ 왕권 강화와 신권 강화에 대한 입장 차이가 있었다.

07 조선 시대 붕당 정치의 특징에 대한 설명으로 옳지 않은 것은?

① 학연과 지연을 토대로 의식과 정치 이념이 같은 사람들이 모여 붕당을 형성하였다.

② 비변사, 3사의 언관 등의 의견을 수렴하여 형성된 공론을 바탕으로 정치를 하였다.

③ 특정 가문이 정치 권력을 독점하여 정권의 사회적 기반이 결여되었다.

④ 붕당 간의 상호 견제와 비판, 협력을 바탕으로 한 정치를 실시하였다.

---

05 정답 ④

해설 ④ 훈련도감은 임진왜란 중에 설치된 조선 후기 중앙
군인 5군영 중의 하나이다. 훈련도감은 포수 · 살수 ·
사수의 삼수병으로 구성되었으며 직업군인으로 편성
되었다.

오답풀이 ① 정조 때 설치된 국왕 친위부대이다. ② 어영청은 인
조 때 설치된 5군영 중의 하나로서 효종 때 북벌 운동
의 핵심 군영이었다. ③ 총융청은 인조 때 이괄의 난을
계기로 경기도 일대에 설치한 중앙군이다.

06 정답 ①

해설 자료는 현종 때 일어난 예송 논쟁과 관련된 내용이다.
② 현종 때는 서인이 주도권을 장악한 가운데 남인이
공존하면서 붕당 정치가 진행되었다. ③ 예송논쟁은
효종의 왕위 계승의 정통성과 관련되어 일어났다. 자
료에서 (가)는 효종의 정통성을 인정할 것을 주장한 남

인과 관련된 내용이며, (나)는 효종의 정통성을 부정한
서인의 주장이다. ④ 효종의 정통성을 인정한 남인은
왕권을, 정통성을 부정한 서인은 신권을 각각 중시하
였음을 알 수 있다.

오답풀이 ① 환국은 숙종 때 일어난 정치적 사건이다.

07 정답 ③

해설 ① 붕당은 학연과 지연을 토대로 의식과 정치 이념이
같은 사람들이 모여 형성되었으며, 학파적 · 정파적 성
격을 가지고 있었다. ② 붕당 정치는 공론에 의한 정치
를 표방하였으며, 공론은 비변사, 3사의 언관, 재야 산
림, 서원과 향교를 통해 형성되었다. ④ 붕당 정치는 상
호 견제와 비판, 협력을 바탕으로 한 정치를 표방하여
정치를 활성화시켰다는 긍정적 측면도 가지고 있었다.

오답풀이 ③ 특정 가문이 정치 권력을 독점하는 정치 형태는 세
도정치와 관련된 설명이다.

08 광해군 시대의 정치적 상황과 관련된 설명으로 옳지 않은 것은?

① 서경덕과 조식의 학문을 계승한 북인이 정권을 독점하였다.

② 명과 후금 사이에서 실리적인 중립 외교 정책을 유지하였다.

③ 군역의 폐단을 해결하기 위해 균역법을 실시하였다.

④ 허준의 동의보감을 편찬하였고, 5대 사고를 정비하였다.

09 (가)~(마) 시기의 정치 상황에 대한 설명으로 옳은 것은?

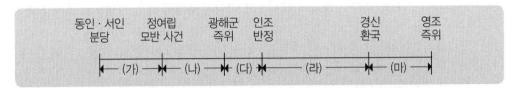

① (가) – 서인이 우세한 가운데 남인과 연합하여 공존하는 구도가 유지되었다.

② (나) – 서인은 노론과 소론으로 분열되었다.

③ (다) – 남인이 중용되고 척신과 환관 세력이 제거되었다.

④ (라) – 서인에서 나누어진 노론과 소론이 치열하게 경쟁하였다.

⑤ (마) – 국왕이 정치의 중심에 서서 붕당 간의 균형을 유지하려는 탕평론이 제기되었다.

---

08 정답 ③

해설 ① 임진왜란 당시에 의병장을 다수 배출하고, 서경덕과 조식의 학문을 계승한 북인은 광해군 때 권력을 장악하면서 남인과 서인을 권력에서 배제하였다. ② 후금과 항쟁하던 명이 군사적 지원을 요청하자 광해군과 북인은 당시의 국제 정세를 고려하고 실리를 추구하는 중립 외교 정책을 유지하였다. ④ 광해군은 허준으로 하여금 동의보감을 편찬케 하고, 임진왜란 때 소실되었던 사고를 정비하여 5대 사고로 확장하였다.

오답풀이 ③ 광해군은 공납에서 발생한 방납의 폐단을 해결하기 위해 대동법을 실시하였으며, 균역법은 영조 때 실시되었다.

09 정답 ⑤

해설 ⑤ 숙종 때 경신환국이 발생한 이후 서인, 특히 노론의 일당 전제화가 이루어지면서 숙종은 인사 관리를 통한 능력 중심의 인재 기용의 필요성을 절감하고 노·소론

의 화합을 제창하는 탕평론을 제기하였다. 그러나 숙종의 탕평론은 명목상의 탕평책이었으며, 오히려 숙종 스스로가 편당적 조처를 취하여 노론의 일당 전제화를 초래하였다.

오답풀이 ① (가) 시기는 선조 때 붕당 형성기로서 선조 때는 동인이 우세를 차지한 가운데 서인과 대립하는 형세를 이루고 있었다. ② (나) 시기에는 정여립 모반사건을 계기로 동인이 온건파인 남인과 강경파인 북인으로 분열되었으며, 임진왜란 이후에는 북인이 광해군 때까지 정권을 장악하였다. ③ 북인이 정권을 장악하였으며, 광해군의 중립외교와 인목대비의 폐비, 영창대군 살해 등이 원인이 되어 인조반정으로 북인은 몰락하고 서인이 정권을 장악하게 되었다. 남인이 중용되고 척신과 환관 세력이 제거된 것은 정조 때의 사실이다. ④ (라) 시기의 인조부터 현종 때까지는 서인이 우세한 가운데 남인과 연합하여 공존하는 구도가 유지되어 붕당 정치가 활성화되었다.

10 다음 중 (가) 시기에 대한 설명으로 옳지 않은 것을 고르면?

$$\boxed{붕당정치} \rightarrow \boxed{환국정치} \rightarrow \boxed{탕평정치} \rightarrow \boxed{(가)}$$

① 노론의 소수 가문이 정치 권력을 독점하였다.

② 의정부와 6조의 기능이 유명무실화되고 왕권이 약화되었다.

③ 매관매직이 성행하는 등 각종 비리가 만연하였다.

④ 정치 참여의 폭이 확대되었다.

11 조선 정조 대에 편찬된 법전은? (2015년 기출)

① 속대전　　　　　　　　② 경국대전

③ 대전통편　　　　　　　④ 대전회통

12 조선 영조 때의 역사적 사실로 옳지 않은 것은?

① 속대전을 편찬하여 법전 체계를 정비하였다.

② 군역의 부담을 줄여주기 위해 균역법을 시행하였다.

③ 산림의 존재를 인정하지 않고, 그들의 본거지인 서원을 상당수 정리하였다.

④ 통공정책을 실시하여 상인의 자유로운 상업 활동을 보장하였다.

---

10 정답 ④

해설 ① 표에서 (가)는 세도정치에 해당하며, 세도정치는 노론의 안동 김씨, 풍양 조씨 등 소수 가문이 정치 권력을 독점한 정치 형태였다. ② 세도가문은 비변사와 훈련도감을 토대로 정권을 장악하였기 때문에 의정부와 6조의 기능이 유명무실화되고 왕권이 약화되었다. ③ 양반들은 과거에 합격하더라도 세도가문에서 인사권을 장악하고 있었기 때문에 돈을 주고라도 관직에 진출하려는 매관매직이 성행하는 등 부정부패가 극심하였다.

오답풀이 ④ 세도정치 시기에는 소수의 노론 가문이 정권을 장악하고 정2품 이상의 고위직만이 정치적 기능을 발휘하였으며, 남인·소론·지방 선비 등의 재야 세력이 권력에서 배제되었기 때문에 정치 참여의 폭이 축소되었다.

11 정답 ③

해설 ③ 대전통편은 정조 때 편찬된 법전이다.

오답풀이 ① 영조, ② 성종, ④ 고종

12 정답 ④

해설 ① 영조 때 속대전을 편찬하여 법전 체계를 정비하였다. ② 군역의 폐단을 해결하여 농민의 부담을 줄이고자 균역법을 실시하였다. ③ 영조는 왕권강화를 위해 붕당 정치에서 재야 사림의 정신적 지주인 산림의 존재를 인정하지 않았으며, 당시 집권 붕당의 본거지인 서원을 정리하였다.

오답풀이 ④ 통공정책은 정조 때 시전상인의 금난전권의 특권을 폐지한 것으로, 이를 계기로 사상들의 자유로운 상업 활동이 가능해졌다.

13 다음 중 조선 후기의 정치에 대한 설명으로 옳은 것은? (2006년 기출)

① 광해군 – 중립외교 정책을 실시하여 후금의 침입을 막아냈다.

② 인조 – 서인에 의한 일당전제화가 시작되어 붕당 정치의 원리가 붕괴되었다.

③ 효종 – 북학론을 시행하기 위한 정책이 강력히 실시되었다.

④ 숙종 – 서인과 남인이 정치에 참여하여 붕당 정치가 활발히 이루어졌다.

14 다음 중에서 정조 때 설치된 학술 기구인 규장각이 위치한 곳은? (2000년 기출)

① 경복궁   ② 덕수궁

③ 창경궁   ④ 창덕궁

15 조선시대 통신사에 관한 설명으로 옳은 것을 모두 고른 것은? (2016년 기출)

> ㄱ. 매년 정기적으로 파견하였다.
> ㄴ. 일본의 요청에 의해 파견이 이루어졌다.
> ㄷ. 조선의 선진문화를 전파하는 역할을 하였다.

① ㄷ   ② ㄱ, ㄴ

③ ㄱ, ㄷ   ④ ㄴ, ㄷ

---

13 **정답** ①

해설 ① 광해군은 후금과 항쟁하던 명이 군사적 지원을 요청하자 당시의 국제 정세를 고려하고 실리를 추구하는 중립 외교 정책을 유지하여 후금의 침입을 막을 수 있었다.

오답풀이 ② 서인의 일당 전제화가 시작되어 붕당 정치가 변질된 것은 숙종 때 경신환국 이후의 상황이다. ③ 효종은 병자호란 때 당했던 청에 대한 치욕을 갚기 위하여 북벌을 추진하였으나, 효종 사망 이후 북벌은 포기하였으며 오히려 청의 문물을 적극 수용할 것을 주장하는 북학론이 대두되었다. ④ 서인과 남인이 정치에 참여하여 붕당 정치가 활성화된 시기는 인조부터 현종 때까지이다.

14 **정답** ④

해설 ④ 규장각은 정조가 1776년에 창덕궁(내각)과 강화도(외각)의 두 곳에 설치하여 각종 도서를 수집하고 보존 · 간행하도록 하였다. 또한 정조는 규장각으로 하여금 비서실 기능과 과거 시험을 주관하는 임무까지 부여하였다.

15 **정답** ④

해설 ㄴ. 조선 시대 통신사는 일본 막부 정권의 요청으로 파견된 외교 사절이었다. ㄷ. 통신사는 조선의 선진 문화를 일본에 전파하는 문화 사절의 역할도 담당하였다.

오답풀이 ㄱ. 통신사는 일본의 요청이 있을 때만 파견되는 부정기적인 사절이었다.

16 밑줄 친 ㉠왕의 업적으로 옳은 것은? (2013년 기출)

> 규장각은 본래 역대 왕의 글과 책을 수집. 보관하기 위한 왕실 도서관의 기능을 수행하기 위해 설치되었다. ㉠왕은 비서실의 기능과 문한 기능을 통합적으로 부여하고, 과거시험의 주관과 문신 교육의 임무까지 부여하였다.

① 의정부와 삼군부의 기능을 회복하였다.
② 군역의 부담을 줄여주기 위해 균역법을 시행하였다.
③ 왕조의 통치규범을 재정리하기 위해 속대전을 편찬하였다.
④ 수령이 군현 단위 향약을 주관하여 지방 사림의 영향력을 줄였다.

17 다음은 조선 후기 붕당 정치 과정에서 일어난 사건들이다. 순서대로 바르게 나열한 것은?

> ㄱ. 예송 논쟁   ㄴ. 정여립 모반 사건   ㄷ. 경신환국   ㄹ. 이인좌의 난

① ㄱ → ㄴ → ㄷ → ㄹ
② ㄱ → ㄷ → ㄹ → ㄴ
③ ㄴ → ㄱ → ㄷ → ㄹ
④ ㄴ → ㄹ → ㄷ → ㄱ

18 영조와 정조 시대의 사회상에 관한 설명으로 옳지 않은 것은? (2014년 기출)

① 초계문신제도를 시행하였다.
② 시전 상인이 가지고 있던 금난전권이 폐지되었다.
③ 군역의 부담을 줄여주기 위하여 균역법을 시행하였다.
④ 주자소를 설치하고 처음으로 계미자를 주조하였다.

---

16 정답 ④

해설 ④ 자료에서 규장각을 왕실 도서관과 학술 기구로서 설치하여 운영한 것은 정조와 관련된 내용이다. 정조는 기존에 향촌 사회에서 운영하던 군현 단위의 향약을 수령이 직접 운영하도록 변경하여 지방 사림의 영향을 줄이고 국가의 통치력을 강화시켰다.

오답풀이 ① 흥선대원군은 세도정치의 폐단을 없애고 왕권강화를 위하여 비변사를 폐지하고 의정부와 삼군부의 기능을 부활하였다. ②③ 균역법 실시와 속대전 편찬은 영조에 해당한다.

17 정답 ③

해설 ㄴ. 정여립 모반사건(선조, 1589년) – ㄱ. 예송논쟁(현종, 1차 – 1659년, 2차 – 1674년) – ㄷ. 경신환국(숙종, 1680년) – ㄹ. 이인좌의 난(영조, 1728년)

18 정답 ④

해설 ① 초계문신제도는 정조가 중·하급 관리와 신진 관리를 재교육시킨 제도이다. ② 정조는 시전상인의 금난전권의 특권을 폐지하는 통공정책을 실시하여 자유로운 상업 활동을 보장하였다. ③ 영조는 농민의 군역 부담을 줄이기 위하여 균역법을 실시하였다.

오답풀이 ④ 태종 때 인쇄 기관인 주자소를 설치하고 금속 활자로서 계미자를 주조하였다.

19 조선 후기의 탕평책에 대한 설명으로 옳지 않은 것은?

① 영조는 탕평파를 육성하여 정국을 주도하게 하였다.

② 철종 이후에도 탕평책이 계속 실시되어 정국은 안정되어 갔다.

③ 정조는 시파를 관직에 고루 등용하여 왕권의 확립을 꾀하고자 하였다.

④ 탕평책은 붕당 간의 정치적 균형 관계를 통한 왕권의 안정에 그 목적이 있었다.

20 양난 이후의 조선의 대외 관계에 대한 설명으로 옳은 것은?

① 일본에 수신사라는 시찰단을 파견해 조선의 선진문화를 전파했다.

② 숙종 때 청의 정세 변화를 이용해 북벌을 위한 어영청이 설치되었다.

③ 조선에서는 청의 새로운 문물을 적극적으로 배우자는 북학론이 제기하기도 했다.

④ 일본과는 계해약조를 맺어 제한된 범위 내에서 무역을 실시했다.

21 조선 시대의 붕당 정치에 대한 설명으로 옳은 것은?

① 선조 때 집권한 동인은 기성 사림 출신으로 이이와 성혼의 학문을 계승하였다.

② 붕당이 내세운 공론은 지배층뿐만 아니라 일반 백성들의 의견도 반영하는 것이었다.

③ 16세기 이후 붕당 정치가 실시되면서 국왕은 붕당 간의 대립을 이용하여 왕권을 강화할 수 있었다.

④ 인조부터 현종 때 까지는 상호 견제와 비판, 협력 속에 붕당 정치가 전개되어 정치가 활성화되었다.

---

19 정답 ②

해설 ① 영조는 이인좌의 난 이후 왕과 신하 사이의 의리를 바로 세워야 한다는 입장에서 붕당을 없애자는 논리에 동의하는 탕평파를 중심으로 정국을 운영하였다. ③ 정조는 자신의 아버지 사도세자의 죽음을 주장한 노론 벽파를 제거하고 사도세자의 죽음을 반대한 시파(소론, 남인 계열)를 관직에 고루 등용하는 탕평책을 실시하여 왕권 강화를 꾀하였다. ④ 탕평책은 서인, 특히 노론의 일당 전제화로 왕권이 불안한 상황에서 붕당 간의 정치적 균형 관계를 재정립하여 왕권 강화를 이루기 위한 정책이었다.

오답풀이 ② 탕평책은 정조의 갑작스러운 죽음으로 실패로 끝나고, 순조가 즉위한 이후부터 철종 때까지 노론 가문이 권력을 장악하는 세도정치가 실시되어 정치는 더욱 혼란해졌다.

20 정답 ③

해설 ③ 병자호란 이후 효종 때 청을 정벌하기 위한 북벌 운동이 결국 실패로 끝난 후, 조선 정부 내에서는 청의 발달된 문명을 수용하자는 북학론이 대두되어 청에 대한 관심이 고조되었다.

오답풀이 ① 임진왜란 이후 일본에 파견한 사절단은 통신사이며, 수신사는 개항 이후에 일본에 파견되었다. ② 어영청은 인조 때 설치되었다가 효종 때 북벌 추진의 핵심 군영으로서의 역할을 담당하였다. ④ 임진왜란 이후 광해군 때 일본과 기유약조가 체결되면서 제한된 범위 내에서 교역이 이루어졌으며, 계해약조는 세종 때 일본과 체결한 조약이다.

21 정답 ④

해설 ④ 인조부터 현종 때 까지는 서인의 주도 아래 남인이 공존하여 상호 간에 견제와 비판, 협력 속에 정치가 실시되어 정치가 활성화되었다.

오답풀이 ① 선조 때 집권한 동인은 김효원을 중심으로 한 신진 사림 출신들로 구성되었으며, 학문적으로는 이황, 조식, 서경덕을 계승하였다. ② 공론을 바탕으로 한 붕당 정치는 양반 지배층의 의견만 반영되었을 뿐 백성들의 의견은 반영되지 않았다는 한계를 가지고 있다. ③ 붕당 정치는 숙종 때 경신환국을 계기로 서인, 특히 노론에 의한 일당 전제화가 이루어지면서 왕권의 약화를 초래하였으며, 이를 해결하기 위한 방안으로 탕평론이 대두되었다.

22 다음에서 설명하는 제도가 시행되었던 왕대의 상황에 대한 설명으로 옳은 것은?

> 양인들의 군역에 대한 절목 등을 검토하고 유생의 의견을 들었으며, 개선 방향에 관한 면밀한 검토를 거친 후 담당 관청을 설치하고 본격적으로 시행하였다. 핵심 내용은 1년에 백성이 부담하는 군포 2필을 1필로 줄이는 것이다.

① 남인 시파를 등용하여 엄격한 탕평 정책을 실시하였다.
② 국왕이 직접 환국을 주도하여 정치적 혼란을 초래하였다.
③ 대전통편, 동문휘고, 무예도보통지 등을 편찬하였다.
④ 이조전랑의 3사 관리 선발권과 후임자 추천권을 폐지하고자 하였다.

23 조선 후기 청과의 외교 관계와 관련된 설명으로 옳지 않은 것은?

① 광해군은 명과 후금 사이에서 실리적인 중립 외교 정책을 펼쳤다.
② 숙종 때는 청과의 국경 분쟁이 일어나 백두산정계비를 세웠다.
③ 정조 때는 윤휴를 중심으로 청을 정벌하기 위한 북벌 운동이 다시 추진되었다.
④ 청과의 무역을 통해 자본을 축적한 상인도 출현하였다.

24 다음에서 공통적으로 설명하고 있는 섬은? (2013년 기출)

> 이곳에 있었던 삼별초는 원나라의 군대와 고려 정부군에 의해 토벌되었으며, 이곳은 원나라의 직할령이 되었다.
> ● 네덜란드 동인도회사 소속 선박 선원이었던 헨드릭 하멜(Hendrick Hamel)은 1653년 일본 나가사키로 가던 도중에 태풍을 만나 일행 36명과 함께 이곳에 표류하였다.

① 진도　　② 거문도　　③ 제주도　　④ 거제도

---

22 **정답** ④
해설 ④ 자료는 영조 때 실시한 균역법이다. 영조는 이조전랑의 권한을 약화시키기 위해 이조전랑의 3사 관리 선발권과 후임자 추천권의 관행을 폐지하였다.
오답풀이 ① 정조는 채제공 등 남인 계열의 시파를 등용하여 적극적인 탕평책을 실시하였다. ② 숙종은 환국을 자주 일으켜 정치적 혼란과 노론의 일당 전제화를 초래하였다. ③ 정조 때의 편찬사업이다.

23 **정답** ③
해설 ① 광해군은 후금과 항쟁하던 명이 군사적 지원을 요청하자 당시의 국제 정세를 고려하고 실리를 추구하는 중립 외교 정책을 유지하였다. ② 숙종 때 청과의 국경 분쟁이 일어나 백두산정계비를 세워 서쪽으로는 압록강, 동쪽으로는 토문강을 경계로 하는 국경선을 확정지었다. ④ 의주 상인 만상은 청과의 무역에 종사하여 대상인으로 성장하였다.
오답풀이 ③ 효종 때 추진하였다가 실패한 북벌 운동은 숙종 때 남인 소속의 윤휴가 중심이 되어서 다시 추진되었으나, 남인 세력이 몰락하면서 제대로 추진하지도 못하고 실패로 끝났다.

24 **정답** ③
해설 ③ 자료에서 이곳은 제주도이다. 몽골(원) 침략 당시에 삼별초는 강화도에서 몽골과의 항쟁을 시작했으나, 제주도에서 고려와 몽골 연합군에게 토벌되어 실패로 끝났다. 이후 원나라는 제주도에 탐라총관부를 설치하여 직할령으로 삼아 목마장을 경영하였다. 네덜란드인 하멜은 일본으로 가던 중 태풍을 만나 제주도에 표류하였으며, 이후 고려를 탈출하여 네덜란드로 돌아가 '하멜 표류기'라는 저술을 남겼다.

25 조선시대 대외관계 중 그 내용이 잘못 연결된 것은? (2014년 기출)

① 나선정벌(羅禪征伐) - 효종 대 여진 정벌

② 신미양요(辛未洋擾) - 고종 대 미국의 강화도 공격

③ 대마도 정벌(對馬島 征伐) - 세종 대 왜구 근거지 소탕

④ 병자호란(丙子胡亂) - 인조 대 청의 조선 침입

26 다음은 수원화성과 정약용이 제작한 거중기이다. 이 시설과 장치가 만들어질 당시의 역사적 사실로 옳지 않은 것은? (2014년 기출)

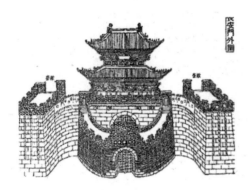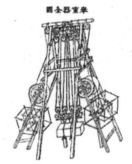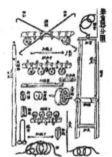

① 친위부대인 장용영을 설치하여 왕권을 강화하였다.

② 국토경영의 효율성을 높이기 위하여 「동국여지승람」을 편찬하였다.

③ 영조의 탕평책(蕩平策)을 계승·강화하였다.

④ 규장각에 젊은 학자들을 모아 학문과 정책을 연구하도록 하였다.

---

25 정답 ①

해설 ② 신미양요는 1871년 고종 때 제너럴셔먼호 사건을 계기로 미국이 강화도를 공격한 사건이다. ③ 세종 때 이종무를 파견하여 대마도(쓰시마 섬)를 정벌하여 왜구의 근거지를 소탕하였다. ④ 병자호란은 인조 때 청의 군신 관계 요구를 거부한 것을 계기로 청이 침입하여 일어난 사건이다.

오답풀이 ① 나선 정벌은 효종 때 청의 요청으로 러시아를 정벌하기 위해서 일어난 사건이다.

26 정답 ②

해설 자료는 정조 때 정약용이 만든 수원 화성과 관련된 그림이다. ① 정조는 국왕 친위부대인 장용영을 설치하여 군사적 기반을 강화함으로써 왕권을 강화하였다. ③ 정조는 왕권 강화를 위하여 영조의 탕평책을 계승하고 적극적인 탕평책을 실시하였다. ④ 정조는 규장각을 자신의 권력과 정책을 뒷받침할 수 있는 강력한 정치 기구로 육성하고자, 젊은 학자들을 등용시켜 학문과 정책을 연구하도록 하였다.

오답풀이 ② 동국여지승람은 성종 때 편찬된 지리서이다.

2. 근대 태동기의 사회

01 조선 후기 향촌 사회의 변화와 관련된 설명으로 옳지 않은 것은?

① 요호부민층 가운데 경제력을 배경으로 새로이 향안에 오른 자들을 신향이라고 하였다.

② 신향들이 점차 향촌 주도권을 장악하는 경우도 나타나 기존의 구향들과 향전이 일어나기도 하였다.

③ 종래의 사족층(구향)은 향촌 사회의 주도권을 유지하기 위하여 문중을 중심으로 서원이나 사우를 건립하고 결속하였다.

④ 관권이 약화되고 아울러 관권을 장악하고 있던 향리 세력도 약화되었다.

02 조선 후기 신분제의 변화에 대해 잘못 설명한 것은?

① 양반의 신분적 특권은 더욱 강화되어 나갔다.

② 서얼과 중인들도 신분 상승을 추구하였다.

③ 노비는 어머니가 양민이면 양민으로 삼는 법이 실시되었다.

④ 역관들은 외래문화 수용에 선구적 역할을 수행하였다.

03 조선 후기 가족제도의 변화에 대해 잘못 설명한 것은?

① 부계 중심의 가족 제도가 더욱 강화되었다.

② 재산 상속에서는 자녀균분상속이 원칙이었으나, 서얼은 재산 상속에서 차별을 받았다.

③ 혼인은 일부일처제가 원칙이었으나, 제대로 지켜지지 않았다.

④ 아들이 없는 집에서는 양자를 들이는 것이 일반화되었다.

---

01 정답 ④

해설 ① 자신의 전지를 소유하고 지방에서 일정한 영향력을 행사하던 부농층인 요호부민은 경제력을 배경으로 관권과 결탁하여 향안에 이름을 올려 양반 행세를 하였는데 그들을 신향이라고 하였다. ② 신향은 기존의 사족 양반이었던 구향이 가지고 있던 향촌 사회의 주도권을 차지하기 위해 대립하면서 향전을 일으켰다. ③ 구향은 기존의 향촌 사회 주도권을 지키기 위하여 면 단위의 동약을 실시하고, 문중 중심의 서원과 사우를 건립하고 동족마을을 형성하여 자신들의 결속력을 강화시켜 나갔다.

오답풀이 ④ 조선 후기에 부농층 출신의 양반인 신향의 세력이 아직은 미약하고 기존의 사족 양반(구향)의 향촌 사회의 지배력이 약화되면서, 수령과 향리를 중심으로 한 관권은 오히려 강화되었다.

02 정답 ①

해설 ② 조선 후기에 서얼은 납속과 공명첩을 통해 끊임없이 양반 신분으로 상승하였으며, 영·조 때는 관직에 등용되어 활발한 정치 활동을 전개하기도 하였다. 또한 청요직 진출을 요구하는 신분 소청 운동을 전개하여 철종 때는 청요직(3사 언관직) 진출이 허용되었다. 반면에 기술직 중인들도 신분 상승을 위한 노력을 계속하여 양반 신분으로 상승하는 경우도 많았지만, 대규모 신분 소청 운동을 전개하였으나 실패하고 말았다. ③ 현종 때 노비종모법이 실시되면서 노비는 어머니가 양민이면 그 자식도 양민 신분으로 결정되었다. ④ 역관은 특히 청을 왕래하면서 서학을 비롯한 외래 문화 수용에 선구적 역할을 수행하여 성리학적 가치 체계에 정면으로 도전하기도 하였다.

오답풀이 ① 조선 후기에는 양반의 수가 증가하면서 양반의 사회적, 신분적 특권은 점차 약화되어 갔다.

03 정답 ②

해설 ① 조선 후기에는 부계 중심의 가족 제도가 더욱 강화되어 ④ 양자 입양이 일반화되었으며, 부계 위주의 족보가 편찬되고 동성 촌락이 형성되기도 하였다. ③ 혼인은 일부일처제가 원칙이었으나 처첩제가 일반화되어 제대로 지켜지지 않았으며, 처와 첩의 구분은 엄격히 하였다.

오답풀이 ② 조선 후기의 재산 상속은 적장자 중심의 재산 상속이었으며, 서얼은 제사와 재산 상속에서 차별을 받았다.

04 / 다음 자료와 관련된 시기의 사회 모습으로 옳지 않은 것은?

> 가을에 한 늙은 아전이 대궐에서 돌아와서 처와 자식에게 "요즘 이름 있는 관리들이 모여서 하루 종일 이야기를 하여도 나랏일에 대한 계획이나 백성을 위한 걱정은 전혀 하지 않는다. 오로지 각 고을에서 보내오는 뇌물의 많고 적음과 좋고 나쁨 만에 관심을 가지고, 어느 고을의 수령이 보낸 물건은 극히 정묘하고 또 어느 수령이 보낸 물건은 매우 넉넉하다고 말한다. 이름 있는 관리들이 말하는 것이 이러하다면 지방에서 거둬들이는 것이 반드시 늘어날 것이다. 나라가 어찌 망하지 않겠는가."하고 한탄하면서 눈물을 흘려 마지않았다.
>
> — 목민심서 —

① 소수의 유력 가문이 비변사를 기반으로 정치권력을 장악하였다.

② 향촌에서는 수령의 역할이 배제되고 지방 사족이 영향력을 행사하여 농민을 수탈하였다.

③「정감록」같은 비기와 무격신앙이나 미륵 신앙이 유행하였다.

④ 벽서나 괘서 등의 형태로 나타나던 농민의 항거는 점차 농민 봉기로 변화되어 갔다.

05 / 다음 내용과 관련된 사상에 대한 설명으로 옳지 않은 것은? (2011년 기출)

> 나에게 영험스러운 부적이 있으니, 그 이름은 선약이요, 그 형상은 태극이며 궁궁을을(弓弓乙乙)이다. 나의 영험스러운 부적을 받아 사람들의 질병을 고치고 …… 그 영험스러운 부적을 받아 글씨로 써서 물에 타 마시니 몸이 윤택해지고 병이 나았다.
>
> 〈동경대전〉

① 모든 사람이 평등하다는 인내천 사상을 강조하였다.

② 교리는 유교, 불교, 도교의 주요 내용이 바탕이 되었고 민간 신앙의 요소들이 결합되었다.

③ 조상에 대한 제사를 거부하자 탄압받게 되었다.

④ 후천개벽을 내세워 운수가 끝난 조선왕조를 부정하였다.

---

04 정답 ②

해설 ① 자료에서 수령의 백성에 대한 수탈이 극심한 것을 통해 세도정치 시기임을 알 수 있다. 세도 정치 시기에 노론의 소수 유력 가문은 비변사와 훈련도감을 장악하여 자신들의 정치적 기반을 마련하고 정권을 장악하였다. ③ 세도 정치 시기에 지배층의 착취가 심화되면서 백성들 사이에서는 예언 신앙이 유행하여 정감록 같은 비기와 무격신앙, 미륵신앙 등이 급속도로 확산되어 갔다. ④ 농민들은 지배층의 착취에 대하여 벽서·괘서·항조·거세 등의 소극적인 방법으로 저항하기도 하였으나, 농민의 항거는 농민 봉기와 같은 적극적인 저항 형태로 변화되어 갔다.

오답풀이 ② 조선 후기에는 향촌 사회에서 사족 양반의 지배력이 약화되어 심지어 자신들도 수탈의 대상이 되었으며, 특히 세도정치 시기의 수령과 향리의 백성에 대한 수탈은 더욱 극심하였다.

05 정답 ③

해설 자료는 동학의 경전인 동경대전에 실려 있는 내용이다. 동학에서는 궁궁을을(弓弓乙乙) 이라는 부적을 태워 물에 마시면 병을 고치며 죽지 않고 영원히 살 수 있다고 하였다. ① 동학은 시천주, 인내천 사상 등을 배경으로 인간 평등사상을 강조하여 양반층으로부터 탄압을 받았다. ② 동학은 주문과 부적 등의 민간 신앙 요소와 유교, 불교, 도교, 천주교 교리를 일부 반영하여 만들어졌다. ④ 동학은 후천개벽(後天開闢)을 내세워 운수가 끝난 조선왕조를 부정하였다.

오답풀이 ③ 천주교에서는 우상숭배라는 이유로 조상에 대한 제사를 거부하여 조선 정부로부터 탄압을 받았으나, 동학은 제사 거부와 관련된 사실은 없다.

06 조선 후기 향촌 사회의 변화에 관한 설명으로 옳은 것은? (2013년 기출)

① 경제력을 갖춘 부농층이 향촌 사회에서 영향력을 강화하였다.

② 향촌 사회의 최고 지배층은 중인 계층이 주류를 이루고 있었다.

③ 신앙 조직의 성격을 지닌 향도가 매향 활동을 주도하였다.

④ 많은 속현에 감무를 파견하여 지방에 대한 통제력을 강화하였다.

07 다음 중 19세기 초반에 일어난 홍경래의 난과 관련된 설명으로 옳지 않은 것은?

① 서북 지방에 대한 차별 대우에 대한 불만 때문에 일어났다.

② 농민의 사회의식이 성장하여 일어났다.

③ 몰락 양반 지휘 아래 농민, 영세상인, 광산 노동자 등이 참여하였다.

④ 이 반란을 계기로 전국적인 임술 농민 봉기가 전개되었다.

08 조선 후기 19세기 중인층의 동향에 내한 설명으로 옳시 않은 것은?

① 향약을 통하여 향촌 질서 유지에 주력하였다.

② 일부는 개항 전후에 초기 개화사상가로 활동하였다.

③ 시사를 조직하여 문학 활동을 하였다.

④ 의관, 역관을 중심으로 경제력을 축적하였다.

---

06 정답 ①

해설 ① 조선 후기에는 이앙법의 보급에 따른 생산력의 증대로 부를 축적한 부농층이 납속, 향직 매매 등의 다양한 방법을 통해 양반 신분으로 상승하여 향촌 사회에서 영향력을 강화시켜 나갔다.

오답풀이 ② 조선 후기에도 여전히 향촌 사회의 최고 지배층은 양반이었으며, 중인층은 지속적으로 신분 상승을 추구하였다. ③ 불교의 신앙 조직인 향도가 매향 활동을 주도한 것은 고려 시대이며, 조선시대에는 향약으로 흡수되었다. ④ 고려 예종 때 지방에 대한 통제력을 강화하기 위하여 속현에 감무라는 비정규 수령을 파견하였다.

07 정답 ④

해설 ① 홍경래의 난은 서북 지방(평안도)에 대한 차별에 대한 불만으로 일어났다. ② 농민반란은 지배층의 수탈에 대한 농민들의 불만이 커지면서 사회의식이 성장하여 일어났다. ③ 홍경래의 난은 홍경래를 비롯한 몰락 양반과 농민, 영세상인, 광산 노동자 등이 참여하게 됨으로써 단순한 민란이 아닌 농민 전쟁으로 발전하였다.

오답풀이 ④ 임술 농민 봉기(1862)는 진주민란(1862)을 계기로 전국으로 확대되었으며, 홍경래의 난은 1811년에 일어났다.

08 정답 ①

해설 ② 개항 전후에 중인층의 역관 출신인 오경석은 청을 왕래하면서 서양 문화에 대한 관심을 갖게 되어 해국도지, 영환지략 등의 서양 문물과 관련된 서적을 보급하는 등 초기 개화사상가로 활동하였다. ③ 조선 후기에는 중인층의 문학 활동에 대한 관심도 높아지면서 시인 동우회인 옥계 시사와 같은 시사 조직을 결성하여 활발한 문학 활동을 전개하였다. ④ 조선 후기에 중인층은 관직 진출에 제한을 받았지만, 역관은 청과의 무역 활동에 관여하면서 막대한 부를 축적하고, 서학을 비롯한 외래문화 수용에서 주도적 역할을 수행하여 성리학적 가치 체계에 도전하기도 하였다.

오답풀이 ① 향약은 사림 양반이 설치한 향촌 자치 규약으로 양반이 운영하였으며, 정조 이후에는 수령에게 그 권한이 넘어갔다. 그러나 중인층과는 관련이 없다.

09 조선 후기 종교계의 상황으로 옳지 않은 것은? (2010년 기출)

① 전봉준은 동경대전을 간행하여 동학의 보급에 힘썼다.

② 부농, 상공업 계층의 지원 아래 장식성이 강한 불교 건축이 성행하였다.

③ 비기, 도참 등을 이용한 예언사상이 유행하였다.

④ 천주교는 인간 평등 사상과 내세 신앙의 교리가 백성들에게 공감을 얻어 교세가 확장되었다.

10 조선 후기 가족 제도와 혼인 제도의 변화에 대한 설명으로 옳지 않은 것은?

① 사회 변동에 따라 동성 촌락이 여러 성씨가 거주하는 촌락으로 변화하였다.

② 부계 위주의 족보가 편찬되었다.

③ 혼인 후 여자가 남자의 집에서 생활하는 친영제도가 정착하였다.

④ 여성의 재가가 금지되었다.

11 조선 후기 사회모습에 관한 설명으로 옳은 것을 모두 고른 것은? (2015년 기출)

ㄱ. 경제적으로 몰락한 양반들은 잔반이 되었다.
ㄴ. 혼인 후 남자가 여자 집에서 생활하는 경우가 많았다.
ㄷ. 부농층이 공명첩을 구매하여 신분 상승을 꾀하였다.
ㄹ. 서얼 출신이 규장각 검서관으로 등용되기도 하였다.

① ㄱ

② ㄴ, ㄷ

③ ㄴ, ㄹ

④ ㄱ, ㄷ, ㄹ

---

09 정답 ①

해설 ② 18세기 이후에는 부농층과 대상인의 지원을 받아 지방에 장식성이 강한 불교 건축물이 다수 만들어졌다. ③ 19세기 세도정치기에 지배층의 수탈, 전염병의 유행, 서구 열강의 진출 등으로 혼란에 빠진 백성들 사이에서는 정감록과 같은 비기와 도참 등 각종 예언사상이 유행하였다. ④ 세도정치로 인하여 사회 불안과 어려운 현실에 대한 불만과 신 앞에 평등하다는 논리, 내세 신앙의 교리가 백성들에게 큰 공감을 주어 교세가 확장되었다.

오답풀이 ① 동경대전은 최시형이 만든 동학의 경전으로 동학 포교에 큰 역할을 하였다.

10 정답 ①

해설 ② 조선 후기에는 가족 질서에서 부계의 영향력이 커지면서 부계 중심의 가족제도가 확립되었으며, 그 영향으로 부계 중심의 족보가 편찬되고, 적장자 중심의 재산과 제사 상속이 이루어지면서 양자 입양도 일반화되었다. ③ 조선 후기의 혼인 제도는 혼인 후 여자가 남자의 집에서 생활화는 친영 제도(시집살이)가 정착

되었다. ④ 효와 정절이 강조되면서 여성의 재가가 금지되었으며, 열녀와 효자에게는 국가에서 포상을 하기도 하였다.

오답풀이 ① 조선 전기에는 여러 성씨가 거주하는 이성촌락이 대부분이었으나, 후기에는 적장자 중심의 재산 및 제사 상속과 향촌 사회 주도권 다툼(향전)이 전개되면서 친족 내부의 결속력을 강화하기 위하여 한 곳에 모여 사는 동성촌락이 점차 증가되어 갔다.

11 정답 ④

해설 ㄱ. 조선 후기에는 붕당 정치가 변질되어 양반의 계층 분화가 이루어지면서 경제적으로 몰락한 양반인 잔반이 등장하였다. ㄷ. 조선 후기에 부농층은 공명첩(명예 관직 수여증)을 구매하거나 납속책을 통하여 합법적으로 양반으로의 신분 상승을 꾀하였다. ㄹ. 정조는 박제가, 유득공 등 서얼 출신을 규장각의 검서관으로 등용하였다.

오답풀이 ㄴ. 조선 후기에는 여자가 혼인 후 남자 집에서 생활하는 친영제가 일반적인 현상이었다.

12 조선 후기 사회 변동과 관련된 설명으로 옳지 않은 것은?

① 붕당정치가 변질되면서 일당 전제화 현상이 나타나 양반 내에서 계층 분화가 발생하였다.

② 농민층의 일부는 부농층으로 성장하거나, 일부는 임노동자층으로 전락하였다.

③ 부계 중심의 가족제도가 강화되면서 동성촌락이 증가하였다.

④ 정조의 개혁으로 노비제도가 혁파되었다.

13 조선 후기 천주교 전래와 관련된 설명으로 옳지 않은 것은?

① 서양 학문에 대한 연구에서 시작되어 신앙으로 발전하였다.

② 북학파 실학자들을 중심으로 도입되었다.

③ 순조 때는 노론 벽파의 탄압으로 신유박해가 일어났다.

④ 만민평등사상을 내세워 하층민과 여성들 사이에서 특히 유행하였다.

14 철종 때 발생한 임술 농민 봉기에 대한 설명으로 옳지 않은 것은?

① 삼정의 문란이 원인이 되어 주로 발생하였다.

② 진주민란은 백낙신의 착취에 저항하여 일어났다.

③ 농민은 지주제 철폐와 신분제 폐지를 주장하면서 격화되었다.

④ 정부는 삼정이정청을 설치하고 농민의 부담을 완화하는 정책을 실시하였다.

---

12 정답 ④

해설 ① 붕당정치 변질에 따른 일당 전제화로 양반의 계층 분화가 발생하여 노론처럼 권력을 장악한 권반, 향촌 사회에서 세력을 유지하는 향반, 사회·경제적으로 몰락한 잔반 등으로 구분되었다. ② 이앙법의 보급과 상품작물 재배로 경제력이 성장한 일부 농민은 부농층으로 성장한 반면에, 다수의 농민은 소작지를 상실하고 농촌을 떠나 도시, 광산, 포구 등의 임노동자로 전락하였다. ③ 조선 후기에 부계 중심의 가족제도가 강화되면서 적장자 중심의 재산과 제사상속으로 인하여 한 가문이 모여 사는 동성촌락이 점차 증가하였다.

오답풀이 ④ 정조는 노비에 대한 차별을 완화시키기 위한 노력은 펼쳤지만, 노비제도가 폐지된 것은 1894년 갑오개혁을 계기로 이루어졌다.

13 정답 ②

해설 ① 17세기 후반에 천주교가 처음 수용되었을 때는 신앙이 아닌 서양의 학문으로 받아들였으며 점차 신앙으로 발전하였다. ③ 순조 즉위 직후 노론 벽파 계열의 정순왕후가 수렴청정을 하면서 정조 때 집권하였던 남인 세력을 탄압하기 위해 신유박해를 일으켜 남인 계

열의 천주교 신자가 처형당하고 정약용 형제는 유배를 당하였다. ④ 천주교는 인간은 모두 평등하다는 만민평등사상을 내세워 하층민과 부녀자들 사이에서 특히 유행하였다.

오답풀이 ② 천주교는 18세기 후반 이후 남인 실학자를 중심으로 신앙으로 수용되어 발전하였다.

14 정답 ③

해설 ① 임술 농민 봉기는 세도 정치 시기에 수령과 향리 등의 착취에 의해 발생한 삼정의 문란(전정, 군정, 환곡)이 원인이 되어 발생하였다. ② 진주민란은 진주 병사 백낙신의 탐학과 토호의 수탈이 배경이 되어 몰락 양반 유계춘을 중심으로 농민들이 봉기하여 진주성을 점령하기도 하였으나, 박규수에 의해 진압되었다. ④ 정부는 농민 봉기의 직접적인 원인인 삼정의 문란을 해결하기 위하여 삼정이정청을 설치하여 농민의 부담을 줄이려고 하였으나, 실질적인 문제를 해결하지는 못하였다.

오답풀이 ③ 세도정치 시기의 농민 반란은 지역 차별과 삼정의 문란에 의한 지배층의 착취에 대한 저항으로 일어났으며, 신분제와 지주제 철폐를 내세우지는 않았다.

15 조선 후기 천주교에 대한 탄압 사건 중에서 황사영 백서 사건과 관련된 천주교 박해 사건은?

① 신해박해　　　　　　　② 병오박해

③ 신유박해　　　　　　　④ 병인박해

16 조선 후기 신분제 동요와 관련된 설명으로 옳지 않은 것은?

① 양반의 수는 증가하고 상민과 노비의 수는 감소하였다.

② 서얼은 신분 상승 운동에도 불구하고 관직 진출이 엄격히 금지되었다.

③ 역관은 외래문화의 수용에 있어서 선구적 역할을 수행하기도 하였다.

④ 갑오개혁으로 신분제가 폐지되면서 노비제는 법적으로 종말을 고하게 되었다.

17 다음과 관련된 조선의 사회 현상으로 옳지 않은 것은? (2019년 기출)

> 아버지와 아들, 손자는 단일한 기가 서로 전하는 관계이니 살아서는 한집에 살고자 하고 죽어서는 같은 묘역에 묻히고자 한다.

① 향음주례 확산　　　　　② 묘지 분쟁 빈발

③ 동성 촌락 형성　　　　　④ 남귀여가혼 쇠퇴

---

15 정답 ③

해설 ③ 황사영 백서 사건은 신유박해 직후, 박해 상황을 보고하고 군사적 도움을 청한 내용을 베이징 주재 서양인 주교에게 전달하려다 발각된 밀서 사건이었다.

16 정답 ②

해설 ① 조선 후기에 조선정부가 국가재정을 확보하기 위해 대량의 공명첩을 발급하고 납속책을 확대하여 중인, 서얼, 농민, 노비 등이 신분 상승하게 되어 양반 수가 증가하고 상민과 노비의 수는 감소하였다. ③ 중인층인 역관은 청을 왕래하면서 서학을 비롯한 외래문화 수용의 선구적 역할을 담당하여 성리학적 가치 체계에 도전하였다. ④ 1894년 갑오개혁 때 공사노비법이 혁파되어 법적으로 노비 신분제는 폐지되었다.

오답풀이 ② 서얼은 임진왜란 이후 납속, 공명첩을 통해 신분 상승과 관직 진출이 허용되기 시작하여 특히 영·정조

때 활발히 활동하였으며, 철종 때 청요직(3사 언관직) 진출이 허용되기도 하였다.

17 정답 ①

오답풀이 자료는 조선 시대의 유교 중심의 가족 사회를 설명하고 있으며, 특히 조선 후기의 가부장적 가족 사회에서는 더욱 뚜렷하게 나타났다. ② 조선에서는 효의 윤리를 중시하여 묘지를 둘러싼 분쟁이 빈번하게 발생하였다. ③ 조선 후기에는 적장자 중심의 제사와 재산 상속 등의 영향으로 동성촌락이 형성되었다. ④ 조선 후기에는 남귀여가혼(처가살이)이 쇠퇴하고 친영제(시집살이)가 일반화되었다.

오답풀이 ① 향음주례는 조선 시대에 향촌의 선비·유생들이 향교·서원 등에 모여 학덕과 연륜이 높은 이를 주빈(主賓)으로 모시고 술을 마시며 잔치를 하는 향촌의례이다.

18 다음의 격문과 관련된 역사적 사실에 대한 설명으로 옳은 것은?

> 평서 대원수는 급히 격문을 띄우노니 관서의 부로(父老)와 자제와 공·사 천민들은 모두 이 격문을 들으라. 무릇 관서는 성인 기자의 옛 터요 단군 시조의 옛 근거지로서 의관(衣冠:유교 문화를 생활화하는 사람)이 뚜렷하고 문물이 아울러 발달한 곳이다. 그러나 조정에서는 관서를 버림이 분토(糞土)와 다름없다. 심지어 권세 있는 집의 노비들도 서토의 사람을 보면 반드시 "평안도 놈"이라 말한다. 어찌 억울하고 원통하지 않은 자 있겠는가.…… 지금 임금이 나이가 어려 권세 있는 간신배가 그 세를 날로 떨치고 김조순·박종경의 무리가 국가 권력을 오로지 갖고 노니 어진 하늘이 재앙을 내린다.

① 청천강 이북 지역을 차지하고 위세를 떨쳤다.

② 진주 병사 백낙신의 탐학에 대한 반발로 일어났다.

③ 몰락 양반층이 주도하였기 때문에 농민층의 호응은 적었다.

④ 전국적인 임술 농민 봉기가 일어나게 된 직접적인 계기가 되었다.

19 다음은 조선 후기 울산 지역의 신분별 인구 변동 표이다. 이러한 변화의 원인에 대한 설명으로 옳지 않은 것은?

시기	양반호(%)	상민호(%)	노비호(%)
1729	26.29	59.78	13.93
1765	40.98	57.01	2.01
1804	53.47	45.61	0.92
1867	65.48	33.96	0.56

① 노비는 도망, 군공, 납속 등의 방법으로 상민이 되기도 하였다.

② 부를 축적한 농민은 양반의 족보를 매입하거나 위조하여 양반 신분을 획득하였다.

③ 정부는 재정 수입의 확대를 위하여 노비에 대한 통제, 관리를 강화하였다.

④ 정부는 재정난을 타개하기 위하여 신분 상승의 기회를 합법적으로 제공하였다.

---

18 정답 ①

해설 ① 자료에서 관서(평안도) 지역을 차별한다는 내용과 '평안도 놈'이라 말한다는 내용을 통해 서북(평안도) 지역에 대한 차별대우 때문에 일어난 홍경래의 난임을 알 수 있다. 몰락 양반인 홍경래를 중심으로 한 반란군은 청천강 이북 지역까지 진출하기도 하였으나, 관군의 진압으로 실패로 끝나고 말았다.

오답풀이 ② 진주 병사 백낙신의 탐학에 대한 반발로 일어난 것은 진주민란이다. ③ 홍경래의 난은 몰락 양반뿐만 아니라 영세 농민, 중소 상인, 광산 노동자 등도 가담하였다. ④ 홍경래의 난은 1811년에 일어났으며, 임술 농민 봉기는 1862년에 진주 민란을 계기로 전국적으로 일어났다.

19 정답 ③

해설 ① 노비는 조선 후기에 노비종모법이 실시되고, 군공·납속·도망 등 다양한 방법을 통해 상민 신분으로 상승하여 나갔다. ② 부농층은 군역을 면제받고 양반으로부터 착취를 당하지 않기 위해 족보 매입과 위조 등의 불법적인 방법으로 양반 신분을 획득하였다. ④ 조선 정부는 임진왜란 이후 국가 재정을 해결하기 위하여 납속책, 공명첩 등을 통해 합법적으로 신분 상승할 수 있는 기회를 제공하였다.

오답풀이 ③ 조선 후기에 국가 소속의 공노비의 도망이 빈번해지고, 납속 등의 방법을 통해 신분 상승을 이루게 되면서 노비안이 유명무실해지게 되자, 조선 정부는 순조 1년(1801년)에 공노비를 양인 신분으로 해방시켜 주었다.

20 다음 농민 봉기에 관한 설명으로 옳은 것은? (2016년 기출)

> 임술년(1862년) 2월 19일, 진주민 수만 명이 머리에 흰 수건을 두르고 손에는 몽둥이를 들고 무리를 지어 진주 읍내에 모여 서리들의 가옥 수십 호를 불사르고 부수어, 그 움직임이 결코 가볍지 않았다.
>
> – 임술록 –

① 농민 자치 조직인 집강소를 설치하여 개혁을 주장하였다.

② 경상 우병사인 백낙신의 수탈에 반발하여 일으킨 것이다.

③ 만적 등 천민의 신분 해방 운동을 촉진하는 요인이 되었다.

④ 홍경래의 지휘 아래 영세 농민, 중소 상인 등이 합세하였다.

21 조선 후기에 천주교가 탄압을 받게 된 원인으로 옳지 않은 것은?

① 우상 숭배 금지와 유교식 제사 의식 부정

② 양반 중심의 신분 질서 부정

③ 국왕의 권위에 대한 도전

④ 세도 정치에 대한 비판

---

20 정답 ②

해설 ② 자료는 1862년에 일어난 진주 민란이다. 진주 민란은 진주 병사 백낙신의 수탈에 반발하여 몰락 양반 출신 유계춘 등이 중심이 되어 일어났으며, 이를 계기로 전국에서 농민 반란이 일어났다.

오답풀이 ① 집강소는 동학 농민군이 설치한 농민 자치 기구이다. ③ 만적의 난은 고려 무신 정권 시기에 일어난 노비 중심의 신분 해방 운동이다. ④ 홍경래의 난은 1811년에 서북인(평안도 지역)에 대한 차별을 계기로 일어난 민란이다.

21 정답 ④

해설 ① ② ③ 천주교가 조선 정부로부터 탄압을 받게 된 원인은 유교식 제사 의식의 부정, 인간 평등 사상에 따른 양반 중심의 신분 질서 부정, 국왕의 권위에 대한 도전이라고 할 수 있다.

오답풀이 ④ 세도 정치 시기에 안동 김씨는 천주교에 대하여 관대한 입장을 취하였으며, 또한 천주교는 세도정치를 비판하는 정치적인 의도와는 관련이 없다.

3. 근대 태동기의 경제

01 조선 후기 서민경제에 나타난 변화상으로 옳은 것은? (2012년 기출)

① 상품 작물 재배가 활발하였으며 장시에서는 목화가 가장 많이 거래되었다.

② 민영수공업자가 생산한 제품은 품질, 가격 면에서 관영수공업자 제품보다 경쟁력이 떨어졌다.

③ 이모작 시행으로 늘어난 보리농사는 수취 대상에서 제외되었다.

④ 광업은 국가로부터 자본을 조달받아 노동자를 고용하여 광산을 운영하는 경영전문가가 출현하였다.

02 조선 후기에 나타난 사회 문제와 그에 대한 정부의 개선책을 바르게 연결한 것은?

(2013년 기출)

① 전세의 문란 – 대동법 　　　② 토지의 겸병 – 균전제

③ 환곡의 폐단 – 상평창 　　　④ 군역의 폐단 – 균역법

03 다음 내용과 관련된 조선 후기 상인은?

● 주로 인삼을 재배하고 판매하였다.
● 전국에 지점을 설치하여 활동 기반을 강화하였다.
● 일본과 청 사이에 중계 무역으로 큰 이득을 남겼다.

① 평양의 유상　　② 의주의 만상　　③ 개성의 송상　　④ 동래의 내상

---

01 정답 ③

해설 ③ 조선 후기에 이앙법(모내기)의 전국적인 보급으로 인하여 벼와 보리의 이모작이 확대되면서 보리농사도 늘어났으며, 특히 보리농사는 수취대상에서 제외되었기 때문에 농민들이 선호하였다.

오답풀이 ① 장시에서 가장 많이 거래된 상품작물은 쌀이었다. ② 조선 후기에는 관영 수공업은 쇠퇴하고, 민영 수공업자가 생산한 제품은 품질, 가격 면에서 경쟁력이 탁월하였다. ④ 조선 후기에는 광산 개발을 허용하면서 사채가 활발해졌으며, 광산 개발은 상인 물주가 자본을 조달하고 덕대라는 전문 광산 경영업자가 광산 노동자를 고용하여 운영하는 형태로 이루어졌다.

02 정답 ④

해설 ④ 영조 때 군역의 폐단을 해결하기 위하여 균역법이 실시되었다.

오답풀이 ① 조선 후기에 전세의 문란을 해결하기 위하여 실시된 것은 인조 때 실시된 영정법이다. 대동법은 공납에서 발생한 방납의 폐단을 해결하기 위하여 실시되었다. ② 조선 후기에 토지의 겸병에 따른 농민의 몰락을 해결하기 위한 방안으로 실학자들이 균전제, 한전제 등의 토지제도 개혁 방안을 제시하였지만, 실제로 조선 정부에 의해 실행에 옮겨지지는 못하였다. ③ 세도 정치기에 가장 극심하였던 환곡의 폐단을 해결하기 위해 흥선대원군은 사창제를 실시하였다. 상평창은 환곡의 업무를 담당했던 기관으로 오히려 고리대의 폐단을 초래하였다.

03 정답 ③

해설 ③ 개성의 송상은 주로 인삼을 판매하였고, 전국에 송방이라는 지점을 설치하여 상권을 전국으로 확대시켰으며, 동래의 내상과 의주의 만상을 이용한 일본과 청 사이의 중계 무역으로 큰 이득을 얻기도 하였다.

04 이앙법과 관련된 설명으로 옳지 않은 것은?

① 조선 초기부터 정부의 적극적인 지원으로 널리 확산되었다.

② 잡초를 제거하는 효과가 발생하여 노동력의 절감이 이루어졌다.

③ 벼와 보리의 2모작으로 생산량을 증대시켰다.

④ 광작 농업이 이루어져 토지를 가진 농민은 부농으로 성장이 가능하였다.

05 조선 후기의 대동법과 관련된 설명으로 옳지 않은 것은?

① 토지 결수를 기준으로 한 징수 방식에서 가호(家戶) 기준 방식으로 바뀌었다.

② 공인들이 정부로부터 공물 구입 비용을 받아 필요한 물품을 공급하였다.

③ 현물 대신 쌀, 무명, 삼베, 동전으로 징수함으로써 조세의 금납화가 촉진되었다.

④ 대동법의 실시로 상품화폐경제의 발달이 촉진되었다.

06 조선 후기에 정부가 실시한 이 법의 실시 결과로서 옳지 않은 것은?

> 군역의 폐단이 심해지면서 농민들이 유망이나 피역으로 저항하였다. 이에 조선 정부는 그 폐단을 시정하고자 이 법을 시행하게 되었다.

① 농민들은 1년에 군포 1필만 납부하면 되었다.

② 결작이라고 하여 지주에게 토지 1결 당 미곡 2두를 부담시켰다.

③ 대부분의 양반들이 군포를 납부하였다.

④ 일부 상류층에게 선무군관포를 납부하게 하였다.

---

04 정답 ①

해설 ② 이앙법으로 제초 노동력이 감소하여 농민 1인당 경작 할 수 있는 면적은 종래보다 약 5배로 늘어났고, 단위 면적당 경작 노동력은 80% 감소하였다. ③ 모내기법이 실시되면서 벼, 보리의 이모작이 가능해지면서 농업 생산력이 증대되었다. ④ 이앙법으로 노동력이 절감되고 경작 능력이 증대하여 기존의 직파법으로는 10두락도 못 짓던 농가가 이앙법으로 20~40두락까지 증가하였다. 이러한 광작 경영 방식으로 일부 농민은 부농으로 성장하였다.

오답풀이 ① 조선 정부는 조선 초부터 가뭄의 피해가 확산되는 것을 방지하기 위해 이앙법을 남부 일부 지역만 허용하고 철저하게 규제하였다. 조선 후기에 와서 농민 스스로의 노력에 의해 전국으로 보급되었다.

05 정답 ①

해설 ② 대동법 실시 이후 정부에서는 공인이라는 어용상인을 고용하여 공물 비용을 지급하고 관청 수요품을 공급하도록 하였다. ③ 공납은 각 지역의 토산물을 징수하는 방식 때문에 방납의 폐단이 발생하여 농민의 부담이 증가되자, 대동법을 실시하여 기존의 현물 징수 방식에서 쌀, 무명, 삼베, 동전으로 징수함으로써 조세의 금납화가 촉진되었다. ④ 대동법 실시 이후 공인이 상인, 수공업자를 대상으로 상품의 주문량이 증가하면서 상공업이 발달하여 상품 화폐 경제 발달이 촉진되었다.

오답풀이 ① 대동법을 계기로 기존의 가호 기준의 징수 방식에서 토지 1결 당 쌀(12두), 삼베, 무명, 동전으로 납부하는 방식으로 바뀌었다.

06 정답 ③

해설 ① ② ④ 자료는 균역법에 대한 설명으로, 균역법 실시를 계기로 기존의 농민의 군포 부담은 2필에서 1필로 감소하였다. 정부는 군포 징수 감소에 따른 국가 재정을 보충하기 위하여 결작이란 이름으로 토지 1결 당 미곡 2두를 징수하였으며, 일부 상류층에게는 선무군관 직위를 부여하고 그 대가로 선무군관포란 명목으로 군포 1필을 징수하였다.

오답풀이 ③ 양반은 원칙적으로 군역의 의무가 없었기 때문에 군포를 납부하지 않았으며, 양반이 군포를 납부한 것은 흥선 대원군 시기에 호포법 실시를 계기로 나타났다.

07 다음 내용을 뒷받침하는 사실로 적절하지 않은 것은?

> 조선 후기 사회에서는 새로운 변화가 일어나고 있었다. 특히 경제면에서 두드러졌는데, 그 움직임은 궁극적으로 근대 경제로 넘어가는 준비 과정이었다.

① 농민들 중 일부는 광작을 통해 부농으로 성장하였다.

② 독점적 도매상인인 도고가 출현하였다.

③ 시전 상인에게 특정 물품에 대한 독점 판매권을 부여하였다.

④ 광산 경영은 경영 전문가인 덕대가 상인 물주에게 자본을 받아 진행되었다.

08 조선 후기에 발행되어 실질적인 화폐 기능을 담당한 화폐는?

① 상평통보 ② 조선통보

③ 건원중보 ④ 삼한통보

09 조선 후기의 농촌 사회의 변화 모습으로 옳지 않은 것을 고르면?

① 소작농에게 유리한 타조법의 지대가 일반화되었다.

② 상품의 유통이 활발해짐에 따라 상품 작물을 재배하였다.

③ 쌀의 수요가 늘면서 밭을 논으로 바꾸는 현상이 활발하였다.

④ 소작 농민들은 유리한 경작 조건을 얻기 위해 지주에게 소작 쟁의를 벌였다.

---

07 정답 ③

해설 조선 후기에는 근대 자본주의 사회의 특징이 나타나기 시작하였다. ① 농민들은 이앙법의 보급으로 노동력이 절감되고 생산량이 증가하면서 일부는 부농층으로 성장하였다. ② 조선 후기에는 대동법을 계기로 등장한 공인과 일부 사상들이 독점적 도매상인인 도고로 성장하는 등 대자본가가 출현하였다. ④ 광산 개발에서는 상인 물주가 자본을 대고 광산 경영업자인 덕대가 광산 노동자를 고용하여 운영하는 방식이 일반화되는 등 광산의 사적 개발이 활발해졌다.

오답풀이 ③ 시전상인의 특권이었던 금난전권(특정상품 독점 판매권)이 정조 때 폐지된 이후 다수의 사상(자유상인)들의 자유로운 상업 활동이 보장되면서 상업의 발달이 촉진되었다.

08 정답 ①

해설 ① 상평통보는 인조 때 동전을 주조하여 개성을 중심으로 유통시켜 그 쓰임새를 살펴 보았으며, 효종 때는 동전을 널리 유통시켰다. 그리고 숙종 4년(1678)에 상평통보 발행을 공식적으로 결정하여 전국적으로 유통시켰다.

오답풀이 ② 조선 초에 주조되었으나, 유통은 부진하였다. ③ 고려 성종 때 만들어진 최초의 철전이다. ④ 고려 숙종 때 발행된 화폐이다.

09 정답 ①

해설 ② 조선 후기에는 장시가 활성화되고 상품 유통이 활발해지면서 담배, 고추, 인삼 등 상품작물의 재배가 확대되었다. ③ 상품작물 중에서 특히 쌀의 수요가 증가하면서 밭을 논으로 바꾸는 현상이 진행되었다. ④ 소작농들은 지주를 상대로 유리한 경작 조건을 얻기 위해 소작 쟁의를 벌였다.

오답풀이 ① 조선 후기에 지대는 타조법(정률지대 – 1/2 납부)에서 소작농에게 유리한 도조법(정액지대 – 1/3 납부)으로 바뀌었다.

10 조선 후기 광업과 수공업에 대한 설명으로 옳지 않은 것은?

① 청과의 무역으로 은의 수요가 급증하면서 잠채가 성행하였다.

② 18세기 이후에는 정부가 덕대를 파견하여 광산을 직접 운영하였다.

③ 부역제의 변동과 상품화폐 경제의 발달로 관영수공업이 쇠퇴하였다.

④ 상인 물주가 수공업자를 자본적으로 지배하는 선대제 수공업이 등장하였다.

11 다음 설명하는 시기의 사회상으로 옳지 않은 것은? (2013년 기출)

> 농민이 밭에 심는 것은 곡물만이 아니다. 모시, 오이, 배추, 도라지 등의 농사도 잘 지으면 그 이익이 헤아릴 수 없이 크다. 도회지 주변에는 파밭, 마늘밭, 배추밭 등이 많다. (중략) 논에서 나는 수확보다 그 이익이 10배에 이른다.

① 민간인에게 광산 채굴을 허용하고 세금을 징수하였다.

② 소작료를 내는 방식이 일정비율에서 일정액수로 내게 되었다.

③ 포구를 거점으로 선상, 객주, 여각 등이 활발한 상행위를 하였다.

④ 경제가 발달하여 건원중보, 삼한통보 등의 화폐가 널리 유통되었다.

---

10 정답 ②

해설 ① 조선 후기에는 청과의 무역에서 은의 수요가 증가하여 사채(광산 채굴)를 허용하면서 광산에 농민들이 너무 많이 모여들어 농업에 지장을 주게 되자, 정부는 공개적인 채취를 금지하고 높은 세금을 부과하였다. 그 영향으로 관청의 감시가 미치지 않는 곳을 중심으로 몰래 광산을 채굴하는 잠채가 성행하였다. ③ 조선 후기에는 수공업자들이 관청에 소속되어 제품을 제조하여 공급하는 부역의 의무를 기피하는 현상이 심화되고 상품화폐 경제의 발달에 따라 제품의 수요가 증가하면서 관영 수공업은 쇠퇴하고 민영 수공업이 발달하게 되었다. ④ 민영 수공업에서도 17세기에는 상인 물주가 자본과 원료를 미리 지불하면서 자본적으로 지배하는 선대제 수공업의 형태가 등장하였다.

오답풀이 ② 주로 덕대는 상인 물주로부터 자금 지원을 받고 광산 노동자를 고용하여 광산 채굴을 하였다. 따라서 정부가 덕대를 파견하는 것은 관련 없는 내용이다.

11 정답 ④

해설 자료는 조선 후기의 상품작물 재배와 관련된 내용이다. ① 조선 후기에는 청과의 은의 교역이 활발해지고 수공업이 발달하면서 민간인에게 광산 채굴을 허용하고 세금을 징수하는 설점수세제가 실시되었다. ② 조선 후기에는 소작료(지대) 납부 방식이 수확량의 일정 비율을 납부하는 타조법에서 일정한 액수의 소작료를 납부하는 정액지대의 도조법으로 바뀌어 갔다. ③ 상품화폐경제의 발달로 상품 유통량이 증가하면서 포구를 거점으로 운송업에 종사하는 선상과 포구에서 물품 보관업, 숙박업, 금융업 등에 종하는 중간 상인인 객주·여각 등이 활발히 활동하였다.

오답풀이 ④ 조선 후기에 일반적으로 유통된 화폐는 상평통보이다. 건원중보와 삼한통보는 고려시대에 사용된 화폐이다.

12 조선 후기 농업 발달과 관련된 설명으로 옳지 않은 것은?

① 인삼과 담배 등의 상품 작물이 재배되었다.

② 밭농사에서는 견종법이 보급되어 생산량이 증가하였다.

③ 도조법의 실시로 지대의 금납화 현상이 나타났다.

④ 모내기법의 확대로 농민 간의 소득 격차가 감소되었다.

13 다음의 폐단을 시정하기 위하여 실시한 제도와 관련된 설명으로 옳은 것은?

> 군적이 문란하고 납속이나 공명첩을 통해 군역을 회피하는 자가 늘어나면서 군역의 재원은 점차 줄어들었다. 재정이 어려워지자 국가의 군포 부과량이 늘어났고, 농민은 도망가거나 양반으로 신분을 바꾸어 군역을 회피하는 경향이 늘어났다. 이에 군역의 폐단을 시정하려는 개혁 방안이 논의되었다.

① 공인의 출현으로 상품작물 재배의 확산에 기여하였다.

② 근본적인 개혁이어서 백성의 불만과 피해가 해소되었다.

③ 토지의 결수에 따라 쌀, 포목, 동전으로 납부하게 하였다.

④ 부족분을 충당하기 위해 토지 1결 당 2두씩을 결작이란 명목으로 징수하였다.

14 조선 시대 공납의 폐단을 해결하기 위해 제시된 방안으로 옳은 것을 모두 고른 것은?

(2016년 기출)

ㄱ. 방납	ㄴ. 환곡제	ㄷ. 수미법	ㄹ. 대동법

① ㄱ, ㄴ　　　② ㄱ, ㄹ　　　③ ㄴ, ㄷ　　　④ ㄷ, ㄹ

---

12 정답 ④

해설 ① 전국에 장시가 1,000여 개로 증가하고, 상품화폐경제가 발달하면서 담배, 인삼, 채소, 약초 등의 상품작물 재배가 확산되었다. ② 밭농사에서는 기존의 이랑에 씨를 뿌리는 농종법 대신에 고랑에 씨를 뿌리는 견종법이 보급되었다. 견종법은 씨앗이 겨울바람을 덜 타서 추위를 잘 견디고 수분을 쉽게 확보하여 가뭄에 강하다는 장점이 있어서 생산량이 증대되었다. ③ 지대(소작료)는 도조법이 실시되면서 지대를 화폐로 납부하는 지대의 금납화 현상이 나타났다.

오답풀이 ④ 이앙법의 확대로 농업 생산력이 증가하여 광작 농업이 가능해지면서 일부 농민이 부농층으로 성장한 반면, 다수의 농민은 소작지를 잃어버리고 농촌·도시·광산 지역에서 임노동자로 전락하는 등 농민의 계층 분화가 일어났다.

13 정답 ④

해설 ④ 자료는 군역의 폐단과 관련된 설명이다. 영조 때 군역의 폐단을 해결하기 위하여 균역법이 실시되어 기존

의 군포 납부량을 2필에서 1필로 감축하였으며, 그 부족분을 보충하기 위하여 결작이란 이름으로 토지 1결 당 2두씩을 징수하였다. 그 밖에 선무군관포란 이름으로 일부 상류층에게 군포 1필을 징수하였고, 어장세·선박세·염세 등을 국가에서 직접 징수하였다.

오답풀이 ① ③ 대동법과 관련된 내용으로 문제 5번 해설 참조. ② 균역법 실시로 농민의 부담은 감소하였지만, 지주가 농민에게 결작 부담을 강요하고 군적이 문란해지면서 농민의 부담은 다시 가중되었다.

14 정답 ④

해설 ㄷ. 16세기에 조광조, 이이, 유성룡 등은 공납의 폐단(방납)을 해결하기 위하여 수미법의 실시를 주장하였으나, 실행되지는 못하였다. ㄹ. 대동법은 광해군 때 이원익의 건의로 공납의 폐단을 해결하기 위하여 실시되었으며, 숙종 때 전국으로 확대 실시되었다.

오답풀이 ㄱ. 방납은 토산물을 납부하는 공납의 폐단을 의미한다. ㄴ. 환곡은 빈민을 대상으로 봄에 곡식을 빌려 주고 가을에 징수하는 빈민 구제 제도이다.

15 다음 중 조선 후기 개혁 정책에 관한 설명으로 옳은 것을 모두 고른 것은? (2019년 기출)

> ㄱ. 모든 양반에게 선무군관포를 거두었다.
> ㄴ. 토산물 공납을 토지에 부과하는 대동법을 실시하였다.
> ㄷ. 시전 상인의 금난전권을 일부 품목만 남겨두고 철폐하였다.
> ㄹ. 토지의 비옥도와 풍흉의 정도에 따라 전세를 차등 있게 거두었다.

① ㄱ, ㄴ   ② ㄱ, ㄹ

③ ㄴ, ㄷ   ④ ㄷ, ㄹ

16 다음에서 묘사하고 있는 시기의 역사적 사실로 옳지 않은 것은?

> 허생은 안성의 한 주막에 자리 잡고서 밤, 대추, 감, 귤 등의 과일을 모두 값을 배로 주고 사들였다. 그가 과일을 도고하자, 온 나라가 제사나 잔치를 치르지 못할 지경에 이르렀다. 따라서 과일값은 크게 폭등하였다. 그는 이에 10배의 값으로 과일을 되팔았다. 이어서 그는 그 돈으로 곧 호미, 삼베, 명주 등을 사 가지고 제주도로 들어가 말총을 모두 사들였다. 말총은 망건의 재료였다. 얼마 되지 않아 망건 값이 10배나 올랐다. 이렇게 하여 그는 50만 냥에 이르는 큰돈을 벌었다.

① 보부상들을 보호할 목적으로 혜상공국이 설치되었다.

② 특정 상품들을 독점 판매하는 도고상업이 성행하였다.

③ 상업이 활성화되면서 선박을 이용한 운수업도 발전하였다.

④ 전국적으로 발달한 장시를 토대로 한 사상들이 성장하였다.

---

15 정답 ③

해설 ㄴ. 대동법은 조선 후기 광해군 이후에 방납의 폐단을 개혁하기 위하여 실시되었다. 대동법은 가호를 기준으로 토산물을 납부하는 방식에서 토지를 기준으로 변경하여 쌀, 동전, 삼베 등으로 납부하였다. ㄷ. 정조 때 신해통공을 실시하여 시전 상인의 금난전권(특정 상품의 독점 판매권)을 육의전을 제외하고 폐지하였다.

오답풀이 ㄱ. 영조 때 균역법을 실시하여 농민의 군포 부담을 2필에서 1필로 감축하는 대신에 일부 상류층에게 선무군관포라는 이름으로 군포 1필을 징수하였다. 그러나 균역법 실시 이후에도 양반은 군포를 납부하지 않았다. ㄹ. 인조 때 실시되었던 영정법은 풍흉을 구분하지 않고 토지 1결 당 4두를 징수하였다. 토지의 비옥도와 풍흉을 기준으로 전세를 차등 있게 징수한 것은 조선

전기 세종 이후 실시되었던 전분 6등법과 연분 9등법에 대한 설명이다.

16 정답 ①

해설 ② 자료는 조선 후기에 박지원의 허생전을 통해 특정 상품을 독점 판매하는 도고 상인을 설명하고 있다. ③ 조선 후기에 상품화폐경제가 발달하면서 상품 유통량이 증가하여 선박을 이용한 운수업에 종사하는 경강상인 같은 선상이 성장하였다. ④ 15세기에 개설된 장시는 조선 후기에 전국적으로 1,000여개로 증가하면서 사상들이 성장하는 토대를 마련해 주었다.

오답풀이 ① 혜상공국은 개항 이후 보부상에게 특혜를 보장해주기 위해 설치하였다.

17 조선 후기의 농업에 관한 설명으로 옳지 않은 것은? (2015년 기출)

① 담배, 인삼과 같은 상품 작물이 재배되었다.

② 밭고랑에 곡식을 심는 견종법이 보급되었다.

③ 농사직설, 금양잡록과 같은 농서가 간행되었다.

④ 농법 개량으로 노동력이 절감되어 광작이 성행하였다.

18 조선 후기의 경제에 관한 설명으로 옳은 것은? (2019년 기출)

① 관영 수공업이 확대되었다.

② 자작농이 증가하고 지주가 감소하였다.

③ 의주를 중심으로 평안도 지역에서 인삼을 재배하여 청에 수출하였다.

④ 국가에서 개인의 광산 개발을 허용하고 세금을 거두었다.

---

17 정답 ③

해설 ① 조선 후기에는 담배, 인삼, 채소 등과 같은 상품 작물이 재배되어 소득 향상에 기여하였다. ② 밭농사에서는 기존의 이랑에 곡식을 심는 농종법에서 고랑에 곡식을 심는 견종법이 보급되어 생산량이 증가하였다. ④ 논농사에서는 이앙법(모내기)이 전국적으로 실시되면서 노동력이 절감되어 광작이 성행하였으며, 그 영향으로 일부 농민은 부농으로 성장하였다.

오답풀이 ③ 농사직설(세종), 금양잡록(성종)은 조선 전기에 편찬된 농업 서적이다.

18 정답 ④

해설 ④ 조선 후기에는 효종 이후 설점 수세제를 실시하여 국가에서 세금을 징수하고 민간인의 광산 개발을 허용하였다.

오답풀이 ① 조선 후기에는 관영 수공업이 쇠퇴하고 민영 수공업이 발달하였다. ② 조선 후기에는 이앙법의 보급으로 광작이 일반화되면서 일부 농민은 부농층으로 성장하게 되면서 지주는 증가하였으나, 양반 지주의 토지 겸병으로 인하여 다수의 농민들은 토지를 잃게 되어 자작농은 감소하였다. ③ 조선 후기에 평안도의 의주에서 활동한 상인은 만상으로 청과의 무역으로 성장하였다. 반면에 개성을 중심으로 활동한 송상은 인삼을 재배하고 청에 수출하여 많은 부를 축적하였다.

19 다음 중 조선 후기에 이앙법이 확산되면서 나타난 현상으로 옳지 않은 것은?

① 밭에서 2년 3작이 확산되었다.

② 쌀이 장시에서 활발하게 거래되었다.

③ 밭을 논으로 바꾸는 현상이 활발하였다.

④ 광작이 확산되어 농토를 잃은 농민이 증가하였다.

20 다음에서 설명하고 있는 상인의 명칭은? (2015년 기출)

● 생산자와 소비자를 이어주는 역할을 한 행상이었다.
● 이들을 보호하기 위한 기관으로 혜상공국이 설치되었다.
● 일정 지역 안이나 전국적인 장시를 무대로 활동하였다.

① 사상   ② 공인

③ 보부상   ④ 객주 · 여각

21 조선 후기 경제에 관한 설명으로 옳은 것은? (2017년 기출)

① 금양잡록과 농사직설을 간행하여 보급하였다.

② 민영수공업에 비해 관영수공업이 발달하였다.

③ 저화와 조선통보를 보급하였으나 유통이 부진하였다.

④ 민간인에게 광산 채굴을 허용하여 광산 개발이 활발해졌다.

---

19 정답 ①

해설 ② 이앙법이 전국적으로 실시되면서 쌀 생산량이 증가하여 쌀이 장시에서 상품작물로 활발하게 거래되었다. ③ 쌀이 상품작물로 가장 많이 거래되자 농민들은 밭을 논으로 바꾸는 현상이 활발하였다. ④ 이앙법의 실시로 노동력이 절감되어 1인당 단위 면적당 생산량이 증가하면서 지주는 노비나 머슴을 이용하여 직접 농업 경영을 하면서 다수의 소작농은 소작지를 잃고 농촌을 떠나 도시, 광산, 포구 등으로 이동하여 임노동자로 전락하는 상황이 발생하였다.

오답풀이 ① 이앙법은 논농사와 관련된 농법이므로 밭에서 실시되는 2년 3작과는 관련이 없다.

20 정답 ③

해설 ③ 보부상은 조선 시대에 전국의 장시를 무대로 활동하면서 생산자와 소비자를 연결시켜주는 역할을 하는

행상이었다. 조선 정부는 1883년에 보부상의 활동을 지원하기 위하여 혜상공국을 설치하였다.

오답풀이 ① 사상은 국가의 허락을 받지 않고 사적으로 상업 활동을 전개하는 상인이다. ② 공인은 대동법을 계기로 국가에서 고용한 상인이다. ④ 객주와 여각은 포구에서 숙박, 물품 보관, 위탁 판매, 금융업에 종사하던 중간 상인이다.

21 정답 ④

해설 ④ 조선 후기에는 민간인에게 광산 채굴을 허용하는 설점수세제를 실시하면서 광산 개발이 활발해졌다.

오답풀이 ① 금양잡록(성종)과 농사직설(세종)은 조선 전기에 편찬되었다. ② 조선 후기에는 관영수공업이 쇠퇴하고 민영수공업이 발달하였다. ③ 저화와 조선통보는 조선 전기에 사용된 화폐이며, 조선 후기에는 상평통보가 주로 사용되었다.

22 / 조선시대 경제상에 관한 설명으로 옳은 것을 모두 고른 것은? (2014년 기출)

> ㄱ. 조선 후기 국내 상업은 발달했으나 청나라와의 무역은 관무역과 사무역이 모두 금지되어 위축되었다.
> ㄴ. 개인의 광산개발이 조선초기에는 허용되었으나 조선후기에는 금지되었다.
> ㄷ. 조선 후기 화폐 사용이 활발해졌으나 전황(錢荒)이 발생하는 부작용도 있었다.
> ㄹ. 조선 초기 관리에게 준 과전(科田)은 소유권이 아니라 수조권을 지급한 것이다.

① ㄱ, ㄴ

② ㄱ, ㄹ

③ ㄴ, ㄷ

④ ㄷ, ㄹ

23 / 다음 그림이 그려진 시기의 경제상황에 관한 설명으로 옳지 않은 것은? (2014년 기출)

① 곡식, 채소, 담배 등의 상품작물이 경작되었다.

② 광산 개발이 장려되었다.

③ 도시에는 대상인이 등장하였다.

④ 이앙법(모내기법)이 시작되어 생산량이 증가하였다.

---

22 정답 ④

해설 ㄷ. 조선 후기에 상품 화폐 경제가 발달하면서 상평통보가 발행되어 활발하게 사용되었으나, 지주와 대상인 등이 화폐를 고리대나 재산 축적의 수단으로 이용하였기 때문에 동전의 발행량이 증가하였음에도 불구하고 제대로 유통되지 않아 시중에 동전이 부족한 전황 현상이 발생하였다. ㄹ. 조선 초기에 과전법에 의해 관리에게 지급한 과전은 토지에 대한 소유권을 지급한 것이 아니라 수조권(조세 징수권)을 지급하였다.

오답풀이 ㄱ. 조선 후기에는 국내 상업만 발달하였을 뿐만 아니라, 관무역과 사무역이 허용되어 청·일본과의 대외무역도 활발하게 전개되었다. 특히 청과의 무역은 중강개시(관무역)와 중강후시(사무역), 책문후시에서 주로 이루어졌다. ㄴ. 조선초기에는 개인의 광산 개발이 금지되었으며, 조선 후기에는 효종 때부터 개인의 광산 개발(사채)을 허용하고 세금을 받는 정책을 실시하면서 민간인에 의한 광산 개발이 활발하게 이루어졌다.

23 정답 ④

해설 사진 자료는 조선 후기에 유행한 김홍도의 대표적인 풍속화와 민화이다. ① 조선 후기에 농민들은 장시가 점차 증가하여 상품의 유통이 활발해지면서 쌀을 비롯한 곡식, 채소(오이·마늘·배추), 담배 등의 상품 작물을 재배하여 소득을 증대시켰다. ② 조선 후기에는 효종 때 민간인에게 일정한 세금을 받고 광산 개발을 허용하는 등 광산 개발을 적극 장려하였다. ③ 조선 후기에는 인구의 자연 증가뿐만 아니라 농촌 인구의 도시 유입으로 도시 인구가 증가하면서 상업 활동이 더욱 활발해져 도시에서 활동하는 대상인들이 등장하였다.

오답풀이 ④ 이앙법(모내기법)은 고려 말에 처음 시작되었으며, 조선 후기에는 이앙법이 전국적으로 실시되었다.

4. 근대 태동기의 문화

01 다음 중 양명학에 대한 설명으로 옳지 않은 것은? (2004년 기출)

① 지행합일(知行合一)의 실천성을 중시하였다.

② 정제두는 강화학파를 형성하였다.

③ 노론 계열의 학자들에 의해 주로 연구되었다.

④ 이건창, 박은식 등의 한말 국학자에게 계승되었다.

02 조선 후기 호락논쟁에 대한 설명으로 거리가 먼 것은?

① 인간의 심성론에 대한 관심에서 일어났다.

② 소론과 노론 간에 발생한 사상 논쟁이었다.

③ 호론은 인물성이론(人物性異論)을 주장하여 위정척사사상과 연결되었다.

④ 낙론은 인물성동론(人物性同論)을 주장하여 북학사상과 연결되었다.

03 다음은 조선 후기 실학자들의 개혁안이다. 잘못 연결된 것은? (2012년 기출)

① 박제가 – 수레와 선박의 필요성, 청과의 통상을 적극 주장하였으며, 절약보다 소비를 강조하였다.

② 유형원 – 균전론을 주장하여 자영농의 육성을 강조하였다.

③ 이익 – 토지의 공동 소유와 노동량을 기준으로 공동 분배하는 여전론을 주장하였다.

④ 홍대용 – 지전설을 주장하여 중국 중심의 세계관을 비판하였다.

---

01 정답 ③

해설 ① 양명학은 조선 후기에 성리학이 사회 모순을 해결할 수 있는 능력을 잃어 버리고 교조화되고 형식화되자, 이를 비판하면서 지행합일의 이론을 바탕으로 실천성을 중시하였다. ② 양명학은 18세기 초 정제두에 의해 학문적인 체계가 형성되었으며, 정제두에 의해 양명학을 집중적으로 연구하는 강화학파가 형성되었다. ④ 양명학은 한말과 일제 강점기의 이건창, 박은식, 정인보 등의 국학자에 계승되었다.

오답풀이 ③ 양명학은 소론과 불우한 종친을 중심으로 연구되었다.

02 정답 ②

해설 ① 호락논쟁은 인간의 심성론에 대한 관심에서 비롯된 사상논쟁이었다. ③ 호론(충청도 노론)은 인물성이론을 주장하여 인간과 사물의 본성이 다르다고 보았으며, 한말 위정척사사상에 영향을 주었다. ④ 낙론(서울,

경기 노론)은 인물성동론을 주장하여 인간과 사물의 본성이 같다고 보았으며, 북학파 실학 사상에 영향을 주었다.

오답풀이 ② 호락논쟁은 노론 내에서 이루어진 사상 논쟁이다.

03 정답 ③

해설 ① 박제가는 청과의 통상 강화, 수레·선박의 이용 확대를 주장하였다. 또한 절약보다 소비를 권장하면서 생산 자극의 필요성을 강조하였으며, 소비와 생산의 관계를 우물물에 비유하였다. ② 유형원은 균전론의 토지 개혁론을 주장하여 관리, 선비, 농민 등에게 토지를 차등 재분배하여 자영농 육성의 필요성을 강조하였다. ④ 홍대용은 지전설을 주장하여 중국 중심의 세계관을 비판하였다.

오답풀이 ③ 이익은 토지 개혁론으로 한전론을 주장하였으며, 여전론은 정약용의 토지 개혁론이다.

04 다음 중 정약용과 관련된 설명으로 옳지 않은 것은?

① 배다리를 설계하고 종두법을 실험하였다.

② 기예론을 주장하여 기술의 발달이 인간에게 풍요로움을 가져온다고 주장하였다.

③ 신유박해로 강진에서 유배 생활을 하였다.

④ 영업전의 매매를 금지하고 나머지 토지는 매매를 허용하는 한전론의 토지 개혁론을 제시하였다.

05 조선 후기 과학 기술에 대한 설명으로 옳지 않은 것은?

① 김육은 청의 역법인 수시력을 도입하였다.

② 벨테브레는 훈련도감에 소속되어 서양식 대포의 제조법을 가르쳤다.

③ 정약용은 기기도설을 참고하여 거중기를 만들었다.

④ 신속은 농가집성을 저술하여 이앙법 보급에 공헌하였다.

06 다음과 같은 토지 개혁안이 공통적으로 지향했던 목표는? (2013년 기출)

- 관리, 선비, 농민 등 신분에 따라 차등 있게 토지를 재분배하고 조세와 병역도 조정하자.
- 한 가정의 생활을 유지하는 데 필요한 규모의 토지를 영업전으로 정한 다음, 영업전은 법으로 매매를 금지하고, 나머지 토지만 매매를 허용하자.

① 관리의 경제 기반 보장　　② 자영농 육성을 통한 농민 생활 안정

③ 지주 전호제 강화　　④ 공동 농장 제도 실현

---

04 정답 ④

해설 ① ② ③ 정약용은 정조의 화성 행차를 위해 한강에 배다리를 설치하였으며, 박제가와 함께 종두법을 실험하였다. 또한 기예론을 통해 인간이 동물보다 뛰어난 것은 기술을 가지고 있기 때문이라고 하면서 기술의 발달이 인간에게 풍요로움을 가져온다고 주장하였다. 그리고 순조 때 신유박해를 계기로 정약용은 강진으로 유배를 당하였다.

오답풀이 ④ 정약용의 토지 개혁론은 여전론과 정전론이었으며, 영업전을 토대로 한전론을 주장한 실학자는 이익이다.

05 정답 ①

해설 ② 벨테브레는 조선인으로 귀화한 후 훈련도감에 소속

되어 서양식 대포 제조법을 보급하였다. ③ 정약용은 청나라의 기기도설을 참고로 하여 거중기를 만들어 수원 화성 건립에 이용하였다. ④ 신속은 17세기 중엽에 농가집성을 저술하여 벼농사 중심의 농법을 소개하여 이앙법 보급에 공헌하였다.

오답풀이 ① 김육이 청으로부터 수입한 역법은 시헌력이며, 수시력은 원나라의 역법이다.

06 정답 ②

해설 ② 자료는 중농학파 실학자인 유형원의 균전제와 정약용의 여전론에 대한 설명이다. 실학자의 토지 개혁론은 농민들에게 토지를 분배하여 자영농을 육성함으로써 농민 생활을 안정시키는 데 그 목적이 있었다.

07 조선 후기 성리학의 변화에 대한 설명으로 옳지 않은 것은?

① 인조반정 이후 주자 중심의 성리학이 절대화되었다.

② 윤휴와 박세당은 주자의 본뜻에 충실할 것을 주장하였다.

③ 이황 학파와 이이 학파 사이에 이기론의 논쟁이 전개되었다.

④ 인간과 사물의 본성을 놓고 호락논쟁이 전개되었다.

08 역사서에 관한 설명으로 옳지 않은 것은? (2013년 기출)

① 연려실기술 – 조선시대 역사와 문화를 정리하였다.

② 택리지 – 자연 환경과 물산, 풍속, 인심 등을 서술하였다.

③ 금석과안록 – 북한산비가 진흥왕 순수비임을 밝혔다.

④ 동사강목 – 독자적 정통론으로 고려와 조선 시대 역사를 체계화하였다.

09 다음 중 조선 후기 서민 문화의 발달과 관련이 가장 먼 것은?

① 판소리와 탈춤의 성행　　② 한글소설의 보급

③ 추사체의 등장　　　　　④ 민화의 유행

---

07 정답 ②

해설 ① 인조반정을 계기로 집권한 서인은 당시 조선 사회의 모순을 해결하기 위해 의리 명분론을 강화하면서, 주자 중심의 성리학을 절대화하였다. 특히 송시열은 주자의 본뜻에 충실하면 조선 사회 모순의 해결이 가능하다고 주장하였다. ③ 17세기 이후에는 조선의 사상계가 이이와 이황의 학설이 주류를 이루면서 주기론과 주리론을 중심으로 한 이기론의 논쟁이 전개되었다. ④ 노론 내에서 호론과 낙론 간에 인간과 사물의 본성을 둘러싼 호락논쟁이 전개되었다.

오답풀이 ② 윤휴와 박세당은 주자의 학설을 비판하고 독자적으로 해석하여 노론으로부터 사문난적으로 배척을 받았다.

08 정답 ④

해설 ① 이긍익의 연려실기술은 조선시대의 역사와 문화를 기사본말체로 서술하였다. ② 이중환의 택리지는 각 지역의 자연환경과 물산, 풍속, 인심 등을 서술한 대표적인 인문지리서이다. ③ 김정희는 금석과안록을 통해 북한산비가 진흥왕 순수비임을 밝혔다.

오답풀이 ④ 안정복의 동사강목은 우리 역사의 독자적 정통론을 내세워 고조선부터 고려 말까지의 역사를 서술하였다.

09 정답 ③

해설 ① ② ④ 조선 후기 서민 문화는 한글소설, 민화, 풍속화, 판소리, 탈놀이, 시사 조직, 사설시조 등이 해당된다.

오답풀이 ③ 추사체는 김정희에 의해 창안된 서예체로서 서민 문화와는 관련이 없다.

10 조선 후기 인물과 작품이 바르게 연결된 것은? (2015년 기출)

① 강희안 – 송하보월도

② 김정호 – 대동여지도

③ 안 견 – 몽유도원도

④ 이상좌 – 고사관수도

11 다음 주장을 펼친 인물의 사상에 대한 설명으로 가장 적절한 것은?

> 비유하건대, 재물은 대체로 샘과 같다. 퍼내면 차고 버려두면 말라 버린다. 그러므로 비단 옷을 입지 않아서 나라에 비단 짜는 사람이 없게 되면 여공(女紅)이 쇠퇴하게 되고, 쭈그러진 그릇을 싫어하지 않고 기교를 숭상하지 않아서 수공업자가 기술을 익히는 일이 없게 되면 기예가 망하게 되며, 농사가 황폐해져서 그 법을 잃게 되므로 사농공상의 사민이 모두 곤궁하여 서로 구제할 수 없게 된다.

① 존언, 만물일체설로 양명학을 체계화하였다.

② 양반 문벌제도의 비생산성을 비판하여 양반전, 허생전 등을 저술하였다.

③ 정약용과 함께 종두법을 연구하였다.

④ 농촌 사회의 모순을 순점적으로 해결하려는 경세치용론이었다.

12 다음 의학 이론을 담고 있는 서적은?

> 사람의 체질을 태양인 · 태음인 · 소양인 · 소음인으로 구분하여 치료하는 체질 의학 이론으로, 오늘날까지도 한의학계에서 통용되고 있다.

① 동의보감

② 의방유취

③ 마과회통

④ 동의수세보원

---

10 정답 ②

오답풀이 ② 김정호는 조선 후기에 전국을 직접 답사하고 산맥, 하천, 포구, 도로망 등을 정확하게 표시하여 대동여지도를 제작하였다.

오답풀이 ① 송하보월도는 16세기 이상좌의 작품이다. ③ 안견의 몽유도원도는 15세기의 작품이다. ④ 고사관수도는 15세기 강희안의 작품이다.

11 정답 ③

해설 ③ 자료에서 재물을 샘물에 비유한 내용을 토대로 소비가 이루어져야 생산 활동이 활발해 진다는 주장을 한 박제가와 관련된 사실임을 알 수 있다. 박제가는 북학의라는 저술을 통해 청과의 통상 강화, 수레와 선박의 이용 확대 등을 주장하였으며, 정약용과 함께 종두법을 연구하였다.

오답풀이 ① 양명학을 연구하여 강화학파를 형성한 정제두는 존언과 만물일체설을 저술하여 양명학을 체계화하였다. ② 박지원은 양반전, 허생전, 호질 등의 한문학 작품을 통해 양반 문벌제도의 문제점을 비판하였다. ④ 박제가는 중상학파, 북학파 실학자로서 상공업을 중시하였으며, 농촌사회의 모순을 해결하기 위해 경세치용론을 주장한 것은 중농학파 실학과 관련된 사실이다.

12 정답 ④

해설 ④ 이제마는 동의수세보원을 통해 사람의 체질을 4가지로 구분하여 체질 의학 이론을 정립하였다.

오답풀이 ① 동의보감은 허준의 의학 서적으로 전통 한의학을 집대성하여 의료 지식의 민간 보급에 기여하였다. ② 의방유취는 세종 때 편찬한 의학백과사전이다. ③ 마과회통은 정약용이 마진(홍역)을 연구하고 종두법과 관련된 내용을 서술한 의학 서적이다.

13 조선시대의 학파 및 학설에 관한 설명으로 옳지 않은 것은?

① 주로 서경덕 학파와 이황 학파, 조식 학파가 동인을 형성하였고, 이이 학파와 성혼 학파가 서인을 형성하였다.

② 16세기 중반부터 성리학에 대한 이해가 심화되면서 학설과 지역적 차이에 따라 서원을 중심으로 학파가 형성되기 시작하였다.

③ 주로 서경덕 학파와 조식 학파로 구성된 북인은 서인보다 성리학적 의리명분론에 구애를 덜 받았다.

④ 18세기의 노론은 성리학의 이해에 탄력적이었으며, 실리를 추구하고 북방 개척에 관심을 가졌다.

14 우리나라 의학서에 관한 설명으로 옳은 것을 모두 고른 것은? (2013년 기출)

> ㄱ. 의방유취는 의학책들을 망라한 의학백과사전이다.
> ㄴ. 동의보감은 일본 의학 발전에 큰 영향을 준 서적이다.
> ㄷ. 향약집성방은 현재 전하는 가장 오래된 의학 서적이다.
> ㄹ. 침구경험방은 홍역 치료법과 종두법을 소개한 의학 서적이다.

① ㄱ, ㄴ   ② ㄱ, ㄹ

③ ㄴ, ㄷ   ④ ㄷ, ㄹ

---

13 정답 ④

해설 ① 조선 시대 학파 중에서 서경덕, 이황, 조식 학파가 중심이 되어 동인을 형성하였고, 이이와 성혼 학파가 서인을 형성하였다. ② 16세기 중반부터 성리학에 대한 이해가 심화되면서 학설과 지역적 차이에 따라 서원을 중심으로 학파가 형성되기 시작하였다. ③ 서경덕, 조식 학파를 중심으로 형성된 북인은 성리학뿐만 아니라 노장사상에 대한 관심을 가졌으며, 광해군 때 실리적인 중립 외교 정책을 실시하는 등 성리학적 명분론에 집착하지 않았다. 그 결과 성리학적 명분론을 중시하는 서인 정권에 의한 인조반정을 계기로 정권에서 밀려났다.

오답풀이 ④ 노론은 사회 모순을 해결하기 위해 의리 명분론을 강화하고 주자 중심의 성리학을 절대화하였다. 성리학의 이해에 탄력적이었으며, 실리를 추구하고 북방 개척에 관심을 가진 것은 소론이었다.

14 정답 ①

해설 ㄱ. 의방유취는 세종 때 편찬된 의학백과 사전이다. ㄴ. 동의보감은 광해군 때 허준이 우리의 전통 한의학을 정리한 의학서적으로, 중국과 일본에서도 간행되어 일본 의학 발전에 큰 영향을 끼쳤다.

오답풀이 ㄷ. 현재 전하는 우리나라에서 가장 오래된 의학 서적은 고려 후기에 편찬된 향약구급방이다. ㄹ. 침구경험방은 허임이 침구술을 집대성하여 편찬하였다.

15 다음 (   )에 들어갈 인물로 옳은 것은? (2018년 기출)

> (   )은 실학자로서 '의산문답', '임하경륜' 등을 저술하고, 성리학의 극복과 지전설을 주장하였다.

① 이익   ② 홍대용

③ 유수원   ④ 박지원

16 조선 후기의 지도와 지리지에 대한 설명으로 옳은 것은?

① 조선 후기의 지도와 지리지는 중앙 집권 체제와 국방력 강화 목적으로 제작하였다.

② 대동여지도는 현재 남아 있는 우리나라에서 가장 오래된 지도이다.

③ 정상기의 동국지도는 최초로 축척의 개념을 도입하여 지도 제작의 과학화에 기여하였다.

④ 동국여지승람은 8도의 자연 환경과 물산, 풍속, 인심의 특색, 가거지 조건 등을 수록하였다.

17 조선 후기 그림에서 나타난 새로운 경향으로 옳지 않은 것은? (2016년 기출)

① 우리의 자연을 사실적으로 그리는 화풍이 등장하였다.

② 안견 등 화원 출신 화가들의 작품 활동이 활발하였다.

③ 서양화의 기법을 반영하여 사물을 실감나게 표현하였다.

④ 서민들의 생활과 감정이 잘 나타나는 민화가 유행하였다.

---

15 정답 ②

해설 ② 의산문답, 임하경륜은 홍대용의 저술이다.

16 정답 ③

해설 ③ 정상기의 동국지도는 최초로 백리를 1척으로 한 축척의 개념을 도입하여 제작함으로써 조선 후기 지도의 과학적인 제작에 많은 기여를 하였다.

오답풀이 ① 조선 후기의 지도와 지리지는 경제적, 문화적 목적에서 주로 제작하였다. ② 대동여지도는 김정호가 19세기에 제작한 지도이며, 조선 전기의 지도로 현재 남아있는 것으로는 조선 방역 지도 등이 있다. ④ 동국여지승람은 조선 전기 성종 때의 지리지이며, 8도의 자연 환경과 물산, 풍속, 인심의 특색, 가거지 조건 등을 수록한 것은 이중환의 택리지이다.

17 정답 ②

해설 ① 조선 후기에는 우리의 자연을 사실적으로 그리는 진경산수화가 등장하였으며, 정선이 대표적인 화가이다. ③ 강세황은 조선 후기에 서양화의 원근법·명암법 등을 반영하여 영통골입구도 등의 많은 작품을 남겼다. ④ 조선 후기에는 서민들의 생활과 감정을 표현한 한국적 정서의 민화가 유행하였다.

오답풀이 ② 안견은 15세기 조선 전기에 활약한 화가로서 몽유도원도가 대표적인 작품이다.

18 다음에 제시된 그림을 보고 당시의 사회상으로 옳은 것을 고르면? (2008년 기출)

① 농업 생산력의 증대와 상품 화폐 경제 발달

② 양반들의 지위 강화와 관권의 약화

③ 성리학적 사회 질서 강화

④ 일부일처제 정착과 여성의 지위 상승

19 다음에서 설명하는 책을 저술한 인물은? (2014년 기출)

> 조선 영조 때 집필 된 책으로 각 지역의 자연 환경과 물산, 풍속, 인심 등을 서술하고 어느 지역이 살기 좋은 곳인가를 논하였다.

① 김정호   ② 이긍익

③ 이중환   ④ 한백겸

---

18 정답 ①

해설 ① 그림은 조선 후기에 발달한 서민 문화의 대표적인 풍속화 작품으로 김홍도의 무동과 신윤복의 단오풍정이다. 서민 문화가 조선 후기에 발달하게 된 것은 상품 화폐 경제의 발달, 농업 생산력의 증대에 따른 서당 교육의 보급, 서민의 경제적 · 신분적 지위 향상 등이 이루어지면서 가능했다.

오답풀이 ② 조선 후기에는 양반의 수가 증가하고 양반들의 사회적 지위가 약화된 반면에 수령과 향리를 중심으로 하는 관권은 강화되었다. ③ 조선 후기에는 양반의 향촌 사회에서의 지배력과 사회적 지위가 약화되면서 성리학적 사회 질서는 오히려 약화되었으며, 성리학적 사회 질서 강화는 양반에 의해 나타난 현상이기 때문에 서민 문화와는 관련이 없다. ④ 조선 후기에는 가부장적 가족제도가 확립되면서 여성의 지위는 오히려 하락하였으며, 일부일처제가 일반적인 원칙이었지만 양반들이 첩을 들이는 것이 보편적인 현상이었기 때문에 그 원칙은 제대로 지켜지지 않았다.

19 정답 ③

해설 ③ 자료는 이중환의 택리지에 대한 설명이다. 택리지는 각 지역의 자연 환경과 물산, 풍속, 인심 등을 서술하고 사람이 살기에 가장 좋은 조건을 제시하였다.

20 다음 문화재를 순서대로 바르게 나열한 것은? (2010년 기출)

ㄱ

ㄴ

ㄷ

ㄹ

① ㄱ → ㄴ → ㄷ → ㄹ ② ㄱ → ㄴ → ㄹ → ㄷ

③ ㄴ → ㄱ → ㄹ → ㄷ ④ ㄱ → ㄹ → ㄴ → ㄷ

21 다음의 그림이 등장한 시기의 문화계 동향으로 옳은 것은? (2012년 기출)

① 분청사기가 생활용품으로 널리 사용되었다.

② 양반을 풍자하고 사회 모순을 비판하는 한글소설이 유행하였다.

③ 강한 필치의 산수화와 사군자가 유행하였다.

④ 해인사 장경판전, 원각사지 10층 석탑 등 불교 건축물이 조성되었다.

20 정답 ①

해설 ㄱ. 불국사(통일신라) - ㄴ. 고려 초기 관촉사 석조미륵보살 입상 - ㄷ. 해인사 장경판전(15세기) - ㄹ. 수원화성(18세기)

21 정답 ②

해설 ② 그림은 정선의 진경산수화의 대표적 작품인 인왕제색도이다. 진경산수화는 조선 후기에 유행한 회화 양식이다. 이 시기에는 양반 사회를 풍자하고 사회 모순을 비판하는 춘향전·홍길동전 등의 한글소설이 발표되었으며, 격식에 얽매이지 않고 초·중·종장이 무제한 긴 사설시조 등이 유행하였다.

오답풀이 ① 15세기, ③ 16세기, ④ 15세기

22 다음에서 설명하고 있는 문화재는? (2013년 기출)

> ● 영의정 채제공의 지휘 아래 만들어졌다.
> ● 팔달문, 화서문, 장안문 등으로 이루어져 있다.
> ● 거중기 등 새로운 기계를 사용하여 만들어졌다.
> ● 유네스코 세계문화유산으로 등재되었다.

① 남한산성 ② 정족산성

③ 행주산성 ④ 수원 화성

23 조선 후기 과학 기술의 발전과 관련이 없는 것은?

① 마테오리치의 곤여만국전도가 전래되어 조선인의 세계관을 확대시켰다.

② 홍대용이 주해수용을 저술하여 우리나라 · 중국 · 서양 수학의 연구 성과를 정리하였다.

③ 김육은 효종 때 청의 시헌력을 도입하였다.

④ 신속은 농촌 생활 백과사전으로 임원경제지를 저술하였다.

24 조선 후기 회화 작품 경향으로 옳지 않은 것은?

① 18세기에는 민중의 기복적 염원과 미의식을 표현한 민화가 서민층에서 유행하였다.

② 김정희는 서양식 원근법과 명암법을 사용하여 세한도를 그렸다.

③ 김홍도는 농촌 서민들의 생활상을 주로 묘사한 풍속화를 그렸다.

④ 신윤복은 양반과 부녀자들의 생활 등을 섬세하고 세련되게 묘사하였다.

---

22 정답 ④

해설 ④ 자료는 정조 때 영의정 채제공의 지휘 아래 정약용이 거중기를 이용하여 축조한 수원 화성이다. 수원 화성은 팔달문 · 화서문 · 장안문 등으로 구성되어 있고, 적을 공격할 수 있는 화포가 배치되었으며, 1997년에 유네스코 지정 세계 문화유산으로 등재되었다.

23 정답 ④

해설 ① 청을 통해 서양인 선교사 마테오리치의 곤여만국전도가 전래되어 조선인의 세계관을 확대시켰다. ② 홍대용은 주해수용을 저술하여 우리나라 · 중국 · 서양 수학의 연구 성과를 정리하였다. ③ 김육이 도입한 청의 시헌력은 태음력에 태양력의 원리를 적용하여 24절기의 시각과 하루의 시각을 정확하게 계산하여 만든 역법이다.

오답풀이 ④ 신속은 농업서적으로 농가집성을 저술하여 이앙법 보급에 공헌하였으며, 임원경제지는 서유구가 저술한 농촌 생활 백과 사전이다.

24 정답 ②

해설 ① 민화는 18세기에 민중의 기복적 염원과 미의식을 표현하여 생활 공간 장식 목적으로 그렸으며, 한국적 소박한 정서가 짙게 반영되었다. ③ 김홍도의 풍속화는 주로 농촌 서민들의 생활상을 소탈 · 익살스러운 필치로 표현하였다. ④ 신윤복은 양반과 부녀자들의 생활 등을 섬세하고 세련되게 묘사한 풍속화를 많이 남겼다.

오답풀이 ② 서양식 원근법과 명암법을 사용한 화가는 강세황으로 대표적인 작품으로 영통골 입구도가 있으며, 김정희의 대표적인 작품으로는 세한도가 있다.

25 / 조선 후기 예술의 경향과 관련된 설명으로 옳은 것은?

① 강한 필치의 산수화와 사군자가 유행하였다.

② 양반층을 중심으로 판소리와 사설시조가 유행하였다.

③ 백자가 민간에 널리 사용되고 청화백자가 유행하였다.

④ 허생전, 양반전, 호질 등 당시 양반 사회를 풍자하는 한글소설이 등장하였다.

26 / 조선 시대 건축에 관한 설명으로 옳은 것은? (2019년 기출)

① 인공적인 기교를 부린 정원 건축이 발달하였다.

② 현존하는 궁궐의 정전(正殿)은 익공 양식으로 건축하였다.

③ 일본의 과학기술을 적용하여 제작한 기구로 수원 화성을 축조하였다.

④ 안채와 사랑채로 구분된 주택 구조가 발달하였다.

27 / 조선 후기 문화에 관한 설명으로 옳은 것을 모두 고른 깃은? (2017년 기출)

> ㄱ. 민화와 진경산수화가 유행하였다.
> ㄴ. 의학 백과사전인 의방유취를 간행하였다.
> ㄷ. 금속활자로 상정고금예문을 인쇄하였다.
> ㄹ. 중인층의 시인들이 시사를 조직하여 활동하였다.

① ㄱ, ㄴ   ② ㄱ, ㄹ

③ ㄴ, ㄷ   ④ ㄷ, ㄹ

---

25 정답 ③

해설 ③ 조선 후기에는 백자가 민간에 널리 사용되고 청화백자가 유행하였으며, 서민들은 주로 옹기를 사용하였다.

오답풀이 ① 산수화와 사군자는 조선 전기 16세기에 유행하였다. ② 판소리와 사설시조는 대표적인 서민문화이다. ④ 허생전, 양반전, 호질은 당시의 양반 사회를 풍자한 박지원의 대표적인 한문학 작품이다.

26 정답 ④

해설 ④ 조선 후기에는 성리학적 사회 질서가 강화되면서 가옥 구조에서 남녀가 따로 거주하도록 안채와 사랑채로 구분하였다.

오답풀이 ① 조선 시대에는 자연미를 강조한 정원 건축이 발달

하였다. ② 조선의 궁궐 정전은 대부분이 다포 양식으로 건축하였다. ③ 수원 화성은 정조 때 정약용이 거중기를 이용하여 건축한 건물로서 전통 건축 양식과 서양 건축 양식을 혼합하여 축조하였다.

27 정답 ②

해설 ㄱ. ㄹ. 조선 후기에는 서민의 경제력 향상과 서당 교육의 보급을 배경으로 서민 문화가 발달하였다. 대표적인 분야로는 민화, 풍속화, 시사 조직(중인층), 판소리, 탈춤 등이 유행하였다. 뿐만 아니라 우리나라의 자연을 사실적으로 묘사하는 진경산수화도 유행하였다.

오답풀이 ㄴ. 의방유취는 조선 전기 세종 때 간행된 의학백과 사전이다. ㄷ. 상정고금예문은 고려 후기(1234)에 간행된 금속활자본이다.

28 다음 중 조선 후기 실학에 대한 설명으로 옳지 <u>않은</u> 것은?

① 중농학파 실학은 서울 출신의 노론, 중상학파 실학은 경기 출신의 남인을 중심으로 발달하였다.

② 실학은 청의 고증학의 영향과 성리학에 대한 반성과 비판을 배경으로 등장하였다.

③ 실학은 조선 후기의 사회 · 경제적 모순을 해결하기 위한 사회 개혁 사상이었다.

④ 실학은 정치권력에서 소외된 재야 지식인의 개혁론이었기 때문에 국가 정책에 반영되지는 못하였다.

29 다음 도자기를 유행 시기가 앞선 순으로 바르게 나열한 것은? (2019년 기출)

ㄱ. 순청자	ㄴ. 청화백자	ㄷ. 분청사기	ㄹ. 상감청자

① ㄱ → ㄷ → ㄹ → ㄴ   ② ㄱ → ㄹ → ㄴ → ㄷ

③ ㄱ → ㄹ → ㄷ → ㄴ   ④ ㄴ → ㄷ → ㄹ → ㄱ

30 다음 인물의 공통점으로 옳은 것은? (2011년 기출)

● 윤휴	● 박세당	● 정제두	● 이광사

① 양명학의 수용과 연구   ② 주자학 비판

③ 세계관 확대에 기여   ④ 반도 중심의 역사관 극복

---

28 정답 ①

해설 ② ③ 실학은 양란 이후 통치 질서의 와해, 조선 후기 경제적 변화와 발전, 양반 중심의 신분 질서 붕괴, 성리학의 현실 문제 해결 능력 상실, 고증학과 서양 과학의 영향, 영 · 정조의 학문 장려 등을 배경으로 하여 등장하였다. 따라서 실학은 조선 후기의 사회 · 경제적 모순을 해결하기 위한 진보적인 사회 개혁 사상의 성격을 지녔다고 할 수 있다. ④ 실학은 몰락한 남인을 중심으로 정치권력에서 소외된 재야 지식인의 개혁론이었기 때문에 실제로 국가 정책에 반영되지는 못하였다는 한계성을 지니고 있다.

오답풀이 ① 중농학파 실학은 경기 남인, 중상학파 실학은 서울 출신의 노론을 중심으로 발달하였다.

29 정답 ③

해설 ㄱ. 순청자(고려 초기) → ㄹ. 상감청자(고려 중기) → ㄷ. 분청사기(고려 후기 ~ 조선 초기) → ㄴ. 청화백자(조선 후기)

30 정답 ②

해설 ② 윤휴는 유교 경전을 자신의 학문적 입장에서 독자적으로 해석하였고, 박세당은 양명학과 노장 사상의 영향을 받아 주자의 학설을 비판하였다. 그 결과 윤휴와 박세당은 노론으로부터 사문난적으로 배척을 받기도 하였다. 또한 정제두와 이광사는 양명학을 연구한 학자로서 성리학(주자학)의 교조화와 형식화를 비판하면서 실천성을 강조하였다.

31 조선 후기의 문화에 대한 설명으로 옳지 않은 것은? (2011년 기출)

① 중인층이 시사(詩社)를 결성하여 종래의 양반 중심적인 문예를 비판하였다.

② 판소리는 읽을거리로 정착 유통되면서 평민적 성격을 가진 소문화로 발전하였다.

③ 민화, 풍속화, 진경산수화가 유행하였다.

④ 힘차고 강한 필치의 사군자, 매화 등이 그려진 분청사기가 유행하였다.

32 조선 후기에 만들어진 것은? (2018년 기출)

① 악학궤범 ② 인왕제색도

③ 향약집성방 ④ 혼일강리역대국도지도

33 다음 내용과 관련된 인물에 관한 설명으로 옳지 않은 것은? (2014년 기출)

> 이제 농사짓는 사람은 토지를 가지게 하고, 농사짓지 않는 사람이 토지를 가지지 못하게 하려면 여전제(閭田制)를 실시해야 한다. 산골짜기와 시냇물의 지세를 기준으로 구역을 획정하여 경계를 삼고, 그 경계선 안에 포괄되어 있는 지역을 1여(閭)로 한다.

① 경세유표를 저술하였다. ② 마과회통을 저술하였다.

③ 아방강역고를 저술하였다. ④ 열하일기를 저술하였다.

---

31 정답 ④

해설 ① 중인층은 시인 동우회인 시사를 조직하여 종래의 양반 중심의 문예 활동을 비판하였다. ② 판소리는 한 편의 이야기를 창(노래)과 아니리(이야기)로 표현하는 방식으로 서민을 포함한 넓은 계층에서 호응을 받아 서민 문화의 중심을 형성하면서 조선 후기 서민의 풍요로운 문화생활에 기여하였다. ③ 조선 후기에는 새로운 회화 양식으로 서민 사회를 중심으로 민화가 유행하였으며, 김홍도와 신윤복에 의해 풍속화가 보급되었다. 또한 자주적인 회화풍으로 우리의 자연을 사실적으로 묘사하는 진경산수화가 유행하기도 하였다.

오답풀이 ④ 분청사기는 조선 전기 15세기에 유행한 자기 양식이며, 조선 후기에는 청화백자가 유행하였다.

32 정답 ②

해설 ② 인왕제색도는 조선 후기 진경산수화의 대표적 화가였던 정선의 작품이다.

오답풀이 ① 악학궤범은 성종 때 성현이 아악(궁중 음악)을 정리한 음악 서적이다. ③ 향약집성방은 세종 때 편찬된 의학 서적이다. ④ 혼일강리역대국도지도는 태종 때 제작된 세계 지도이다.

33 정답 ④

해설 ① 경세유표는 정약용이 중앙정치 제도의 개혁 방안을 제시한 저술이다. ② 마과회통은 정약용이 저술한 의학서로 마진(홍역)에 대한 이론적 정리를 체계화시켰다. ③ 아방강역고는 정약용이 저술한 역사지리서이다.

오답풀이 ④ 열하일기는 박지원이 청의 문물을 소개한 서적이다.

1. 외세의 침략적 접근과 개항

01 밑줄 친 인물이 실시한 정책으로 옳은 것은? (2017년 기출)

> ＿＿＿＿는(은) 붕당의 근거지로 인식되어 온 서원을 47개만 남기고 철폐하였으며, 전국에 척화비를 세우고 통상수교를 거부하는 정책을 확고하게 유지하였다.

① 삼수병으로 편성된 훈련도감을 설치하였다.
② 무예도보통지를 편찬하여 병법을 정리하였다.
③ 대전통편을 편찬하여 통치 규범을 재정비하였다.
④ 비변사를 폐지하고 의정부의 기능을 회복하였다.

02 다음 중 흥선대원군이 추진한 정책에 대한 설명으로 옳지 않은 것은?

① 서양 여러 나라들의 통상 요구에 대응하여 통상 수교 거부 정책을 실시하였다.
② 환곡의 문란을 해결하기 위하여 사창제를 실시하였다.
③ 대전통편과 육전조례를 편찬하여 통치 규범을 재정비하였다.
④ 경복궁 중건을 위해 원납전을 징수하고 당백전을 발행하였다.

---

01 정답 ④

해설 ④ 흥선대원군은 대내적으로는 왕권 강화와 민생 안정을 위해서 서원을 정리하였으며, 비변사를 폐지하고 의정부와 3군부의 기능을 부활시켰다. 또한 대외적으로는 통상 수교 거부 정책을 실시하여 척화비를 건립하였다.

오답풀이 ① 훈련도감은 임진왜란 중에 설치되었다. ②③ 무예도보통지와 대전통편은 정조 때 편찬되었다.

02 정답 ③

해설 ① 흥선대원군은 대외적으로 서구 열강과의 교류를 철저하게 거부하는 통상 수교 거부 정책(쇄국정책)을 실

시하였다. ② 흥선대원군은 삼정의 문란 중 가장 극심하였던 환곡의 문란을 해결하기 위하여 환곡의 운영을 담당하였던 서리의 중간 수탈을 억제하고 각 지방의 덕망 있는 양반 지주나 부호들로 하여금 사창제를 실시하여 운영하도록 하였다. ④ 왕권 강화를 위해 경복궁 중건을 추진한 흥선대원군은 원납전이라는 기부금을 징수하고, 당백전이라는 고가의 화폐를 발행하여 물가 상승을 일으키는 등 여러 가지 폐단을 초래하였다.

오답풀이 ③ 흥선대원군이 통치 규범을 재정비하기 위하여 편찬한 법전은 대전회통과 육전조례이다. 대전통편은 정조 때 편찬된 법전이다.

03 다음은 흥선대원군 집권기에 있었던 사건들이다. 순서대로 바르게 나열한 것은?

> ㄱ. 신미양요   ㄴ. 제너럴셔먼호 사건
> ㄷ. 병인양요   ㄹ. 오페르트 도굴 사건

① ㄱ → ㄷ → ㄴ → ㄹ   ② ㄴ → ㄷ → ㄹ → ㄱ

③ ㄷ → ㄴ → ㄱ → ㄹ   ④ ㄷ → ㄹ → ㄴ → ㄱ

04 다음 자료와 관련된 시대상으로 옳지 않은 것은? (2011년 기출)

"서양 오랑캐가 침범함에 싸우지 않음은 곧 화의하는 것이요, 화의를 주장함은 나라를 파는 것이다."

① 의정부의 기능이 약화되고 비변사의 기능이 강화되었다.

② 서양 여러 나라들이 통상을 요구하며 위협하였다.

③ 능력 있는 인재를 등용하고 대전회통을 편찬하였다.

④ 호포법과 사창제를 실시하여 국가 재정을 확충하고자 하였다.

---

03 정답 ②

해설 ② ㄴ. 제너럴셔먼호 사건(1866.7) – ㄷ. 병인양요(1866.9) – ㄹ. 오페르트 도굴 사건(1868) – ㄱ. 신미양요(1871)

04 정답 ①

해설 자료는 흥선 대원군 집권기에 세워진 척화비이다. ② 흥선대원군은 서양 국가들의 통상 요구에 대응하여 통상 수교 거부 정책을 실시하였다. ③ 왕권을 강화하고 통치 체제를 재정비하기 위하여 능력 있는 인재를 등용하고 대전회통과 육전조례를 편찬하였다. ④ 호포법과 사창제를 실시하여 국가 재정을 확충하고자 하였다.

오답풀이 ① 흥선대원군은 왕권 강화를 위해 세도 정치 시기에 세도가문의 권력 기구였던 비변사의 기능을 축소, 폐지시키고 의정부와 삼군부의 기능을 부활하였다.

05 다음의 역사적 사실과 관련된 설명으로 옳지 않은 것은?

> 조선 국왕이 프랑스 주교 2인과 선교사 9인 그리고 조선인 신도 다수를 살해했다고 한다. 이러한 잔인한 폭력은 패망을 자초하는 것이다. 조선은 중국에 조공하는 나라이므로 본국이 장차 군대를 일으켜 정벌하러 가기 전에 조선 원정을 알리는 것이 도리에 합당한 줄 알고 있다.

① 양헌수는 정족산성에서 프랑스의 침략을 격퇴하였다.

② 조선 정부의 러시아 견제를 프랑스가 거부한 것을 계기로 일어났다.

③ 강화도의 외규장각 문화재가 약탈당하였다.

④ 이 사건 이후 흥선대원군은 척화비를 세웠다.

06 (가), (나) 사건 사이에 있었던 사실로 옳은 것은?

> (가) 미국 사람들이 배 한 척을 이끌고 밀물을 타 대동강으로 들어왔지만, 썰물이 되자 움직이지 못하였다. 평안 감사 박규수가 상금을 걸로 그들을 붙잡을 수 있는 자를 구하자, 한 장교가 나섰다. 그는 조그만 고깃배를 모아 불을 지르고 일제히 활을 당기게 했다.
>
> (나) 미국 배가 항구로 들어와서 광성진을 습격하고 함락하였는데, 중군 어재연이 힘껏 싸우다가 목숨을 잃었고, 사망한 군사도 매우 많습니다. 적병은 초지포에 진을 쳤습니다.

① 흥선 대원군이 전국 각지에 척화비를 건립하였다.

② 구식 군인들이 일본 공사관을 공격하였다.

③ 오페르트가 남연군묘 도굴을 시도하였다.

④ 운요호 사건을 빌미로 일본이 개항을 요구하였다.

---

05 정답 ④

해설 ① ② ③ 자료는 병인박해와 관련된 내용이다. 병인박해는 조선 정부가 프랑스 정부에게 러시아 견제를 요청한 것을 거부당하자, 그 보복으로 일어난 사건이다. 이 사건을 계기로 프랑스의 침략에 의한 병인양요가 발생하였고, 양헌수와 한성근은 정족산성과 문수산성에서 프랑스의 침략을 격퇴하였으며, 그 과정에서 프랑스는 강화도의 외규장각 문화재를 약탈하였다.

오답풀이 ④ 흥선대원군이 척화비를 세운 것은 신미양요 이후의 사실이다.

06 정답 ③

해설 (가)는 1866년에 일어난 제너럴셔먼 호 소각 사건이고, (나)는 미국이 1871년에 제너럴셔먼 호 사건을 구실로 일으킨 신미양요이다. ③ 1868년에는 독일 상인 오페르트가 조선과의 통상 수교를 목적으로 남연군묘를 도굴하려다 발각되는 사건이 일어났다.

오답풀이 ① 흥선 대원군은 신미양요(1871) 직후 전국에 척화비를 세웠다. ② 1882년에 구식 군인들이 차별 대우에 대한 분노로 임오군란을 일으켰다. ④ 일본은 1875년에 일어난 운요 호 사건을 빌미로 조선에 개항을 요구하였다.

07 강화도 조약에 대한 설명으로 옳지 않은 것은? (2005년 기출)

① 운요호 사건을 계기로 체결되었다.

② 근대국가 간에 대등한 자격으로 맺어진 평등한 조약이다.

③ 부산, 원산, 인천의 세 항구를 개항하게 되었다.

④ 치외법권을 이용하여 조선에서 거주하는 일본인을 보호하였다.

08 강화도 지역과 관련된 역사적 사실로 옳지 않은 것은?

① 청동기 시대의 거석문화가 남아 있다.

② 흥선대원군 집권기의 병인양요와 신미양요가 일어났다.

③ 고려의 금속활자본인 직지심체요절이 간행되었다.

④ 우리나라 최초의 근대적 조약이 체결되었다.

---

07 정답 ②

해설 ① 강화도에서 일어난 운요호 사건(1875)을 계기로 조선과 일본 간에 강화도 조약이 체결되었다. ③ 강화도 조약에 의해 조선은 부산, 인천, 원산을 개항하였다. ④ 일본인이 조선에서 죄를 범하여도 처벌할 수 없도록 한 치외법권 조항을 강화도 조약에 포함시켜 일본인을 보호하였다.

오답풀이 ② 강화도 조약은 일본에게 조선의 연근해 바닷가를 측량할 수 있는 해안 측량권과 치외법권을 인정한 불평등 조약이었다.

08 정답 ③

해설 ① 강화도에는 청동기 시대의 무덤이었던 고인돌 유적지가 남아 있다. ② 병인양요와 신미양요는 프랑스와 미국이 각각 강화도로 침입하여 일어났다. ④ 우리나라 최초의 근대적 조약인 강화도 조약이 체결되었다.

오답풀이 ③ 직지심체요절은 청주 흥덕사에서 간행되었다.

09 다음 글과 관계있는 시기의 역사적 사실로 적절치 못한 것은? (2010년 기출)

> 에 – 에헤이야 얼널널 거리고 방에 흥애로다.
> 을축년 4월 초 3일에 경복궁 새 대궐 짓는데 헛방아 찧는 소리다.
> 조선의 여덟도 좋다는 나무는 경복궁 짓노라 다 들어간다. ……
> 에 – 나 떠난다고 네가 통곡 말고 나 다녀올 동안 네가 수절을 하여라.
> 에 – 인생을 살면 몇 백 년 사나 생전 시절에 맘대로 노세.
> 남문 열고 바라 둥당 치니 계명산천에 달이 살짝 밝았네.
> 경복궁 역사가 언제나 끝나 그리던 가족을 만나 볼까.

① 당백전을 발행하여 사회가 안정되었다.

② 서원을 정리하여 국가 재정을 확보하였다.

③ 호포제를 실시하여 양반에게도 군포를 징수하였다.

④ 사창제를 실시하여 농민 경제를 안정시켰다.

10 다음은 강화도 조약과 조·일 통상 장정의 내용이다. 각 조항에 대한 해석으로 잘못된 것은?

> 1. 강화도 조약
>   (가) 조선국은 자주국이며 일본국과 평등한 권리를 보유한다.
>   (나) 일본국 인민이 조선국 지정의 각 항구에서 죄를 범한 경우 일본인 관원이 심판한다.
> 2. 조·일 통상 장정
>   (다) 일본의 수출입 상품에 관세를 부과하지 않는다.
>   (라) 조선국 항구에 머무르는 일본인은 쌀과 잡곡을 수출할 수 있다.

① (가)를 계기로 청과의 사대관계가 청산되었다.

② (나)는 영사재판권을 규정한 불평등 조약이다.

③ (다)로 인하여 국내 산업의 보호가 어려워지게 되었다.

④ (라)로 인하여 국내 쌀값이 폭등하고 농촌 경제가 무너졌다.

---

09 **정답** ①

해설 자료는 경복궁 타령으로 흥선대원군이 경복궁을 중건하면서 백성의 노동력을 동원하여 백성의 고통이 극심하였다. 그러한 백성들의 고통을 표현한 노래가 경복궁 타령이다. 흥선대원군은 ② 서원을 정리하여 국가 재정을 확보하였다. ③ 호포제를 실시하여 양반에게도 군포를 징수하였다. ④ 환곡의 폐단을 해결하기 위하여 사창제를 실시하여 농민 경제를 안정시켰다.

오답풀이 ① 경복궁 중건의 자금을 마련하기 위하여 고가의 당백전을 발행하여 물가를 상승시키는 등 사회, 경제적 혼란을 초래하였다.

10 **정답** ①

해설 ② (나)는 영사재판권(치외법권)을 규정한 강화도 조약의 대표적인 불평등 조항이다. ③ (다)는 일본 상품에 대한 무관세 조항으로 일본 상품이 싼 가격으로 조선에서 대량으로 유통되어 조선의 산업은 보호받을 수 없게 되었다. ④ (라) 조항에 의해 조선은 일본에게 무제한 곡물 유출을 허용함으로써 국내 쌀값이 폭등하고 농촌 경제가 무너지게 되었다.

오답풀이 ① (가) 조항은 조선에 대한 청의 종주권을 배제하고, 일본이 조선을 침략하려는 의도로 해석된다. 그러나 이 조항을 계기로 청과 조선의 사대관계가 청산되지는 않았다.

11 개항 이후 외국과 체결한 조약에 대한 설명으로 옳지 않은 것은?

① 미국과의 조약 체결은 청의 알선에 의해 체결되었다.

② 조 · 청 상민수륙무역장정은 조선의 자주성, 청 상인의 내지 통상권, 치외법권을 인정하였다.

③ 러시아는 조선 정부가 직접 조약을 체결하였다.

④ 프랑스와의 조약 체결을 계기로 천주교 포교가 허용되었다.

12 다음은 1876년 개항 이후 우리나라가 외국과 맺은 조약의 내용이다. 시기 순으로 바르게 나열한 것은?

> ㄱ. 조선과 미국 두 나라 중 한 나라가 다른 나라의 핍박을 받을 경우 분쟁을 해결하도록 주선한다.
> ㄴ. 일본국 국민은 본국에서 사용되는 화폐로 조선국 국민의 물자와 마음대로 교환할 수 있다.
> ㄷ. 영국 군함은 개항장 이외에 조선 국내 어디서나 정박할 수 있고 선원을 상륙할 수 있게 한다.
> ㄹ. 일본 공사관에 군인 약간을 두어 경비하게 하고 그 비용은 조선국이 부담한다.

① ㄴ → ㄹ → ㄷ → ㄱ

② ㄴ → ㄱ → ㄷ → ㄹ

③ ㄴ → ㄹ → ㄱ → ㄷ

④ ㄴ → ㄱ → ㄹ → ㄷ

---

11 정답 ②

해설 ① 청은 러시아와 일본을 견제하기 위하여 조선과 미국과의 조약 체결을 알선하였다. ③ 러시아는 청의 내정 간섭이 심화되자, 청의 간섭에서 벗어나기 위하여 1884년에 러시아와 직접 수교를 체결하였다. ④ 프랑스는 1886년에 천주교 포교 허용을 조건으로 조약을 체결하였다.

오답풀이 ② 조 · 청 상민 수륙 무역 장정은 임오군란을 계기로 체결된 조약이다. 이 조약을 통해 청은 조선에 대한 종주권을 재확인하였기 때문에 조선의 자주성이 유지된

것이 아니라, 오히려 사대관계가 계속 유지되었던 것이다. 이 조약을 통해 그 외에도 청에게 치외법권과 내지 통상권을 허용하였다.

12 정답 ④

해설 ㄴ. 조 · 일 수호조규부록(1876) − ㄱ. 조 · 미 수호통상조약(1882) − ㄹ. 조 · 미 수호통상조약 체결 이후에 일어난 임오군란을 계기로 체결한 제물포 조약(1882)이다. − ㄷ. 조 · 영 수호통상조약(1883)

2. 개화운동과 근대적 개혁의 추진

01 개항 이후 조선 정부가 실시한 개화 정책에 대한 설명으로 옳지 않은 것은?

① 군국기무처를 중심으로 개화 정책을 추진하였다.

② 군제를 개혁하여 기존의 5군영을 2영 체제로 바꾸고, 신식 군대인 별기군을 설치하였다.

③ 청에 영선사를 파견하여 무기 제조 기술을 배우게 하였다.

④ 일본에 조사시찰단을 파견하여 각종 산업을 시찰하도록 하였다.

02 다음 중 개화사상 형성에 직접적인 영향을 미친 것이 아닌 것은?

① 일본의 문명개화론　　　　② 청의 양무운동

③ 북학파 실학사상　　　　　④ 서양의 사회진화론

03 다음은 주일(駐日) 중국 외교관이 저술한 서적의 일부 내용이다. 이 서적과 관련된 설명으로 옳지 않은 것은?

> 조선의 땅 덩어리는 실로 아시아의 요충을 차지하고 있어서 형세가 반드시 다투게 마련이며, 조선이 위태로우면 아시아의 형세도 위태로워질 것이다. 따라서 러시아가 강토를 공략하려 할진데 반드시 조선에서 시작할 것이다. …… 그렇다면 조선은 러시아를 막는 일보다 더 급한 일은 없을 것이다. 러시아를 막는 책략은 어떠한가? 중국과 친하고, 일본과 맺고, 미국과 연합함으로써 자강을 도모할 따름이다.

① 조·미 수호 통상 조약 체결에 영향　② 영남 만인소 등 위정척사 운동 격화

③ 최익현의 왜양일체론 주장　　　　④ 수신사 김홍집이 가져와 보급

---

01 **정답** ①

해설 ② 민씨 정권은 기존의 5군영을 무위영과 장어영의 2영 체제로 군제를 개편하고, 서양식 신식 군대로서 별기군을 설치하고 일본인 교관으로 하여금 군사 훈련을 담당하도록 하였다. ③ 청에는 김윤식을 중심으로 영선사를 파견하여 근대 무기 제조 기술을 배워오게 하고 나중에는 근대 무기 제조 공장인 기기창을 설치하였다. ④ 일본에는 조사시찰단(신사유람단)을 파견하여 일본의 발전된 산업 시설을 시찰하도록 하였다.

오답풀이 ① 개항 이후 민씨 정권은 개화 정책을 추진하기 위해 통리기무아문을 설치하였으며, 군국기무처는 1차 갑오개혁을 추진하기 위해 설치된 초정부적 회의기구이다.

02 **정답** ④

해설 ① ② ③ 조선 후기 북학파 실학사상을 계승한 초기 개화 사상가들은 성장하였고, 일본의 근대화에 영향을

준 후쿠자와 유키치의 문명개화론과 청의 근대화 운동이었던 양무운동의 영향을 받으면서 박규수, 오경석, 유홍기 등이 활동하였다.

오답풀이 ④ 서양의 사회진화론은 제국주의 국가들이 자신들의 식민지 개척을 위한 침략 행위를 합리화시키기 위해 만들어진 사상이었다.

03 **정답** ③

해설 자료는 일본에서 활동하던 청의 외교관 황쭌셴의 조선책략이다. ① ② ④ 조선책략은 조선이 러시아의 침략을 견제하기 위해서는 중국, 일본, 미국과 연합해야 한다는 사실을 주장하였다. 조선책략은 1880년에 일본에 2차 수신사로 갔던 김홍집이 가져와서 보급되었으며, 조·미 수호 통상 조약 체결과 영남 만인소 등 위정척사 운동의 격화에 영향을 끼쳤다.

오답풀이 ③ 최익현의 왜양일체론은 강화도 조약 체결을 반대하면서 최익현이 올린 5불가소에 실려 있던 내용이다.

04 한말 위정척사 운동과 관련된 설명으로 옳지 않은 것은?

① 성리학적 가치와 질서의 수호를 목적으로 전개되었다.

② 조선의 전통적 유교 문화를 유지하려 하였다.

③ 반봉건, 반외세의 자주적 민족 운동으로 평가받고 있다.

④ 항일 의병 항쟁의 사상적 기반을 이루었다.

05 다음은 위정척사 운동과 관련된 사실들이다. 순서대로 바르게 나열한 것은?

> ㄱ. 이만손의 영남 만인소   ㄴ. 이항로의 척화주전론
> ㄷ. 최익현의 왜양일체론   ㄹ. 유인석의 항일의병운동

① ㄱ → ㄴ → ㄷ → ㄹ
② ㄴ → ㄱ → ㄷ → ㄹ
③ ㄴ → ㄷ → ㄱ → ㄹ
④ ㄷ → ㄴ → ㄱ → ㄹ

06 다음 설명과 관련된 조약으로 옳은 것은? (2019년 기출)

> 개화 정책의 일환으로 신식 군대인 별기군을 창설한 이후, 신식 군인에 비해 구식 군인에 대한 대우가 열악하였다. 이에 구식 군인들의 불만이 폭발하여 임오군란이 일어났다.

① 강화도조약
② 제물포조약
③ 한성조약
④ 을사조약

---

04 **정답** ③

해설 ① ② ④ 한말 위정척사 운동은 성리학적 전통과 질서를 수호하고, 조선의 전통적 유교 문화를 유지하려는 보수적 양반 유생들의 민족 운동이었다. 특히 외세의 침략과 서양 문물 수용을 철저하게 배격하여 항일 의병 전쟁의 사상적 기반을 이루었으며, 다수의 양반들이 의병활동을 전개하였다.

오답풀이 ③ 위정척사 운동은 외세의 침략과 서양 문물 수용에 대해 철저하게 배격하는 반외세, 반침략의 민족 운동이었으나, 양반 유생에 의해 주도되었기 때문에 반봉건적인 요소는 전혀 나타나지 않는다.

05 **정답** ③

해설 ③ ㄴ. 이항로의 척화주전론 – 1860년대 통상 반대 운동.

ㄷ. 최익현의 왜양일체론 – 1870년대 개항 반대 운동.
ㄱ. 이만손의 영남만인소 – 1880년대 개화 반대 운동.
ㄹ. 유인석의 항일의병운동 – 1890년대 을미 의병 운동

06 **정답** ②

해설 ② 자료의 내용은 구식군인에 대한 차별 대우를 계기로 일어난 임오군란(1882년)에 대한 설명이다. 이 사건이 진행되는 과정에서 일본 공사관이 파괴되어 조선 정부는 일본과 제물포 조약을 체결하고 배상금을 지불하였다.

오답풀이 ① 강화도 조약은 임오군란 일어나기 전에 일본과 체결하였다(1876). ③ 한성조약(1884)은 갑신정변을 계기로 체결하였다. ④ 을사조약(1905)은 일본에 의해 외교권이 박탈되고 통감부가 설치된 조약이다.

07 다음 중 갑신정변과 관련된 설명으로 옳지 않은 것은?

① 김옥균, 박영효 등의 급진 개화파의 주도 아래 전개되었다.

② 청의 양무운동을 모델로 점진적 개혁을 추진하였다.

③ 정변 실패 이후 청과 일본 간에 텐진조약이 체결되었다.

④ 근대 국민 국가 건설을 지향하는 최초의 정치 개혁 운동이었다.

08 다음 자료와 관련된 사건의 결과로 옳지 않은 것은?

> ● 고종은 난리가 일어났다는 말을 듣고 급히 대원군을 불렀으며, 대원군은 난병을 따라 들어갔다.…
> (중략)…대원군은 궁궐 안에 있으면서 통리기무아문과 무위영, 장어영을 폐지시키고 5위의 군제를
> 복구하였다.
> ● 왕이 "중전의 시신을 사방에 찾아보았지만 끝내 그림자도 없으니 또한 어찌할 도리가 없다.…(중
> 략)…제반 시행 절차는 입던 옷을 가지고 장사 지내는 것으로 마련할 것이다."라고 말하였다.

① 일본은 공사관 경비를 구실로 조선에 군대를 주둔시켰다.

② 일본은 한성조약을 체결하여 배상금을 요구하였다.

③ 청의 내정 간섭이 강화되었다.

④ 외국인의 내륙 통상이 허용되어 조선 상인들의 피해가 커졌다.

---

07 정답 ②

해설 ① 갑신정변은 김옥균, 박영효 등의 급진 개화파(개화
당)의 주도 아래 전개되었다. ③ 갑신정변 이후 청과
일본은 텐진조약을 체결하고 양국 군대의 철수와 조선
군대 파병 시에는 상대국에게 미리 알리기로 합의하였
다. ④ 갑신정변은 신분제 폐지와 입헌군주제 실시 등
을 추진하는 등 근대 국민 국가 건설을 지향한 최초의
정치 개혁 운동이었다.

오답풀이 ② 갑신정변을 주도한 급진개화파는 일본의 메이지 유
신을 모델로 개혁을 추진하였다.

08 정답 ②

해설 ① 임오군란 이후 조선과 일본은 제물포 조약을 체결
하였고, 이후 일본군이 일본 공사관 경비를 구실로 조
선에 주둔하게 되었으며 조선은 일본에게 배상금을 지
불하였다. ③ 청의 군사 지원으로 임오군란이 해결된
것을 계기로 청은 조선에 대한 내정 간섭을 강화하였
다. ④ 임오군란 이후 조·청 상민 수륙 무역 장정이
체결되어 청 상인의 내륙 통상이 허용되면서 청과 일
본 상인 간의 조선에서의 상권 경쟁이 치열하게 전개
되었고, 그 영향으로 조선상인들의 피해는 극심하게
되었다.

오답풀이 ② 한성조약은 갑신정변 이후 조선과 일본 간에 체결
되었다.

09 다음의 내용과 관련된 사건으로 옳은 것은? (2015년 기출)

> ● 청과의 의례적 사대 관계를 폐지하고 입헌 군주제적 정치 구조를 지향하였다.
> ● 혜상공국을 폐지하여 자유로운 상업의 발전을 꾀하였다.
> ● 지조법을 실시하고 호조로 재정을 일원화하였다.

① 갑신정변   ② 갑오개혁
③ 임오군란   ④ 105인 사건

10 다음 중 갑신정변과 관련된 사실로 옳지 않은 것은? (2005년 기출)

① 일본 공사관에 군대가 주둔하기 시작
② 입헌군주제 최초 시도
③ 조선의 자주와 개화에 중대한 영향
④ 청의 내정 간섭 강화

11 다음은 개항 이후 외국과 체결된 조약의 내용이다. 이 조약과 관련된 사건은? (2004년 기출)

> ● 박영효가 일본에 사과 사절단으로 파견됨
> ● 처음으로 태극기를 사용하는 계기가 됨
> ● 일본 공사관의 경비병 주둔. 배상금 지불

① 갑신정변   ② 임오군란
③ 동학농민운동   ④ 을미사변

---

09 정답 ①

해설 ① 자료에서 청과의 사대 관계 폐지, 입헌군주제 실시, 혜상공국 폐지, 지조법 실시 등은 갑신정변 당시에 개화당 세력이 발표한 14개 조 개혁 정강에 해당하는 내용이다.

10 정답 ①

해설 ② 개화당 세력은 내각 중심의 입헌군주제 국가 건설을 위한 최초의 개혁 운동을 추진하였다. ③ 갑신정변은 개화당 세력이 일본이라는 외세의 지원을 받아 전개되었으며, 급진적인 개혁을 추진하는 과정에서 청의 개입으로 실패로 끝남으로써 조선의 자주와 개화에 부정적인 영향을 끼쳤다. ④ 갑신정변 실패 이후 청의 내정 간섭은 더욱 강화되었다.

오답풀이 ① 일본 공사관에 군대가 주둔하기 시작한 것은 임오군란 이후 제물포 조약이 체결된 것이 계기가 되었다.

11 정답 ②

해설 ② 임오군란이 끝난 후 일본 공사관 습격과 관련하여 사과 사절단으로 박영효가 파견되었으며, 당시 박영효에 의해 태극기가 최초로 제작되었다. 또한 제물포 조약을 체결하고 일본 공사관의 군대 주둔을 허용하고 배상금을 지불하였다.

12 다음은 한말의 역사적 사건들을 나열한 것이다. ㉠에 해당하는 시기에 일어난 사실은?

> 임오군란 → 갑신정변 → ㉠ → 동학농민운동

① 조 · 청 상민 수륙 무역 장정 체결
② 을미사변과 단발령으로 의병 항쟁 확산
③ 청 · 일 군대의 조선 파병
④ 부들러의 한반도 중립화론

13 다음에서 제시된 내용은 어떤 사건과 관련이 있는가? (2004년 기출)

> ● 조 · 러 비밀 협약 추진
> ● 영국의 거문도 점령과 한반도 중립화론 대두

① 아관파천   ② 청 · 일 전쟁
③ 갑신정변   ④ 임오군란

14 다음은 온건 개화파와 급진개화파를 비교한 표이다. 잘못 설명한 것은?

	구분	온건 개화파	급진 개화파
①	외교 정책	반청친일	친청 사대 정책
②	중심 인물	김옥균, 박영효, 홍영식	김홍집, 어윤중, 김윤식
③	개혁 범위	부분적 개혁 – 동도서기론	전면적 개혁 – 문명개화론
④	개혁의 모델	양무운동을 모델	메이지 유신을 모델

---

12 정답 ④

해설 ② 자료에서 임오군란(1882) → 갑신정변(1884) → ㉠ → 동학농민운동(1894)의 순서로 진행되었으므로 ㉠은 갑신정변 직후의 역사적 사실임을 알 수 있다. ④ 갑신정변 이후 청의 내정간섭이 강화되자 조선 정부는 조 · 러 수호 통상 조약을 체결하여 러시아를 통해 청을 견제하고자 하였다. 이후 러시아의 조선 진출 움직임이 본격적으로 전개되자, 영국은 거문도를 점령하는 거문도 사건(1885)을 일으키고 러시아를 견제하고자 하였다. 이 사건 이후 조선은 열강에 의한 침략의 분위기가 고조되자, 조선이 중립국을 선포하면 외세의 침략으로부터 독립을 유지할 수 있다는 한반도 중립화론이 부들러와 유길준에 의해 제기되었다.

오답풀이 ① 조 · 청 상민 수륙 무역 장정은 임오군란 직후에 체결되었다. ② 을미사변과 을미의병(1895) ③ 청 · 일 군대의 조선 파병은 동학농민운동을 계기로 이루어졌다.

13 정답 ③

해설 ③ 조 · 러 비밀 협약(1885)은 갑신정변 이후 청의 내정 간섭이 강화되는 상황에서 민씨 정권이 추진하였다. 이후 러시아가 본격적으로 조선에 진출하게 되면서 러시아의 남하정책을 견제하기 위해 영국이 거문도를 점령하자, 부들러와 유길준이 한반도 중립화론을 주장하였다.

14 정답 ①

오답풀이 ① 온건개화파는 친청 사대 정책을 실시하였으며, 급진개화파는 청과의 사대 관계를 부정하고 일본의 지원 아래 갑신정변을 일으켰다.

15 갑오개혁에 대한 설명으로 옳지 않은 것은?

① 신분제를 폐지하여 근대적 평등 사회의 기틀을 마련하였다.

② 국왕의 전제권을 제한하는 정치 개혁을 단행하였다.

③ 개국 연호를 사용하여 청과의 대등한 관계를 나타냈다.

④ 토지 제도 개혁을 실시하여 민중의 지지를 받았다.

16 다음 중 단발령과 관련 있는 사실은? (2012년 기출)

① 갑오개혁   ② 임오군란

③ 을미개혁   ④ 갑신정변

17 다음 기구에서 추진한 개혁 내용으로 옳은 것은?

> 총재 1명, 부총재 1명, 그리고 16명에서 20명 사이의 회의원으로 구성되었다. 이밖에 2명 정도의 시기관이 있어서 활동을 도왔고, 또 회의원 중 3명이 기초 위원으로 선정되어 의안의 작성을 책임졌다. 총재는 영의정 김홍집이 겸임하고, 부총재는 내아문독판으로 회의원인 박정양이 겸임하였다.

① 은본위 화폐 제도를 실시하였다.

② 의정부와 삼군부의 기능을 회복하였다.

③ 양전 사업을 실시하여 지계를 발급하였다.

④ 8도를 23부로 개편하고 지방관의 권한을 축소하였다.

---

15 정답 ④

해설 ① 1차 갑오개혁에서 공사노비법이 혁파되고, 양반과 상민 간의 신분 차별을 폐지함으로써 법적으로 신분제가 폐지되어 근대적 평등 사회의 기틀을 마련하게 되었다. ② 왕실 업무와 정부 사무를 분리하여 국왕의 전제권을 제한하는 정치 개혁을 단행하였다. ③ 종래에 사용하던 청의 연호 대신에 조선 개국 연호를 사용하여 청과의 대등한 관계를 나타냈다.

오답풀이 ④ 갑오개혁에서 조선 정부는 동학 농민군의 토지 제도 개혁 요구를 반영하지 않아 민중의 지지를 받지 못하였다.

16 정답 ③

해설 ③ 을미개혁에서는 단발령, 태양력, 종두법, 건양 연호

사용, 우편 업무 실시, 소학교 설치 등이 실시되었다.

17 정답 ①

해설 ① 자료는 일본의 경복궁 점령 이후 일본의 개혁 강요로 조선 정부가 1차 갑오개혁을 추진하기 위하여 설치한 군국기무처에 대한 설명이다. 당시 조선정부는 군국기무처를 중심으로 노비제도와 과거제 폐지, 과부개가 허용, 은본위 화폐제도 등 많은 개혁을 추진하였다.

오답풀이 ② 흥선대원군은 왕권강화를 위해 비변사를 폐지하고 의정부와 삼군부의 기능을 부활하였다. ③ 양전 사업을 실시하여 지계를 발급한 것은 대한제국의 광무개혁과 관련된 내용이다. ④ 8도를 23부로 개편하고 지방관의 권한을 축소한 것은 2차 갑오개혁이다.

18 다음 중 갑오개혁 당시에 실시된 개혁이 아닌 것은?

① 공·사 노비법 폐지

② 과부의 재가 허용

③ 사법권의 독립

④ 지조법의 개혁

19 다음 내용과 관련된 사실은? (2011년 기출)

● 종두법 실시 ● 양력 사용 ● 소학교 설치 ● 건양 연호 제정

① 갑신정변

② 을미개혁

③ 갑오개혁

④ 광무개혁

20 갑오·을미 개혁에 대한 설명으로 옳은 것은?

① 조선 정부는 동학 농민군의 요구를 반영하여 교정청을 설치하고 자주적인 개혁을 추진하였다.

② 1차 갑오개혁은 일본의 압력 아래 김홍집·박영효 연립 내각의 주도로 진행되었다.

③ 2차 갑오개혁은 일본의 적극적인 개입 아래 군국기무처를 중심으로 추진되었다.

④ 3차 을미개혁은 고종이 독립서고문과 홍범 14조를 반포한 후 본격적으로 추진되었다.

---

18 정답 ④

오답풀이 ④ 지조법의 개혁은 갑신정변 당시 14개 조 개혁 정강의 내용이다.

19 정답 ②

해설 ② 16번 문제 해설 참조

20 정답 ①

해설 ① 1차 동학 농민 운동에서 농민군이 전주성 점령 이후에 조선 정부와 전주화약을 체결하면서 농민군은 폐정개혁 12조를 요구하였다. 당시 정부가 농민군의 요구를 수용하는 조건으로 농민군은 해산하였으며, 정부는 교정청을 설치하고 자주적인 개혁을 추진해 나갔다.

오답풀이 ② 김홍집, 박영효 연립 내각에 의해서는 2차 갑오개혁이 추진되었다. ③ 군국기무처는 1차 갑오개혁 추진을 목적으로 설치되었으며, 2차 갑오개혁 당시에는 폐지되었다. ④ 독립서고문과 홍범 14조를 반포한 것은 2차 갑오개혁과 관련 있다.

21 임오군란과 갑신정변의 공통점으로 옳은 것은?

① 항일 민족 운동
② 입헌군주제 국가 건설
③ 민중의 지지를 배경으로 성공
④ 청의 조선에 대한 내정 간섭 강화

22 1894년 조선은 일본의 간섭 아래 정치 · 행정 · 사법 · 경제 · 신분과 관련된 대대적인 개혁을 단행하였고, 이를 갑오개혁(갑오경장)이라고 한다. 갑오개혁(갑오경장)에 관한 설명으로 옳지 않은 것은? (2014년 기출)

① 군국기무처를 설치하여 개혁을 추진하였다.
② 과거제도를 정비하여 새로운 관리를 임용하였다.
③ 개국기원을 사용하여 청과의 종속관계에서 벗어났다.
④ 양반 · 상민이나 문반 · 무반의 차별 등을 없앴다.

23 갑오개혁기 홍범 14조의 내용으로 옳은 것을 모두 고른 것은? (2015년 기출)

> ㄱ. 토지를 평균하여 분작한다.
> ㄴ. 공사채를 막론하고 지난 것은 모두 무효로 한다.
> ㄷ. 조세의 과징과 경비의 지출은 모두 탁지아문에서 관할한다.
> ㄹ. 나라의 총명한 젊은이들을 파견하여 외국의 학술과 기예를 전습한다.

① ㄱ, ㄴ
② ㄱ, ㄷ
③ ㄴ, ㄹ
④ ㄷ, ㄹ

---

21 정답 ④

해설 ④ 임오군란과 갑신정변은 청군의 개입으로 실패를 하였으며, 두 사건 이후 청의 조선에 대한 내정 간섭은 더욱 강화되었다.

오답풀이 ① 임오군란은 일본의 경제적 침략에 대한 불만을 가진 도시 빈민층이 가담하였기 때문에 항일 민족 운동의 성격을 가지고 있지만, 갑신정변은 개화당 세력이 일본의 지원을 받아 전개되었으므로 항일 민족 운동으로 볼 수 없다. ② 갑신정변 당시에 개화당은 입헌군주제 국가 건설을 추진하였으나, 임오군란을 주도한 폭동 군인과 도시 빈민층에게는 정치 체제 개혁의지는 없었다. ③ 임오군란과 갑신정변은 모두 실패하였으며, 특히 갑신정변은 개화당 세력이 일본이라는 외세의 지원을 받아 전개되었으며, 토지제도의 개혁의 의지가 없었기 때문에 민중의 지지를 얻지 못하였다.

22 정답 ②

해설 ① 갑오개혁은 동학 농민 운동을 계기로 일본이 군대를 파병하여 경복궁을 점령하고 1차 김홍집 친일 내각을 수립한 후, 일본의 강요로 추진되었다. 특히 1차 갑

오개혁은 군국기무처를 중심으로 추진되었다. ③④ 1차 갑오개혁에서는 기존에 사용하던 청의 연호 대신에 조선의 개국기원 연호를 사용하여 청과의 사대 종속 관계에서 벗어났으며, 양반과 상민 등의 계급을 타파하여 인재를 고루 등용하는 원칙을 마련하였다. 또한 문반 관리와 무반 관리의 차별 등을 폐지하였다.

오답풀이 ② 갑오개혁에서는 과거제가 공식적으로 폐지되고 새로운 관리 임용제도가 마련되었다.

23 정답 ④

해설 홍범 14조는 2차 갑오개혁과 관련되어 반포되었다. 주요 내용으로는 ㄷ. 탁지아문에서 모든 조세 징수와 경비 지출을 담당한다. ㄹ. 총명한 젊은이들을 파견하여 외국의 학술, 기예를 견습시킨다. 외에 왕실 사무와 국정 사무를 혼동하지 않는다. 납세는 법으로 정하고 함부로 세금을 징수하지 아니한다. 문벌을 가리지 않고 인재 등용의 길을 넓힌다. 등의 내용이 포함되어 있다.

오답풀이 ㄱ. ㄴ. 동학 농민군이 요구한 폐정 개혁 12조의 내용이다.

3. 구국 민족 운동의 전개

01 / 다음에서 설명하고 있는 인물이 살았던 시기에 발생한 사건들을 모두 고른 것은? (2013년 기출)

> ● 천안 출신, 몸이 야위고 왜소하여 녹두라고 불렸음 ● 동학에 입교, 고부 지방의 접주로 임명됨
> ● 고부 군수 조병갑의 폭정에 항의함　　　　　　● 교수형을 당함

> ㄱ. 동학 창시　　　　　　　　　　ㄴ. 이토 히로부미의 통감 부임
> ㄷ. 갑신정변 발생　　　　　　　　　ㄹ. 운요호 사건 발생

① ㄱ, ㄴ, ㄷ　　　　　　　　　　② ㄱ, ㄷ, ㄹ
③ ㄴ, ㄷ, ㄹ　　　　　　　　　　④ ㄱ, ㄴ, ㄷ, ㄹ

02 / 동학 농민 운동 당시 농민군이 요구했던 개혁의 내용으로 맞는 것을 모두 고르시오.

> ㄱ. 토지의 평균 분작　　　ㄴ. 노비 문서 소각　　　ㄷ. 과부의 개가 허용
> ㄹ. 무명의 잡세 폐지　　　ㅁ. 과거제도 폐지　　　ㅂ. 연좌제 폐지

① ㄱ, ㄴ, ㄷ　　　　　　　　　　② ㄱ, ㄴ, ㄷ, ㄹ
③ ㄱ, ㄴ, ㄷ, ㅁ, ㅂ　　　　　　　④ ㄱ, ㄴ, ㄷ, ㄹ, ㅁ, ㅂ

03 / 다음은 동학 농민 운동의 전개 과정이다. 순서대로 바르게 나열한 것은?

> ㄱ. 황토현 전투　　　ㄴ. 전주화약 체결　　　ㄷ. 보은 집회　　　ㄹ. 우금치 전투

① ㄱ → ㄴ → ㄷ → ㄹ　　　　　　② ㄴ → ㄱ → ㄷ → ㄹ
③ ㄷ → ㄱ → ㄴ → ㄹ　　　　　　④ ㄹ → ㄷ → ㄴ → ㄱ

---

01 정답 ②

해설 자료는 1894년의 동학농민운동을 주도하였던 전봉준에 대한 설명이다. 전봉준은 1855년에 전라북도 정읍에서 출생하였으며, 본관은 천안이다. 전봉준은 1890년에 동학에 입교하여 고부의 접주가 되었고, 1894년에 조병갑의 폭정에 대항하여 고부민란을 주도하였으며, 1894년에 일어난 동학농민운동이 실패로 끝난 후 1895년에 교수형을 당하였다. ㄱ. 동학은 1860년에 최제우가 창시하였다. ㄷ. 갑신정변은 1882년에 발생. ㄹ. 운요호 사건은 1875년에 발생하여 강화도 조약(1876) 체결의 원인이 되었다.

오답풀이 ㄴ. 이토 히로부미가 통감부의 통감으로 부임한 것은 1905년 을사조약이 체결된 이후의 사실이다.

02 정답 ②

해설 ㄱ, ㄴ, ㄷ, ㄹ. 동학 농민군이 폐정 개혁 12조를 통해 요구한 개혁으로는 토지 평균 분작, 노비 문서 소각, 과부의 개가 허용, 무명의 잡세 폐지, 봉건 지배층 타파, 반외세 등의 내용을 포함하고 있다.

오답풀이 ㅁ, ㅂ은 1차 갑오개혁에서 추진되었다.

03 정답 ③

해설 ③ 동학농민 운동은 ㄷ. 보은집회(1893, 교조신원운동) → 고부민란 → ㄱ. 황토현 전투 → ㄴ. 전주화약 체결 → ㄹ. 우금치 전투의 순서로 전개되었다.

04 다음 중 갑신정변, 동학농민운동, 갑오개혁의 공통점으로 맞는 것을 고르시오.

> ㄱ. 입헌군주제 실시   ㄴ. 신분제 타파
> ㄷ. 조세제도의 개혁   ㄹ. 토지제도의 개혁

① ㄱ, ㄴ   ② ㄴ, ㄷ
③ ㄷ, ㄹ   ④ ㄴ, ㄹ

05 동학 농민 운동의 전개 과정에 대한 설명으로 옳지 않은 것은?

① 1차 농민 운동은 전봉준의 주도 아래 남북접이 연합하여 전개되었다.
② 1차 농민 운동에서 농민군은 황토현 전투에서 승리한 후 전주성을 점령하였다.
③ 전주화약을 체결한 후 농민군은 집강소를 설치하고 폐정개혁을 추진하였다.
④ 동학 농민 운동 실패 이후 농민군 잔여 세력은 을미 의병 항쟁에 참여하였다.

06 다음의 사건들을 순서대로 바르게 나열한 것은? (2008년 기출)

> ㄱ. 단발령을 철회하라.   ㄴ. 우리 힘으로 빚을 갚자.
> ㄷ. 영은문을 헐고 독립문을 세우자.   ㄹ. 토지를 균등하게 나누어 경작하자.

① ㄹ → ㄱ → ㄴ → ㄷ   ② ㄱ → ㄷ → ㄹ → ㄴ
③ ㄱ → ㄹ → ㄴ → ㄷ   ④ ㄹ → ㄱ → ㄷ → ㄴ

---

04 정답 ②

해설 ② 갑신정변, 동학농민운동, 갑오개혁에서는 공통적으로 신분제의 폐지와 조세제도의 개혁을 주장하였다.

개혁	신분제 폐지	조세제도 개혁
갑신정변	문벌 폐지, 인민평등권 확립	지조법의 개혁
동학농민운동	노비 문서 소각	무명의 잡세 폐지
갑오을미개혁	법(法)적으로 신분제 폐지	함부로 조세를 징수하지 말 것

05 정답 ①

해설 ② 1차 농민 운동에서 농민군은 고부 백산에서 봉기하고 황토현 전투에서 승리한 후 장성 황룡촌을 거쳐 전주성을 점령하였다. ③ 전주성 점령 이후 조선 정부의

요청으로 청군이 파병되고 이어서 일본군대가 파병되자, 정부와 농민군은 전주화약을 체결하고 농민군은 해산한 후 집강소를 설치하고 폐정개혁을 추진하였다. ④ 동학 농민 운동 실패 이후 농민군 잔여 세력은 영학당, 동학당 등을 조직하여 활동하다가, 을미의병 항쟁에 참여하였다.

오답풀이 ① 1차 동학 농민 운동에서는 전봉준 중심의 남접 조직이 주도하였으며, 2차 농민 운동에서는 남·북접 연합 부대가 모두 참여하였다.

06 정답 ④

해설 ④ ㄹ. 동학농민운동 폐정개혁 12조(1894) – ㄱ. 을미개혁의 단발령(1895) – ㄷ. 독립협회(1896) – ㄴ. 국채 보상 운동(1907)

07 다음의 격문이 나타나게 된 사회적 배경에 대한 설명으로 옳은 것은?

> 우리가 의를 들어 이에 이름은 그 본의가 다른 데 있지 아니하고 창생을 도탄에서 건지고 국가를 반석 위에 두고자 함이다. 안으로는 탐학한 관리의 머리를 베고, 밖으로는 횡포한 강적의 무리를 몰아내고자 함이다. 양반과 호강(豪强)의 앞에서 고통을 받는 민중들과, 방백 및 수령의 밑에서 굴욕을 받는 소리(小吏)들은 우리와 같이 원한이 깊은 자이다. 조금도 주저치 말고 이 시각으로 일어서라. 만일 기회를 잃으면 후회해도 미치지 못하리라.

① 명성 황후 시해에 대한 농민들의 반발심이 팽배하였다.
② 친위대와 진위대를 신설하여 군사력을 증강하였다.
③ 일본의 경제적 침략에 대한 농민들의 적개심이 확산되었다.
④ 고종의 강제 퇴위와 군대 해산을 계기로 항일 의식이 강화되었다.

08 (가)와 (나) 사이에 있었던 사건으로 옳은 것을 모두 고른 것은? (2018년 기출)

> (가) 고부군수 조병갑의 횡포로 농민들이 고부관아를 습격하였다.
> (나) 외세의 개입으로 사태가 악화될 것을 우려한 농민군과 관군은 전주화약을 맺었다.

> ㄱ. 전라도 삼례에서 교조신원운동이 일어났다.
> ㄴ. 농민군이 황토현 전투에서 관군을 격파하였다.
> ㄷ. 공주 우금치 전투에서 농민군은 크게 패하였다.
> ㄹ. 정부는 진상조사를 위해 이용태를 안핵사로 파견하였다.

① ㄱ, ㄴ
② ㄱ, ㄷ
③ ㄴ, ㄹ
④ ㄷ, ㄹ

---

07 정답 ③

해설 ③ 자료는 1차 동학 농민 운동(1894) 당시 전봉준이 발표한 격문이다. 동학농민운동은 조선정부와 지배층의 착취, 개항 이후 지속된 일본의 경제적 침략에 대한 농민들의 반일 감정이 고조되는 상황에서 고부민란을 계기로 시작되었다.

오답끝이 ① 명성황후 시해(을미사변)은 동학농민운동이 끝난 후 1895년에 일어났다. ② 친위대와 진위대는 1895년의 3차 을미개혁 당시에 신설되었다. ④ 고종의 강제 퇴위와 일제에 의한 군대 해산은 1907년의 사실이며, 이를 배경으로 정미의병 전쟁이 일어났다.

08 정답 ③

해설 (가) 고부민란 이후에 ㄹ. 안핵사 이용태가 파견되어 농민을 탄압한 것을 계기로 1차 동학 농민 운동이 시작되었다. 농민군은 고부에서 봉기하여 ㄴ. 황토현 전투에서 승리하고 전주성을 점령한 후, (나) 정부와 농민군 간에 전주화약이 체결되었다.

오답끝이 ㄱ. 교조신원운동은 고부민란이 일어나기 전에 전개되었다. ㄷ. 공주 우금치 전투는 (나) 이후 2차 동학 농민 운동에서 농민군이 패배한 전투이다.

09 다음 사건을 시기 순으로 바르게 나열한 것은? (2016년 기출)

> ㄱ. 만민공동회 개최　　　　ㄴ. 임오군란
> ㄷ. 우정국 신설　　　　　　ㄹ. 아관파천

① ㄱ → ㄹ → ㄷ → ㄴ
② ㄴ → ㄷ → ㄹ → ㄱ
③ ㄷ → ㄴ → ㄱ → ㄹ
④ ㄹ → ㄱ → ㄴ → ㄷ

10 독립협회에 관한 설명으로 옳지 않은 것은? (2015년 기출)

① 개화파 지식인들이 중심이 되어 설립하였다.

② 회원자격에 제한을 두지 않아 사회적으로 천대받던 계층도 참여하였다.

③ 지방에도 지회가 조직되어 전국적인 단체로 발전하였다.

④ 황국협회와 협력하여 개혁을 추구하였다.

11 다음 (가), (나)의 공통점으로 가장 적절한 것은? (2010년 기출)

> (가) 폐정 개혁안 12개조　　　　(나) 군국기무처

① 입헌군주제
② 토지제도의 개혁
③ 신분제 폐지
④ 복고주의 개혁

---

09 정답 ②

해설　ㄴ. 임오군란(1882년) → ㄷ. 우정국(1884년) → ㄹ. 아관파천(1896년) → ㄱ. 만민공동회(독립협회, 1898년)

10 정답 ④

해설　① ② 독립협회는 개화파 지식인(서재필ㆍ윤치호)들이 중심이 되어 설립한 단체로서 회원 자격에 제한을 두지 않아 개혁적 유학자, 관료, 시민, 학생, 여성뿐만 아니라 사회적으로 차별받던 천민 등 여러 계층이 참여하였다. ③ 독립협회는 전국에 지회 조직을 설치하여 민중 계몽 활동을 전개하였다.

오답풀이　④ 독립협회는 시전상인이 조직한 황국중앙 총상회와 협력하여 활동하였으며, 보부상이 조직한 황국협회는 오히려 정부의 지시를 받고 독립협회 해산을 주도하였다.

11 정답 ③

해설　③ 폐정개혁안 12조에서 동학 농민군은 노비문서 소각과 7종 천인에 대한 차별 폐지를 요구하였으며, 군국기무처를 중심으로 추진된 1차 갑오개혁에서는 공사노비법이 폐지되어 법적으로 신분제가 폐지되었다.

12 다음의 사건들을 일어난 순서대로 바르게 나열한 것은? (2010년 기출)

> ㄱ. 임오군란　　ㄴ. 갑신정변　　ㄷ. 동학농민운동　　ㄹ. 대한제국

① ㄱ → ㄴ → ㄷ → ㄹ　　② ㄴ → ㄱ → ㄷ → ㄹ

③ ㄴ → ㄱ → ㄹ → ㄷ　　④ ㄱ → ㄷ → ㄴ → ㄹ

13 다음 자료와 관련된 단체에 대한 설명으로 옳은 것은?

> 외국인에게 의지하지 아니하고 관민이 협력하여 전제 황권을 공고히 할 것. / 외국과의 이권에 관한 계약과 조약은 각 대신과 중추원 의장이 함께 서명할 것. / 국가 재정은 탁지부에서 모두 관리하고 예산. 결산을 국민에게 공포할 것. / 중대한 범죄는 반드시 재판하되, 피고의 인권을 존중할 것.

① 입헌군주제의 정부 수립을 목표로 정치 개혁을 추진하였다.
② 일제의 황무지 개간권 요구를 저지시켰다.
③ 과부의 재가 허용, 신분제 폐지 등을 주장하였다.
④ 황국협회와 함께 만민 공동회를 개최하였다.

14 밑줄 친 '개혁'의 내용으로 옳은 것은?

> 독립협회가 해산된 후 대한제국은 황제 중심의 근대국가를 수립하기 위하여 노력하였다. … (중략) … 대한제국의 개혁 이념은 옛 법을 근본으로 하고 새로운 제도를 참작한다는 것이었다. 갑오개혁이 지나치게 급진적으로 진행되었다고 생각하여 점진적인 개혁을 추구한 것이었다.

① 지조법을 개혁하고 혜상공국을 폐지하려 하였다.
② 황제의 군사권을 강화하고자 원수부를 설치하였다.
③ 태양력을 사용하고 건양이라는 연호를 제정하였다.
④ 관민공동회를 종로에서 개최하고 헌의 6조를 채택하였다.

---

12 정답 ①
해설 ① ㄱ. 임오군란(1882) – ㄴ. 갑신정변(1884) – ㄷ. 동학농민운동(1894) – ㄹ. 대한제국(1897)

13 정답 ①
해설 ① 자료는 독립협회 관민 공동회의 헌의 6조이다. 독립협회는 입헌군주제 국가 수립을 목표로 활동하면서 의회 설립 운동을 추진하기도 하였다.
오답풀이 ② 보안회, ③ 동학농민운동, ④ 독립협회는 보부상이 만든 황국협회에 의해 해산되었으며, 시전상인이 조직한 황국중앙총상회와 연결되어 활동하였다.

14 정답 ②
해설 ② 자료는 대한제국이 추진한 개혁은 광무개혁이다. 대한제국은 황제권을 강화하기 위하여 원수부를 설치하고 황제의 군사권을 강화시켰다.
오답풀이 ① 갑신정변의 14개조 개혁 정강, ③ 3차 을미개혁, ④ 독립협회

15 대한제국과 관련된 설명으로 옳지 <u>않은</u> 것은?

① 연호를 광무로 고치고 원구단에서 황제 즉위식을 거행하였다.

② 간도를 함경도에 편입시키고 이범윤을 간도 관리사로 파견하였다.

③ 상공업을 진흥시키기 위하여 식산흥업정책을 실시하였다.

④ 교육입국 조서를 반포하고 소학교, 사범학교, 기술학교 등을 설립하였다.

16 다음은 어떤 비문의 내용이다. 이 비문과 관련된 설명으로 옳지 <u>않은</u> 것은? (2008년 기출)

> 오라총관 목극 등이 국경을 조사하라는 교지를 받들어 이곳에 이르러 살펴보고, 서쪽으로는 압록강. 동쪽으로는 토문강으로 경계를 정하여 강이 갈라지는 고개 마루에 비석을 세워 기록하노라.
> – 강희 51년(숙종 38년 1712) 5월 5일 –

① 청은 그들의 본거지였던 만주 지방에 관심을 기울여 이 지역을 성역화 하였다.

② 토문강의 위치에 대한 차이로 영토 문제가 발생하였다.

③ 을사조약을 고종이 체결하고 인정하였기에 간도 협약은 유효하다.

④ 한·일 합방 전 고종은 간도에 관리를 파견했다.

---

15 정답 ④

해설 ① 고종은 아관파천 이후 대한제국을 수립하고 연호를 광무로 하고 황제를 칭하였으며, 원구단에서 황제 즉위식을 거행하였다. ② 대한제국 정부는 간도의 조선인을 보호하기 위해 간도를 함경도에 편입시키고 이범윤을 간도 관리사로 파견하였다. ③ 식산흥업 정책을 추진하면서 상공업 진흥책을 실시하여 근대적 회사와 공장 등을 세우고, 기술·실업학교를 설립하였다.

오답풀이 ④ 대한제국은 1897년에 수립되었으며 교육입국조서는 1895년 2차 갑오개혁 당시에 반포되었다.

16 정답 ③

해설 자료는 조선 숙종 때 청과 조선 간에 국경선을 확정짓기 위해 세워진 백두산정계비의 내용이다. ① 청은 자

신들의 활동 근거지였던 만주 지역을 성역화하여 다른 민족이 만주로 유입되는 것을 철저하게 억제하였다. ② 백두산정계비에서 국경선은 서쪽으로는 압록강. 동쪽으로는 토문강으로 하였으며 토문강에 대한 해석 차이로 조선과 청 사이에 간도에 대한 영토 분쟁이 발생하였다. ④ 대한제국 시기에 고종은 간도를 함경도에 편입시키고 간도 관리사로 이범윤을 파견하여 관리를 하였다.

오답풀이 ③ 일본은 강제로 을사조약(1905)을 체결하였으며, 고종은 대한매일신보를 통해 을사조약이 무효임을 주장하였다. 따라서 일본이 1909년 청과 간도협약을 체결하고 남만주 지역 철도 부설권을 받는 대가로 간도를 청에게 넘겨주었으므로 간도협약은 무효이다.

17 독도에 관한 설명으로 옳지 않은 것은? (2013년 기출)

① 일제는 1910년에 우리나라의 국권을 침탈하면서 독도를 자국의 영토로 편입시켰다.

② 숙종 때 안용복은 울릉도와 독도에 출몰하는 왜인을 쫓아내고 우리 영토임을 확인하였다.

③ 독도는 울릉도의 부속 섬으로 신라시대에 우리 영토로 편입되었다.

④ 19세기에 조선 정부는 적극적인 울릉도 경영을 추진하고 독도까지 관할하였다.

18 다음은 근대 사회의 전개 과정에서 추진된 개혁들이다. 순서대로 바르게 나열한 것은?

> ㄱ. 지조법의 개혁　　　　　　ㄴ. 토지의 평균 분작
> ㄷ. 조세의 금납제　　　　　　ㄹ. 토지 측량과 지계 발급

① ㄱ → ㄴ → ㄷ → ㄹ　　　　　② ㄱ → ㄷ → ㄹ → ㄴ

③ ㄴ → ㄷ → ㄹ → ㄱ　　　　　④ ㄴ → ㄷ → ㄱ → ㄹ

19 다음 중 간도와 관련된 설명으로 옳지 않은 것은?

① 백두산정계비의 토문강 해석을 둘러싸고 청과 영유권 분쟁이 일어났다.

② 19세기 중반 이후 조선인들이 본격적으로 이주하여 생활 터전을 마련하였다.

③ 일제는 한·일 합병 이후 안봉선 철도 부설권을 얻는 대가로 간도를 청의 영토로 인정하였다.

④ 일제시대 이 지역에서 봉오동 전투와 청산리 대첩이 일어났다.

---

17 정답 ①

해설 ② 숙종 때 안용복은 울릉도와 독도에 출몰하는 왜인을 쫓아내고 2차례에 걸쳐 일본으로 직접 건너가 독도가 우리의 영토임을 주장하였다. ③ 독도는 6세기 초 신라 지증왕 때 이사부가 우산국(울릉도)을 복속한 이후 우리의 영토로 편입되었다. ④ 조선 정부는 19세기에 울릉도 경영을 적극적으로 추진하면서 울릉도 이외 지역 주민들의 울릉도 이주를 장려하는 한편 독도를 함께 관할하였다.

오답풀이 ① 일제는 1905년 러·일 전쟁 당시에 독도를 일방적으로 점령하여 일본의 영토로 편입시켰다.

18 정답 ①

해설 ① ㄱ. 갑신정변(1884) - ㄴ. 동학농민운동(1894) - ㄷ.

1차 갑오개혁(1894, 동학농민운동 이후) - ㄹ. 대한제국의 광무개혁(1898)

19 정답 ③

해설 ① 숙종 때 세워진 백두산정계비의 토문강에 대하여 조선은 송화강의 지류라 주장하였고, 청은 두만강이라 주장하여 청과 조선 간에 간도에 대한 영유권 분쟁이 일어났다. ② 19세기 중반 세도 정치 시기에 몰락한 백성들은 새로운 삶을 찾아 간도로 이주하였다. ④ 간도 지역에서는 봉오동 전투와 청산리 대첩 등 일제와의 독립 전쟁이 일어난 지역이다.

오답풀이 ③ 간도는 1909년에 청과 일본 간에 체결된 간도협약을 계기로 청의 영토로 인정되었다. 한일합병은 1910년이다.

20 / 한말 의병 활동에 대한 설명으로 옳지 않은 것은?

① 초기에는 위정척사사상을 배경으로 한 양반 유생층이 주도하였다.

② 지리적 이점을 이용한 유격 전술을 주로 사용하였다.

③ 을사조약에 반대하여 일어난 의병 운동에서는 평민 의병장이 등장하였다.

④ 유인석은 13도 창의군을 지휘하여 서울 진공 작전을 전개하였다.

21 / 일본의 조선 침탈 과정에 관한 설명으로 옳지 않은 것은? (2013년 기출)

① 청·일 전쟁 – 청나라의 조선에 대한 종주권을 부정하였다.

② 을미사변 – 청나라를 견제하고 반일 세력을 제거하기 위하여 명성황후를 시해하였다.

③ 갑오개혁 – 왕권을 축소시키고, 일본 화폐의 유통을 허용하였다.

④ 러·일 전쟁 – 한·일의정서를 체결하고 조선의 토지를 군사적 목적으로 수용하였다.

22 / 신민회의 활동으로 옳은 것을 모두 고른 것은? (2016년 기출)

ㄱ. 만민공동회 개최	ㄴ. 연통제 실시
ㄷ. 대성학교 설립	ㄹ. 독립군 기지 건설

① ㄱ, ㄴ　　　　　② ㄱ, ㄷ

③ ㄴ, ㄹ　　　　　④ ㄷ, ㄹ

---

20 **정답** ④

해설 ① 한말 의병 초기의 을미의병은 위정척사사상을 배경으로 한 유인석 등 양반 의병장이 주도하였다. ② 의병은 정규군이 아닌 양반, 농민 등이 중심이었기 때문에 지리적 이점을 이용한 유격 전술을 사용하였다. ③ 을사조약을 계기로 일어난 을사의병 당시에 신돌석이라는 평민 의병장이 처음 등장하였다.

오답풀이 ④ 정미의병 당시에 13도 창의군을 지휘하여 서울 진공 작전을 전개한 것은 허위였다.

21 **정답** ②

해설 ① 청·일 전쟁에서 승리한 후 일본은 청으로부터 조선에 대한 종주권을 포기하도록 강요하여 조선에 독점적 지배권을 확보하고자 하였다. ③ 갑오개혁 당시에 일본은 왕실 사무와 정부 사무를 분리시킴으로써 국왕의 정치 개입을 차단하여 왕권을 축소시켰으며, 조선에 대한 경제적 침략을 목적으로 일본 화폐 유통을 허용할 것을 요구하였다. ④ 러·일 전쟁 직후 일본은

한·일의정서를 체결하고 군사 요지 사용권을 인정받은 후 군용지 확보를 위해 조선의 토지를 약탈하였다.

오답풀이 ② 을미사변(명성황후 시해)은 1895년에 러시아가 삼국 간섭을 일으켜 조선에서의 주도권을 장악하자, 일본이 러시아를 견제하고 친러 세력을 제거하기 위하여 일으킨 사건이다.

22 **정답** ④

해설 ㄷ. ㄹ. 신민회는 1907년에 안창호·양기탁 등이 설립한 애국 계몽 운동 단체이다. 신민회는 표면적으로는 실력 양성 운동을 전개하여 대성학교·오산학교 등을 설립하였으며, 내면적으로는 장기적인 독립 운동의 거점을 마련하기 위하여 국외 독립 운동 기지를 건설하였다.

오답풀이 ㄱ. 만민공동회는 독립협회가 1898년에 개최한 최초의 근대적 민중 대회이다. ㄴ. 연통제는 대한민국임시정부가 상하이와 국내를 연결시키기 위해 조직한 비밀 행정 조직망이다.

23 다음 (가), (나), (다) 운동과 관련된 설명으로 옳은 것을 〈보기〉에서 모두 고른 것은?

> (가) 오적(五賊)에게 매국의 죄를 물어 참형에 처하고 일본 공사관에 조회하여 그 조약을 무효로 하고……
>
> (나) 우리 부모에게서 받은 몸을 금수로 만드니 무슨 일이며, 우리 부모에게서 받은 머리털을 풀 베듯이 베어버리니 이 무슨 변고입니까.
>
> (다) 오호, 통재라! 원통한 말을 어이 차마 할 수 있으랴. 왜적이 국권을 임의로 조정하여 황제를 양위할 꾀가 결정되었고……

〈보기〉

ㄱ. (가)가 해산된 이후 활빈당이 등장하였다.
ㄴ. (나)는 고종의 해산 권고 조칙으로 해산되었다.
ㄷ. (다)는 의병 부대의 전국적 연합을 이루었다.
ㄹ. (가), (나), (다)의 순서로 전개되었다.

① ㄱ, ㄴ   ② ㄴ, ㄷ   ③ ㄴ, ㄹ   ④ ㄷ, ㄹ

24 한말 애국 계몽 운동에 대한 설명으로 옳지 않은 것은?

① 독립협회의 활동을 계승하였다.
② 약육강식, 적자생존의 사회 진화론을 이론적 근거로 전개되었다.
③ 교육과 산업의 진흥을 통한 실력 양성이 국권 회복의 방법임을 제시하였다.
④ 한·일 합병을 계기로 개화 지식인층을 중심으로 전개되었다.

---

23 **정답** ②

해설 (가)는 을사조약 체결을 계기로 일어난 을사의병, (나)는 단발령과 을미사변을 계기로 일어난 을미의병, (다)는 고종이 일본에 의해 강제로 퇴위당한 내용이므로 정미의병임을 알 수 있다. ㄴ. 을미의병은 1896년 아관파천을 계기로 단발령이 철회되면서 고종의 해산 권고 조칙을 받고 해산하였다. ㄷ. 정미의병 당시에는 13도 창의군이라는 전국 의병 연합 부대가 결성되어 서울진공 작전이 전개되었다.

오답풀이 ㄱ. 을미의병 해산 이후에 농민군이 중심이 되어 활빈당을 조직하였다. ㄹ. 순서는 (나) – (가) – (다)이다.

24 **정답** ④

해설 ① ② ③ 애국계몽운동은 개화 운동과 독립 협회 활동을 계승한 개화 지식인과 정부 관료, 개혁적 유학자 등이 중심이 되어 전개되었다. 애국계몽운동은 을사조약으로 외교권(국권)을 빼앗긴 이후에 사회 진화론의 영향을 받아 당시 국제 관계를 약육강식과 적자생존의 원리가 지배하는 세력의 각축장으로 인식하고, 국권 회복을 위해 교육 활동과 산업 진흥을 통한 실력 양성 운동을 전개하였다.

해설 ④ 을사조약을 계기로 일제에게 외교권을 박탈당하자 우리 민족은 빼앗긴 국권을 되찾기 위해 국권 회복 운동을 전개하였다. 대표적인 것으로 애국계몽운동, 의병 항쟁이 있다. 따라서 애국계몽운동은 을사조약 이후에 본격적으로 시작된 것이다.

25 다음 중 애국계몽단체 활동 내용으로 잘못 설명한 것은?

① 보안회 – 일제의 황무지 개간권 요구 저지

② 헌정연구회 – 입헌정치 체제 수립을 목표

③ 일진회 – 국채 보상 운동 전개

④ 대한자강회 – 고종 강제 퇴위 반대 운동 전개

26 다음 내용과 관련된 한말 애국 계몽 운동 단체는?

> ● 1907년 설립한 비밀결사단체
> ● 태극서관, 자기회사
> ● 서간도 삼원보, 밀산부 한흥동
> ● 안창호, 양기탁

① 신민회   ② 독립협회

③ 보안회   ④ 신간회

27 다음 정책을 시대 순으로 바르게 나열한 것은?

> ㄱ. 과거제도와 신분제를 폐지한다.
> ㄴ. 태양력과 종두법을 실시한다.
> ㄷ. 지방제도는 전국을 23부로 개편한다.
> ㄹ. 양전사업을 실시하여 지계를 발급한다.

① ㄱ → ㄴ → ㄷ → ㄹ   ② ㄱ → ㄷ → ㄴ → ㄹ

③ ㄴ → ㄹ → ㄱ → ㄷ   ④ ㄷ → ㄹ → ㄱ → ㄴ

---

25 정답 ③

해설 ① 보안회는 1904년 일본이 황무지 개간권을 요구하자 이를 저지하기 위한 운동을 전개하여 성공하였다. ② 헌정 연구회는 입헌 정치 체제 수립을 목표로 활동하였으나, 친일단체였던 일진회를 비판한 것을 계기로 일제에 의해 강제 해산되었다. ④ 대한자강회는 헌정 연구회를 계승하여 국권회복운동을 전개하였으나, 고종 퇴위 반대 운동을 전개한 것을 계기로 강제 해산되고, 이후에 대한협회로 계승되었다.

오답풀이 ③ 국채보상운동(1907)은 일본에 진 나라 빚을 갚기 위해 서상돈과 김광제의 주도 아래 대구에서 시작되어 국채보상기성회가 조직되면서 전국으로 확대되었다. 일진회는 이용구가 조직한 친일 단체로서 국채 보상 운동과는 전혀 관련 없다.

26 정답 ①

해설 ① 자료는 신민회와 관련된 설명이다. 신민회는 1907년에 안창호와 양기탁 등이 중심이 되어 설립한 애국 계몽 운동 단체로서, 일제의 감시를 피해 비밀결사 단체로 활동하였다. 신민회는 표면적으로는 문화적ㆍ경제적 실력 양성 운동을 전개하여 대성학교ㆍ오산학교 등의 민족 교육 기관을 설립하였으며, 태극서관ㆍ자기회사 등을 운영하였다. 한편으로는 장기적인 항일 독립 운동의 거점을 확보하기 위하여 서간도의 삼원보와 밀산부의 한흥동을 중심으로 국외 독립 운동 기지를 건설하였다.

27 정답 ②

해설 ② ㄱ. 1차 갑오개혁(1894) – ㄷ. 2차 갑오개혁(1894) – ㄴ. 3차 을미개혁(1895) – ㄹ. 대한제국의 광무개혁(1898)

28 애국 계몽 운동의 의의에 대한 설명으로 옳지 않은 것은?

① 근대적 민족 산업의 진흥을 통해 독립 운동의 경제적 토대를 마련하였다.

② 민족 독립 운동의 전략 이론으로서 독립 전쟁론을 제시하였다.

③ 근대 국민 국가 건설을 목표로 한 최초의 정치 개혁 운동이었다.

④ 간도, 연해주에 독립군 기지를 건설하여 항일 무장 투쟁의 기초를 마련하였다.

29 다음 연설문과 가장 관련이 깊은 역사적 사실은?

> 나는 대한의 가장 천한 사람이고 무지몰각합니다. 그러나 충군애국의 뜻은 대강 알고 있습니다. 이에 나라에 이롭고 백성을 편안하게 하는 길은 관과 민이 합심한 연후에야 가능하다고 생각합니다.

① '헌의 6조'를 고종에게 올려 시행 약속을 받았다.

② 유교문화를 수호하고, 서양과 일본문화를 배척하였다.

③ 우정국 개국 축하연을 계기로 정변을 일으켰다.

④ 구식군대가 신식군대에 비해 차별을 받게 되자 폭동을 일으켰다.

30 1907년 대한 제국 군대 해산 이후의 의병 활동과 관련된 설명으로 옳지 않은 것은?

① 최익현이 순창, 태인 지역을 중심으로 활발한 의병 활동을 전개하였다.

② 해산 군인의 가담으로 전술과 전투력이 강화되어 의병 전쟁의 규모로 확대되었다.

③ 13도 창의군을 결성하여 서울 진공 작전을 전개하였다.

④ 일본군의 이른바 남한 대토벌 작전으로 의병군의 세력은 약화되었다.

---

28 정답 ③

해설 ① 애국계몽운동은 교육 활동과 함께 근대적 민족 산업의 진흥을 통해 독립 운동의 문화적, 경제적 토대를 마련하였다. ② 신민회는 일제가 지배하는 당시의 현실을 인정하고 군대를 양성하고 힘을 키운 후에 일제와의 전쟁을 통해 국권을 회복하자는 독립전쟁론을 민족 독립 운동의 전략으로 제시하였다. ④ 신민회는 간도, 연해주 지역에 삼원보 등의 독립 운동 기지를 건설하여 항일 독립 운동의 거점을 마련하여 항일 무장 투쟁의 기초를 마련하였다.

오답풀이 ③ 근대 국민 국가 건설을 목표로 한 최초의 정치 개혁 운동은 갑신정변에 대한 설명으로 개화당 세력은 최초로 신분제 폐지와 입헌군주제 국가 건설을 위한 정치 개혁을 추진하였다.

29 정답 ①

해설 ① 자료는 독립협회가 1898년에 개최한 관민공동회에서 백정 출신의 박성춘이 발표한 연설문이다. 독립협회는 관민공동회에서 정부 관료와 함께 헌의 6조의 결

의문을 채택하고 고종의 허가를 받아 의회 설립을 추진하였다.

오답풀이 ② 위정척사운동, ③ 갑신정변, ④ 임오군란

30 정답 ①

해설 ② 군대해산과 고종 강제 퇴위를 계기로 일어난 정미의병 당시에는 해산 군인이 가담하고, 농민, 포수 등 각계각층이 참여한 전민족적인 항일 운동으로 전개되면서 의병 전쟁의 규모로 확산되었다. ③ 이인영, 허위 등의 양반 의병장들이 주축이 되어 전국 의병 연합 부대인 13도 창의군을 결성하고 서울 진공 작전을 전개하였으나 실패하고 말았다. ④ 1909년에 전라도 호남 의병의 활동이 활발하게 진행되자, 일본은 남한대토벌 작전을 전개하여 의병 부대를 초토화시켰으며, 그 결과 의병 세력은 약화되고 간도와 연해주 지역으로 이동하여 독립군으로 발전하였다.

오답풀이 ① 최익현은 을사의병 당시에 활동하다가 일본에 의해 쓰시마 섬으로 강제 유배되었으며, 단식 투쟁을 하다가 1907년 정미의병 이전에 순국하였다.

4. 개항 이후의 경제와 사회

01 개항 이후 경제활동에 관한 설명으로 옳지 않은 것은? (2003년 기출)

① 경강상인은 증기선을 도입하여 일본 선박업에 대항하였다.

② 객주, 여각, 보부상은 개항 초기에 일본의 경제적 침투로 대부분 몰락하였다.

③ 보안회가 일본의 황무지 개간권 요구를 저지하기 위한 운동을 전개하여 성공시켰다.

④ 대한 제국의 상공업 진흥책으로 근대적 공장과 회사가 설립되었다.

02 다음은 외세의 경제 침탈에 저항하여 전개된 경제적 항일 운동들이다. 순서대로 바르게 나열한 것은?

> ㄱ. 황무지 개간권 반대 운동　　ㄴ. 국채 보상 운동
> ㄷ. 독립협회의 이권 수호 운동　　ㄹ. 방곡령 선포

① ㄱ → ㄴ → ㄷ → ㄹ
② ㄴ → ㄱ → ㄹ → ㄷ
③ ㄷ → ㄹ → ㄱ → ㄴ
④ ㄹ → ㄷ → ㄱ → ㄴ

---

01 정답 ②

해설 ① 경강상인은 일본이 증기선을 이용하여 경강상인이 담당했던 세곡 운송업을 침탈하자, 이에 대응하여 증기선을 도입하여 일본 선박업에 대항하였다. ③ 보안회는 일제의 황무지 개간권 요구를 저지하기 위한 운동을 전개하여 성공시켰으며, 또한 정부 관료와 자본가는 농광회사를 설립하여 우리 스스로 황무지를 개척하여 농경지를 넓히고자 하였다. ④ 대한제국의 식산흥업정책(상공업 진흥책)에 의해 근대적인 공장과 회사가 설립되었으며, 각종 기술·실업학교도 설립되었다.

오답풀이 ② 객주, 여각, 보부상은 개항 초기에 일본이 개항장

10리 이내로 활동을 제한받게 되자, 일본 상품을 대신 판매해 주는 중개무역을 통해 많은 부를 축적하였다. 그러나 임오군란 이후 조·청 상민 수륙 무역 장정을 체결을 계기로 청 상인뿐만 아니라 일본을 포함한 외국 상인들이 본격적으로 한양과 내륙 지역으로 활동 무대를 넓히면서 객주, 여각, 보부상 등은 급격하게 몰락하게 되었다.

02 정답 ④

해설 ④ ㄹ. 방곡령 선포(1889~1890) - ㄷ. 독립협회의 이권 수호 운동(1898) - ㄱ. 보안회의 황무지 개간권 반대 운동(1904) - ㄴ. 국채보상운동(1907)

03 다음은 개항을 전후한 시기에 체결된 조약들이다. (가)~(다) 조약에 대한 설명으로 옳지 않은 것은?

> (가) 부산 외에 두 곳의 항구를 개항하고 일본인이 오가며 통상을 하도록 허락한다.
> (나) 다른 나라에 본 조약에서 부여되지 않은 특혜를 허가할 경우 동등한 특혜는 미국 관민에게도 무조건 균점된다.
> (다) 중국 상인이 조선의 양화진과 서울에 들어가 상점을 차릴 수 있도록 허락한다.

① (가)는 해안 측량권과 개항장 설치를 허용하였다.
② (나)는 러시아와 일본을 견제하기 위한 청의 알선으로 체결되었다.
③ (다)는 청 상인과 일본 상인 간의 상권 경쟁을 초래하였다.
④ (가)와 (다)로 인하여 개항장 객주가 몰락하게 되었다.

04 일제가 실시한 화폐 정리 사업과 관련된 설명으로 옳지 않은 것은?

① 일본인 재정 고문 메가타의 주도 아래 전개되었다.
② 한국인 상인과 회사가 줄지어 도산하였다.
③ 국내 자본으로 설립된 은행이 위축되었다.
④ 국내 물가가 폭등하였다.

---

03 정답 ④

해설 자료에서 (가)는 강화도 조약, (나)는 최혜국 대우 규정을 포함한 조·미 수호 통상 조약, (다)는 조·청 상민 수륙 무역 장정이다. ① 강화도 조약은 영사 재판권, 해안 측량권, 부산 등 3개 항구의 개항 등이 인정된 불평등 조약이다. ② 조·미 수호 통상 조약은 청이 러시아와 일본을 견제하기 위한 목적에서 알선하였다. ③ 조·청 상민 수륙 무역 장정 체결 이후 청 상인의 내륙 진출이 허용되면서 청·일 상인 간의 상권 다툼은 치열하게 전개되었다.

오답풀이 ④ 강화도 조약과 부속 조약(조·일 수호 조규 부록) 체결로 일본 상인에게 개항장 10리 이내로 활동 범위를 제한하여, 조선의 토착 상인인 객주·여각·보부상 등은 중개 무역을 통하여 부를 축적하였다. 그러나 조·청 상민 수륙 무역 장정 체결 이후 청을 비롯한 외국 상인의 내륙 진출이 허용되면서 객주·여각·보부상 등의 토착 상인은 몰락하게 되었다.

04 정답 ④

해설 ① ② ③ 일제는 1904년 1차 한·일협약을 통해 재정 고문으로 메가타를 임명하였다. 메가타는 1905년부터 화폐 정리 사업을 추진하여 일본의 제일은행을 중앙은행으로 만들었다. 그리고 제일은행 화폐를 본위 화폐로 사용하여, 기존의 백동화 화폐를 폐기 처분하였다. 그 결과 국내 자본으로 설립된 은행은 파산 또는 일본은행에 흡수되었으며, 국내 상공업자가 몰락하게 되었고, 농촌 경제는 파탄에 이르렀다. 이러한 화폐 정리 사업은 일제가 한국 경제를 예속화시키기 위한 목적에서 추진되었다.

오답풀이 ④ 화폐 정리 사업으로 화폐 유통량이 감소하면서 화폐 가치는 올라가고 물가는 하락하였다.

05 개항 이후 외세의 경제적 침략에 대응한 구국 운동과 관련된 설명으로 옳지 않은 것은?

① 일본에 의한 대량의 미곡 반출을 막기 위해 방곡령을 선포하였다.

② 서울 상인들은 황국 협회를 조직하여 외국 상인의 상권 침탈에 대응하여 상권 수호 운동을 전개하였다.

③ 독립협회는 만민 공동회를 개최하여 러시아의 절영도 조차 요구를 저지시켰다.

④ 일제의 차관 제공에 의한 경제적 예속화 정책에 대항하여 국채 보상 운동이 전개되었다.

06 다음 중 제국주의 열강들의 이권 침탈의 내용으로 잘못 연결된 것은?

① 미국 – 운산 금광 채굴권 ② 러시아 – 두만강 삼림 채벌권

③ 일본 – 경부선 철도 부설권 ④ 프랑스 – 경인선 철도 부설권

07 다음 자료와 관련된 경제적 구국 운동과 관련된 설명으로 옳지 않은 것은?

> 국가의 흥망이 국채 1,300만 원을 갚고 못 갚는 데 있다고 떠드는 말을 듣고 …… 2천만 중 여자가 1천만이요, 1천만 중에 반지를 가지고 있는 이가 반은 넘을 터이오니 …… 1천만 원이 여인 수중에 있다 할 수 있습니다.

① 일제의 차관 강요에 따른 경제적 예속화 정책에 대한 저항 운동으로 전개되었다.

② 대구에서 시작하여 전국적인 모금 운동으로 전개되었다.

③ 지주, 자본가 등 상류층의 주도 아래 전개되었다.

④ 애국계몽단체와 대한매일신보 등의 언론 기관이 동참하였다.

---

05 정답 ②

해설 ① 개항 이후 일본으로 대량의 쌀이 유출되어 쌀값 폭등에 따른 경제 위기가 심화되자, 함경 감사였던 조병식을 시작으로 각 지역의 지방관들이 방곡령을 선포하였다. ③ 독립협회는 아관파천 이후 러시아를 비롯한 열강의 이권 침탈이 심화되자, 러시아의 절영도 조차 요구를 저지하는 등 이권 수호 운동을 전개하였다. ④ 일제의 차관 강요로 일본에게 막대한 빚을 지게 되자 1907년에 국채보상운동이 전개되었다.

오답풀이 ② 서울 시전상인이 만든 단체는 황국중앙 총상회이며, 황국협회는 보부상이 만든 단체이다.

06 정답 ④

오답풀이 ④ 프랑스는 경의선 철도 부설권을 획득하였으나, 자금 문제로 일본에게 넘겼다. 경인선은 미국이 처음 획득하였으나, 자금 문제로 일본에게 넘겼다.

07 정답 ③

해설 ① ② ④ 제시된 자료는 국채 보상 운동을 적극적으로 지원했던 대한 매일 신보 기사 중의 일부이다. 국채 보상 운동은 일제의 차관 강요에 따른 경제적 예속화 정책에 대한 저항 운동으로 전개되어 대구에서 서상돈과 김광제의 주도 아래 시작하여 전국적인 모금 운동으로 확대되었다. 애국계몽단체와 신문들도 국민들의 동참을 호소하며 적극적인 지원을 아끼지 않았고 특히 대한 매일 신보는 성금을 낸 사람들을 신문에 게재하여 광고하기도 하였다.

오답풀이 ③ 국채 보상 운동에는 대다수 국민뿐 만 아니라 일본 유학생, 미주, 러시아 교포들도 모금 운동에 동참한 반면, 상층민, 명문가, 부호 등의 참여는 거의 없었다.

08 연표의 (가)~(마) 시기에 전개된 경제적 구국 운동에 대한 설명으로 옳은 것은?

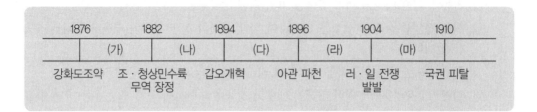

1876	1882	1894	1896	1904	1910
	(가)	(나)	(다)	(라)	(마)
강화도조약	조 · 청상민수륙 무역 장정	갑오개혁	아관 파천	러 · 일 전쟁 발발	국권 피탈

① (가) – 외국 상인의 침투에 대항하기 위해 대동 상회, 장통 회사 등을 설립하였다.

② (나) – 러시아의 금융 침투에 대항하여 한 · 러 은행을 폐쇄시켰다.

③ (다) – 일본의 토지 약탈을 저지하기 위해 농광 회사를 설립하였다.

④ (라) – 상권 수호 운동을 전개하기 위해 황국 중앙 총상회를 조직하였다.

⑤ (마) – 일본으로의 곡물 유출을 막기 위해 함경도, 황해도에서 방곡령을 선포하였다.

09 다음과 같은 변화의 예로 옳지 않은 것은?

> 서양과의 수교 이후 서양 문화가 우리나라 사람들의 생활 속에 파고들게 되었다.

① 궁중에서 커피와 홍차를 마셨다.

② 겸상이나 두레상이 독상으로 변화하였다.

③ 여성들의 장옷이 점차 사라져 갔다.

④ 마고자와 조끼를 입는 문화가 등장하였다.

---

08 정답 ④

해설 개항 이후 외세의 경제 침탈에 맞서 사회 각계각층에서는 다양한 저항 운동을 펼쳤다. ④ 시전상인은 1898년에 황국중앙총상회를 조직하여 상권수호운동을 전개하였다.

오답풀이 ① 보부상, 객주, 여각 등이 1883년 이후 (나) 시기에 외국 상인의 내륙 진출을 계기로 대동상회, 장통회사 등을 설립하였다. ② 독립협회는 (라) 시기에 열강의 이권 침탈에 대응하여 1898년 이후 이권 수호 운동을 전개하면서 한 · 러 은행을 폐쇄시켰다. ③ (마) 시기 1904년에 보안회와 농광회사는 일본의 황무지 개간 요구를 저지하기 위한 활동을 전개하였다. ⑤ 방곡령 선포는 (나) 시기의 1889, 1890년에 해당하는 사실이다.

09 정답 ②

해설 ① ③ ④ 서양과 수교를 한 이후 커피와 홍차라는 새로운 차문화가 발달하였으며, 서양 의복의 영향으로 조선의 여성들이 한복위에 덮어쓴 장옷이 사라졌으며, 남자는 한복위에 마고자나 조끼를 입는 의복 문화가 등장하였다.

오답풀이 ② 전통적인 상차림에 있어 성인 남자는 독상이었으나, 개항 이후 겸상, 여럿이 한 상에서 먹는 두레상이 보급되었다.

10 갑오개혁 이후 나타난 사회상에 대한 설명으로 옳지 않은 것은?

① 과부의 재혼이 법적으로 금지되었다.

② 호적에 신분 대신 직업을 기재하였다.

③ 신분제가 폐지되고 평등 의식이 확산되었다.

④ 재판소에서 형벌을 과하고 분쟁을 처리하였다.

11 근대사회의 전개 과정에서 추진되었던 경제적 개혁에 관한 내용들이다. 순서대로 바르게 나열한 것은?

> ㄱ. 지조법을 개혁하여 간악한 관리를 근절하고 국가 재정을 충실히 하라.
> ㄴ. 토지는 평균으로 나누어 경작하게 하라.
> ㄷ. 조세의 금납제와 도량형을 통일시켰다.
> ㄹ. 전국의 토지를 측량하고 지계를 발급하였다.

① ㄱ → ㄴ → ㄷ → ㄹ
② ㄱ → ㄷ → ㄹ → ㄴ
③ ㄴ → ㄷ → ㄹ → ㄱ
④ ㄴ → ㄷ → ㄱ → ㄹ

---

10 정답 ①

해설 ② 호적에 신분 대신에 직업을 기재한 것은 1896년 이후부터이다. ③ 갑오개혁을 계기로 신분제가 폐지되면서 평등 의식이 확산되었다. ④ 갑오개혁에 의해 지방관의 사법권이 박탈되면서 종래의 지방관이 죄인을 처벌하던 관행은 사라지고 근대적 재판소가 설치되어 형벌을 부과하고 각종 분쟁을 처리하게 되었다.

오답풀이 ① 갑오개혁 이후 과부의 개가 허용이 법적으로 허용되었다.

11 정답 ①

해설 ① ㄱ. 갑신정변(1884) – ㄴ. 동학농민운동(1894) – ㄷ. 1차 갑오개혁(1894) – ㄹ. 광무개혁(1898)

12 다음 자료의 (가)와 관련된 설명으로 옳은 것을 〈보기〉에서 고른 것은?

> "조선에 자연재해나 병란 등으로 국내의 양곡이 부족해질 염려가 있어서 조선 정부가 잠정적으로 양곡 수출을 금지하려고 할 때에는 그 시기보다 1개월 앞서 지방관이 일본 영사관에 알린다."는 장정이 체결된 후, 함경도 관찰사 조병식(1889), 황해도 관찰사 오준영(1890)이 [(가)]를(을) 선포하였다.

> ㄱ. 황국 중앙 총상회의 강력한 요구로 시행되었다.
> ㄴ. 곡물 가격의 폭등을 막기 위한 목적에서 실시되었다.
> ㄷ. 지방 단위로 선포되었지만 큰 실효를 거두지 못하였다.
> ㄹ. 무관세로 곡물이 유출되는 현실로 인해 선포되었다.

① ㄱ, ㄴ   ② ㄱ, ㄷ

③ ㄴ, ㄷ   ④ ㄴ, ㄹ

13 아관 파천 전후에 나타난 열강의 이권 침탈에 관한 설명으로 옳지 않은 것은?

(2014년 기출)

① 미국은 운산 금광 채굴권 등의 이권을 차지하였다.
② 영국은 거문도를 점령하고 서울과 인천을 연결하는 철도부설권을 차지하였다.
③ 일본은 서울과 부산을 연결하는 철도부설권을 차지하였다.
④ 러시아는 삼림벌채권 등의 이권을 차지하였다.

---

12 정답 ③

해설 ㄴ, ㄷ. (가)는 1889년에서 1890년에 일어난 방곡령 사건이다. 개항 이후 일본으로의 곡물 대량 유출로 국내의 곡물 가격이 폭등하자, 이를 억제하기 위해 지방관이 방곡령을 선포하였으나, 일본이 조ㆍ일 통상 장정의 방곡령 규정을 근거로 항의하여 큰 실효를 거두지 못하고 배상금을 지불하였다.

오답풀이 ㄱ. 황국 중앙 총상회는 방곡령 사건 이후 1898년에 시전상인이 만든 단체로서 방곡령 사건과는 관련이 없다. ㄹ. 일본의 무관세 혜택은 1883년 조ㆍ일 통상 장정이 체결되기 이전까지만 인정되었으며, 방곡령 사건 당시에는 일본도 관세를 납부하였다.

13 정답 ②

해설 아관파천(1896) 이후에 러시아를 비롯한 열강들은 최혜국 대우 조항을 근거로 조선 에 대한 경제적 이권 침탈에 주력하였다. ① 미국은 아관파천 직후에 운산 금광 채굴의 이권을 차지하였다. ③ 일본은 경부선과 경원선 철도 부설권을 차지하였다. ④ 러시아는 압록강, 두만강, 울릉도 등의 삼림 채벌권, 광산 채굴권 등을 차지하였다.

오답풀이 ② 영국이 거문도를 점령한 거문도 사건은 1885년에 일어났으며, 영국은 은산 금광 채굴권을 획득하였다. 그러나 서울과 인천을 연결하는 경인선 철도 부설권은 미국이 차지하였다.

5. 근대 문물의 수용과 근대 문화의 형성

01 개항 이후의 모습으로 올바르지 않은 것은? (2010년 기출)

① 발해고는 애국심 고취에 기여하였다.

② 순 한글 신문이 발간되어 국민을 계몽하였다.

③ 식생활에 있어 겸상이 보급되고 커피를 마시기 시작했다.

④ 언문일치의 신소설이 등장하였다.

02 개항 이후 근대 문물 수용과 관련된 설명으로 옳지 않은 것은?

① 근대 인쇄술이 도입되어 박문국에서 한성순보가 간행되었다.

② 1860년대 기기창에서는 화폐 주조를, 전환국에서는 무기를 제조하였다.

③ 근대 우편 제도는 우정국 설치에서 비롯되었으나, 갑신정변으로 중단되었고 을미개혁 이후 부활되었다.

④ 죄조의 근대식 병원으로 광혜원이 설립되었으며, 알렌이 운영하였다.

03 개화기 근대 교육과 관련된 설명으로 옳지 않은 것은?

① 최초의 근대식 학교인 육영공원에서는 근대 학문과 무술을 가르쳤다.

② 갑오개혁 이후 교육입국조서 반포를 계기로 소학교, 사범학교 등 관립학교가 설립되었다.

③ 동문학이라는 외국어 교육 기관이 설립되었다.

④ 애국계몽운동이 전개되면서 다수의 사립학교들이 전국 각지에 설립되었다.

---

01 **정답** ①

해설 ② 순한글 신문으로는 독립신문, 제국신문, 대한매일신보 등이 간행되어 국민 계몽에 크게 기여하였다. ③ 개항 이후 서양식 음식 문화가 보급되어 겸상과 두레상이 나타났으며 커피, 홍차 등을 마시기 시작하였다. ④ 20세기 초에는 이인직의 혈의누, 이해조의 자유종 등 언문일치의 신소설이 등장하였다.

오답풀이 ① 발해고는 조선 후기에 유득공이 편찬한 역사서이다.

02 **정답** ②

해설 ① 1883년에 근대 인쇄술을 담당하는 박문국이 설치되고 한성순보를 간행하였다. ③ 갑신정변 직전에 우정국을 설치하고 우편 업무를 시작하려고 하였으나, 갑신정변을 계기로 중단되었다가 을미개혁 이후 본격적으로 우편 업무가 시작되었다. ④ 광혜원은 1885년에 미국인 선교사가 설립한 최초의 근대식 병원이며, 그 후 제중원으로 이름이 바뀌었다.

오답풀이 ② 기기창은 근대 무기 제조 공장이며 전환국은 화폐를 발행하였다.

03 **정답** ①

해설 ② 1895년 갑오개혁이 추진되면서 고종은 교육입국조서를 반포하였으며, 이를 계기로 소학교, 사범학교, 외국어 학교 등 다수의 관립학교가 설립되었다. ③ 동문학은 1883년에 정부에서 설립한 외국어 교육 기관으로 독일인 묄렌도르프가 운영을 담당하였다. ④ 애국계몽운동이 전개되면서 신민회의 대성학교, 오산학교 등 다수의 사립학교가 세워져 근대 교육을 통한 실력 양성 운동이 전개되었다.

오답풀이 ① 최초의 근대식 학교는 1883년에 함경도 덕원 주민이 기금을 조성하여 설립한 원산학사이며, 여기서는 근대 학문과 무술을 주로 가르쳤고, 육영공원은 1886년에 설립된 최초의 근대적 관립학교이다.

04 한말 종교계의 활동에 대한 설명으로 옳지 않은 것은?

① 개신교는 선교 활동을 목적으로 학교, 병원들을 설립하였다.

② 동학은 동학농민운동의 실패로 침체되었지만, 그 후 나철에 의해 교세가 크게 확산되었다.

③ 천주교는 고아원, 양로원 등의 자선 사업 활동에 주력하였다.

④ 박은식은 양명학을 바탕으로 유교의 개혁을 주장하는 유교구신론을 제창하였다.

05 다음의 역사서를 통해 알 수 있는 역사학 연구의 목적으로 알맞은 것은? (2004년 기출)

> ● 을지문덕전, 강감찬전, 이순신전   ● 미국독립사, 월남망국사, 이태리건국 삼걸전

① 전쟁 영웅을 강조하여 군국주의를 조장하였다.

② 새로운 지식의 확대로 근대 역사학을 정립하였다.

③ 민족의식과 애국심을 고취시키고자 하였다.

④ 조선의 영웅들을 통해 성리학적 세계관을 극복하고자 하였다.

06 1900~1910년 시기의 문학 · 예술 분야에서 나타난 경향으로 옳지 않은 것은?

① 순 한글로 쓰인 신소설이 등장하여 미신 타파, 남녀평등 등을 주장하였다.

② 천로역정, 이솝이야기 등 외국 문학 작품이 번역되었다.

③ 최초의 서양식 극장인 원각사에서 창극이 공연되었다.

④ 순수예술을 표방하는 문인들의 각성을 촉구하는 신경향파 문학이 등장하였다.

---

04 정답 ②

해설 ① 개신교(기독교)는 주로 선교 활동을 목적으로 학교와 병원을 설립하였으며, 한글 보급과 평등 의식 확산에 기여를 하였다. ③ 천주교는 고아원, 양로원 등의 자선 사업 활동에 주력하였다. ④ 박은식은 양명학을 바탕으로 유교의 실천 정신의 회복을 주장하는 유교구신론을 제창하였다.

오답풀이 ② 동학을 천도교로 개명한 것은 손병희이며 이후 천도교의 교세는 더욱 확장되었으며, 나철은 오기호와 함께 대종교를 창시하였다.

05 정답 ③

해설 ③ 자료는 애국 계몽 운동기에 편찬된 민족 영웅전과

외국 흥망사이다. 이러한 저술 활동을 전개한 것은 신채호, 박은식 등이었으며 민족의식의 고취와 애국심을 함양하기 위한 의도로 진행되었다.

06 정답 ④

해설 ① ② ③ 1900년 이후에는 순 한글로 쓰여진 신소설이 등장하였으며, 천로역정, 이솝이야기 등 외국 문학 작품이 번역되기도 하였다. 원각사는 최초의 서양식 극장으로 1908년에 설립되어 이해조의 자유종 등 다수의 작품을 공연하였다.

오답풀이 ④ 신경향파 문학은 1920년대 중반에 사회주의의 영향을 받아 전개되었다.

07 개화기 언론 활동과 관련된 설명으로 잘못 연결된 것은?

① 한성순보 – 최초의 근대적 신문, 순 한문

② 독립신문 – 최초의 민간 신문, 순 한글

③ 제국신문 – 하층민과 부녀자 대상, 순 한글

④ 만세보 – 천주교에서 간행

08 다음 글과 관련되어 설립된 근대 교육 기관에 대한 설명으로 옳은 것은?

> 교육은 국가를 보존하는 근본이다. 이제 짐은 정부에 명하여 전국에 학교를 세우고 인재를 길러 새로운 국민의 학식으로써 국가 발전을 이루고자 한다. 그대들 국민은 충군하고 애국하는 마음으로 덕(德)·체(體)·지(智)를 기를지어다. …(중략)… 왕실의 안전이 국민의 교육에 달려 있고, 국가의 부강도 국민의 교육에 달려 있다.

① 소학교, 사범학교, 외국어 학교 등 각종 관립학교를 세웠다.

② 오산학교, 대성학교 등 민족 교육 기관이 설립되었다.

③ 육영공원이 설립되어 상류층 자제들에게 근대 학문을 가르쳤다.

④ 배재학당, 이화학당 등 선교사들에 의해 사립학교가 세워졌다.

09 일본인 관광객에게 개항 이후의 19세기 후반에서 20세기 초의 역사적 상황을 설명하려면 다음 중에서 어디를 안내하는 것이 가장 적합한가? (2004년 기출)

① 경운궁　　　　　　② 창덕궁

③ 경복궁　　　　　　④ 창경궁

---

07 정답 ④

해설 ① 한성순보는 1883년에 박문국에서 간행한 최초의 근대적 신문으로 순한문으로 쓰여졌으며, 갑신정변을 계기로 폐간되었다가 한성주보로 재간행되었다. ② 독립신문은 독립협회가 1896년에 간행한 최초의 민간 신문으로 순한글 판과 영문판이 함께 간행되었다. ③ 제국신문은 이종일이 대한제국 수립 이후 하층민과 부녀자를 대상으로 한글 보급을 목적으로 간행하였다.

오답풀이 ④ 만세보는 천도교에서 간행하였다.

08 정답 ①

해설 ① 자료는 1895년에 고종이 반포한 교육입국조서이다. 이를 계기로 소학교, 사범학교, 외국어학교 등 다수의 관립학교가 설립되었다.

오답풀이 ② 오산, 대성학교는 신민회(1907)가 설립한 민족 교육 기관이다. ③ 육영공원은 1886년에 설립된 최초의 근대식 관립학교로서 상류층 자제들을 대상으로 서양인 선교사가 교육을 담당하였다. ④ 배재, 이화학당은 1880년대 후반에 서양인 선교사가 설립하였다.

09 정답 ①

해설 ① 경운궁은 덕수궁의 본래 이름으로 고종이 아관파천으로 러시아 공사관에 머물다가 경운궁으로 환궁하였으며, 대한제국을 수립한 후 경운궁 내에 고종이 황제 즉위식을 거행하였던 환구단(원구단)이 건립되었다. 그리고 고종은 1907년에 일본에 의해 황제의 자리에서 강제로 물러난 후 이곳 경운궁에서 만년을 보냈으며, 후에 이름이 덕수궁으로 바뀌었던 것이다. 따라서 경운궁은 일본과 관련된 20세기 전후의 우리 역사의 아픔이 남아 있는 곳이다.

10 다음 자료의 모습이 나타난 시기의 생활상으로 옳지 않은 것은?

> 오늘 서대문과 청량리 사이에 처음 설치된 전차의 개통식이 있다고 해서 명동 성당 앞에서 친구를 만나 함께 구경을 갔다. 식장에는 고관대작, 각국의 공사 그리고 민간 유지 등 초청받은 사람들뿐만 아니라 소문을 듣고 온 지방 사람들까지 많은 사람들이 운집하여 매우 혼잡스러웠다. 마침내 화려하게 장식된 전차가 출발하자 함성이 절로 터져 나왔다.

① 외국 사정이나 지리를 소개한 한성순보를 구독하였다.

② 소학교에서 돌아오니 우편물이 도착해 있었다.

③ 황실에서는 '가비차'라 불리던 커피를 즐겼다.

④ 서양 의사가 진료하는 제중원에서 치료를 받았다.

11 아래에서 제시된 내용과 잘 부합되는 것은? (2005년 기출)

> 군신, 부자, 부부, 붕우, 장유의 윤리는 인간의 본성에 부여된 것으로서 천지를 통하는 만고불변의 이치이고, 위에 존재하는 것으로서 도(道)가 됩니다. 이에 대해 배, 수레, 군사, 농사, 기계의 편민이국(便民利國)하는 것은 외형적인 것으로서, 기(器)가 됩니다. 신(臣)이 변혁을 꾀하고자 하는 것은 기(器)이지 도(道)가 아닙니다.

> ㄱ. 통리기무아문　　　ㄴ. 영남만인소　　　ㄷ. 기기창　　　ㄹ. 척사론

① ㄱ, ㄴ　　　　② ㄴ, ㄹ　　　　③ ㄱ, ㄷ　　　　④ ㄷ, ㄹ

12 다음의 내용과 관련된 것으로 옳은 것은? (2016년 기출)

> 영국인 베델이 발행인으로 참여하여 통감부의 극심한 통제에도 불구하고 일본의 침략에 반대하는 논설을 실어, 민족의 여론을 불러일으키는 데 커다란 공헌을 하였다.

① 독립신문　　　② 제국신문　　　③ 황성신문　　　④ 대한매일신보

---

10 정답 ①

해설 자료는 개항 이후에 서양 문물이 수용되는 과정에서 나타난 생활상의 변화와 관련된 내용으로 전차는 1899년에 개통되었다. ② 소학교는 1895년 갑오개혁기에 교육입국조서반포를 계기로 설립. ③ 커피는 개항 이후 1880년대 초에 보급. ④ 1885년 광혜원에서 이름이 변경된 제중원은 1904년 세브란스 병원으로 명칭이 바뀔 때까지 의료 활동에 힘썼다.

오답풀이 ① 한성순보는 1883년 박문국에서 간행되었으며, 1884년 갑신정변을 계기로 폐간되었다.

11 정답 ③

해설 ③ ㄱ, ㄷ. 자료는 윤선학의 동도서기론과 관련된 내용이다. 동도서기론은 조선의 성리학적 전통을 유지하면서 서양의 과학 기술만을 수용하는 입장의 근대 문물 수용론으로 주로 온건개화파의 입장이다. 1880년대 이후 온건개화파는 민씨 정권과 함께 통리기무아문을 중심으로 개화 정책을 추진하였으며, 기기창·전환국·박문국 등 근대 시설들이 설치되었다.

오답풀이 ㄴ, ㄹ. 위정척사 운동으로 서양 문물 수용을 철저하게 배척하는 입장을 취하였다.

12 정답 ④

해설 ④ 대한매일신보는 1904년에 영국인 베델과 양기탁이 함께 간행한 신문으로, 일본의 침략을 반대하는 논설을 발표하였으며 국채보상운동을 지원하기도 하였다.

13 애국 계몽 운동 시기의 우리나라 국학 연구와 관련된 설명으로 옳지 않은 것은?

① 박은식, 최남선은 조선 광문회를 설립하여 고전에 대한 정리 작업을 실시하였다.

② 신채호는 독사신론을 써서 민족주의 사학의 연구방향을 제시하였다.

③ 민족의식과 애국심을 고취하기 위하여 근대 계몽 사학이 성립하였다.

④ 주시경과 지석영은 조선어 연구회를 설립하고, '가갸날'을 제정하였다.

14 밑줄 친 '이 신문'에 대한 설명으로 옳은 것은?

> 일본 순사들이 와서 장지연을 잡아가고 …(중략)… '시일야방성대곡'이라는 논설 한 편에 이르러서는
> 모든 대한 신민이 된 자가 통곡하지 않을 수 없거니와 세계 각국의 모든 공평한 마음과 정의를 가진
> 자는 모두 마땅히 그를 위해 분개하고 애통해 하리니, 오호라, <u>이 신문</u>은 정간되었으나 기자의 붓은
> 가히 일월과 그 빛을 다툴 것이로다.

① 박문국에서 발행되었다.

② 천도교의 기관지 역할을 하였다.

③ 양반 유생층을 대상으로 국한문으로 간행되었다.

④ 순 한글로 간행되었으며 영문판도 발행되었다.

15 다음에서 설명하는 책을 저술한 인물은? (2015년 기출)

> 1895년 간행된 책으로 서양의 여러 나라를 돌아보면서 듣고 본 역사, 지리, 산업, 정치, 풍속 등을 기
> 록하였다.

① 김윤식　　　　　② 박은식

③ 유길준　　　　　④ 최남선

---

13 **정답** ④

해설 ① 박은식, 최남선은 조선 광문회를 설립하여 삼국유사, 동사강목 등 민족 고전에 대한 정리 작업을 실시하였다. ② 신채호는 대한매일신보를 통해 독사신론을 써서 일제시대 민족주의 사학의 연구 방향을 제시하였다. ③ 신채호, 박은식 등은 민족 영웅전, 외국 흥망사를 저술하여 민족의식과 애국심을 고취시키는 근대 계몽 사학이 성립되었다.

오답풀이 ④ 주시경과 지석영은 국문연구소를 설립하고 '국어문법'을 저술하는 등 우리말 문법 체계를 세웠다. 조선어 연구회는 1920년대에 설립되었으며, 「한글」 잡지를 간행하고 '가갸날'을 제정하였다.

14 **정답** ③

해설 ③ 자료의 내용은 을사조약 체결을 계기로 발표된 장지연의 '시일야방성대곡'으로 황성신문에 실렸다. 황성신문은 양반 유생층을 대상으로 국한문 혼용 신문으로 간행되었다.

오답풀이 ① 한성순보 ② 만세보 ④ 독립신문

15 **정답** ③

해설 ③ 자료는 1883년에 미국에 보빙사로 파견되었던 유길준이 미국과 유럽 등 서양 여러 나라를 돌아보고 1895년에 국한문 혼용으로 저술한 '서유견문'에 대한 설명이다.

1. 민족의 수난과 시련

01 국권 피탈 과정에서 체결된 조약과 그 내용을 잘못 연결한 것은? (2001년 기출)

① 한 · 일 의정서 – 군사 요지 점령권과 내정 간섭

② 제 1차 한 · 일 협약 – 고문 정치 시작

③ 을사조약 – 외교권 박탈과 통감부 설치

④ 한 · 일 신협약 – 사법권, 감옥사무권 박탈

02 다음 설명에 해당하는 사건은 무엇인가? (2008년 기출)

- 1905년에 일본의 강요에 의해 체결되었다.
- 고종이 비준을 하지 않기 때문에 조약의 효력은 없다.
- 통감 정치와 외교권 박탈

① 한 · 일 의정서   ② 을사조약

③ 한성조약   ④ 시모노세키조약

---

01 **정답** ④

해설 ① 한 · 일 의정서(1904)는 일본이 러 · 일 전쟁을 수행하기 위하여 군사 요지 사용권을 획득하였으며, 대한제국이 제3국과 조약을 체결할 경우에는 일본에게 사전에 동의를 얻기로 합의하였다. ② 제 1차 한 · 일 협약(1904)을 체결하고 일본은 재정 고문 메가타와 외교 고문 스티븐스(미국)를 파견하여 고문 정치를 실시하였다. ③ 을사조약(1905)을 체결하고 일본은 외교권을 박탈하고 통치 기관으로 통감부를 설치하였다.

오답풀이 ④ 한 · 일 신협약(1907)은 일본인을 대한제국의 관리로 임명하여 내정을 간섭하는 차관 정치와 군대 해산 조항을 포함하고 있다. 사법권, 감옥사무권 박탈은 기유각서(1909)와 관련된 내용이다.

02 **정답** ②

해설 ② 1905년에 일본이 고종의 비준을 받지 않고 체결하여 통감 정치를 실시하고 외교권을 박탈한 조약은 1905년에 체결된 을사조약과 관련 있다.

03 다음 조약에 대항하여 나타난 우리 민족의 저항으로 옳지 않은 것은?

> 제1조 일본국 정부는 동경의 외무성을 경유하여 금후 한국의 외국에 대한 관계 및 사무를 감리, 지휘함
> 제2조 한국 정부는 금후 일본국 정부의 중개를 거치지 않고서는 국제적 성질을 가진 어떠한 조약이나 약속도 맺지 않을 것을 약속함

① 13도 창의군의 결성과 서울 진공 작전 ② 장지연의 시일야방성대곡
③ 고종의 헤이그 특사 파견 ④ 평민 의병장 신돌석의 활동

04 일제의 국권 피탈 과정과 관련된 내용들이다. 순서대로 바르게 나열한 것은?

> ㄱ. 차관 정치 실시와 군대 해산 ㄴ. 외교권 박탈과 통감부 설치
> ㄷ. 군사 요지 사용권 차지 ㄹ. 재정 · 외교 고문 파견
> ㅁ. 가쓰라 · 태프트 밀약과 포츠머스 조약 체결

① ㄱ → ㄴ → ㄷ → ㄹ → ㅁ ② ㄴ → ㄷ → ㄱ → ㄹ → ㅁ
③ ㄷ → ㄹ → ㅁ → ㄴ → ㄱ ④ ㄹ → ㄷ → ㄴ → ㅁ → ㄱ

05 다음 중 항일 의거 활동과 관련된 내용을 잘못 연결한 것은?
① 장인환, 전명운 – 스티븐슨 암살 ② 안중근 – 이토 히로부미 암살
③ 나철, 오기호 – 5적 암살단 조직 ④ 나석주 – 이완용 암살 시도

---

03 정답 ①
해설 자료는 을사조약과 관련된 내용이다. ② ③ ④ 을사조약에 대한 우리 민족의 저항으로는 을사의병(최익현, 신돌석 등), 장지연의 시일야방성대곡, 민영환의 자결, 고종의 헤이그 특사 파견, 안중근의 이토 히로부미 암살 등이 있다.
오답풀이 ① 13도 창의군은 정미의병(1907)과 관련 있다.

04 정답 ③
해설 ③ ㄷ. 한 · 일 의정서(1904.2) – ㄹ. 1차 한 · 일 협약(1904.8) – ㅁ. 가쓰라 · 태프트 밀약(1905.7)과 포츠머스 조약(1905.9) – ㄴ. 을사조약(1905.11) – ㄱ. 한 · 일 신협약(1907)

05 정답 ④
오답풀이 ④ 나석주는 일제시대 의열단 소속으로 동양척식주식회사에 폭탄을 던졌으며, 이완용 암살 시도는 이재명과 관련 있다.

06 / 다음 조약들의 공통점으로 옳은 것은?

> ● 제2차 영 · 일 동맹   ● 가쓰라 · 태프트 밀약   ● 포츠머스 조약

① 서구 열강들의 일본의 한국 독점적 지배권 인정
② 러시아의 남하 정책 저지 목적으로 체결
③ 열강의 한국에 대한 이권 침탈 합의
④ 열강의 최혜국 조항 인정

07 / 한 · 일 합병 이후 일제가 설치한 중추원에 대한 내용으로 올바른 것은? (2005년 기출)

① 한국인을 회유하기 위한 목적에서 설치한 한국인의 자문 기관이었다.
② 3 · 1 운동까지 한국인을 회유하기 위해 정식 회의가 매년 소집되었다.
③ 우리나라 최초의 의회로서 민의를 국정에 반영하였다.
④ 이완용 등의 친일파를 배제시켜 반일 세력을 회유하려 하였다.

08 / (   )에 들어갈 내용으로 옳은 것은? (2015년 기출)

> 일제는 근대적 토지 소유 관계 확립을 명분으로 (   )을/를 실시하여 식민지 경제 정책의 기반을 마련하였다.

① 방곡령   ② 회사령
③ 국가 총동원법   ④ 토지 조사 사업

---

06 정답 ①
해설 ① 제2차 영 · 일 동맹을 통해 영국의 인도 지배와 일본의 한국 지배를 상호 인정하였으며, 가쓰라 · 태프트 밀약을 통해 미국의 필리핀 지배와 일본의 한국 지배를 상호 인정하였으며, 러 · 일 전쟁이 끝난 직후 러시아는 일본의 한국에 대한 독점적 지배권을 인정하였다.

07 정답 ①
해설 ① 중추원은 한 · 일 합병 직후에 일본이 한국인을 회유하기 위한 목적에서 친일파를 중심으로 설치된 한국인 자문기관이었다. 그러나 중추원은 한 번도 회의를 개최한 적이 없는 형식적인 위장 단체에 불과하였다.

08 정답 ④
해설 ④ 일제는 한 · 일 병합 직후 근대적 토지 소유 관계 확립을 명분으로 토지 조사 사업(1912~1918)을 실시하고 농민의 토지를 약탈하여 식민 지배에 필요한 경제적 기반을 마련하였다.

09 다음 자료에 나타난 시기의 사회상으로 볼 수 없는 것은?

> ● 정거장에 도착할 때마다 드나드는 순사와 헌병 보조원은 차례차례로 한 번씩 휘돌아 나갔다.
> ● 소학교 선생님이 긴 칼을 차고 교단에 오르는 나라가 있는 것을 보셨습니까? 나는 그런 나라의 백성이외다.

① 토지 신고서를 제출하지 않아서 조상 대대로 내려오던 토지를 빼앗겼다.

② 고기잡이를 하다가 어업령 위반죄로 태형 수십 대의 처벌을 받았다.

③ 6 · 10 만세 운동에 참여한 다수의 학생들이 치안 유지법 위반 혐의로 체포되었다.

④ 회사령 때문에 한국인은 마음대로 회사를 설립할 수 없었다.

10 일제 강점기에 관한 설명으로 옳지 않은 것은? (2013년 기출)

① 총독부를 설치하고 총독을 군인으로 임명하여 무단 지배를 추진하였다.

② 경찰 업무를 헌병이 담당하도록 하여 치안, 사법, 행정에 관여할 수 있도록 하였다.

③ 영친왕을 강제로 일본으로 이주시키고, 친일적인 관료들에게는 작위를 내렸다.

④ 일본식 교육을 확대하기 위하여 사립학교를 크게 늘렸다.

11 민립대학 설립 운동이 시작된 시기에 해당하는 일제 통치 정책으로 옳은 것은?

(2016년 기출)

① 창씨개명을 강요하였다.　　② 헌병경찰제를 실시하였다.

③ 산미증식계획을 실시하였다.　　④ 황국신민화 정책을 실시하였다.

---

09 정답 ③

해설 자료에서 헌병 보조원이 등장하고 선생님이 긴 칼을 차고 있다는 내용을 통해 1910년대 무단 통치 시기임을 알 수 있으며, ① 토지 조사 사업, ② 조선 태형령, ④ 회사령 등은 1910년대 일제가 실시한 정책이다.

오답풀이 ③ 6 · 10 만세 운동은 1926년에 일어났으며, 당시에 많은 학생들이 일제가 제정한 치안유지법(1925)에 의해 처벌을 받았다.

10 정답 ④

해설 ① 일제는 한 · 일 합병 이후 식민 통치 기관으로 총독부를 설치하고 총독을 군인 출신으로 임명하여 한국인에 대한 강압적인 무단 통치 지배 방식을 실시하였다. ② 1910년대 무단 통치기에 일제는 헌병이 경찰 업무를 담당하도록 하고 치안, 사법, 행정권을 행사할 수 있도록 하였다. ③ 일제는 고종의 아들이었던 영친왕(이은)을 1907년에 일본으로 강제 이주시켜 볼모로 삼

았으며, 친일파에게는 일본의 작위를 내려 우대하는 정책을 실시하였다.

오답풀이 ④ 일본은 한국인을 어리석은 국민으로 만들기 위한 우민화 교육 정책을 실시하여 한국인에게 교육의 기회를 철저히 차단시켰으며, 오히려 사립학교의 설립을 제한하였다.

11 정답 ③

해설 ③ 민립 대학 설립 운동은 1920년대 초에 한국인 중심의 고등 교육을 목표로 전개되었던 민족 실력 양성 운동이었다. 산미 증식 계획은 1920년에서 1934년까지 일제가 일본의 부족한 쌀 문제를 해결하기 위하여 실시한 정책이다.

오답풀이 ① ② 창씨개명과 황국신민화 정책은 일제가 중 · 일 전쟁(1937년) 이후에 실시한 민족 말살 정책이다. ④ 헌병 경찰제는 일제가 1910년대에 실시한 식민 통치 방식이다.

12 1910년대 무단 통치 시기에 일제가 실시한 정책이 아닌 것은?

① 총독부 자문 기관으로 중추원 설치

② 치안유지법을 제정하여 독립 운동 탄압

③ 헌병 경찰 통치와 조선태형령 실시

④ 교원과 관리에게 검은 제복과 대검 착용 유도

13 일제의 산미 증식 계획과 관련된 설명으로 옳지 않은 것은?

① 일제의 급속한 공업화 정책에 따른 식량 부족을 해결하기 위해 실시하였다.

② 밭을 논으로 바꾸는 토지 개량 사업으로 경지 면적이 확대되어 화전민, 유망민 등이 감소하였다.

③ 벼농사 중심의 단작형 농업 구조로 전환되었다.

④ 일본의 쌀 유출량 증가로 식량난이 심각해져 만주에서의 잡곡 수입량이 증가하였다.

14 다음은 일제시대 경제 침탈 정책이다. 순서대로 바르게 나열한 것은?

ㄱ. 산미증식계획	ㄴ. 남면북양 정책
ㄷ. 토지조사사업	ㄹ. 국가 총동원령

① ㄱ → ㄴ → ㄷ → ㄹ   ② ㄴ → ㄷ → ㄱ → ㄹ

③ ㄷ → ㄱ → ㄴ → ㄹ   ④ ㄱ → ㄷ → ㄴ → ㄹ

---

12 정답 ②

해설 ① 조선 총독부는 한국인을 회유하기 위해 친일파로 구성된 한국인 자문기관으로 중추원을 설치하였다. ③ 일제는 1910년대에 한국인을 억압하는 무단 통치를 실시하면서 헌병 경찰에 의한 강압 통치와 함께 조선인을 대상으로만 태형이라는 형벌제도를 실시하였다. ④ 일제는 1910년대에 모든 교원과 관리에게 검은 제복과 대검 착용을 유도하여 한반도 전체를 억압적인 분위기로 바꾸었다.

오답풀이 ② 치안유지법은 1925년에 제정되어 사회주의자를 비롯한 항일 운동을 전개하는 모든 한국인을 탄압하였다.

13 정답 ②

해설 ① 일제는 급속한 공업화 정책에 따른 일본 본토의 식량 부족을 해결하기 위해 한반도에서의 쌀 생산량을 늘리기 위해 산미증식계획을 1920년부터 1934년까지 실시하였다. ③ 산미증식계획의 결과 쌀 생산에 주력하면서 농업은 벼농사 중심의 단작형 농업 구조로 전환되었다. ④ 일본으로 대량의 쌀 유출로 국내에서는 쌀이 부족하여 만주에서의 잡곡 수입량이 증가하였다.

오답풀이 ② 일제는 쌀 생산량을 늘리기 위해 밭을 논으로 바꾸는 토지 개량 사업을 추진하여 논의 면적은 증가하였지만, 논을 비롯한 농경지가 농민들의 몫은 아니었다. 오히려 일제는 쌀 증산에 필요한 수리 시설과 종자 개량 비용 등을 농민에게 강요하였으며, 이를 감당하지 못한 다수의 농민은 빚이 증가하게 되어 화전민, 임노동자, 도시 빈민층으로 몰락하게 되었다.

14 정답 ③

해설 ㄷ. 토지조사사업(1912-1918) - ㄱ. 산미증식계획(1920-34) - ㄴ. 남면북양정책(1930년대 중반) - ㄹ. 국가총동원령(1938)

15 1920년대 일제의 문화 통치와 관련된 설명으로 옳지 않은 것은?

① 조선인에 대한 언론의 자유 일부 허용

② 보통 경찰 통치와 고등 경찰제 실시

③ 친일파 육성을 통한 조선 민족 분열 정책

④ 문관 출신의 총독 파견

16 다음 자서전의 내용이 전개되던 시기에 일제가 시행한 정책으로 가장 적절한 것은?

> 7월 20일, 학생들과 체조를 하고 있었는데 면사무소 직원이 징병 영장을 가져왔다. 흰 종이에는 '징병
> 영장' 그리고 '8월 1일까지 함경북도에 주둔한 일본군 나남 222부대에 입대하라'고 적혀 있었다. 7월
> 30일, 앞면에는 '무운장구(武運長久)' 뒷면에는 '축 입영'이라고 적힌 붉은 천의 어깨띠를 두르고 신사
> 를 참배한 후 순사와 함께 나룻배를 타고 고향을 떠났다. 용산역에서 기차를 탈 때까지 순사는 매섭게
> 나를 감시하였다.

① 일진회를 앞세워 한일 합방을 청원하게 하였다.

② 공출제도를 강화하여 놋그릇, 농기구까지 수탈하였다.

③ 우가키 총독이 농촌개발을 명분으로 농촌진흥운동을 주장하였다.

④ 헌병경찰이 칼을 차고 민간의 치안 및 행정업무를 처리하도록 하였다.

---

15 정답 ④

해설 ① 일본은 문화 통치를 표방하면서 조선인에게 언론의 자유를 부분적으로 허용하여 조선, 동아일보 등이 간행되었으나, 실제로는 신문에 대한 사전 검열, 기사 삭제, 폐간 등의 방법을 통하여 탄압하였다. ② 일제는 한국인의 일제에 대한 불만을 무마시키기 위해 헌병 경찰 통치 대신에 보통 경찰 통치를 실시하면서 한편으로는 한국 독립군을 집중적으로 탄압하기 위해 고등 경찰제를 실시하였다. ③ 문화 통치시기에 사이토 총독은 한국의 종교인, 지식인 등 상류층을 중심으로 친일파를 육성시켜 한국인 간에 분열과 이간을 조장시키는 민족 분열 정책을 실시하였다.

오답풀이 ④ 일제는 문화 통치를 실시하면서 무관뿐만 아니라 문관 출신도 총독에 임명한다는 규정을 정했지만, 실제

로는 해방 이전까지 문관 총독이 파견되지는 않았다.

16 정답 ②

해설 ② 자료에서 징병과 관련된 내용을 통해 당시의 상황은 징병이 실시되었던 1944년 이후의 사실임을 알 수 있다. 일제는 중·일 전쟁(1938)과 태평양 전쟁(1941)을 일으키면서 국가 총동원령(1938)을 실시하여 전쟁 기간 동안에 군수 물자 공급을 위해 금속 공출 제도를 강화하여 놋그릇, 농기구 등을 수탈하였다.

오답풀이 ① 일진회의 한일 합방 청원은 1910년 한일 합방 직전의 사실이다. ③ 농촌진흥운동은 1932년부터 1940년까지 전개되었다. ④ 헌병이 경찰 업무를 담당한 것은 1910년대 무단 통치기의 사실이다.

17 다음은 일제의 식민 통치 방식의 변화 과정을 설명하고 있다. (가), (나)에 들어갈 내용으로 적절한 것은?

> 헌병 경찰제 → (가) → 보통 경찰제 → (나) → 민족 말살 정책

	(가)	(나)
①	3·1 운동	만주사변
②	세계 대공황	만주사변
③	제1차 세계 대전	중·일 전쟁
④	세계 대공황	대한민국 임시정부 수립

18 일제의 식민지 정책을 시기 순으로 바르게 나열한 것은?

> ㄱ. 농촌경제의 안정화를 명분으로 농촌 진흥 운동을 전개하였다.
> ㄴ. 학도지원병 제도를 강행하여 학생들을 전쟁터로 내몰았다.
> ㄷ. 회사령을 철폐하여 일본 자본이 조선에 자유롭게 유입될 수 있게 하였다.
> ㄹ. 토지의 소유권과 가격에 대한 대대적인 조사를 진행하였다.

① ㄷ → ㄹ → ㄱ → ㄴ
② ㄷ → ㄹ → ㄴ → ㄱ
③ ㄹ → ㄷ → ㄱ → ㄴ
④ ㄹ → ㄷ → ㄴ → ㄱ

19 다음은 일제의 식민 통치에 대한 서술이다. 시대 순으로 바르게 나열된 것은?

> ㄱ. 재판 없이 태형을 가할 수 있는 즉결 처분권을 헌병경찰에게 부여하였다.
> ㄴ. 한반도를 대륙 침략을 위한 병참기지로 삼았다.
> ㄷ. 국가 총동원령을 발표하여 인적, 물적 자원의 수탈을 강화하였다.
> ㄹ. 사상통제와 탄압을 위하여 고등경찰제도를 실시하였다.

① ㄱ → ㄴ → ㄷ → ㄹ
② ㄱ → ㄹ → ㄴ → ㄷ
③ ㄹ → ㄱ → ㄴ → ㄷ
④ ㄹ → ㄱ → ㄷ → ㄴ

---

17 정답 ①

해설 ① (가) 일제는 1919년에 일어난 3·1 운동을 계기로 무단 통치에서 문화통치로 바꾸면서 헌병 경찰제 대신에 보통 경찰제를 실시하였다. (나) 일제는 1929년에 일어난 세계대공황의 영향으로 발생한 경제 위기를 해결하기 위해 1931년의 만주사변을 시작으로 중·일 전쟁(1937)에 이르는 대륙 침략 정책을 감행하였다. 일제는 원활한 침략 전쟁을 진행하기 위해서 한국인을 일본인으로 동화시키는 민족 말살 정책을 실시하였다.

18 정답 ③

해설 ③ ㄹ. 토지조사사업(1912–18) – ㄷ. 회사령 철폐(1920) – ㄱ. 농촌진흥운동(1932–40) – ㄴ. 학도 지원병 제도(1943)

19 정답 ②

해설 ㄱ. 태형령, 헌병 경찰제는 1910년대 – ㄹ. 고등 경찰제도는 3·1 운동(1919) 이후 실시 – ㄴ. 병참기지화 정책은 만주사변(1931) 이후 실시 – ㄷ. 국가총동원령(1938)

20 다음 자료의 정책을 시행하면서 나타난 결과로 옳지 않은 것은?

> ● 일본 내 쌀 소비량은 연간 6,500만 석이다. 일본 내 생산량은 약 5,800만 석을 넘지 못한다. …
> (중략)… 일본 제국의 식량 문제를 해결하는 데 도움을 주는 것은 진실로 국책상 급무라 믿는다.
> ● 국내 쌀 생산량과 일본으로의 수출량

연도	생산량(천석)	수출량(천석)	1인당 소비량(석)
1922~1926 평균	14,501	4,342	0.59
1927~1931 평균	15,798	6,607	0.50
1932~1936 평균	17,002	8,757	0.40

① 농업 구조가 벼농사 중심으로 바뀌었다.

② 지주는 수리 조합비, 비료 대금을 소작농에게 부담시켰다.

③ 농민의 관습적 경작권이 부정되었다.

④ 국내에서 소비할 쌀의 부족을 메우기 위해 만주에서 잡곡이 수입되었다.

21 다음 자료와 관련된 일제의 경제 정책에 대한 설명으로 옳지 않은 것은?

> 지금까지 토지 소유권의 취득과 상실, 이전과 변경은 개인 간의 문서 또는 실제 점유 사실만으로 증명되었다. 그러므로 토지 소유권 분쟁은 끊이지 않았고 해결도 어려웠다. 이에 특별히 토지 조사국을 설치하여 난잡한 토지 대장을 정리하고 소유권을 확립하며 재정의 기초를 마련하려고 한다.
> – 총독 데라우치가 각도 장관들에게 내린 훈서 –

① 일제는 식민 통치에 필요한 재정 확보를 목적으로 실시하였다.

② 총독부는 약탈한 토지를 관리하기 위하여 동양척식 주식회사를 설립하였다.

③ 식민지 지주제가 확대되고 지주의 권한은 강화되었다.

④ 많은 농민이 몰락하여 만주, 연해주 등으로 이주하였다.

---

20 정답 ③

해설 자료는 일제의 산민증식계획과 관련된 내용이다. 일제는 공업화 정책을 추진하면서 식량이 부족해져 1918년 쌀 파동이 일어나자 이를 해결하기 위해 우리나라에서 산미 증식 계획을 추진하였다. ① 이에 따라 밭을 논으로 바꾸었으며 벼농사 중심의 농업구조가 형성되었다. ② 지주들이 식량 증산에 따른 수리 조합비, 비료 대금, 종자 개량 비용 등 각종 비용을 소작농에게 전가함에 따라 농민의 부담은 더욱 증가되었다. ④ 산미증식 계획 이후 일본으로의 쌀 반출은 계속 늘어 국내 식량 사정이 악화되었다. 이에 만주에서 잡곡을 들여와 부족한 식량을 충당하였다.

오답풀이 ③ 토지 조사 사업 실시 이후 지주의 권한은 강화되고

농민의 입회권, 관습적 경작권(도지권)이 부정되었다.

21 정답 ②

해설 ① 일제는 토지조사사업을 통해 일본인의 토지 소유를 합법화함으로써 안정적인 지세를 확보하여 식민 통치에 필요한 경제적 기반을 확보하고자 하였다. ③ 토지조사사업을 계기로 식민지 지주제가 확대되어 지주의 권한은 강화되고 조선인 지주는 친일적 경향을 보였다. ④ 다수의 농민은 토지를 상실하고 몰락하면서 새로운 삶을 찾아 만주, 연해주 등으로 이주하였다.

오답풀이 ② 동양척식 주식회사는 토지조사사업(1912~1918)이 실시되기 이전인 1908년에 먼저 설립되었다.

2. 3 · 1 운동과 대한민국 임시 정부

01 다음 중 3 · 1 운동의 배경으로 옳지 않은 것은? (2011년 기출)

① 윌슨의 민족자결주의   ② 2 · 8 독립 선언

③ 김규식의 파리강화회의 파견   ④ 대한민국 임시 정부의 지원

02 3 · 1 운동에 관한 설명으로 옳지 않은 것은? (2019년 기출)

① 아시아 각국의 민족운동에 자극이 되었다.

② 일제가 무단 통치에서 문화 통치로 바꾸는 계기가 되었다.

③ 비폭력, 무저항주의로 출발하였으나 점차 폭력적인 양상을 띠었다.

④ 비타협적 민족주의자와 사회주의자가 주도하였다.

03 어떤 독립 운동에서 발표한 선언서 공약이다. 이 독립 운동의 영향으로 잘못 설명한 것은?

> ● 금일 오인의 차거(此擧)는 정의, 인도, 생존, 존영을 위하는 민족적 요구이니, 오직 자유적 정신을 발휘할 것이오, 결코 배타적 감정으로 일주하지 말라.
> ● 최후의 일인까지, 최후의 일각까지 민족의 정당한 요구를 쾌히 발표하라.
> ● 일체의 행동은 가장 질서를 존중하여, 오인의 주장과 태도로 하여금 어디까지든지 광명정대하게 하라.

① 대한민국 임시 정부 수립의 계기가 되었다.

② 일제는 통치 정책을 문화 통치로 바꾸게 되었다.

③ 5 · 4 운동 등 세계 약소민족의 독립 운동에 영향을 주었다.

④ 일제는 이에 대한 보복으로 간도 참변이라는 만행을 저질렀다.

---

01 정답 ④

해설 ① ② ③ 3 · 1운동(1919)이 일어나게 된 배경으로는 일제의 강력한 무단 통치, 윌슨의 민족자결주의, 김규식의 파리강화회의 파견, 대한(무오)독립선언(1918), 2 · 8 독립 선언, 고종의 죽음 등을 들 수 있다.

오답풀이 ④ 대한민국 임시정부는 3 · 1 운동 이후에 설립되었다.

02 정답 ④

해설 ① 3 · 1 운동은 중국의 5 · 4 운동과 인도의 비폭력 · 불복종 운동 등에 영향을 끼쳤다. ② 3 · 1 운동을 계기로 일제는 무단 통치에서 문화 통치로 전환하였다. ③ 3 · 1 운동은 초기에는 비폭력주의 원칙에 의거하여 평화적인 만세 운동을 전개하였으나, 농촌 지역으로 이동하면서 점차 폭력적인 저항 운동으로 바뀌어갔다.

오답풀이 ④ 비타협적 민족주의와 사회주의 세력이 연합하여 활동한 것은 신간회와 관련되며, 3 · 1 운동 당시에는 아직 사회주의 사상이 보급되지 않았다.

03 정답 ④

해설 자료는 3 · 1 운동 당시에 발표된 한용운의 '공약 3장'의 내용이다. ① ② ③ 3 · 1 운동의 영향으로는 대한민국 임시정부 수립, 만주 지역의 독립 운동 활성화, 무단 통치에서 문화 통치로의 전환, 중국의 5 · 4 운동 등의 세계 약소민족의 반제국주의 운동에 영향을 주었다.

오답풀이 ④ 간도 참변은 봉오동 전투(1920.6.), 청산리 대첩(1920.10.)에서 패배한 일본군의 보복 행위로 일어난 사건이다.

04 다음 내용과 관련된 단체에 대한 설명으로 옳은 것은?

> 박상진과 김좌진 등이 주도한 비밀 결사로 대구에서 결성된 후 각지로 조직이 확대되었다. 광산과 우편차 등을 습격하여 군자금을 마련하였고, 친일 부호를 처단하기도 하였다.

① 공화주의 국가 건설을 목표로 만주에 독립군 기지를 건설을 추진하였다.

② 대종교 계열의 독립군을 중심으로 조직되었으며, 대한 독립 선언서를 발표하였다.

③ 데라우치 총독 암살을 조작한 105인 사건을 계기로 해산되었다.

④ 천마산대를 직속 부대로 편성하여 만주의 독립군 부대와 연결되어 무장 활동을 전개하였다.

05 1910년대 국내에서 조직된 독립 운동 단체를 모두 고른 것은? (2015년 기출)

> ㄱ. 권업회   ㄴ. 독립의군부
> ㄷ. 대한광복회   ㄹ. 경학사

① ㄱ, ㄴ   ② ㄱ, ㄹ

③ ㄴ, ㄷ   ④ ㄷ, ㄹ

---

04 정답 ①

해설 ① 자료는 1915년에 대구에서 박상진, 김좌진 등이 중심이 되어 비밀 결사로 조직된 대한광복회에 대한 설명이다. 대한광복회는 공화주의 국가 건설을 목표로 만주에 독립군 기지를 건설하고 사관학교를 설립하여 독립군을 양성하고자 군자금을 모금하는 한편, 친일파를 처단하는 활동을 전개하였다.

오답풀이 ② 중광단, ③ 신민회, ④ 천마산대는 1920년대에 국내에서 활동한 무장 단체로서 만주의 독립군 부대와 연결되어 무장 활동을 전개하였다.

05 정답 ①

해설 ㄴ. ㄷ. 독립의군부(1912)와 대한광복회(1915)는 1910년대 국내에서 활동한 비밀 결사 조직이다.

오답풀이 ㄱ. 권업회는 1911년 러시아 연해주 블라디보스크의 신한촌에서 결성된 항일 독립 운동 단체이다. ㄹ. 경학사는 1911년 남만주 삼원보에서 신민회가 중심이 되어 결성한 항일 독립 운동 단체이다.

06 대한민국 임시정부에 대한 설명으로 옳은 것은? (2012년 기출)

① 일제의 잔재 청산을 위해 반민족 행위 처벌법을 제정하였다.

② 민중에 의한 폭력적인 방법을 통한 혁명으로 독립을 이루고자 하였다.

③ 만주에 사관학교를 설립하고 공화정 국가의 수립을 목표로 활동하였다.

④ 연통제와 교통국을 통해 독립 운동 자금을 모금하고 정보를 수집하였다.

07 대한민국 임시정부 수립 과정에 대한 설명으로 옳지 않은 것은?

① 상하이의 임시 정부를 정통으로 하여 한성 정부, 대한 국민 의회를 흡수·통합하였다.

② 통합된 임시 정부의 위치는 외교 활동을 고려하여 상하이에 세워졌다.

③ 3권 분립에 입각한 민주 공화제의 정부로 출범하였다.

④ 국내와 연결된 비밀 행정 조직망으로 연통제를 조직하였다.

08 대한민국 임시정부와 관련된 설명으로 옳지 않은 것은?

① 초기에는 구미 외교 위원부를 중심으로 외교 활동에 주력하였다.

② 1923년 국민대표회의 이후 창조파와 개조파로 분열되면서 침체에 빠졌다.

③ 1926년 2차 개헌을 통해 김구 주석 중심의 단일 지도 체제로 개편되었다.

④ 충칭 정착 이후에는 조소앙의 3균주의를 바탕으로 대한민국 건국강령을 발표하였다.

---

06 정답 ④

해설 ④ 대한민국 임시정부는 상하이에 위치하였기 때문에 국내와의 원활한 연락과 군자금 확보를 위해 연통제라는 비밀행정 조직망을 구성하였으며, 교통국을 통해 독립운동에 필요한 정보를 수집하였다.

오답풀이 ① 친일파 청산과 관련된 반민족 행위 처벌법은 제1공화국 이승만 정부에서 제정되었다. ② 김원봉의 의열단은 신채호의 조선 혁명 선언의 방침을 반영하여 민중에 의한 폭력적인 방법을 통한 혁명으로 독립을 이루고자 하였다. ③ 신민회, 대한광복회와 관련된 설명이다.

07 정답 ①

해설 ② 통합된 대한민국 임시정부의 위치를 놓고 이승만을 중심으로 한 외교 독립론자들은 상하이를 주장하였고, 신채호, 이동휘 등의 무장 독립 투쟁론자들은 만주와 연해주를 주장하였지만, 이승만이 대통령으로 결정되면서 상하이로 결정되었다. ③ 대한민국 임시정부는 3권분립의 원칙에 의거하여 임시의정원(입법부), 국무원(행정부), 법원(사법부)을 구성하여 최초의 민주주의 공화정 정부로 출범하였다. ④ 대한민국 임시정부는 상하이에 위치하였기 때문에 독립 운동에 필요한 자금과 인력을 보급받기 위하여 비밀 연락 조직망으로 연통제를 조직하였다.

오답풀이 ① 대한민국 임시정부는 국내의 한성정부, 연해주의 대한국민 의회, 상하이 임시정부를 통합하는 과정에서 국내의 한성 정부를 정통으로 하여 수립되었다.

08 정답 ③

해설 ① 대한민국 임시정부는 이승만이 대통령으로 선출되고 상하이에 위치하면서 초기에 구미 외교 위원부, 파리 외교 위원부 등을 설치하고 외교 활동에 주력하였다. ② 이승만이 1919년에 국제 연맹에 위임 통치를 요청하는 문서를 제출한 것이 계기가 되어 신채호를 중심으로 한 무장투쟁론자들이 외교 독립론을 비판한 것을 계기로 임시 정부가 분열되자, 이를 해결하기 위해 1923년에 국민 대표 회의를 개최하였다. 그러나 임시정부를 해체하고 새로운 정부를 구성하자는 창조파와 기존의 임시정부 체제를 유지하면서 부분적인 개편을 주장하는 개조파로 분열되면서 임시정부는 침체에 빠지기 시작하였다. ④ 대한민국 임시정부는 1940년 충칭 정착 이후에 조소앙의 3균주의를 바탕으로 대한민국 건국강령을 발표하였다.

오답풀이 ③ 대한민국 임시정부는 1926년에 2차 개헌을 통해 국무령 중심의 내각 책임제 체제가 정비되었으며, 주석 중심의 체제는 임시정부가 충칭에 정착한 이후 1940년에 4차 개헌으로 확정되었다.

09 1910년대 국외 독립 운동과 관련된 설명으로 옳은 것은?

① 연해주에서는 대종교 계열의 독립군이 중심이 되어 북로군정서가 결성되었다.

② 대한인국민회는 연해주의 임시 정부로 설립되어 외교 활동을 전개하였다.

③ 신민회는 서간도에 삼원보라는 독립 운동 기지를 건설하고 신흥 무관 학교를 설립하였다.

④ 신한청년당은 미주 지역을 중심으로 독립 운동 자금을 지원하는 역할을 담당하였다.

10 다음에 제시된 사항들과 관련된 독립 운동가는?

● 서전서숙	● 대한광복군 정부	● 헤이그 특사

① 이준   ② 이상설   ③ 이동휘   ④ 김구

11 다음 중 대한민국 임시정부의 활동으로 볼 수 없는 것은?

① 독립신문 간행   ② 의열단 결성

③ 한국광복군 창설   ④ 애국공채 발행

---

09 **정답** ③

해설 ③ 신민회는 서간도에 삼원보라는 독립 운동 기지를 만들고 독립군 양성을 위해 신흥무관학교를 설립하였으며, 경학사·부민단 등의 독립운동 단체를 결성하였다.

오답풀이 ① 북로군정서는 북간도에서 대종교 계열의 독립군을 중심으로 활동하였다. ② 대한인국민회는 미주 지역에서 안창호, 이승만, 박용만 등이 중심이 되어 활동하였다. ④ 신한청년당은 상하이에서 조직되어 3·1 운동 이전에 김규식을 파리강화회의에 파견하였으며, 미주 지역을 중심으로 독립 운동 자금을 지원하는 역할은 주로 대한인국민회가 담당하였다.

10 **정답** ②

해설 ② 이상설은 1907년에 이준, 이위종과 함께 고종의 지시로 을사조약의 부당함을 국제 사회에 알리기 위하여 헤이그 만국 평화 회의에 특사로 파견되었으며, 북

간도 지역에 민족 교육 기관으로 서전서숙을 설립하였다. 또한 연해주 블라디보스토크에서 권업회를 토대로 1914년에 대한광복군정부를 결성하여 정통령으로 취임하였다.

11 **정답** ②

해설 ① 대한민국 임시정부는 독립심을 고취시키기 위하여 독립신문을 간행하고 사료편찬소를 설치하여 한·일 관계 사료집을 간행하였다. ③ 대한민국 임시정부는 충칭으로 이동한 후 중국 국민당의 지원을 받아 한국광복군을 창설하였다. ④ 대한민국 임시정부는 독립운동 자금을 조성하기 위하여 동포들을 대상으로 애국공채를 발행하기도 하였다.

오답풀이 ② 대한민국 임시정부는 김구가 1931년에 상하이에서 한인애국단을 결성하였으며, 의열단은 김원봉이 1919년에 만주에서 결성하였다.

12 다음 중 대한민국 임시정부와 연결되어 만주에서 활동한 독립 운동 단체가 아닌 것은?

① 육군주만 참의부 　　　　　　② 광복군 사령부

③ 광복군 총영 　　　　　　　　④ 대조선 국민 군단

13 다음 중 대한민국 임시정부가 충칭에서 활동한 사실이 아닌 것은?

① 한인애국단 결성 　　　　　　② 한국광복군 창설

③ 대한민국 건국강령 발표 　　　④ 한국독립당 창설

14 다음 글에 관한 설명으로 옳은 것은? (2014년 기출)

> "우리는 이에 우리 조선(朝鮮)의 독립국(獨立國)임과 조선인(朝鮮人)의 자주민(自主民)임을 선언하노라. 이로써 세계만방에 알려 인류가 평등하다는 큰 뜻을 밝히며, 이로써 자손만대에 일러 민족이 스스로 생존하는 바른 권리를 영원히 누리게 하노라. 반만년 역사의 권위를 의지하여 이를 선언함이며, 2천만 민중의 충성을 합하여 이를 선명함이며, 민족의 한결같은 자유 발전을 위하여 이를 주장함이며, 인류 양심의 발로에 기인한 세계 개조의 큰 기운에 순응해 나가기 위하여 이를 제기함이니…"

① 일본의 가혹한 식민통치에 대하여 무장 항일 운동의 실천을 촉구하는 독립신문의 사설이다.

② 유학생들이 동경(東京)에서 조선의 독립을 요구하며 내건 2·8 독립선언의 결의문이다.

③ 을사조약이 체결되자, 장지연이 황성신문에 게재한 '시일야방성대곡(是日也放聲大哭)'의 내용이다.

④ 종교계를 중심으로 한 민족대표 33인이 발표한 3·1 독립선언서이다.

---

12 **정답** ④

해설 ① 육군주만 참의부 ② 광복군 사령부 ③ 광복군 총영은 1920년대에 대한민국 임시정부와 연결되어 만주 지역에서 활동한 무장 독립 운동 단체이다.

오답풀이 ④ 대조선 국민군단은 박용만이 하와이에서 조직한 항일 군대 조직이다.

13 **정답** ①

해설 ② ③ ④ 대한민국 임시정부가 충칭에 정착한 것은 1940년이며, 충칭 정착 이후에 민족주의 계열의 독립 운동 단체를 통합하여 한국독립당(1940)을 창설하였으며, 중국 국민당의 지원을 받아 대한민국 임시정부

의 직속 군대로서 한국광복군(1940)을 창설하였다. 또한 조소앙의 3균주의를 바탕으로 대한민국 건국강령을 발표하였으며, 주석 중심의 단일 지도 체제의 4차 개헌과 주석, 부주석 체제의 5차 개헌을 실시하였다.

오답풀이 ① 한인애국단은 김구가 1931년에 침체에 빠진 임시정부의 활동을 활성화시키기 위하여 상하이에서 결성하였다.

14 **정답** ④

해설 ④ 자료는 3·1 만세 운동 당시에 최남선이 기초하여 종교계를 중심으로 민족 33인이 발표한 3·1 독립 선언서이다.

3. 무장 독립 전쟁의 전개

01 의열단과 관련된 설명으로 옳지 않은 것은?

① 김원봉이 1919년에 만주에서 조직하였다.

② 신채호의 '조선 혁명 선언'을 활동 지침으로 삼았다.

③ 나석주는 동양척식 주식회사에 폭탄을 던졌다.

④ 1930년대 후반에 중국 옌안에서 조선 독립 동맹을 결성하였다.

02 1930년대 중국의 국민당 정부가 대한민국 임시정부의 독립 운동을 지원하는 계기가 되었던 항일 의거 사건은?

① 나석주의 동양척식 주식회사 투탄 ② 윤봉길의 상하이 홍커우 공원 의거

③ 이봉창의 일본 국왕 암살 시도 ④ 안중근의 이토 히로부미 암살

03 ( ) 시기에 발생한 사건으로 옳은 것은? (2017년 기출)

> 봉오동 전투 → ( ) → 참의부 · 정의부 · 신민부 조직

① 간도 참변 ② 만보산 사건

③ 한국광복군 창설 ④ 상해 대한민국 임시정부 수립

---

01 정답 ④

해설 ① 의열단은 김원봉이 윤세주와 함께 1919년에 만주에서 조직하였다. ② 의열단은 신채호의 '조선 혁명 선언'을 활동 지침으로 삼아 폭탄 의거 활동을 주로 전개하였다. ③ 의열단의 대표적인 의거 활동으로 나석주는 동양척식 주식회사에 폭탄을 던졌다.

오답풀이 ④ 의열단은 1935년에 조선혁명당, 한국독립당 등의 단체를 통합하여 중국 본토에서 민족 혁명당을 창설하였다. 조선 독립 동맹은 1942년 중국 화북 지방의 옌안에서 사회주의 세력을 통합하여 조직된 단체이며 김두봉과 관련 있다.

02 정답 ②

해설 ② 한인애국단 소속의 윤봉길은 1932년 상하이 홍커우 공원에서 상하이 사변 전쟁 승리를 자축하는 장소에서 다수의 일본군 장군을 살해하였다. 이 사건은 당시 반일 감정이 고조되었던 중국인에게 큰 감동을 주었으며, 이후 장제스의 중국 국민당 정부는 대한민국 임시정부의 독립 운동을 적극 지원하게 되었다.

03 정답 ①

해설 ① 봉오동 전투(1920), 청산리 대첩(1920)에서 패배한 일본은 간도 참변(1920)을 일으켜 많은 한국인을 학살하였다. 이후 독립군은 러시아에서 자유시 참변(1921)의 피해를 겪은 후 만주로 돌아와 참의부 · 정의부 · 신민부의 3부를 조직하였다.(1923~1925)

오답풀이 ② 만보산 사건(1931), ③ 한국광복군(1940), ④ 대한민국 임시정부 수립(1919)

04 (가), (나) 운동에 대한 설명으로 옳지 않은 것은?

| (가) 6·10 만세 운동 | (나) 광주 학생 항일 운동 |

① (가)는 신간회의 지원을 받았다.

② (나)는 전국 규모의 항일 운동으로 확대되었다.

③ (가)의 영향으로 민족 유일당 운동이 전개되었다.

④ (나)는 3·1 운동 이후에 전개된 최대 규모의 민족 운동이었다.

05 다음 중에서 1920년대 무장 항일 투쟁에 참가한 독립운동 단체로 보기 어려운 것은?

(2006년 기출)

① 북로군정서군

② 대한 독립군

③ 한국광복군

④ 천마산대

06 1920년대의 해외 독립 운동의 상황을 설명한 것으로 옳은 것은?

① 간도 참변 후 소련 영토에서 되돌아온 독립군은 정의부를 조직하였다.

② 참의부, 정의부, 신민부는 대한민국 임시정부의 정규군인 국민부로 통합되었다.

③ 대한 독립군단은 일제에 의해 주도된 자유시 참변으로 큰 타격을 받았다.

④ 육군주만 참의부는 대한민국 임시 정부 직할하에서 독립군의 재정비에 나섰다.

---

04 정답 ①

해설 ② 광주 학생 항일 운동은 신간회의 지원을 받아 전국 규모의 항일 운동으로 확대되었다. ③ 6·10 만세 운동의 영향으로 민족주의와 사회주의 세력이 연합하는 민족 유일당 운동이 전개되어 1927년에 신간회가 창립되었다. ④ 광주 학생 항일 운동은 3·1 운동 이후에 전개된 최대 규모의 민족 운동이었다는 평가를 받고 있다.

오답풀이 ① 6·10 만세 운동은 1926년에 일어났으나, 일제의 탄압으로 실패하였으며, 그 영향으로 민족 유일당 운동이 전개되어 민족주의와 사회주의 세력이 연합하여 1927년에 신간회가 창립되었다. 따라서 신간회가 6·10 만세 운동을 지원하는 것은 불가능하며, 신간회는 1929년에 일어난 광주학생 항일 운동을 전국으로 확대시키기 위해 민중대회를 개최하는 등 적극 지원하였다.

05 정답 ③

해설 ① ② 북로군정서군과 대한독립군은 1920년대 만주(북간도)에서 봉오동 전투와 청산리 대첩에 활동하였던 무장 독립 운동 단체이다. ④ 천마산대는 1920년대 국내에서 활동한 대표적인 무장 독립 운동 단체이다.

오답풀이 ③ 한국광복군은 1940년에 충칭에서 창설되었다.

06 정답 ④

해설 ④ 육군주만 참의부는 대한민국 임시 정부의 직할 부대로 남만주 지역을 중심으로 국내 진입 작전을 수행하였다.

오답풀이 ① 자유시 참변 이후 소련 영토에서 되돌아온 독립군이 조직한 것은 신민부이다. ② 참의부, 정의부, 신민부는 3부 통합 운동을 전개하여 각각 국민부와 혁신의회로 부분 통합을 이루었으며, 국민부는 대한민국 임시정부의 정규군이 아니다. ③ 대한 독립군단은 소련의 적색군에 의한 자유시 참변으로 피해를 입었다.

07 다음 내용과 관련하여 항일 독립 운동을 전개하였던 단체를 바르게 짝지은 것은?

> 만주사변 이후 1930년대 초반 중국인의 반일 감정이 고조된 상황에서 한·중 연합 항일 운동이 전개
> 되어 양세봉, 지청천의 부대가 활발하게 활동하였다.

① 한국광복군, 서로군정서   ② 조선혁명군, 한국독립군

③ 북로군정서, 대한독립군   ④ 조선의용대, 조선의용군

08 다음 중 한국광복군에 대한 설명으로 옳지 않은 것은?

① 대한민국 임시정부가 충칭에서 창설하였다.

② 태평양 전쟁 당시에 영국군과 함께 미얀마, 인도 전선에 참전하였다.

③ 조선의용군의 병력이 편입됨으로써 전력이 보강되었다.

④ 국내 진공 작전을 계획하였으나 일본의 패망으로 기회가 무산되었다.

09 다음은 1920년대의 독립 운동과 관련된 내용이다, 순서대로 바르게 나열한 것은?

> ㄱ. 봉오동 전투   ㄴ. 청산리 대첩   ㄷ. 간도참변
> ㄹ. 3부 성립   ㅁ. 미쓰야 협정

① ㄱ → ㄴ → ㄷ → ㄹ → ㅁ   ② ㄴ → ㄷ → ㄹ → ㅁ → ㄱ

③ ㄷ → ㄹ → ㄱ → ㄴ → ㅁ   ④ ㄹ → ㄴ → ㄱ → ㄷ → ㅁ

---

07 정답 ②

해설 ② 만주사변 이후 한·중 연합 항일 운동에 참여한 독
립군 부대는 양세봉의 조선혁명군과 지청천의 한국독
립군이다.

08 정답 ③

해설 ①②④ 한국광복군은 대한민국 임시정부가 1940년
충칭에서 중국 국민당의 지원을 받아 창설하였다. 태
평양 전쟁 당시에는 영국과 함께 연합군으로 참전하였
으며, 김원봉의 조선의용대를 흡수하여 군사력을 강화

시켰다. 해방 직전에는 미국의 도움을 받아 국내 진공
작전을 추진하였으나 일제의 항복으로 무산되었다.

오답풀이 ③ 조선의용군은 중국 화북 지방의 옌안에서 조선독립
동맹의 직속 군대로 편성되어 중국공산당의 팔로군과
함께 화북 지역을 중심으로 활동하였다.

09 정답 ①

해설 ① ㄱ. 봉오동 전투(1920.6) – ㄴ. 청산리 대첩(1920.10)
– ㄷ. 간도참변(1920.10) – ㄹ. 3부(참의부, 정의부, 신
민부) 성립(1923~5) – ㅁ. 미쓰야 협정(1925)

10 1930년대 국외 독립 운동과 관련된 설명으로 옳은 것은?

① 의열단, 조선혁명당, 한국독립당이 중심이 되어 민족 혁명당이 결성되었다.

② 한국광복군은 미국의 지원 아래 국내 진입 작전을 추진하였다.

③ 한국독립군은 중국의용군과 영릉가·흥경성 전투에서 일본에 승리하였다.

④ 조선혁명군은 중국호로군과 연합하여 쌍성보·대전자령 전투에서 일본에 승리하였다.

11 다음 자료와 관련된 민족 운동에 대한 설명으로 옳지 않은 것은?

> 조선 민중아!
> 우리의 철천지원수는 자본 제국주의 일본이다.
> 이천만 동포야! 죽음을 각오하고 싸우자!
> 만세 만세 조선 독립 만세!

① 일제의 수탈과 식민지 교육 정책에 대한 반발

② 순종의 죽음을 계기로 전개

③ 비폭력주의 원칙

④ 신간회 결성에 영향

---

10 정답 ①

해설 ① 의열단, 조선혁명당, 한국독립당은 중국 본토에서 1935년에 연합하여 민족혁명당을 결성하였다.

오답풀이 ② 한국광복군은 1940년에 결성되어 태평양 전쟁 (1941) 이후에 미국의 지원 아래 국내 진입 작전을 추진하였다. ③ 조선혁명군. ④ 한국독립군

11 정답 ③

해설 자료에서 만세 구호를 외치면서 일본 제국주의 타도를 외치면서 죽음을 각오하고 싸우자는 내용을 통해

6·10 만세 운동임을 알 수 있다. ① 6·10 만세 운동은 일제의 수탈과 차별적인 식민지 교육 정책에 대한 반발을 배경으로 일어났다. ② 6·10 만세 운동은 1926년 순종의 죽음을 계기로 사회주의 계열과 학생들이 계획하여 순종 인산일에 전개되었다. ④ 6·10 만세 운동 실패 이후 민족주의와 사회주의 세력은 단일된 민족 운동의 필요성을 절감하고 민족 유일당 운동을 전개하였고, 그 결과 신간회가 결성되었다.

오답풀이 ③ 비폭력주의 원칙 아래 전개된 것은 3·1 운동이다.

12 일제 강점기 만주·연해주 등지에서 행해진 무장 독립운동에 대한 설명으로 옳지 않은 것은?

① 홍범도의 대한독립군은 봉오동 전투에서, 김좌진의 북로군정서군은 청산리 전투에서 크게 승리하였다.

② 연해주의 자유시로 이동한 독립군은 적색군에 의해 무장 해제를 당하였다.

③ 독립군의 통합운동으로 참의부, 정의부, 신민부가 조직되어 각각 입법부, 사법부, 행정부의 역할을 담당하였다.

④ 1930년대 초 만주에서의 독립 전쟁은 한국 독립군과 조선혁명군이 중심이 되어 추진되었다.

13 (가)와 (나) 사이의 시기에 만주에서 전개된 무장 항일에 대한 설명으로 옳은 것은?

> (가) 경신년에 왜군이 내습하여 31명이 살고 있는 촌락을 방화하고 총격을 가하였다. 나도 가옥 9칸과 교회당, 학교가 잿더미로 변한 것을 보고 그것이 사실임을 알았다. 11월 1일에는 왜군 17명, 왜경 2명, 한인 경찰 1명이 와서 남자들을 모조리 끌어내어 죽인 뒤 … (중략) … 남은 주민들을 모아 일장 연설을 하였다.
>
> (나) 상해의 한국 독립투사 조직에 속해 있는 한국의 한 젊은이는 비밀리에 도쿄로 건너갔다. 그는 마침 군대를 사열하기 위해 마차에 타고 있던 일본 천황에게 수류탄을 던졌다. 그는 영웅적인 행동 후에 무자비하게 살해되었다. 이 사건은 전 일본에 충격을 주었다. 이 사건은 일본 군국주의자들에게 한국인들은 결코 그들에게 지배될 수 없다는 것을 당당히 보여 준 것이다.

① 남만주에 조선 혁명군이 창설되었다.

② 한국광복군이 국내 진공 작전을 준비하였다.

③ 독립군이 봉오동·청산리 전투에서 일본군을 크게 무찔렀다.

④ 조선의용대는 중국 본토에서 중국 국민당과 함께 항일 운동을 전개하였다.

---

12 정답 ③

해설 ① 봉오동 전투는 홍범도의 대한독립군을 중심으로 전개하여 승리하였으며, 청산리전투에서는 김좌진의 북로군정서군, 홍범도의 대한독립군 등이 중심이 되어 크게 승리한 전투이다. ② 간도참변 이후 간도의 독립군은 북만주의 밀산에서 대한독립군단으로 통합하고 소련의 자유시로 이동하였으나, 소련 적색군에 의해 강제 무장 해제를 당하는 자유시 참변의 피해를 입었다. ④ 1930년대 초 만주에서는 한국 독립군과 조선혁명군이 중국호로군. 중국의용군과 함께 한·중 연합 항일 운동을 전개하였다.

오답풀이 ③ 참의부, 정의부, 신민부는 자유시 참변 이후 만주에서 조직된 자치 정부 형태의 독립운동 단체로서 민정기관과 군정기관의 형태로 활동하였다. 1920년대 후반 참의부, 정의부, 신민부는 독립군 통합 운동을 전개하여 남만주에서는 국민부, 북만주에서는 혁신의회로 각

각 부분 통합을 이루었다.

13 정답 ①

해설 자료에서 (가)는 청산리 전투 이후 일제에 의해 발생한 간도참변(1920)이며, (나)는 한인애국단 소속의 이봉창의 일본 국왕 암살(1932)을 시도한 사건이다. ① 조선혁명군은 참의부, 정의부, 신민부의 3부 통합 운동의 결과로 남만주에서 결성된 국민부와 조선혁명당의 직속 군대로 1929년에 조직되었다.

오답풀이 ② 한국광복군의 국내 진공 작전은 해방 직전 1940년대 초에 전개되었다. ③ 봉오동·청산리 전투(1920)는 간도참변 직전에 승리한 전투이다. ④ 조선의용대는 1938년에 우한(한커우)에서 김원봉의 조선민족혁명당의 직속 군대로 결성되어 중국 본토에서 중국 국민당과 함께 항일 운동을 전개하였다.

14 밑줄 친 '이 단체'에 속한 인물로 옳지 않은 것은? (2018년 기출)

> 이 단체는 신채호에게 의뢰하여 작성한 조선 혁명 선언을 활동 지침으로 삼아 일제 요인 암살과 식민 통치 기관 파괴에 주력하였다.

① 윤봉길
② 나석주
③ 김익상
④ 김상옥

15 다음 지도에 표시된 독립군 부대에 대한 설명으로 옳지 않은 것은?

① (가)는 조선 독립 동맹의 산하 부대로 결성되었다.
② (나)는 태평양 전쟁 직후에 일본을 상대로 선전 포고를 하였다.
③ (다)는 국내 진공 작전을 전개하기 위해 국내 정진군을 편성하였다.
④ (나)는 (다)를 흡수하여 군사력을 강화시켰다.

---

14 정답 ②

해설 ① 자료에서 신채호의 조선혁명선언과 관련된 단체는 의열단이다. ② 나석주는 동양척식주식회사, ③ 김익상은 조선총독부, ④ 김상옥은 종로경찰서에 폭탄을 던진 의거 활동을 전개하였다.

오답풀이 ② 윤봉길은 한인애국단 소속으로 상하이 훙커우 공원 의거 활동을 전개하였다.

15 정답 ③

해설 ① 조선의용군은 조선의용대 화북지대를 중심으로 조선독립동맹의 산하부대로 결성되어 옌안을 중심으로 활동하였다. ② 한국광복군은 태평양 전쟁 직후에 일본을 상대로 선전 포고를 한 후, 영국군과 함께 태평양 전쟁에 참여하였다. ④ 한국광복군은 1942년 김원봉의 조선의용대를 흡수하여 군사력을 강화시켰다.

오답풀이 ③ 미국의 지원을 받아 국내 진공 작전을 전개하기 위해 국내 정진군을 편성한 것은 한국광복군이다.

16 다음 자료와 관련된 민족 운동에 대한 설명으로 옳지 않은 것은?

> 학생, 대중이여 궐기하라./ 검거된 학생은 우리 손으로 탈환하자.
> 언론 · 결사 · 집회 · 출판의 자유를 획득하라./ 식민지적 노예 교육 제도를 철폐하라.
> 조선인 본위의 교육 제도를 확립하라./ 사회 과학 연구의 자유를 획득하라.
> 용감한 학생. 대중이여!/ 그리고 궐기하라. 전사여 힘차게 싸워라.

① 일본 남학생의 한국인 여학생 희롱 사건을 계기로 일어났다.

② 민족주의와 사회주의 계열이 협동 전선을 결성하는 계기를 이루었다.

③ 신간회의 지원을 받아 전국적인 규모의 항일 투쟁으로 확대되었다.

④ 이 사건이 일어나던 해에 원산 노동자 총파업 사건이 전개되었다.

---

16 정답 ②

해설 자료는 광주학생 항일 운동 당시에 발표된 격문이다. ① 광주학생 항일 운동은 일본 남학생의 한국인 여학생 희롱 사건이 계기가 되어 일어났다. ③ 광주학생 항일 운동으로 한국인 학생만 일방적으로 탄압을 받게 되자, 신간회는 진상 조사단을 파견하였으며, 신간회의 지원으로 광주학생 항일 운동은 전국으로 확대되었다. ④ 광주학생 항일 운동은 1929년에 일어났으며, 그해 원산 노동자 총파업 사건도 일어났다.

오답풀이 ② 민족주의와 사회주의 계열이 협동 전선을 결성하는 계기가 된 것은 6 · 10 만세 운동(1926)이며, 그 결과로 신간회(1927)가 결성되었다.

4. 사회 · 경제적 민족 운동

01 다음의 내용과 관련된 일제하의 단체에 대한 설명으로 옳지 않은 것은? (2000년 기출)

> 민족주의 진영과 사회주의 진영이 이념과 방략(方略)을 초월하여 민족 해방 투쟁이라는 공동 목표하에 통합함으로써, 단일화된 민족 운동을 강력하게 추진하려는 민족 유일당 운동에 의해 결성되었다.

① 일제의 황무지 개간권 요구 저지 운동을 전개하였다

② 광주 학생 항일 운동과 노동 · 소작 쟁의를 후원하였다.

③ 민족의 단결, 정치적 · 경제적 각성 촉구, 기회주의자 배격 등을 기본 강령으로 하였다.

④ 이념과 노선의 갈등, 코민테른의 지시, 일제의 탄압 등에 의해 1931년에 해체되었다.

02 다음 중 1920년대에서 1930년대에 걸쳐 전개되었던 민족 실력 양성 운동에 해당하지 않는 것은?

① 민립대학 설립 운동　　　　② 물산 장려 운동

③ 브나로드 운동　　　　　　④ 형평 운동

03 다음에서 물산 장려 운동과 관련된 설명으로 옳지 않은 것은?

① 민족주의 계열이 주도하였으며 사회주의 세력의 지원을 받아 전국으로 확산되었다.

② 조만식을 비롯한 자본가 계층을 중심으로 평양에서 시작되었다.

③ '내 살림 내 것으로'라는 구호 아래 국산품 애용 운동의 형태로 진행되었다.

④ 한말의 국채 보상 운동과 같은 성격의 경제적 자립 운동이었다.

---

01 정답 ①

해설 자료는 민족주의와 사회주의가 연합하여 민족 유일당 운동으로 결성된 신간회에 대한 설명이다. ② 신간회는 1929년에 일어난 광주학생 항일 운동과 노동, 소작 쟁의를 후원하였다. ③ 신간회의 3대 기본 강령은 민족의 단결, 정치적 · 경제적 각성 촉구, 기회주의자(자치론자) 배격 등이다. ④ 신간회는 1929년 민중 대회 사건 이후에 이념과 노선의 갈등, 코민테른의 지시, 일제의 탄압 등에 의해 1931년에 해체되었다.

오답풀이 ① 일제의 황무지 개간권 요구 저지 운동을 전개한 것은 보안회(1904)이다.

02 정답 ④

해설 ① ② ③ 1920~30년대에 걸쳐 전개된 민족 실력 양성 운동은 민족주의 계열의 주도 아래 전개되었으며, 대표적인 것으로는 1920년대의 민립대학 설립 운동, 물산 장려 운동과 1930년대 문맹퇴치 운동으로 전개되

었던 조선일보의 문자보급 운동과 동아일보의 브나로드 운동 등이 있다.

오답풀이 ④ 형평운동은 백정들에 대한 사회적 차별을 타파하기 위해 전개된 사회 운동으로 1920년대부터 40년대 초반까지 전개되었다.

03 정답 ①

해설 ② 물산장려운동은 일제의 경제적 침략에 저항하여 조만식을 비롯한 자본가 계층이 중심이 되어 평양에서 시작되었다. ③ 물산장려운동은 '내 살림 내 것으로'라는 구호 아래 국산품 애용 운동의 형태로 진행되었다. ④ 국채보상운동과 함께 일제의 경제 침략에 저항한 경제적 자립 운동이었다.

오답풀이 ① 물산장려운동은 자본가 계층의 주도 아래 전개되었으며, 자본가들은 토산품의 가격을 올리는 등 자신들의 이익을 추구하였다. 그 결과 사회주의자들로부터 집중적인 비판을 받았다.

04 1920년대 후반 민족주의 계열과 사회주의 계열의 여성 단체를 통합하여 조직한 여성 운동 단체는?

① 정우회　　　　　　　　　② 조선 여자 동우회

③ 근우회　　　　　　　　　④ 화요회

05 다음에서 설명하는 단체는? (2018년 기출)

> ● 민족주의 세력과 사회주의 세력의 민족 유일당 운동으로 창립되었다.
> ● 광주학생 항일운동 당시 진상조사단을 파견하고 대규모 민중 대회를 개최하려고 하였다.

① 신민회　　　　　　　　　② 신간회

③ 보안회　　　　　　　　　④ 권업회

06 (가), (나) 자료와 관련된 민족 운동에 대한 설명으로 옳지 않은 것은?

> (가) 비록 우리 재화가 남의 재화보다 품질상 또는 가격상으로 개인 경제상 다소 불이익이 있다 할지라도 민족 경제의 이익에 유의하여 이를 애호하며 장려하여 수요하며 구매하지 아니치 못할지라.
> (나) 민중의 보편적 지식은 보통 교육으로 능히 수여할 수 있으나 심원한 지식과 심오한 학리는 고등 교육에 기대하지 아니하면 불가할 것은 설명할 필요도 없거니와 사회 최고의 비판을 구하며 유능한 인물을 양성하려면 최고 학부의 존재가 가장 필요하도다.

① (가)-사회주의자들로부터 비판을 받았다.

② (가)-일본 상품의 무관세 움직임에 대응하여 시작되었다.

③ (나)-전국적인 모금 운동을 전개하였다.

④ (나)-브나로드 운동과 병행하여 전개되었다.

---

04 정답 ③

해설 ③ 근우회는 1927년 민족주의 계열과 사회주의 계열의 여성 단체를 통합하여 신간회의 자매단체로 활동하였다.

05 정답 ②

해설 ② 신간회는 6·10만세 운동의 이후 민족주의, 사회주의 세력이 연합하여 민족 유일당 운동으로 설립되었으며, 광주학생항일운동 당시에 진상 조사단을 파견하였다.

06 정답 ④

해설 자료에서 (가)는 물산 장려 운동, (나)는 민립 대학 설립 운동이다. ① 물산장려운동을 주도한 자본가 계층이 자신들의 이익을 위하여 제품 가격을 인상시켰으며, 이에 대응하여 사회주의 계열은 자본가 계층의 물산장려운동을 거세게 비판하였다. ② 물산장려운동은 1920년대 초 일본 상품의 관세 철폐 추진 정책에 반발하여 시작되었다. ③ 민립대학 설립운동을 주도했던 조선교육회는 '한민족 1천만 한사람 1원씩'이라는 구호를 내세우며 전국적인 모금 운동을 전개하였다.

오답풀이 ④ 민립 대학 설립 운동은 1923년에 종결되었으며, 브나로드 운동은 동아일보에 의해 1931년에 추진된 문맹 퇴치 운동이기 때문에 병행할 수 없었다.

07 일제시대 농민 · 노동 운동과 관련된 설명으로 옳지 않은 것은?

① 1920년대에는 조선 농민 · 노동 총동맹의 주도 아래 생존권 투쟁의 성격을 띠고 전개되었다.

② 1930년대는 비합법적 혁명 조합의 지도로 정치적 투쟁의 성격으로 발전하였다.

③ 일제시대 최대 규모의 노동 운동은 원산 노동자 총파업 사건이다.

④ 1930년대 후반 이후에는 일제의 착취가 강화되면서 더욱 고조되었다.

08 다음 중 신간회의 결성과 관련된 설명으로 옳지 않은 것은?

① 일제와의 타협을 통해 자치권을 획득하자는 자치론자에 대한 반발이 배경이 되었다.

② 비타협적 민족주의는 사회주의와의 연합을 목적으로 조선민흥회를 결성하였다.

③ 사회주의는 비타협적 민족주의와의 연합을 주장한 정우회 선언을 발표하였다.

④ 신간회는 중 · 일 전쟁이 일어나던 해에 근우회와 함께 해산되었다.

---

07 정답 ④

해설 ① 농민, 노동 운동은 1920년대는 전국적 규모의 조선 농민 총동맹, 조선 노동 총동맹의 주도 아래 소작료 인하, 노동 조건 개선 등을 요구하는 생존권 투쟁의 성격을 띠고 전개되었다. ② 1930년대는 농민, 노동 운동에 대한 일제의 탄압이 강화되면서, 비합법적 혁명 조합의 지도 아래 항일 민족 운동의 성격을 가지고 정치적 투쟁으로 발전하였다. ③ 특히 1929년에 일어난 원산 노동자 총파업 사건은 일제시대 최대 규모의 노동 운동으로 발전하였다.

오답풀이 ④ 일제는 농민, 노동 운동이 1930년 대 초에 격렬하게 진행되자, 농민, 노동 운동에 대한 탄압을 더욱 강화시켜 나갔으며 그 결과 1930년대 후반 이후 농민, 노동 운동은 세력이 점차 약화되어 갔다.

08 정답 ④

해설 ① 1920년대 일제의 민족 분열 통치 정책에 의해 친일파가 육성되어 이광수, 최린 등은 일제와의 타협을 통해 자치권을 획득하자는 자치 운동을 전개하였으며, 그 결과 민족주의 계열은 타협적 민족주의(자치론자)와 비타협적 민족주의로 분열되었다. ② 이상재, 안재홍 등 비타협적 민족주의는 사회주의와의 연합을 목적으로 조선민흥회를 결성하였다. ③ 조선공산당을 중심으로 한 사회주의는 일제의 탄압과 내부의 분열로 세력이 약화되자, 이 상황을 해결하기 위해 비타협적 민족주의와의 연합을 주장하는 정우회 선언을 발표하였다.

오답풀이 ④ 신간회와 근우회는 1931년에 해산되었으며, 중 · 일 전쟁은 1937년에 일어났다.

09 다음은 일제 강점기에 전개된 민족 운동에 대한 설명이다. 옳지 않은 것은?

> (가) 한민족 1천만이, 한 사람이 1원씩
> (나) 내 살림 내 것으로, 조선 사람 조선 것으로
> (다) 배우자! 가르치자! 다 함께 브나로드!

① (가) – 일제의 탄압으로 실패하였으며, 일제는 경성제국 대학을 설립하였다.

② (나) – 평양에서 시작되어 전국으로 확산되었다.

③ (다) – 동아일보를 중심으로 전개된 문맹 퇴치 운동이었다.

④ (가), (나), (다)는 1930년대 사회주의 계열의 주도 아래 전개되었다.

10 일제 강점기 해외 한인 사회에 관한 설명으로 옳지 않은 것은? (2013년 기출)

① 미주 동포들은 각종 의연금을 거두어 대한민국 임시정부에 송금하는 등 독립 운동을 지원하였다.

② 러시아 연해주의 동포들은 1920년대 일제의 탄압을 피해 중앙아시아로 이주하였다.

③ 일본에서는 관동 대지진 때에 조작된 유언비어로 많은 동포들이 학살당하였다.

④ 간도로 이주한 동포들은 황무지를 개간하고 벼농사를 지었다.

---

09 **정답** ④

해설 ① 조선교육회를 중심으로 한국인 본위의 고등 교육을 실시하기 위하여 민립대학 설립운동이 전개되면서 '한민족 1천만이, 한 사람이 1원씩'의 구호 아래 전국적인 모금 운동이 전개되었으나, 당시의 전국적 수해와 가뭄으로 제대로 모금 활동이 이루어지지 않았으며, 일제의 탄압으로 실패로 끝났다. 그러나 이후 일제는 직접 경성제국 대학을 설립하여 한국인을 무마시키고자 하였다. ② 물산장려운동은 평양에서 자본가층을 중심으로 시작되어 전국으로 확산되었다. ③ 브나로드 운동은 1930년대 초반에 동아일보가 중심이 되어 전개한 문맹퇴치운동이었다.

오답풀이 ④ (가), (나), (다)는 1920년대에 민족주의 계열의 주도 아래 전개되었던 민족 실력 양성 운동이었다.

10 **정답** ②

해설 ① 미주 동포들은 대한인국민회를 중심으로 의연금을 거두어 대한민국 임시정부의 독립 운동 자금을 지원하였다. ③ 일본에서는 1923년에 일어난 관동대지진으로 사회가 혼란에 빠지자 한국인이 일본인 촌락의 우물에 독을 탔다는 유언비어를 퍼뜨리고 자경단이라는 단체를 중심으로 다수의 한국인들을 학살하였다. ④ 간도로 이주한 동포들은 황무지를 개간하고 벼농사를 짓고 살았다.

오답풀이 ② 러시아 연해주 동포들은 1937년 중·일 전쟁이 일어나자 소련 정부에 의해 강제로 중앙아시아로 이주당하였다.

11 다음 (가), (나) 운동에 관한 설명 중 옳은 것을 〈보기〉에서 고르시오.

> (가) 이것을 갚으면 나라가 보존되고 이것을 갚지 못하면 나라가 망할 것은 필연적인 사실이나, 지금 국고에서는 도저히 갚을 능력이 없으며……
>
> (나) 첫째, 조선 사람은 조선 사람이 지은 것을 사 쓰고, 둘째, 조선 사람은 단결하여 그 쓰는 물건을 스스로 제작하여 공급하기를 목적하노라.

〈보기〉
ㄱ. (가)는 국산품 애용과 금주·금연을 장려하였다.
ㄴ. (나)의 영향으로 국산 직물의 판매 가격이 하락하였다.
ㄷ. (가)는 대구에서, (나)는 평양에서 시작되었다.
ㄹ. (가), (나)는 경제적 실력 양성 운동에 해당된다.

① ㄱ, ㄴ   ② ㄴ, ㄷ   ③ ㄴ, ㄹ   ④ ㄷ, ㄹ

12 다음 중 일제시대의 사회·경제적 민족 운동과 관련된 설명으로 옳지 않은 것은?

① 천주교를 중심으로 소년 운동이 전개되어 전국적으로 어린이날이 제정되었다.
② 근우회는 여성에 대한 사회적 차별을 타파하기 위한 활동을 주도하였다.
③ 백정들은 자신들에 대한 신분 차별을 타파하기 위하여 형평 운동을 전개하였다.
④ 원산에서는 일본인에 의한 한국인 노동자의 탄압에 저항하여 최대 규모의 노동 운동이 전개되었다.

---

11 정답 ④

해설 ④ 자료에서 (가)는 대한 제국 말기 일제의 차관 제공에 맞서 1907년에 대구에서 시작되었던 국채 보상 운동에 관한 것이고, (나)는 1920년대 문화 통치기에 일제의 경제 침략에 저항하여 민족의 경제적 자립을 위해 평양을 중심으로 전개되었던 물산 장려 운동이다. ㄷ. 국채보상운동은 대구에서 서상돈과 김광제의 주도 아래 시작되었으며, 물산 장려 운동은 조만식을 비롯한 자본가층이 평양에서 시작하여 각각 전국으로 확대되었다. ㄹ. 국채보상운동과 물산장려운동은 일본의 경제적 침략 정책에 저항하여 일어난 경제적 실력 양성 운동이다.

오답풀이 ㄱ. 국산품 애용은 물산 장려 운동과 관련. ㄴ. 물산 장려 운동 당시에 자본가 계층은 자신들의 이익을 위하여 제품 가격을 인상시켜 직물의 판매 가격이 오히려 상승하였다.

12 정답 ①

해설 ② 근우회는 신간회의 자매단체로서 여성 계열의 민족주의·사회주의 계열의 단체를 통합하여 결성되어 여성 운동을 주도하였다. ③ 백정들은 일제시대에도 백정에 대한 사회적 차별을 타파하기 위해 진주에서 형평 운동을 전개하였으며, 계급 타파, 공평 사회 건설, 교육 균등, 모욕적 칭호 폐지 등을 주장하였다. ④ 원산에서는 라이징선이라는 석유회사에서 일본인 감독관이 한국인 노동자를 탄압한 것이 계기가 되어 항일 민족 운동의 성격을 띠고 최대 규모의 노동 운동이 전개되었다.

오답풀이 ① 어린이날을 제정하고 소년운동을 주도한 것은 천도교 소년회와 관련되어 있다.

5. 민족 문화 수호 운동

01 다음 중 일제시대 조선어 연구회의 활동과 관련 없는 것은? (2005년 기출)

① 한글 잡지 간행　　　　　② 가갸날 제정

③ 국문연구소 계승　　　　　④ 한글 맞춤법 통일안 제정

02 일제 식민 사관에 의하여 한국의 역사를 왜곡한 사실과 관련된 설명으로 옳지 않은 것은?

① 한국의 역사는 외세의 간섭과 압력에 의해 진행되었다는 타율성을 주장하였다.

② 정체성론은 19세기 후반 한국은 고대 사회 단계에 머물러 있었다는 주장이다.

③ 임나일본부설을 주장하여 일본의 고대 한반도 지배를 합리화하였다.

④ 진단학회는 역사 왜곡을 주도한 대표적인 식민 사학 단체였다.

03 다음 중 일제시대 민족주의 사학에 대한 내용으로 옳지 않은 것은? (2004년 기출)

① 정인보는 민족의 얼을 강조하였다.

② 박은식은 민족정신으로 '혼'을 강조하였다.

③ 신채호는 조선사연구초와 조선상고사를 통해 낭가사상을 강조하였다.

④ 조선사편수회는 민족의 자주성과 주체성을 강조하였다.

---

01 **정답** ④

해설 ① ② ③ 조선어연구회는 1920년대에 한말의 주시경과 지석영이 세운 국문연구소의 전통을 계승하여 국어를 연구하였다. 한글 잡지를 간행하고 한글날의 전신이었던 가갸날을 제정하였다.

오답풀이 ④ 한글 맞춤법 통일안은 조선어학회가 제정하였다.

02 **정답** ④

해설 ① 일제는 한국의 역사가 중국을 중심으로 한 외세의 침략과 간섭에 의해 전개되었다는 타율성론을 주장하면서 사대성론, 반도성론 등을 주장하였다. ② 정체성론은 한국의 역사는 근대사회로 발전하는 데 필수적인 중세 봉건 사회가 존재하지 않았으며, 고대 사회 단계에 머물러 있다는 주장이다. ③ 임나일본부설은 일본이 5세기부터 약 200년간 한반도 남부 지역을 지배하였다는 논리로서 일본과 조선인의 조상이 같다는 일선동조론의 이론적 근거로 제시하였다.

오답풀이 ④ 한국 역사 왜곡을 주도한 대표적인 식민사학 단체는 청구학회와 조선사편수회이다. 진단학회는 1934년 이병도, 손진태 등이 중심이 되어 설립한 실증 사학 역사 단체로서 랑케의 역사학을 계승하여 역사적 사실에 대한 객관적 연구에 주력하였다.

03 **정답** ④

해설 ① 정인보는 조선사연구를 저술하고 민족정신으로 '얼'을 강조하였다. ② 박은식은 한국통사와 한국독립운동지혈사 등을 저술하고, 민족정신으로 '혼'을 강조하였다. ③ 신채호는 조선사연구초와 조선상고사를 통해 '낭가사상'을 강조하였다.

오답풀이 ④ 조선사편수회는 한국사 왜곡을 주도하였던 일제 식민 사학 연구 단체이다.

04 다음의 글과 관련된 일제시대 역사학자에 대한 설명으로 옳지 않은 것은?

> 역사란 인류 사회의 아(我)와 비아(非我)의 투쟁이 시간부터 발전하며 공간부터 확대하는 정신적 활동의 상태의 기록이다.

① 「조선사연구초」, 「조선상고사」 등의 고대사와 관련된 저술을 남겼다.

② 양명학을 바탕으로 유교의 개혁을 주장한 유교구신론을 발표하였다.

③ 독사신론을 저술하여 민족주의 역사학의 연구 방향을 제시하였다.

④ '조선혁명선언'을 통해 의열단의 행동 방향을 제시하였다.

05 ( )에 들어갈 인물은? (2017년 기출)

> ( )는(은) 우리 민족의 정신을 '혼'으로 파악하였으며, 한국통사와 한국독립운동지혈사를 저술하여 일제의 불법적인 침략을 규탄하였다.

① 박은식 　　　　　　② 백남운

③ 신채호 　　　　　　④ 정인보

06 조선어학회에 관한 내용으로 옳지 않은 것은? (2006년 기출)

① 한글 기념일인 '가갸날'을 제정하고 우리말 큰 사전을 편찬하였다.

② 일제는 독립 운동 단체로 간주하여 강제로 해산시켰다.

③ 한글 맞춤법 통일안과 표준어를 제정하였다.

④ 이윤재, 최현배, 이희승 등이 주축이 되어 한글 연구를 통한 민족 문화 수호 운동을 이끌어갔다.

---

04 정답 ②

해설 ① ③ ④ 자료에서 역사를 아와 비아와의 투쟁으로 인식한 역사학자는 신채호이다. 신채호는 「조선사연구초」, 「조선상고사」 등을 저술하여 특히 고대사 연구에 집중하였으며, 한말에는 대한매일신보를 통해 독사신론을 저술하여 민족주의 역사학의 연구 방향을 제시하였다. 또한 일제 시대 항일 의거 단체였던 의열단의 김원봉의 요청을 받아 '조선혁명선언'을 발표하여 의열단의 행동 방향을 제시하였다.

오답풀이 ② 유교구신론을 주장한 역사학자는 박은식이다.

05 정답 ①

해설 ① 박은식은 일제 강점기에 활동한 민족주의 역사학자로서 민족 고유의 정신으로 '혼'을 강조하였으며, 한국통사와 한국독립운동지혈사를 저술하여 일제의 불법적인 침략을 규탄하였다.

06 정답 ①

해설 ② 일제는 조선어학회가 한글 보급에 주력하자 이를 탄압하기 위하여 조선어학회 회원들이 독립 운동을 하였다는 누명을 씌워 치안유지법을 적용하여 처벌한 '조선어 학회 사건'을 조작하여 1942년에 해산시켰다. ③ 조선어학회는 조선어 연구회를 계승하여 한글 맞춤법 통일안과 표준어를 제정하였다. ④ 조선어학회는 이윤재, 최현배, 이희승 등이 주축이 되어 한글 연구를 통한 민족 문화 수호 운동을 전개하였으며, 해방 이후 한글 학회로 계승되었다.

오답풀이 ① 조선어학회는 우리말 큰 사전 편찬을 추진하던 중 조선어학회 사건으로 실패하였으며, '가갸날'을 제정한 것은 조선어연구회이다.

07 1930년대에 전개되었던 조선학 운동과 관련된 설명으로 옳지 않은 것은?

① 정약용의 서거 99주기를 맞이하여 추진된 여유당 전서 간행을 계기로 시작되었다.

② 안재홍, 문일평, 정인보 등이 주도하였다.

③ 한국 문화의 고유성과 세계성을 동시에 찾으려 하였다.

④ 진단학보를 간행하여 실학을 중심으로 조선 문화의 특색을 학문적으로 체계화시키고자 하였다.

08 다음에 제시된 자료와 관련 있는 인물에 대한 설명으로 옳은 것은? (2010년 기출)

> 옛 사람이 말하기를 나라는 멸망할 수 있으나 그 역사는 결코 없어질 수 없다고 했으니, 이는 나라가 형체라면 역사는 신이기 때문이다.

① 근대사 위주로 서술하면서 일제의 침략 과정을 밝히고자 하였다.

② 민족의 고유한 문화와 전통을 강조하였다.

③ 세계상의 보편적 발전 법칙에 입각하여 한국사를 연구하였다.

④ 개별적 역사 사실을 객관적으로 밝히려는 순수 학술 활동을 지향하였다.

09 일제시대 종교 단체 활동과 관련된 설명으로 옳은 것은?

① 천주교 – 중광단 조직하여 무장 항일 투쟁 전개

② 천도교 – 제2의 3 · 1 운동 계획

③ 대종교 – 남녀평등, 허례허식 폐지 등 새생활 운동 추진

④ 원불교 – 신사참배 거부 운동

---

07 정답 ④

해설 ① ② ③ 조선학 운동은 1934년에 정약용의 서거 99주기를 맞이하여 추진된 여유당 전서 간행을 계기로 안재홍, 문일평, 정인보 등의 주도 아래 시작되었다. 조선학 운동은 실학을 중심으로 조선 문화의 특색을 학문적으로 체계화시켜 한국문화의 고유성과 세계성을 동시에 찾으려 하였다.

오답풀이 ④ 세계사의 보편적 발전 법칙을 근거로 일제의 정체성론을 비판한 것은 사회 · 경제 사학과 관련 있다.

08 정답 ①

해설 ① 자료에서 '나라는 형이요 역사는 신이다'라는 주장은 박은식과 관련된 내용이다. 박은식은 한국통사를 저술하여 개항 이후부터 일제의 침략 과정을 중심으로 근대사를 서술하였으며, 한국독립운동지혈사를 통해 일제에 저항한 항일 독립 운동을 저술하기도 하였다.

오답풀이 ② 우리나라 고대사 연구를 통해 민족 고유의 문화와 전통을 강조한 역사학자는 신채호이다. ③ 백남운의 사회경제사학은 마르크스의 유물사관을 바탕으로 세계사의 보편적 발전 법칙을 근거로 한국 역사에도 중세사회가 존재하였음을 주장하여 일제의 정체성론을 비판하였다. ④ 개별적 역사 사실을 객관적으로 연구한 것은 실증사학과 관련된 내용으로 이병도, 손진태 등이 조직한 진단학회가 대표적인 실증주의 역사 단체였다.

09 정답 ②

해설 ② 천도교는 3 · 1 운동에 참여하였으며, 제2의 3 · 1 운동을 계획하기도 하였다.

오답풀이 ① 중광단은 대종교가 조직, ③ 허례허식 폐지, 남녀평등 등의 새생활 운동은 원불교의 활동, ④ 신사참배 거부 운동은 개신교의 활동이다.

10 일제시대 문학, 예술 활동과 관련된 설명으로 옳지 않은 것은?

① 1920년대 중반에는 사회주의의 영향을 받은 신경향파 문학이 대두되었다.

② 1910년대에는 창조, 폐허, 백조 등의 문학동인 잡지가 활발하게 간행되었다.

③ 나운규는 항일 의식을 고취하기 위해 '아리랑'이라는 영화를 제작하였다.

④ 전형필은 일제로부터 우리 문화유산을 지키는 데 주력하였다.

11 일제의 식민지 교육 정책과 관련된 설명으로 옳지 않은 것은?

① 일제의 교육 정책은 식민 통치에 필요한 하급 기술 인력과 황국신민을 양성하는 데 중점을 두었다.

② 1910년대에는 보통 교육 교육 기간을 6년제로 하고 중등 교육의 기회를 제한하였다.

③ 문화통치 시기에는 3·1 운동의 영향으로 조선어를 필수 교과목으로 지정하였다.

④ 중·일 전쟁 이후에는 전쟁 동원을 위한 군사 교육 체제를 강화하였다.

---

10 정답 ②

해설 ① 1920년대 중반에는 사회주의의 영향을 받은 신경향파 문학이 대두되어 카프라는 문학 동인 단체를 중심으로 일제 식민지 현실을 고발하고 계급 투쟁을 강조하는 작품 활동을 전개하였다. ③ 나운규는 우리나라 최초의 영화인 '아리랑'을 제작하여 항일 의식을 고취시켰다. ④ 전형필은 자신의 재산을 모두 바쳐서 일본으로부터 우리 문화유산을 보존하는 활동을 하였다.

오답풀이 ② 창조, 폐허, 백조 등의 문학 잡지가 간행된 것은 1920년대 일제가 출판의 자유를 부분적으로 허용하면서 활발해졌다.

11 정답 ②

해설 ① 일제의 식민지 교육 정책의 목표는 한국인의 민족 의식을 말살하고 식민 지배에 필요한 하급 기술 인력을 양성하며 식민 지배에 순응하는 황국 신민을 양성하는 데 있었다. ③ 3·1 운동의 영향으로 일제는 2차 조선교육령(1922)을 제정하고 한국인을 회유하기 위해 조선어를 필수 교과목으로 지정하였다. ④ 일제는 중·일 전쟁 이후에 3차(1938)·4차(1943) 교육령을 통해 침략 전쟁에 필요한 군인을 육성하기 위하여 군사 교육 체제를 강화하였다.

오답풀이 ② 한·일 합병 이후 1910년대에 일제는 무단 통치와 함께 강압적인 교육 정책을 실시하면서 한국인을 우민화시키기 위해 보통 교육은 4년제로 지정하였으며, 중등 교육의 기회를 철저하게 제한하였다.

12 다음과 같은 조선 교육령이 발표된 때와 가장 가까운 시기에 시행한 일제의 정책은?

> 제1조 소학교는 국민 도덕의 함양과 보통의 지능을 갖게 함으로써 충량한 황국 신민을 육성하는데 있다.
> 제13조 심상소학교 교과목은 수신, 국어(일어), 산술, 국사, 지리, 이과, 직업, 도화이다. 조선어는 수의
> (隨意:선택) 과목으로 한다.

① 토지 조사 사업을 실시하여 소작농들의 경작권을 박탈하였다.

② 관세 철폐령을 내려 일본 상품의 조선 진출의 길을 확대하였다.

③ 한국인의 전시 동원을 위한 국가 총동원령을 발표하였다.

④ 징병제를 실시하여 20만여 명의 조선 청년들을 징집하였다.

13 다음 중 단재 신채호와 관련된 사실로 옳지 않은 것은?

① 역사를 아와 비아와의 투쟁으로 인식하였다.

② 이순신전, 을지문덕전 등 국난을 극복한 민족 영웅전을 저술하였다.

③ 대한민국 임시정부의 대통령을 역임하기도 하였다.

④ 묘청의 서경 천도 운동을 '조선 역사 1천년 이래의 제1대 사건'으로 평가하였다.

---

12 정답 ③

해설 ③ 자료에서 심상소학교 규정과 조선어를 수의(선택) 과목으로 한다는 사실을 통해 1938년에 제정된 3차 조선 교육령임을 알 수 있다. 따라서 가장 근접한 시기의 사실은 중·일 전쟁(1937) 이후 1938년에 일제가 실시한 국가 총동원령임을 알 수 있다.

오답풀이 ① 토지조사사업은 1910년대, ② 일본상품에 대한 관세철폐는 1920년대, ④ 징병제는 1944년에 각각 실시되었다.

13 정답 ③

해설 ① ② ④ 신채호는 역사를 아와 비아와의 투쟁으로 인식하였으며, 한말 애국 계몽 운동기에는 이순신전, 을지문덕전 등 국난을 극복한 민족 영웅전을 저술하여 민족의식을 고취시켰다. 또한 조선사연구초라는 저술을 통해 고려 시대의 묘청의 난을 자주적, 진취적 운동으로 높게 평가하였다.

오답풀이 ③ 대한민국 임시정부의 대통령을 역임한 것은 박은식이다.

14 다음의 내용과 관련된 일제시대 종교 단체의 활동으로 옳은 것은?

> ● 단군 숭배 사상을 통한 민족의식 고양
> ● 나철, 오기호가 중심이 되어 창시

① 신사참배 거부운동을 전개하여 일제로부터 탄압을 받았다.

② 만주에서 항일단체인 의민단을 조직하여 무장 독립 투쟁을 전개하였다.

③ 개간 사업과 저축 운동을 전개하여 자립정신을 강조하였다.

④ 중광단과 북로군정서를 조직하여 항일 무장 투쟁을 전개하였다.

15 다음 작품들의 공통점으로 옳은 것은?

> ● 님의 침묵   ● 그날이 오면   ● 빼앗긴 들에도 봄은 오는가

① 민족의식 고취   ② 봉건적 신분제 타파

③ 신경향파 문학 작품   ④ 문맹 퇴치 운동에 기여

16 다음 중 가장 먼저 발생한 사건은? (2014년 기출)

① 안재홍, 정인보 등이 조선학 운동을 전개하여 민족중흥을 제창하였다.

② 여운형이 중심이 되어 건국동맹의 지하조직을 전국적으로 결성하였다.

③ 안창호 등은 신민회를 조직하여 국권회복을 위한 애국 계몽운동을 전개하였다.

④ 고등교육기관으로서 대학을 설립해야 한다는 취지 아래 한규설, 이상재 등이 민립대 설립 기성회를 조직하였다.

---

14 정답 ④

해설 ④ 자료에서 단군숭배사상을 바탕으로 나철과 오기호가 창시한 종교는 대종교이다. 대종교는 일제시대에 일제의 탄압이 강화되면서, 만주로 본부를 옮기고 중광단, 북로군정서를 조직하여 적극적인 항일 무장 투쟁을 전개하였다.

오답풀이 ① 개신교(기독교) ② 천주교 ③ 원불교

15 정답 ①

해설 ① 한용운의 님의 침묵, 심훈의 그날이 오면, 이상화의 빼앗긴 들에도 봄은 오는가 등은 1920년대에 항일 민족의식을 고취시키는 데 기여한 문학 작품들이다.

16 정답 ③

해설 ③ 신민회(1907~1911), ④ 민립대학 설립운동(1920), ① 조선학 운동(1934), ② 조선 건국 동맹(1944)

1. 광복과 대한민국의 수립

01 다음 조약 중에서 우리나라와 관련된 협의 내용을 잘못 설명한 것은?

① 카이로 회담 – 연합국이 최초로 한국 독립 약속

② 얄타 회담 – 한국의 독립 재확인

③ 포츠담 회담 – 일본에게 무조건 항복 요구

④ 모스크바 회담 – 5년간 신탁 통치안 결정

02 조선 건국 준비 위원회에 관한 설명으로 옳은 것을 모두 고른 것은? (2019년 기출)

> ㄱ. 조선 건국 동맹을 바탕으로 결성하였다.
> ㄴ. 지안대를 설치하여 실서 유시에 힘썼나.
> ㄷ. 김성수, 송진우 등이 주도하였다.
> ㄹ. 이승만을 주석으로, 여운형을 부주석으로 추대하였다.

① ㄱ, ㄴ   ② ㄱ, ㄹ

③ ㄴ, ㄷ   ④ ㄷ, ㄹ

---

01 정답 ②

해설 ① 카이로회담은 1943년에 개최되어 미국, 영국, 중국이 한국의 독립을 최초로 약속하였다. ③ 포츠담 회담(1945.7)에서는 한국의 독립을 재확인하고, 일본에게 무조건 항복을 요구하였다. ④ 모스크바 3국 외상 회담(1945.12)에서는 한반도에서의 임시 정부 수립, 미·소 공동 위원회 설치, 5년간 신탁 통치안 등이 결정되었다.

오답풀이 ② 얄타회담(1945.2)은 미국, 영국, 소련이 개최한 국제 회담으로 여기에서는 소련의 일본과의 전쟁 참여가 결정되었으며, 한국의 독립 재확인은 포츠담 회담을 통해 결정되었다.

02 정답 ①

해설 ㄱ. ㄴ. 조선 건국 준비 위원회는 1945년에 조선 건국 동맹을 바탕으로 여운형과 안재홍이 좌우세력을 연합하여 결성하였다. 또한 조선 건국 준비 위원회는 치안대를 설치하여 남한의 치안 질서 유지를 주도하였다.

오답풀이 ㄷ. 김성수와 송진우가 설립한 단체는 친일 지주를 중심으로 결성된 한국 민주당이다. ㄹ. 조선 건국 준비 위원회는 여운형을 위원장, 안재홍을 부위원장으로 추대하였다. 이승만을 주석으로 여운형을 부주석으로 추대하여 설립한 것은 조선 인민 공화국이다.

관광국사 기출·예상문제집

03 광복 이후의 사실로 옳은 것은? (2010년 기출)

① 제주도 4·3사건과 여수·순천사건은 좌·우익의 대립으로 일어났다.

② 모스크바 3국 외상회의에서 남북한 총선거 실시가 결정되었다.

③ 좌익 세력은 신탁통치 반대운동에 적극 참여하여 민중의 지지를 얻었다.

④ 5·10 총선거에 김구와 김규식이 적극 참여하였다.

04 해방 직후 남한의 정치 상황과 관련된 설명으로 옳지 않은 것은?

① 미군정은 조선 총독부 체제를 이용하여 남한을 직접 통치하였다.

② 김성수를 비롯한 친일 지주가 중심이 되어 한국 민주당을 창설하였다.

③ 미국에서 귀국한 이승만은 한국독립당을 중심으로 활동하였다.

④ 조선건국 준비 위원회는 치안대를 결성하여 남한의 치안 유지를 담당하였다.

05 모스크바 3국 외상 회의와 관련된 설명으로 옳지 않은 것은?

① 미, 영, 소의 대표가 참석하여 한반도 문제를 논의하였다.

② 임시 정부 수립, 미·소 공동 위원회 설치, 5년간 신탁 통치 등을 결정하였다.

③ 김구는 반탁 운동을 전개하면서 남한 단독 정부 수립을 주장하였다.

④ 좌익과 우익 세력은 신탁 통치에 대해 다른 입장을 취하면서 대립하였다.

---

03 정답 ①

해설 ① 제주도 4·3사건은 남한 단독 정부 수립을 반대하면서 좌익 세력이 일으킨 폭동 사건이었으며, 여수·순천 10·19 사건은 이승만 정부 수립 이후 제주도 4·3사건 진압 명령을 거부한 여수·순천 주둔 군부대의 좌익 세력이 일으킨 무장 폭동 사건이다.

오답풀이 ② 남북한 총선거 실시는 1948년 2월 파리 유엔 소총회에서 결정되었다. ③ 모스크바 3국 외상 회담에서 결정된 5년간 신탁 통치에 대하여 좌익은 초기에는 반대하였으나, 나중에는 신탁 통치를 비롯한 모스크바 3국 외상 회담을 전적으로 지지하였다. 그 영향으로 남한에서는 좌·우익 간에 이념 대립이 심화되었다. ④ 5·10 총선거에는 김구와 김규식을 비롯한 남북협상파와 조선공산 당 등의 좌익 세력은 불참하였다.

04 정답 ③

해설 ① 미군정은 남한의 모든 정치 세력의 존재를 인정하지 않고 일제의 총독부 체제를 이용하여 남한을 직접

통치하였다. ② 김성수를 비롯한 친일 지주 중심의 우익 세력은 한국 민주당을 창설하였으며, 특히 미군정의 지원을 받으면서 활발한 활동을 하였다. ④ 여운형, 안재홍 등 조선 건국준비위원회는 치안대를 결성하여 남한의 치안 유지에 주도적 역할을 담당하였다.

오답풀이 ③ 이승만은 독립 촉성 중앙 협의회를 중심으로 활동하였으며, 한국독립당은 김구가 활동한 단체이다.

05 정답 ③

해설 ① 모스크바 3국 외상 회의는 미, 영, 소의 대표가 참석하여 한반도 문제를 논의하기 위해 개최되었다. ② 모스크바 3국 외상 회의에서 결정된 주요 사항은 임시 정부 수립, 미·소 공동 위원회 설치, 5년간 신탁 통치 등이다. ④ 5년간 신탁 통치에 대하여 우익은 반탁, 좌익은 찬탁을 주장하면서 좌·우익 간에 유혈 투쟁이 일어나는 등 극심하게 대립하였다.

오답풀이 ③ 김구는 신탁 통치를 반대하였지만, 통일 정부 수립을 위해 계속 노력하였다.

06 남한과 북한의 정부 수립과 관련된 설명으로 옳지 않은 것은? (2008년 기출)

① 1948년 5 · 10 총선거는 우리나라에서 실시한 최초의 근대적 민주 선거이다.

② 김규식, 이승만은 남한 단독정부 수립을 주장하였다.

③ 북한은 1948년 9월에 조선민주주의 인민 공화국을 수립하였다.

④ 1948년 12월 12일 유엔은 대한민국 정부를 합법적 정부로 인정하였다.

07 해방 이후 전개된 좌 · 우 합작 운동에 대한 설명으로 옳지 않은 것은?

① 여운형과 김규식의 주도 아래 미군정의 지원을 받아 전개되었다.

② 여운형은 한국민주당과 연합하여 남조선과도입법의원을 설치하였다.

③ 좌익과 우익의 주장을 통합하여 좌우 합작 7원칙이 발표되었다.

④ 여운형의 암살, 미군정의 지원 철회 등으로 인하여 실패로 끝났다.

08 다음 중 해방 이후에 실시되었던 친일파 청산과 관련된 설명으로 옳지 않은 것은?

① 국회의원들로 구성된 반민족 행위 특별 조사 위원회가 설치되어 최남선, 이광수 등의 친일파를 조사하였다.

② 미군정은 조선 총독부 출신 관료와 경찰들을 활용하면서 친일파 처단을 외면하였다.

③ 이승만 정부의 방해 공작과 친일파의 저항으로 성과를 거두지 못하였다.

④ 반민족 행위 특별 조사 위원회의 활동은 국민의 지지를 별로 받지 못하였다.

---

06 정답 ②

해설 ① 1948년 5 · 10 총선거는 우리나라에서 실시한 최초의 민주주의 선거였다. ③ 북한은 남한 정부가 수립된 직후인 1948년 9월에 김일성을 통치자로 하는 조선민주주의 인민 공화국을 수립하였다. ④ 유엔은 1948년 12월 12일에 대한민국을 합법적인 정부로 공식적으로 인정하였다.

오답풀이 ② 김규식은 김구와 함께 통일 정부 수립을 위해 남북 협상에 참여하였으며, 이승만은 남한 단독 정부 수립을 주장하였다.

07 정답 ②

해설 ① 여운형과 김규식은 1차 미소공동위원회가 결렬되고 이승만이 남한 단독 정부 수립을 주장한 상황에서 미군정의 지원을 받아 좌우합작위원회를 결성하였다. ③ 좌익과 우익은 각각 제시한 합작의 조건을 절충하여 7원칙으로 결정하였다. ④ 좌우합작운동이 미군정과 한국민주당에 의해 변질되면서 여운형이 탈퇴하고, 김구 · 이승만 · 조선공산당 등이 불참을 선언한 상황에서

좌우합작운동은 여운형의 암살, 미군정의 지원 철회 등으로 인하여 실패로 끝났다.

오답풀이 ② 남조선과도입법의원은 미군정이 주도하여 좌우합작위원회와 한국민주당을 중심으로 결성하였으며, 김규식을 의장으로 추대하였다. 이에 반발하여 여운형을 비롯한 좌익 세력이 탈퇴하였다.

08 정답 ④

해설 ① 친일파 청산은 제헌(1대) 국회에서 제헌 헌법에 명문화되어 있는 친일파 청산을 실행에 옮겨 반민족 특별 조사 위원회를 구성하여 최남선, 이광수, 박흥식 등 친일파를 조사하였다. ② 미군정은 남한을 통치하면서 일제 조선 총독부 출신 관료와 경찰을 이용하였기 때문에 친일파 청산의 의지는 전혀 없었다. ③ 친일파 청산은 이승만 정부의 소극적인 태도와 방해 공작 등으로 실패로 끝났다.

오답풀이 ④ 제헌국회의 친일파 청산은 국민들의 절대적인 지지를 받으면서 진행되었다.

09 다음 인물의 활동과 관련된 설명으로 옳지 않은 것은?

> 나의 유일한 염원은 3천만 동포가 다 손을 잡고 통일된 조국의 달성을 위하여 공동 분투하는 것뿐이다. 이 육신을 조국이 필요로 한다면 당장에라도 제단에 바치겠다. 나는 통일된 조국을 건설하려다 38선을 베고 쓰러질지언정 일신의 구차한 안일을 위하여 단독 정부를 세우는 데 협력하지 않겠다.

① 충칭 이동 이후 주석으로 취임하여 임시 정부를 이끌어 나갔다.
② 김규식과 함께 해방 이후 남북 협상을 주도하였다.
③ 대한민국 임시 정부에서 구미 외교 위원부를 중심으로 활동하였다.
④ 한인애국단을 결성하여 윤봉길, 이봉창의 의거를 주도하였다.

10 다음은 해방 직후 일어난 사건들이다. 순서대로 바르게 나열한 것은?

> ㄱ. 이승만의 정읍 발언
> ㄴ. 좌·우 합작 운동
> ㄷ. 1차 미·소 공동 위원회 결렬
> ㄹ. 모스크바 3국 외상 회의

① ㄱ → ㄴ → ㄷ → ㄹ
② ㄴ → ㄱ → ㄷ → ㄹ
③ ㄷ → ㄹ → ㄴ → ㄱ
④ ㄹ → ㄷ → ㄱ → ㄴ

11 5·10 총선거와 대한민국 정부 수립에 대한 설명으로 옳지 않은 것은?

① 민주주의 선거 원칙에 입각하여 전국에서 동시에 실시되었다.
② 김구, 김규식, 조선 공산당 등은 총선거에 불참하였다.
③ 1대 제헌 국회의 임기는 2년으로 제한하였다.
④ 초대 대통령 이승만은 국회의원 간접선거에 의해 선출되었다.

---

09 정답 ③

해설 자료는 김구가 남북협상 당시에 통일 정부 수립의 필요성을 주장한 내용이다. ①②④ 김구는 상하이에서 침체에 빠진 임시 정부의 위기를 극복하기 위하여 한인애국단을 결성하여 윤봉길의 상하이 훙커우 공원 의거와 이봉창의 일본 천황 암살 시도 사건을 지시하였으며, 충칭 이동 후에는 주석 체제로 개헌을 하고 주석으로 취임하여 임시 정부를 이끌어 나갔다. 해방 이후에는 김규식과 함께 통일 정부 수립을 위해 남북 협상을 추진하여 북한의 평양에서 김일성 등과 남북 연석 대표자 회담을 개최하기도 하였다.

오답풀이 ③ 대한민국 임시 정부에서 구미 외교 위원부를 중심으로 활동한 것은 이승만이다.

10 정답 ④

해설 ④ ㄹ. 모스크바 3국 외상 회의(1945.12) - ㄷ. 1차 미·소 공동 위원회 결렬(1946.5) - ㄱ. 이승만의 정읍 발언(1946.6) - ㄴ. 좌우합작 운동(1946.7~1947.12)

11 정답 ①

해설 ② 김구, 김규식, 조선공산당은 남한 단독 정부 수립을 반대하여 총선거에 불참하였다. ③ 대통령의 임기와 국회의원의 임기가 4년으로 동일하게 적용되면 정치의 혼란이 발생할 수 있었기 때문에 1대 제헌국회는 임기를 2년으로 정하였다. ④ 이승만은 제헌 헌법에 의거하여 국회의원 간접선거로 대통령에 당선되었다.

오답풀이 ① 5·10 총선거는 남한 단독 정부 수립을 반대하여 일어난 제주 4·3 사건으로 인하여 제주도 일부 지역에서는 실시되지 않았기 때문에 전국에서 동시에 실시될 수 없었다.

12 다음 자료와 관련된 인물에 대한 설명으로 맞는 것을 〈보기〉에서 고르시오.

> 이제 무기한 휴회된 미·소 공동 위원회가 재개될 기색도 보이지 않으며, 통일 정부를 고대하나 여의치 않습니다. 남방만이라도 임시 정부 혹은 위원회 같은 것을 조직하여 38 이북에서 소련이 철퇴하도록 세계 공론에 호소해야 할 것이니, 여러분도 결심해야 할 것입니다.

> **〈보기〉**
> ㄱ. 해방 직후 좌익과 우익 세력을 통합하여 조선 건국 준비 위원회를 만들었다.
> ㄴ. 남북 협상 추진을 반대하면서 유엔 감시하의 남한단독 선거를 주장하였다.
> ㄷ. 모스크바 3상 회의 이후 한국 민주당과 함께 반탁 운동을 반소·반공 운동으로 확대시켰다.
> ㄹ. 김규식과 함께 통일 정부 수립을 위해 좌우 합작 운동을 전개하였다.

① ㄱ, ㄴ   ② ㄴ, ㄷ   ③ ㄱ, ㄹ   ④ ㄷ, ㄹ

13 해방 이후 실시되었던 농지 개혁과 관련된 설명으로 옳은 것은?

① 미군정이 신한공사를 설치하여 농지개혁을 완료하였다.
② 3정보까지의 농지 소유를 허용하고 나머지 땅에 대해서는 보상을 하였다.
③ 농경지뿐만 아니라 과수원과 임야까지도 농지개혁에 포함시켰다.
④ 북한의 토지개혁에 영향을 주었다.

14 광복 직후 정부 수립을 위한 활동을 순서대로 바르게 나열한 것은? (2016년 기출)

> ㄱ. 남북협상회의 개최   ㄴ. 조선건국준비위원회 결성   ㄷ. 신탁통치반대 국민총동원위원회 결성

① ㄱ → ㄴ → ㄷ   ② ㄱ → ㄷ → ㄴ
③ ㄴ → ㄷ → ㄱ   ④ ㄷ → ㄴ → ㄱ

---

12 **정답** ②

해설 ② 자료는 이승만이 1차 미·소 공동 위원회가 결렬된 직후 남한 단독 정부 수립을 주장한 정읍 발언이다. ㄴ. 이승만은 김구, 김규식의 남북 협상 추진을 반대하면서 유엔 감시하의 남한단독 선거를 주장하였다. ㄷ. 이승만은 모스크바 3상 회의에서 결정된 신탁 통치를 반대하는 반탁 운동을 한국 민주당과 함께 반소·반공 운동으로 확대시켰다.

오답풀이 ㄱ, ㄹ. 여운형과 관련된 내용이다.

13 **정답** ②

해설 ② 남한의 농지개혁은 유상매입, 유상분배의 원칙이

적용되었기 때문에 원소유주에게는 3정보를 제외한 나머지 농지에 대해서는 보상을 하였다.

오답풀이 ① 농지개혁은 이승만 정부에 의해서 1949년에 시작되어 1957년에 완료되었다. ③ 남한의 농지개혁은 농경지만을 대상으로 실시되었으며, 과수원과 임야는 농지개혁 대상에서 제외되었다. ④ 북한은 남한보다 먼저 1946년에 실시하였다.

14 **정답** ③

해설 ㄴ. 조선건국준비위원회(1945.8) - ㄷ. 신탁통치반대 국민총동원위원회(1945.12) - ㄱ. 남북협상회의(1948.4)

15 다음은 6·25 전쟁 전개 과정이다. 순서대로 바르게 나열한 것은?

> ㄱ. 인천 상륙 작전 ㄴ. 중국군 개입
> ㄷ. 거창 양민 학살 사건 ㄹ. 반공 포로 석방

① ㄱ → ㄴ → ㄷ → ㄹ ② ㄱ → ㄷ → ㄴ → ㄹ

③ ㄷ → ㄱ → ㄴ → ㄹ ④ ㄷ → ㄴ → ㄱ → ㄹ

16 다음 중 6·25 전쟁과 관련된 설명으로 옳지 않은 것은?

① 미 국무장관 애치슨 선언을 계기로 북한의 남침이 시작되었다.

② 인천 상륙 작전을 계기로 국군과 연합군은 전쟁의 분위기를 역전시킬 수 있었다.

③ 중공군의 참전을 계기로 북한군은 서울을 다시 탈환하였다.

④ 이승만 정부는 휴전 협정 체결 분위기를 조성하기 위해 반공 포로를 석방하였다.

17 대한민국 정부수립 이후 이승만의 정책과 관련된 설명으로 옳지 않은 것은? (2010년 기출)

① 반민족행위 특별조사법을 만들어 친일파를 완전히 청산하였다.

② 발췌개헌을 통해 대통령 직선제를 통과시켰다.

③ 농지개혁법을 제정하여 지주제를 폐지하였다.

④ 휴전 협정 당시 휴전에 반대하며 반공포로를 석방하였다.

---

15 정답 ①

해설 ① ㄱ. 인천상륙작전(1950.9.15.) – ㄴ. 중국군 개입 (1950.10) – ㄷ. 거창양민 학살 사건(1951.2) – ㄹ. 반공 포로 석방(1953.6)

16 정답 ④

해설 ① 미국이 미국의 극동 방위선에서 한반도와 타이완을 제외한다는 애치슨 선언이 발표되고 미군이 철수한 것을 배경으로 북한은 남침을 시작하였다. ② 맥아더 장군의 인천상륙 작전을 계기로 국군과 연합군은 서울을 수복하고 북한의 평양까지 점령하였다. ③ 중공군의 참전을 계기로 전세는 다시 북한에게 유리하게 전개되었으며, 북한군은 서울을 다시 점령하였다.

오답풀이 ④ 이승만 정부는 휴전 협상을 반대하는 가운데 미국

과 북한이 남한을 제외하고 휴전 협정을 추진한 것에 대한 불만을 품고 반공 포로를 석방하였다.

17 정답 ①

해설 ② 이승만은 6·25 전쟁 중에 정권 연장을 위해 발췌개헌(1952)을 통해 대통령 직선제 개헌안을 불법으로 통과시켰다. ③ 이승만 정부는 1949년에 농지개혁법을 제정하고 1950년부터 농지개혁을 추진하여 지주제를 폐지하였다. ④ 이승만은 6·25 전쟁이 장기화 되면서 휴전 협정이 시작되자 이를 반대하면서 반공포로를 석방하였다.

오답풀이 ① 이승만 정부의 친일파 청산은 이승만 정부의 소극적 태도, 친일파의 방해 공작 등으로 인하여 실패하였다.

2. 민주주의의 시련과 발전

01 대한민국 정부수립 이후 이승만의 정책과 관련된 설명으로 옳지 않은 것은? (2010년 기출)

① 반민족행위 특별조사법을 만들어 친일파를 완전히 청산하였다.

② 발췌개헌을 통해 대통령 직선제를 통과시켰다.

③ 농지개혁법을 제정하여 지주제를 폐지하였다.

④ 휴전 협정 당시 휴전에 반대하며 반공포로를 석방하였다.

02 다음은 이승만 정부에서 실시한 헌법 개헌이다. 공통점으로 옳은 것은?

● 발췌개헌 ● 사사오입개헌

① 반공 정책 강화 ② 이승만 정부의 독재 정권 연장

③ 6 · 25 전쟁의 피해 복구 대책 ④ 4 · 19 혁명의 원인

03 다음 중 4 · 19 혁명과 관련된 설명으로 옳지 않은 것은?

① 이승만 정부의 장기 집권과 3 · 15 부정 선거가 원인이 되어 일어났다.

② 4 · 19 혁명은 고등학생을 비롯하여 각계각층이 참가한 범국민적 성격의 혁명 운동이었다.

③ 대학 교수들이 정권 퇴진을 요구하는 시위에 나섰다.

④ 혁명 이후 대통령 직선제를 핵심으로 하는 헌법 개정이 이루어졌다.

---

01 정답 ①

해설 ② 대통령은 국회의원 간접선거가 원칙인데, 1950년 2대 국회의원 선거에서 반이승만 세력이 다수 당선되면서 이승만의 대통령 재선이 불가능해지자, 6 · 25 전쟁 중에 불법으로 대통령 직선제의 발췌개헌을 통과시켜 이승만은 2대 대통령으로 당선되었다. ③ 이승만 정부는 1949년에 농지개혁법을 제정하고 1957년에 완료하여 지주제를 폐지하고 경작 농민의 중심의 토지 소유 구조를 확립하였다. ④ 이승만은 6 · 25 전쟁 당시에 휴전 협정을 반대하였으며, 미국과 북한이 남한을 제외하고 휴전 회담을 진행하는 것에 대한 불만을 품고 일방적으로 반공포로를 석방하였다.

오답풀이 ① 이승만 정부는 치안 유지와 경제 문제 등을 이유로 친일파 청산을 반대하였으며, 오히려 방해 공작을 펼쳐 친일파 청산은 실패로 끝나고 말았다.

02 정답 ②

해설 ② 발췌개헌은 이승만 정부가 6 · 25 전쟁 중 대통령에 재선되기 위해 대통령 직선제 개헌을 한 것이며, 사사오입 개헌은 초대 대통령이 2번까지 할 수 있는 조항을 바꾸어 이승만이 계속하여 대통령이 될 수 있도록 하기 위한 헌법 개헌이었다.

03 정답 ④

해설 ① ② ③ 4 · 19 혁명은 이승만의 독재 정권과 3 · 15 부정 선거가 직접적 원인이 되어 일어났으며, 고등학생을 비롯하여 각계각층이 참가한 범국민적 성격의 민주주의 혁명이었다. 경찰에 의해 다수의 학생과 시민들이 죽게 되자, 대학 교수들이 이승만 대통령의 하야를 요구하는 선언문을 발표하고 평화적인 시위를 전개하였다.

오답풀이 ④ 4 · 19 혁명 이후 이승만 정부가 붕괴되고 내각책임제와 양원제의 헌법 개헌이 이루어졌고, 그 결과 장면 내각이 수립되었다.

04 (가)에 들어갈 사건으로 옳은 것을 고르면? (2012년 기출)

> 4·19 혁명 → 5·16 군사 정변 → (가) → 3선 개헌

① 6월 민주 항쟁　　　　　　　　② 한·일 협정

③ 유신 체제　　　　　　　　　　④ 7·4 남북 공동 성명

05 제2 공화국 장면 정부와 관련된 내용으로 옳지 않은 것은?

① 내각 책임제와 양원제 정부로 출범　　② 베트남 파병

③ 경제개발 5개년 계획 수립　　　　　　④ 국토 개발 사업 착수

06 연표에서 (가)~(라) 시기의 헌법 내용으로 옳은 것은?

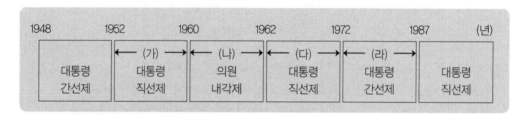

1948	1952	1960	1962	1972	1987 (년)
대통령 간선제	← (가) → 대통령 직선제	← (나) → 의원 내각제	← (다) → 대통령 직선제	← (라) → 대통령 간선제	대통령 직선제

① (가)와 (나)에서 국회는 단원제로 구성되었다.

② (가)와 (다)에서는 대통령의 중임이 가능하였다.

③ (나)와 (다)에서 대통령의 임기는 5년이었다.

④ (나)와 (라)에서는 국회에서 대통령을 선출하였다.

---

04 정답 ②

해설 ② 5·16 군사 정변은 1961년에 박정희가 일으킨 쿠데타로서 박정희는 이후 1963년에 대통령에 당선되었으며, 1969년에 3선 개헌을 통과시켜 1971년에 3번째 대통령으로 당선되었다. 따라서 시기적으로는 박정희 3공화국 정부와 관련된 사실은 한·일 협정(1965)만 해당된다.

오답풀이 ① 6월 민주 항쟁(1987), ③ 유신 체제(1972), ④ 7·4 남북 공동 성명(1972)

05 정답 ②

해설 ① ③ ④ 장면 정부는 내각책임제와 양원제의 정부로 출범하여 대통령 윤보선, 국무총리 장면으로 구성되었다. 장면 정부는 경제 성장을 위한 장기적 계획으로 경제 개발 5개년 계획을 수립하였으며, 국토 개발 사업을 1961년부터 추진하였다.

오답풀이 ② 베트남 파병은 박정희 정부에 의해 1965년에 시작되었다.

06 정답 ②

해설 ② 제시된 연표에서 (가)는 대통령 직선제 하의 이승만 정부, (나)는 장면 정부, (다)는 박정희 정부, (라)는 유신 체제와 전두환 정부 시기이다. 이승만 정부는 대통령의 중임을 2회로 제한하였으나 1954년 4사5입 개헌을 통해 초대 대통령의 중임 제한을 철폐하였고, 5·16 군사 정변 이후 개헌을 통해 성립된 박정희 정부는 대통령의 중임을 2회로 제한하였다가 1969년 3선 개헌을 통해 대통령의 중임을 3회까지 허용하였다.

오답풀이 ① (나) 시기 국회는 양원제로 운영되었다. ③ (나)의 대통령 임기는 5년이지만, (다)의 대통령 임기는 4년이다. ④ (나)에서는 대통령을 국회에서 선출하였지만, (라)에서는 통일 주체 국민회의와 대통령 선거인단이 선출하였다.

07 다음의 내용을 순서대로 바르게 나열한 것은? (2002년 기출)

> ㄱ. 임기 4년의 강력한 대통령 중심제 채택　　ㄴ. 7년 단임의 대통령 간선제 실시
> ㄷ. 5년 단임의 대통령 직선제 실시　　ㄹ. 유신헌법을 반포하여 장기 집권 체제 마련

① ㄱ → ㄴ → ㄷ → ㄹ　　　　② ㄱ → ㄴ → ㄹ → ㄷ

③ ㄱ → ㄹ → ㄴ → ㄷ　　　　④ ㄹ → ㄱ → ㄴ → ㄷ

08 5 · 16 군사 정변 이후에 수립된 제3 공화국 정부와 관련된 설명으로 옳은 것은?

① 3선 개헌　　　　　　② 진보당 사건

③ 6월 민주 항쟁　　　　④ 남북한 유엔 동시 가입

09 다음 회담에 관한 설명으로 적절하지 않은 것은?

> ○○회담은 1965년 6월 22일 양국 외무 장관이 ○○협정에 서명함으로써 막을 내렸다. …(중략)… 이 협정에 대해 한편에서는 한국의 근대화와 경제 발전을 위한 종자돈을 마련했다는 점에서 긍정적 평가를 한다. 다른 한편에서는 실리에 급급한 나머지 과거 청산의 명분과 기회를 희생시켰다는 부정적인 평가를 내리기도 한다.

① 회담 내용이 알려지면서 전국적인으로 6 · 3 항쟁의 반대 시위가 전개되었다.

② 한국은 식민지 지배에 대한 보상금으로 약 3억 달러의 자금을 무상으로 제공받았다.

③ 한국 경제의 대일 의존도가 높아지는 계기가 되었다.

④ 협정 체결 이후 한 · 미 · 일 공동 안보 체제가 형성되었다.

---

07 **정답** ③

해설 ③ ㄱ. 제1공화국 이승만 정부(1948) – ㄹ. 박정희 유신 체제(1972) – ㄴ. 제5공화국 전두환 정부(1981) – ㄷ. 제6공화국(1988)

08 **정답** ①

해설 ① 5 · 16 군사 정변을 계기로 등장한 제3 공화국은 박정희 정부이다. 박정희는 1969년에 3선 개헌을 실시하여 자신이 대통령에 3번 출마할 수 있도록 하였으며, 이를 배경으로 1971년 7대 대통령 선거에서 김대중을 겨우 이기고 3번째 대통령으로 당선되었다.

오답풀이 ② 진보당 사건은 1958년 이승만 정부가 조봉암을 정치적으로 탄압하기 위해 일으킨 사건이다. ③ 6월 민주 항쟁은 전두환 정권의 대통령 직선제 개헌 거부에 대한 반발로서 1987년에 일어났다. ④ 남북한 유엔 동시 가입은 1991년 노태우 정부 당시의 사실이다.

09 **정답** ②

해설 자료는 박정희 정부가 경제 성장에 필요한 자금을 확보하기 위해 1965년에 개최된 한 · 일 협정 회담과 관련된 내용이다. ① 한 · 일 협정을 반대하는 전국적인 반대 운동으로 6 · 3 항쟁(1964)이 전개되었다. ③ 한 · 일 협정 체결 이후 한국 경제는 일본 경제에 대한 의존도가 높아지면서 경제적으로 예속화되는 결과를 초래하였다. ④ 한 · 일 협정 체결 이후 한 · 미 · 일 공동 안보 체제가 형성되었다.

오답풀이 ② 한 · 일 협정이 추진되는 과정에서 일본은 식민 통치에 대한 사죄를 하지 않았으며, '청구권 경제협력에 관한 협정'에서는 일본이 3억 달러의 무상 자금과 2억 달러의 장기저리 정부차관 및 3억 달러 이상의 상업차관을 제공하기로 합의하였다. 이 때 일본은 독립 축하금이란 명목으로 차관을 지원하였다.

10 다음 중 10월 유신 체제와 관련된 설명으로 옳지 않은 것은?

① 대통령에게 국회 해산권을 부여하였다.

② 대통령 선거인단에 의해 7년 단임의 대통령을 선출하였다.

③ 긴급조치권을 발동하여 야당 정치인과 학생들의 민주화 운동을 탄압하였다.

④ 대통령 중임 제한을 없애 영구 집권을 가능하게 하였다.

11 다음은 같은 해에 벌어졌던 사건들이다. 이러한 사건들로 말미암아 나타난 사실로 옳은 것은?

- 박종철 사건
- 4 · 13 호헌 조치
- 6 · 10 국민 대회 개최
- 민주헌법쟁취 국민운동본부 결성

① 국가보위 비상대책위원회가 구성되었다.

② 전국에 계엄령을 선포하고, 모든 정치활동을 정지시켰다.

③ 5년 단임의 대통령 직선제 개헌이 이루어졌다.

④ 대통령의 중임 제한을 없애고 간선제를 골자로 하는 헌법을 제정하였다.

---

10 정답 ②

해설 ① ③ ④ 10월 유신 체제는 박정희가 영구 집권을 위해 국민 투표를 통해 10월 유신 헌법을 통과시킨 후 성립되었다. 유신체제는 대통령의 권한을 극대화시켜 대통령에게 국회 해산권, 긴급조치권, 국회의원 1/3 추천권을 부여하였으며, 임기에 대한 중임 제한을 철폐하여 영구 집권을 가능케 하였다.

오답풀이 ② 유신 체제에서 대통령 선출은 통일 주체 국민회의를 통해 이루어졌으며, 대통령의 임기는 6년이었다. 대통령 선거인단에 의한 7년 단임의 대통령 간선제는 전두환 정부(제5공화국)와 관련된 내용이다.

11 정답 ③

해설 ③ 자료에서 박종철 고문치사 사건, 4 · 13 호헌 조치, 6 · 10 국민 대회를 통해서 6월 민주 항쟁임을 알 수 있다. 6월 민주 항쟁의 결과 5년 단임의 대통령 직선제 개헌이 이루어졌다.

오답풀이 ① 12 · 12 사태 이후 전두환 신군부가 1980년에 설치하였다. ②④ 박정희 10월 유신 체제(1972) 당시의 상황이다.

12 다음 자료와 관련된 역사적 사건에 대한 설명으로 옳지 않은 것은?

> 우리는 왜 총을 들 수밖에 없었는가?
> 그 대답은 너무나 간단합니다. 너무나 무자비한 만행을 더 이상 보고 있을 수만 없어서 너도 나도 총을 들고 나섰던 것입니다. …… 너무나 경악스런 또 하나의 사실은 20일 밤부터 계엄 당국은 발포 명령을 내려 무차별 발포를 시작했다는 것입니다. …… 우리는 더 이상 당할 수만은 없었습니다. 그래서 우리는 이 고장을 지키고 우리 부모 형제를 지키고자 손에 손에 총을 들었던 것입니다.

① 신군부의 5 · 17 비상계엄 확대를 계기로 시작되었다.

② 반미 감정이 고조되어 부산 미문화원 방화 사건이 발생하기도 하였다.

③ 1980년대 민주화 운동의 토대를 마련하였다.

④ 신군부의 과잉 진압에 항의하여 야당 정치인들은 3 · 1 민주 구국 선언을 발표하였다.

13 다음 자료에 나타난 역사적 사실과 관련된 설명으로 옳은 것은?

> (가) 몽매한 무지와 편협 그리고 집권과 데모의 제지, 학생 살해, 재집권을 위한 독단적인 개헌과 부정 선거 등은 이 나라를 말살하는 행위인 것이며 악의 오염을 더욱 증가시키는 것 이외에 무엇이 되겠는가. 나라를 바로잡고자 혈관에 맥동치는 정의의 양식, 불사조의 진지를 견지하려는 하염없는 마음에서 우리는 엄숙히 결의하는 바이다.
> (나) 헌법 개정의 주체는 오로지 국민이다. 국민 이외의 어느 누구도 이 신성한 권리를 대행하거나 파기할 수 없다. 그러므로 국민적 의사를 전적으로 묵살한 4 · 13 폭거는 시대적 대세인 민주화를 거스르려는 음모요, 국가 권력의 주인인 국민을 향한 도전장이 아닐 수 없다.

① (가) – 대통령 직선제 개헌을 위한 발췌 개헌 직후 전개되었다.

② (가) – 경찰의 발포로 많은 사상자가 발생하였으며, 계엄군이 투입되기도 하였다.

③ (나) – 개헌 논의를 금지하는 긴급 조치에 항의하였다.

④ (나) – 여야 간에 정권 교체가 이루어졌다.

---

12 정답 ④

해설 자료는 5 · 18 민주화 운동과 관련된 내용이다. ① 5 · 18 민주화 운동은 전두환 신군부의 5 · 17 비상계엄 확대를 반대하는 광주 지역 대학생들의 시위를 배경으로 시작되었다. ② 5 · 18 민주화 운동 당시 미국 정부가 신군부 계엄군의 광주 투입을 허용함으로써 많은 광주 시민들이 학살되었으며, 이를 계기로 반미 감정이 고조되어 부산 미문화원 방화 사건이 발생하기도 하였다. ③ 5 · 18 민주화 운동은 재정권에 저항하여 전개된 1908년대 민주화 운동의 토대를 마련하였다는 평가를 받고 있다.

오답풀이 ④ 5 · 18 민주화 운동은 1980년에 일어났으며, 3 · 1 민주 구국 선언은 1976년에 박정희 유신 체제에 저항하여 김대중, 윤보선, 함석헌 등 야당 정치인이 명동 성당에서 발표하였다.

13 정답 ②

해설 ② 자료에서 (가)는 4 · 19 혁명이며, (나)는 6월 민주 항쟁과 관련된 내용이다. 4 · 19 혁명 당시에 경찰의 발포로 많은 사상자가 발생하였으며 시위 진압에 계엄군이 투입되기도 하였다.

오답풀이 ① 4 · 19 혁명(1960)은 3 · 15 부정 선거를 계기로 전개되었으며, 발췌개헌(1952)은 6 · 25 전쟁 중에 이승만이 대통령 재선을 위해 이루어진 대통령 직선제의 불법 개헌이었다. ③ 6월 민주 항쟁(1987)은 대통령 직선제 개헌을 위한 민주화 운동이었으며, 긴급조치는 박정희 유신체제에서 대통령의 권한이었다. ④ 6월 민주 항쟁 이후에 실시된 대통령 선거에서 여당의 노태우가 당선되었기 때문에 여야 간의 정권 교체는 이루어지지 않았다.

14 다음 중 유신 체제 붕괴와 관련이 없는 것은?

① 5 · 18 민주화 운동　　　　　② Y · H 무역 사건

③ 2차 석유 파동　　　　　　　④ 10 · 26 사태

15 다음 자료와 관련된 내용으로 옳지 않은 것은?

> 미국은 월남에서 싸우고 있는 자유세계 군대에 합류하여 크게 기여하려는 대한민국 정부의 결정을 충심으로 환영합니다. 본인은 한국의 안전과 발전이 우리의 공동이익임을 생각하며, 이에 미국은 한국의 방위에 경제적 발전이 필요하다고 보고 다음과 같은 조치를 취할 용의가 있음을 말씀드립니다.

① 브라운 각서를 통해 미국의 경제 원조와 군사 지원을 약속받고 참전하였다.

② 한국은 경제 성장의 계기를 마련하였다.

③ 고엽제, 라이따이한 등의 사회적 문제를 초래하였다.

④ 한국 참전을 계기로 한 · 미 상호 방위 조약이 체결되었다.

---

14 정답 ①

해설 ② ③ ④ 박정희 유신 체제는 1979년에 일어난 2차 석유 파동과 중화학 공업에 대한 과잉 중복 투자 등으로 인하여 경제가 침체되면서 Y · H 무역 사건이라는 노동 운동이 발생하였다. 이 사건을 계기로 김영삼 신민당 총재가 의원직을 상실하게 되어 부마항쟁이 일어났으며, 이후 박정희 정부 내에 분열이 발생하여 박정희 대통령이 암살되는 10 · 26 사태가 발생함으로써 유신체제는 붕괴하기 시작하였다.

오답풀이 ① 5 · 18 민주화 운동은 전두환 신군부 정권의 독재에 대한 불만 때문에 일어났다.

15 정답 ④

해설 자료는 베트남 전쟁과 관련된 내용이다. ① 한국은 미국무장관 브라운과의 합의한 브라운 각서를 통해 미국의 경제 원조와 군사 지원을 약속받고 베트남 전쟁에 참전하였다. ② 베트남 전쟁은 미국의 경제 원조를 바탕으로 한국 경제 성장의 계기를 마련하였다. ③ 베트남 전쟁의 후유증으로 고엽제 환자와 베트남 여자와의 사이에서 태어난 혼혈인 라이따이한이 사회적 문제로 대두되었다.

오답풀이 ④ 한 · 미 상호 방위 조약은 6 · 25 전쟁 이후에 체결되었다.

3. 통일 정책과 평화 통일의 과제

01 자주적 · 평화적 통일, 민족적 대단결의 3대 통일 원칙을 천명하고 남북 당국이 통일 문제 협의 후 남북 조절 위원회를 설치하기로 합의한 회담은? (2004년 기출)

① 1970년 8 · 15 선언 ② 1971년 남북 적십자 회담

③ 1972년 7 · 4 남북 공동 성명 ④ 1973년 6 · 23 평화 통일 선언

02 다음 자료의 결과로 나타난 사실로 옳지 않은 것은?

> 우리 문제는 우리끼리 자주적으로 하는 것이 당연합니다. 대원칙을 주장했던 7 · 4 남북 공동 성명과 구체적인 방안을 주장했던 남북 기본 합의서는 효과를 못 보았지만, 이제는 아주 구체적으로 손에 쥔 것부터 실천하는 모습을 보여 줍시다. 분단 이후 최초로 열린 이번 정상 회담은 바로 실천을 보여주는 회담입니다. 옛날과 똑같이 민족의 자주 · 통일 · 평화. 이런 듣기 좋은 말만 해서는 세계도 우리 민족도 그것을 신뢰하지 않을 것입니다.

① 유엔 동시 가입 실현

② 개성 공단 설치와 경의선 복구 사업

③ 이산가족 상봉의 정기적 실시

④ 금강산 육로 관광 실시

03 다음 내용을 발생한 시기 순으로 바르게 나열한 것은?

> ㄱ. 남북한 유엔 동시 가입 ㄴ. 6 · 15 남북 공동 선언
> ㄷ. 남북 관계 발전과 평화 번영을 위한 선언 ㄹ. 금강산 관광 시작
> ㅁ. 제네바 기본 합의서

① ㄱ → ㄴ → ㄷ → ㄹ → ㅁ ② ㄱ → ㅁ → ㄹ → ㄴ → ㄷ

③ ㄹ → ㄱ → ㄴ → ㄷ → ㅁ ④ ㄹ → ㄴ → ㄱ → ㅁ → ㄷ

01 정답 ③

해설 ③ 7 · 4 남북 공동 성명(1972)은 남북 분단 이후에 남북이 최초로 통일 원칙을 합의하고 자주적 · 평화적 통일, 민족적 대단결의 3대 통일 원칙을 발표하였다. 또한 통일을 추진하기 위하여 남북 조절 위원회를 설치하기로 하였으며, 남북 상설 직통 전화 설치도 합의하였다.

02 정답 ①

해설 ② ③ ④ 자료에서 분단 이후 최초로 열린 정상 회담이란 내용을 통해 2000년 남북 정상 회담임을 알 수 있다. 이 회담 직후 남북한 간에 6 · 15 공동 선언을 합의하여 발표하였으며 그 결과, 개성 공단 설치, 경의선 철도 복구 사업, 이산가족 상봉의 정기적 실시, 금강산 육로 관광 등이 이루어졌다.

오답풀이 ① 남북한 유엔 동시 가입은 1991년 노태우 정부 당시의 사실이다.

03 정답 ②

해설 ② ㄱ. 남북한 유엔 동시 가입(1991. 노태우 정부) – ㅁ. 제네바 기본 합의서(1994. 김영삼 정부) – ㄹ. 금강산 관광 시작(1998. 정주영 소떼 방북 계기) – ㄴ. 6 · 15 남북 공동 선언(2000. 김대중 정부) – ㄷ. 2차 남북 정상 회담(2007. 노무현 정부)

04 7 · 4 남북 공동 성명과 관련된 설명으로 옳지 않은 것은?

① 닉슨 독트린 발표 이후 나타난 냉전 완화의 국제 정세 변화를 배경으로 발표되었다.

② 자주적 · 평화적 통일, 민족적 대단결의 3대 통일 원칙을 제시하였다.

③ 남북 조절 위원회가 설치되고 처음으로 이산가족 상봉이 이루어졌다.

④ 남과 북은 정치적으로 이용하여 독재 정권을 수립하였다.

05 2000년 6 · 15 공동 선언의 내용으로 맞는 것은? (2007년 기출)

① 남북 이산가족 상봉 최초 실시　　② 개성 공단 설치와 경의선 복구 사업 시작

③ UN 동시 가입　　④ 남북 상호 불가침 조약

06 각 시기별 통일 정책에 대한 설명으로 옳지 않은 것은?

① 이승만 정부 – 북진 통일론을 주장하면서 평화통일론을 주장한 진보당을 탄압하였다.

② 장면 정부 – 남북협상론, 중립화 통일론을 주장하면서 통일에 대한 적극적인 입장을 취하였다.

③ 박정희 정부 – 7 · 4 남북 공동 성명을 발표하여 통일의 3대 원칙을 합의하였다.

④ 노태우 정부 – 남북한 유엔 동시 가입 이후 남북 기본 합의서를 채택하였다.

---

04 정답 ③

해설 ① 7 · 4 남북 공동 성명은 닉슨 독트린 발표 이후 나타난 냉전 완화의 국제 정세 변화와 남북한의 경제적 침체 등을 배경으로 하여 발표되었다. ② 7 · 4 남북 공동 성명에서는 남북한이 함께 자주적 · 평화적 통일, 민족적 대단결의 3대 통일 원칙을 합의하여 발표하였다. ④ 남과 북은 7 · 4 남북 공동 성명이 결렬된 후에 정치적으로 이용하여 남한의 박정희 유신 체제와 북한의 김일성 주석 체제라는 독재 정권을 수립하였다.

오답풀이 ③ 7.4 남북 공동 성명을 계기로 남북 조절 위원회가 설치되고, 남북한이 이산가족 상봉을 위한 노력을 기울이기로 합의하였으나, 서로간의 이해관계의 대립으로 실패로 끝나면서 이산가족 상봉이 이루어지지 않았으며, 최초의 이산가족 상봉은 1985년 전두환 정부 당시에 이루어졌다.

05 정답 ②

해설 ② 6 · 15 공동 선언을 계기로 남북한은 개성 공단 설치, 경의선 복구 사업, 이산가족 상봉, 금강산 육로 관광 등 여러 방면에서의 교류를 적극 추진하였다.

오답풀이 ① 전두환 정부(1985), ③ 노태우 정부(1991), ④ 박정희 정부(1973)

06 정답 ②

해설 ① 이승만 정부는 야당 세력이었던 조봉암을 견제하기 위하여 조봉암의 진보당이 북진 통일을 반대하고 평화 통일을 주장하자, 진보당을 간첩으로 몰아 탄압하였으며 조봉암은 사형에 처하였다. ③ 박정희 정부는 7 · 4 남북 공동 성명을 발표하여 자주적 · 평화적 통일, 민족적 대단결의 통일의 3대 원칙을 합의하였다. ④ 노태우 정부는 남북한 유엔 동시 가입 이후 남북 기본 합의서를 채택하여, 남북한 간의 교류와 협력을 확대하기로 합의하였다.

오답풀이 ② 장면 정부는 통일에 대해서는 소극적인 입장을 취하여 선건설 후통일의 입장에서 유엔 감시하의 남북한 총선거의 통일 방침을 발표하였으며, 남북협상론과 중립화 통일론은 당시 재야 혁신 세력과 학생이 추진한 통일 운동이었다.

07 (가), (나), (다) 문서에 대한 옳은 설명을 〈보기〉에서 고른 것은?

> (가) 첫째, 통일은 외세에 의존하거나 외세의 간섭을 받음이 없이 자주적으로 해결하여야 한다.
> 둘째, 통일은 서로 상대방을 반대하는 무력행사에 의거하지 않고 평화적 방법으로 실현하여야 한다.
> 셋째, 사상과 이념, 제도의 차이를 초월하여 우선 하나의 민족으로서 민족적 대단결을 도모하여
> 야 한다.
> (나) 다각적인 교류·협력을 실현하여 민족 공동의 이익과 번영을 도모하며, 쌍방 사이의 관계가 나라
> 와 나라 사이의 관계가 아닌 통일을 지향하는 과정에서 잠정적으로 형성되는 특수 관계라는 것
> 을 인정하고….
> (다) 남과 북은 나라의 통일을 위한 남측의 연합제 안과 북측의 낮은 단계의 연방제 안이 서로 공통성
> 이 있다고 인정하고, 앞으로 이 방향에서 통일을 지향시켜 나가기로 하였다.

> **〈보기〉**
> ㄱ. (가)의 합의로 남북한이 유엔에 동시 가입하였다.
> ㄴ. (나)를 실천하기 위해 남북 조절 위원회를 설치하였다.
> ㄷ. (다)는 평양에서 열린 남북 정상 회담의 결과이다.
> ㄹ. (가), (나), (다)는 남북이 같은 민족이라는 인식에서 출발하고 있다.

① ㄱ, ㄴ   ② ㄱ, ㄷ   ③ ㄴ, ㄹ   ④ ㄷ, ㄹ

08 다음 자료와 관련된 시기의 통일 노력과 관련된 설명으로 옳은 것은?

> ● 북방외교를 추진하여 소련 및 동유럽 공산국가들과 수교하였다.
> ● 5·18 민주화 운동 진상 규명을 위한 청문회를 개최하였다.

① 김일성 조문 파동을 계기로 남북 관계가 악화되었다.

② 금강산 관광 사업이 시작되어 민간 차원에서 교류가 본격적으로 이루어졌다.

③ 유엔 동시 가입 직후에 남북 사이의 화해와 불가침 및 교류·협력에 관한 합의서를 체결
하였다.

④ 한반도 에너지 개발 기구(KEDO)에 가입하고 북한의 경수로 건설을 지원하였다.

---

07 정답 ④

해설 ④ 제시문은 남북한이 합의한 통일에 관한 내용이다.
(가)는 1972년 7·4 남북 공동선언, (나)는 1991년 남
북 기본 합의서, (다)는 2000년 6·15 남북 공동선언
이다. ㄷ. 6·15 남북 공동 선언은 2000년 6월 평양
에서의 남북 정상 회담의 결과이다. ㄹ. 남북의 통일
을 위한 노력은 항상 같은 민족이라는 인식에서 출발
하였다.

오답풀이 ㄱ. 유엔 남북 동시 가입은 1991년의 일이다. ㄴ. 남북
조절 위원회는 7·4 남북 공동 선언에 포함된 내용
이다.

08 정답 ③

해설 ③ 자료는 노태우 정부와 관련된 사실이며, 노태우 정
부 당시에 1991년에 유엔 동시 가입 직후에 남북 사이
의 화해와 불가침 및 교류·협력에 관한 합의서(남북
기본 합의서)를 체결하였다.

오답풀이 ① 김영삼 정부(1994), ② 김대중 정부(1998), ④ 김영삼
정부(1995)

4. 경제 발전과 사회 · 문화의 변화

01 해방 이후 실시된 농지개혁과 관련된 설명으로 옳지 않은 것은?

① 무상몰수, 무상분배의 원칙이 적용되었다.

② 농지의 분배는 농가 1가구 당 3정보를 초과할 수 없었다.

③ 농지개혁은 과수원과 임야를 제외한 농경지만을 대상으로 하였다.

④ 지주계급이 몰락하고 자작농이 육성되는 계기가 되었다.

02 이승만 정부 당시의 미국의 경제 원조와 관련된 설명으로 옳지 않은 것은?

① 6 · 25 전쟁에 따른 한국의 경제 파탄이 배경이 되었다.

② 제분 · 제당 · 면방직 공업이 발전하였다.

③ 농산물의 가격 하락으로 농촌 경제가 어려워졌다.

④ 산업 구조가 중소 기업 중심으로 재편되었다.

03 1960~1970년대 박정희 정부의 경제와 관련된 설명으로 옳지 않은 것은?

① 정부 주도 아래 수출 중심의 경제 정책이 추진되었다.

② 1960년대는 경공업, 1970년대는 중화학 공업 중심의 경제 정책이 추진되었다.

③ 미국과 일본에 대한 대외 의존도가 심화되었다.

④ 효율적인 분배 정책으로 빈부의 격차가 해소되었다.

---

01 정답 ①

해설 ② ③ ④ 농지개혁은 소유할 수 있는 농지는 1가구 당 3정보를 초과할 수 없었으며, 농경지만을 대상으로 실시되었으며, 과수원과 임야는 농지개혁 대상에서 제외되었다. 농지개혁의 결과 지주제가 폐지되고 자작농이 육성되는 계기가 되었다.

오답풀이 ① 남한의 농지개혁은 유상매입 · 유상분배, 북한은 무상몰수 · 무상분배의 원칙이 적용되었다.

02 정답 ④

해설 ① ② ③ 6 · 25 전쟁 이후에 한국 경제는 파탄에 빠지게 되었고, 이는 미국의 경제 원조에 의존할 수 밖에 없었다. 경제 원조는 소비재 산업에 집중되었고, 그 결과 제분, 제당, 면방직 등 삼백 산업의 성장이 두드러졌다. 농산물의 과다 수입으로 국내의 밀과 면화의 생산량이 감소되었으며, 농산물 가격이 하락되어 농촌

경제는 파탄 지경에까지 이르렀다.

오답풀이 ④ 원조 물자가 일부 자본가에게 특혜 형식으로 집중되어 일부 기업이 재벌 그룹으로 성장하는 폐단이 발생하였다.

03 정답 ④

해설 ① 박정희 정부는 경제개발 5개년 계획을 세우고 정부 주도 아래 수출, 성장 중심의 경제 정책을 추진하였다. ② 1960년대는 경공업, 1970년대는 중화학 공업 중심의 경제 정책이 추진되었다. ③ 경제 성장에 필요한 자금을 미국과 일본에서 차관 형식으로 해결하여 한국 경제가 미국과 일본에 의존하는 비중이 증가하였다.

오답풀이 ④ 박정희 정부는 성장 중심의 경제 정책을 추진하는 과정에서 노동자와 농민의 희생을 강요하는 저임금, 저곡가 정책을 실시하였다. 그 결과 부의 재분배가 제대로 이루어지지 않아 빈부의 차이가 심화되었다.

04 다음 내용과 관련된 시기의 경제 상황으로 옳지 않은 것은?

> ● 통화는 긴축적으로 운용하고 일시적으로 금리 상승을 허용하며 탄력적인 환율 제도를 계속 유지해야 한다.
> ● 부실 금융 기관의 폐쇄, 인수 및 합병 등 퇴출 제도와 바젤 협약 기준에 부합하는 금융 기관의 건전성에 대한 감독 기준을 마련해야 한다.

① 대기업과 금융 기관의 부도로 인하여 실업자가 급증하고 노사 간의 갈등이 고조되었다.

② 빈부의 격차가 심화되었다.

③ 김영삼 정부는 당시의 경제 위기를 해결하기 위하여 '금 모으기 운동'을 전개하였다.

④ 국제 통화 기금(IMF)의 관리와 통제를 받았다.

05 새마을 운동과 관련된 설명으로 옳지 않은 것은?

① 정부가 행정력을 동원하여 강력히 추진하였다.

② 농촌의 근대화와 농민의 소득 증대를 표방하였다.

③ 도시에서 시작하여 농촌으로 확산되었다.

④ 농촌의 외형적인 변화에만 치중하였다는 비판을 받았다.

---

04 정답 ③

해설 ①②④ 자료는 IMF 외환 위기와 관련된 내용임을 알 수 있다. IMF 외환위기 당시에 한국은 IMF 관리 체제를 받으면서 경제는 크게 위축되었고 부실기업과 금융권의 구조 조정으로 실업자가 급증하여 노사 간의 갈등은 고조되었으며, 빈부 격차는 더욱 심화되었다.

오답풀이 ③ 금 모으기 운동은 김대중 정부에 의해 추진되었으며, IMF의 금융 지원액 상환은 김대중 정부 때 2001년에 완료되었다.

05 정답 ③

해설 ①②④ 1970년에 시작된 새마을 운동은 근면·자조·협동을 바탕으로 농촌의 근대화와 농민의 소득 증대를 목적으로 하여 시작되어 점차 전국적인 의식 개혁 운동으로 이어졌다. 새마을 사업은 겉으로는 민간의 자발적인 운동이었으나, 실제로는 정부가 주도하였다. 그러나 새마을 운동은 지붕 개량 사업, 아스팔트 도로 건설 등 농촌의 외형적인 변화에만 치중하였다는 비판을 받기도 하였다.

오답풀이 ③ 새마을 운동은 농촌에서 시작되어 도시로 확산되면서, 점차 의식 개혁 운동으로 발전하였다.

---

06 다음 경제 개발 계획이 추진된 시기에 나타난 사실로 옳은 것은?

> 정부는 제○차 경제 개발 5개년 계획을 추진하면서 수출 주도형의 성장 전략을 펴 나갔다. 그 결과 국민 총생산(GNP)은 연평균 10% 내외로 성장하였으며, 특히 제조업은 연평균 20% 이상 성장하였다. 이 시기에 추진된 경공업 중심의 성장 전략은 이후 중화학 공업에 중점을 둔 경제 개발 계획과는 대비된다.

① Y·H 무역 사건을 비롯한 노동 운동이 일어났다.

② 전태일 사건으로 노동 문제에 관심이 높아졌다.

③ 원조 물자를 가공하는 삼백 산업이 발달하였다.

④ 저금리·저유가·저달러의 '3저 호황'이 지속되었다.

07 다음 중 해방 이후 현대 사회의 경제 상황과 관련된 설명으로 옳은 것은?

① 해방 이후 미군정에 의해 설치된 신한 공사를 중심으로 농지 개혁이 완료되었다.

② 6·25 전쟁 후에 미국의 경제 원조는 소비재 산업에 집중되어 삼백산업이 발달하였다.

③ 박정희 정부는 1970년대에는 수출 주도 정책에 따라 노동 집약적인 경공업을 집중 육성하였다.

④ 전두환 정부 당시에는 세계 무역 기구(WTO) 가입과 농산물 시장의 개방으로 농촌 경제가 어려움을 겪었다.

---

06 정답 ②

해설 제1차 경제 개발 계획 기간(1962~1966)에는 의류, 신발, 합판 등 경공업 제품이 수출 상품의 중심을 이루었고, 수출은 연평균 44%가 높은 증가율을 기록 하였다. 이 시기의 경제 성장률은 연평균 8%를 초과하였다. 제2차 경제 개발 계획 기간(1967~1971)에는 경공업 중심의 수출 주도형 공업화 정책을 계속 추진하면서 연평균 10% 정도의 고도성장을 계속하였다. 한편 중화학 공업화 정책은 1972년부터 시작된 제3차 경제 개발 계획 시기에 추진되었다. ② 전태일 사건은 1970년에 발생하였다.

오답풀이 ① Y·H무역 사건은 제4차 경제 개발 계획 시기인 1979년에 발생하였다. ③ 삼백 산업은 1950년대에 발달하였다. ④ 전두환 정부 시기의 사실이다.

07 정답 ②

해설 ② 6·25 전쟁 후에 미국의 경제 원조는 설탕, 밀가루, 면화 등 소비재 산업에 집중되어 삼백산업이 발달하였다.

오답풀이 ① 농지개혁은 이승만 정부에 의해 완료되었다. ③ 1970년대는 중화학 공업 중심의 경제 정책이 실시되었다. ④ 세계 무역 기구(WTO) 가입과 농산물 시장의 개방은 김영삼 정부 시기의 사실이다.

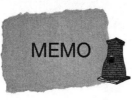

MEMO

관광국사 기출 · 예상문제집

2

실전 모의고사

01 밑줄 친 이 시대의 생활상으로 옳은 것은? (2016년 기출)

> 이 시대의 사람들은 돌을 가는 기술을 터득하면서 도구의 형태와 쓰임새가 다양해졌다. 또 진흙으로 그릇을 빚어 불에 구워서 만든 토기를 사용하여 음식물을 조리하거나 저장할 수 있게 되었다.

① 농경을 시작하였다.
② 세형동검을 제작하였다.
③ 거친무늬 거울을 사용하였다.
④ 불을 사용하는 방법을 처음으로 알게 되었다.

02 다음 자료와 관련된 시기의 사실로 옳지 않은 것은? (2010년 기출)

① 빈부의 격차가 발생하고 계급이 발생하였다.
② 빗살무늬 토기를 주로 사용하였다.
③ 배산임수의 취락이 형성되고 움집에 거주하였다.
④ 주로 밭농사가 행해졌으며 저습지에서는 벼농사도 시작되었다.

03 다음 자료와 관련된 두 나라에 대한 각각의 설명으로 옳은 것은?

> (가) 구릉과 넓은 못이 많아서 동이 지역 가운데서 가장 넓고 평탄한 곳이다. 토질은 오곡을 가꾸기에는 알맞지만 과일은 생산되지 않았다. 사람들 체격이 매우 크고 성품이 강직 용맹하여 근엄하고 후덕하여 다른 나라를 노략질하지 않았다.
> (나) 큰 산과 깊은 골짜기가 많고 평원과 연못이 없어서 계곡을 따라 살며 골짜기 물을 식수로 마셨다. 좋은 밭이 없어서 힘들여 일구어도 배를 채우기는 부족하였다. 사람들의 성품은 흉악하고 급해서 노략질하기를 좋아하였다.

① (가) - 수렵 사회의 전통이 남아있는 제천행사가 12월에 실시되었다.
② (가) - 강력한 왕권을 바탕으로 한 중앙 집권 국가로 성장하였다.
③ (나) - 방직 기술이 발달하여 명주와 삼베가 생산되었다.
④ (나) - 죽은 사람의 뼈를 추려 가족의 공동 목곽에 안치하였다.

04 다음 무령왕릉이 만들어졌을 당시의 상황에 관한 설명으로 옳은 것은? (2014년 기출)

① 중국의 동진으로부터 불교를 받아들여 왕실의 권위를 높였다.
② 22담로제가 실시되었고 왕족을 파견해 지방을 통치하였다.
③ 김흠돌의 난을 계기로 진골 귀족세력이 숙청당하였다.
④ 장보고가 청해진을 중심으로 해상무역을 장악하였다.

05 통일 신라의 통치제도에 관한 설명으로 옳지 않은 것은? (2016년 기출)

① 감찰기구인 사정부를 두었다.
② 국자감이라는 교육기관을 설치하였다.
③ 관리 채용을 위하여 독서삼품과를 실시하였다.
④ 집사부에는 시중이라는 관직이 설치되어 있었다.

06 신라의 골품제도에 대한 설명으로 옳지 않은 것은?

① 신라의 통일 이후 왕권 강화 과정에서 성립되었다.
② 골품은 개인의 사회 활동과 정치 활동의 범위를 제한하였다.
③ 6두품은 득난이라고 하였다.
④ 관등 승진의 상한선이 골품에 따라 정해져 있었다.

07 삼국시대의 문화에 관한 설명으로 옳은 것을 모두 고른 것은? (2016년 기출)

> ㄱ. 백제에서는 지방에 경당을 세워 청소년에게 한학을 가르쳤다.
> ㄴ. 고구려에서는 수도에 태학을 세워 유교 경전과 역사서를 가르쳤다.
> ㄷ. 신라에서는 청소년이 유교 경전을 공부했음을 임신서기석을 통해 알 수 있다.
> ㄹ. 신라에서는 5경 박사와 의박사, 역박사 등을 두어 유교 경전과 기술학을 가르쳤다.

① ㄱ, ㄴ
② ㄱ, ㄹ
③ ㄴ, ㄷ
④ ㄷ, ㄹ

08 고려 태조가 시행한 정책으로 옳은 것을 모두 고른 것은? (2016년 기출)

> ㄱ. 지방 호족의 자제를 뽑아 인질로 개경에 머물게 하였다.
> ㄴ. 왕에 대한 충성도를 기준으로 토지를 나누어 주었다.
> ㄷ. 《계백료서》를 지어 군주로서 지켜야 할 교훈을 남겼다.
> ㄹ. 신라 경순왕이 귀순해 오자 그를 경주의 사심관으로 삼았다.

① ㄱ, ㄴ, ㄷ   ② ㄱ, ㄴ, ㄹ

③ ㄱ, ㄷ, ㄹ   ④ ㄴ, ㄷ, ㄹ

09 고구려, 백제 멸망 이후에 전개되었던 부흥운동과 관련된 설명으로 옳지 않은 것은?

① 복신과 도침은 주류성을 근거지로 백제 부흥 운동을 전개하였다.

② 흑치상지는 임존성을 중심으로 고구려 부흥 운동을 전개하였다.

③ 신라는 당을 견제하기 위해 고구려 부흥 운동을 지원하였다.

④ 검모잠과 고연무는 한성과 오골성을 근거지로 고구려 부흥 운동을 전개하였다.

10 고려 초기 외교 관계에 대한 설명으로 옳지 않은 것은? (2003년 기출)

① 묘청은 서경 천도 운동을 전개하면서 여진족의 금 정벌을 주장하였다.

② 광종은 송을 경계하기 위해 거란과 협력하였다.

③ 고려는 서희의 담판으로 거란에게서 강동 6주를 획득하였다.

④ 윤관은 여진족을 토벌하고 동북 9성을 축조하였다.

11 조선 전기 통치 체제 정비와 관련된 사실을 순서대로 바르게 나열한 것은? (2016년 기출)

> ㄱ. 호패법 실시   ㄴ. 직전법 실시   ㄷ. 집현전 설치

① ㄱ → ㄴ → ㄷ   ② ㄱ → ㄷ → ㄴ

③ ㄴ → ㄱ → ㄷ   ④ ㄷ → ㄱ → ㄴ

12 고려의 수취제도에 대한 설명으로 옳지 않은 것은?

① 역은 군역과 요역으로 이루어져 있었다.

② 조세는 논과 밭으로 나누고 비옥한 정도에 따라 3등급으로 나누어 부과하였다.

③ 조세는 생산량의 10분의 1을 징수하였다.

④ 토산물을 납부하는 공물보다 토지에 부과된 세금인 조세의 부담이 컸다.

13 고려시대의 대장경에 관한 설명으로 옳지 않은 것은? (2016년 기출)

① 현종 때 대장경을 처음으로 만들기 시작하였다.

② 대장경은 경 · 율 · 논 삼장의 불교 경전을 총칭하는 것이다.

③ 초조대장경은 부인사에 보관하였는데 몽고의 침입 때 불에 탔다.

④ 여진의 침입으로부터 왕실을 보호하기 위해 명종 때부터 대장경을 다시 조판하기 시작하였다.

14 고려 시대 불교와 관련된 설명으로 옳지 않은 것은?

① 광종 때 균여는 중국의 천태종을 전래하고 천태사교의를 저술하였다.

② 의천은 해동 천태종을 창시하여 교종의 입장에서 선종을 통합하려는 교선통합 운동을 전개하였다.

③ 지눌은 조계종을 창시하고 돈오점수와 정혜쌍수를 수행이론으로 제시하였다.

④ 혜심은 유 · 불 일치설을 주장하여 고려 후기 성리학 수용의 사상적 토대를 마련하였다.

15 조선의 중앙 통치 체제에 관한 설명으로 옳지 않은 것은? (2015년 기출)

① 한성부에서는 서울의 치안과 행정을 담당하였다.

② 승정원은 왕의 명령을 출납하는 비서기관이었다.

③ 의금부에서는 왕명에 의해 중대한 사건의 죄인을 다스렸다.

④ 삼사로 불린 사헌부, 홍문관, 춘추관은 왕권을 견제하였다.

16 조광조의 개혁 정치와 관련 없는 것은? (2009년 기출)

① 소격서 폐지와 소학 보급 ② 공납의 폐단 시정

③ 간쟁과 전랑의 권한 강화 ④ 사림파의 붕당 정치 조성

17 ( )에 들어갈 내용으로 옳은 것은? (2017년 기출)

> ( )는(은) 중종 때 조광조 등 사림세력이 처음 시행한 이후 전국적으로 확산되었다. 조선 사회의 풍속을 교화하는 데 많은 역할을 하였으며, 향촌의 질서 유지와 치안을 담당하는 등 향촌 사회의 자치 기능을 수행하였다.

① 의창 ② 향교

③ 향약 ④ 환곡

18 다음과 같은 정치적 논쟁이 발생하였던 시기의 정치적 상황으로 가장 적합한 것은?

> 효종과 효종비가 죽은 후, 새 어머니였던 인조의 계비가 적장자에 준하는 상복을 입을 것인지를 둘러싸고 벌어졌던 논쟁이다. 차남으로 왕위를 이은 효종의 정통성과 관련하여 두 차례 심각한 정치적 논쟁으로 발전하였다.

① 훈구 세력과 사림 세력 간의 정치적 대립이 발생하였다.

② 정치적 이념과 학문적 경향에 따라 붕당이 발생하였다.

③ 붕당 정치로 인하여 정국이 안정되어 향촌 자치가 이루어졌다.

④ 서인과 남인 사이에 대립이 격화되어 정치 구도에 변화가 발생하였다.

19 조선 전기 천문학의 발달과 관련이 있는 것을 모두 고른 것은? (2016년 기출)

> ㄱ. 간의 ㄴ. 칠정산
> ㄷ. 시헌력 ㄹ. 인지의

① ㄱ, ㄴ ② ㄱ, ㄹ

③ ㄴ, ㄷ ④ ㄷ, ㄹ

20 조선 후기의 사회상으로 적절하지 않은 것은?

① 노비의 신분 상승 추세가 두드러졌다.

② 향반, 잔반으로 전락하는 양반이 많았다.

③ 양반의 수가 감소하고 상민의 수가 증가하였다.

④ 서얼은 규장각 검서관에 기용되어 능력을 발휘하기도 했다.

21 조선 후기 경제의 모습으로 옳지 않은 것은? (2016년 기출)

① 공납의 전세화   ② 영정법의 실시

③ 삼림령의 공포   ④ 상품 작물의 재배

22 다음 중 조선 후기에 대두한 서민 문화에 해당하지 않는 것은? (2006년 기출)

① 한글소설   ② 사설시조

③ 신경산수화   ④ 판소리

23 다음 중 임오군란의 결과로 옳지 않은 것은? (2002년 기출)

① 제물포 조약의 체결   ② 조·청 상민 수륙 무역 장정의 체결

③ 일본군의 주둔   ④ 대한 제국의 수립

24 다음 내용의 조약이 끼친 영향으로 옳지 않은 것은?

> 일본국 정부는 대표자로 하여금 한국 황제 폐하 밑에 1명의 통감을 두되 통감은 외교에 관한 사항을 관리함을 위하여 경성에 주재하고 친히 한국 황제 폐하를 만나는 권리를 가진다.

① 나철과 오기호는 5적 암살단을 조직하였다.

② 일본은 독도를 강탈하였다.

③ 고종은 헤이그에 특사를 파견하였다.

④ 장지연은 황성신문에 시일야방성대곡을 발표하였다.

25 모스크바 3국 외상 회담에 대한 설명으로 옳지 않은 것은?

① 우익 세력은 대대적인 반탁 운동을 전개하였다.

② 신탁통치에 대한 의견 차이로 좌익과 우익은 격렬하게 대립하였다.

③ 두 차례의 미 · 소 공동위원회는 두 나라의 이해관계로 결렬되었다.

④ 좌익 세력은 처음부터 찬탁 운동에 참여하여 민족의 분열을 초래하였다.

01 구석기 유적으로 옳지 않은 것은? (2015년 기출)

① 양양 오산리 유적

② 연천 전곡리 유적

③ 공주 석장리 유적

④ 상원 검은모루 유적

02 ( )에 들어갈 내용을 옳게 나열한 것은? (2015년 기출)

- 신석기 시대에는 대자연의 모든 만물에 영혼이 있다고 믿는 (가)이 등장하였다.
- 청동기 시대의 (나)은 중국 요령성 지역에서 집중적으로 출토되고 있지만, 한반도 남부에서도 많이 확인되었다.

① 가 – 토테미즘, 나 – 세형 동검

② 가 – 애니미즘, 나 – 비파형 동검

③ 가 – 샤머니즘, 나 – 반달돌칼

④ 가 – 토테미즘, 나 – 명도전

03 고조선에 대한 다음 설명 중 옳은 것은?

① 『삼국사기』의 기록에 따르면 단군왕검이 고조선을 건국하였다.

② 고조선은 한반도를 중심으로 성장하여 점차 세력을 확대하면서 요령 지방까지 발전하였다.

③ 고조선은 기원전 3세기 경 중국의 연과 대립할 만큼 큰 세력을 형성하였다.

④ 위만조선은 발전된 철기 문화를 적극 수용하여 경제적 기반을 확대하였고, 그 토대 위에서 중앙 집권 국가로 성장해 갔다.

04 고구려가 신라를 원조해서 왜구를 격퇴한 증거를 고르시오. (2007년 기출)

> ㄱ. 호우명 그릇 ㄴ. 광개토대왕릉비
> ㄷ. 칠지도 ㄹ. 스에키 토기

① ㄱ, ㄴ ② ㄱ, ㄷ

③ ㄴ, ㄷ ④ ㄴ, ㄹ

05 고구려와 수·당 전쟁 과정을 순서대로 바르게 나열한 것은? (2016년 기출)

> ㄱ. 고구려 영양왕의 수 요서지방 공격
> ㄴ. 연개소문의 보장왕 옹립
> ㄷ. 을지문덕 장군의 살수 대첩 승리
> ㄹ. 당 태종의 안시성 공격

① ㄱ → ㄴ → ㄷ → ㄹ ② ㄱ → ㄷ → ㄴ → ㄹ

③ ㄷ → ㄹ → ㄴ → ㄱ ④ ㄷ → ㄱ → ㄹ → ㄴ

06 다음 중 발해에 관한 내용으로 적절치 않은 것은? (2012년 기출)

① 무왕 때 장문휴로 하여금 산둥반도를 공격케 하였다.

② 발해의 수도 상경은 고구려의 영향을 받아 만들어진 계획도시였다.

③ 선왕 때 요동으로 진출하여 말갈족을 대부분 복속하고 당으로부터 해동성국이라 불리어 졌다.

④ 귀족의 권력 다툼으로 국력이 쇠퇴하여 거란족의 침입으로 멸망하였다.

07 통일 신라 시대의 민정문서와 관련된 내용 중 옳은 것은? (2010년 기출)

① 노동력과 조세 징수를 위해 작성하였다.

② 매년 변동 사항을 작성하였다.

③ 호는 토지 결수에 따라 9등급으로 구분하였다.

④ 금관경 지방 4개의 촌락을 기록하였다.

08 통일 신라 시대 승려들의 활동에 대해 바르게 설명하지 옳지 않은 것은?

① 의상은 모든 존재는 상호의존적인 관계에 있으면서 서로 조화를 이루고 있다는 화엄사상을 정립하였다.

② 원효는 현세에서 고난을 구제받고자 하는 관음 신앙을 이끌어 불교 대중화의 길을 열었다.

③ 혜초는 자신이 돌아본 인도와 중앙아시아 여러 나라의 풍물을 생생하게 기록한 왕오천축국전을 저술하였다.

④ 도선은 중국에서 유행한 풍수지리설을 들여와 경주 중심의 지리 개념에서 벗어나는 계기를 마련하였다.

09 백제 사비 시대의 문화를 엿볼 수 있는 유적지가 아닌 곳은? (2015년 기출)

① 무령왕릉

② 정림사지

③ 궁남지

④ 능산리고분

10 고려시대의 관리 등용 제도에 대한 설명으로 옳지 않은 것은?

① 과거제도는 왕권을 강화하고 공신 세력을 견제하기 위해 실시되었다.

② 법제적으로 양인 이상의 신분이면 과거에 응시할 수 있었다.

③ 무신을 등용하기 위한 무과는 거의 실시되지 않았다.

④ 제술과는 유교 경전으로, 명경과는 문학적 재능과 정책으로 시험을 보았다.

11 다음 중 고려 시대 정치 기관에 대한 설명으로 옳지 않은 것은? (2011년 기출)

① 정치도감 – 공민왕 때 설치된 폐정 개혁 기관으로 권문세족의 토지와 노비를 몰수하여 원래 주인에게 돌려주기 위해 설치

② 사림원 – 충선왕 때 신진 사대부를 등용하여 개혁 추진

③ 삼사 – 화폐와 곡식의 출납을 포함하여 국가 회계 업무 담당

④ 식목도감 – 법과 각종 시행 규칙을 제정하는 귀족 회의 기구

12 다음 (　　)에 들어갈 내용으로 옳은 것은? (2016년 기출)

> 처음으로 (　　)를/을 제정하였다. 삼한을 통합할 때 조정의 관료들과 군사들에게 그 관계(官階)의 높고 낮음은 논하지 않고, 그 사람의 성품과 행동이 착하고 악함과 공로가 크고 작은가를 참작하여 차등 있게 주었다.
> — 「고려사」 —

① 역분전　　　　　　　　　　② 구분전

③ 공음전　　　　　　　　　　④ 시정전시과

13 성리학에 대한 설명으로 옳지 않은 것은?

① 인간의 심성과 우주의 원리 문제를 철학적으로 탐구하는 유학이다.

② 고려 충렬왕 때 안향이 처음 우리나라에 소개하였다.

③ 이제현은 원의 학자들과 교류하며 성리학에 대한 이해를 심화시켰다.

④ 고려 말 권문세족들이 활발히 수용하였다.

14 다음 주장을 펼친 승려의 활동으로 옳은 것은?

> "나는 여러 스승들을 두루 참배하다가 정원법사 밑에서 교(敎)와 관(觀)을 배웠다. 내가 교와 관에 마음을 오로지 두는 까닭은 그의 가르침에 감복하였기 때문이다."

① 국청사를 창건하고 신편제종교장총록을 만들었다.

② 유 · 불 일치설을 주장하고 심성의 도야를 강조하였다.

③ 아미타 신앙을 직접 전도하며 불교 대중화 운동을 펼쳤다.

④ 화엄 사상을 바탕으로 교단을 형성하고 부석사를 건립하였다.

15 각 국가별 지방제도에 관한 설명으로 옳지 않은 것은? (2014년 기출)

① 고구려 – 지방 통치를 위해 22담로를 설치

② 통일신라 – 전국을 9주로 나누고 5소경을 설치

③ 고려 – 전국을 5도와 양계로 나누고 3경을 설치

④ 조선 – 전국을 8도로 나누어 관찰사를 파견

16 다음은 조선시대의 신분을 간단히 나타낸 표이다. 이에 대한 설명으로 옳지 않은 것은?

(가)	(나)
	양반
양인	중인
	상민
천민	천민

① (나)는 법제적 신분제도에 따른 구분이다.

② 양인은 과거에 응시할 수 있는 자유민이다.

③ 양반의 신분적 특권은 제도화되어 있었다.

④ 천민의 대부분은 재산으로 취급되던 노비였다.

17 조선 전기 농업 기술에 대한 설명으로 옳지 않은 것은?

① 논농사에서는 남부 일부 지방에서 벼와 보리의 이모작이 실시되었다.

② 밭농사에서는 조, 보리, 콩의 2년 3작이 확대되었다.

③ 목화 재배가 확대되어 백성들은 주로 무명옷을 입었다.

④ 담배, 인삼, 고추, 호박 등 상품작물의 재배가 확대되었다.

18 조선 전기에 제작된 역사서로 옳은 것은? (2016년 기출)

① 삼국유사　　　　　　　　② 금석과안록

③ 고려사절요　　　　　　　④ 오주연문장전산고

19 조선시대 영조의 업적으로 옳은 것은? (2017년 기출)

① 균역법 실시　　　　　　　② 현량과 시행

③ 장용영 설치　　　　　　　④ 노비안검법 실시

20 조선 후기의 경제 활동과 관련된 설명으로 옳은 것은?

① 아라비아 상인들이 벽란도에 와서 무역하였다.

② 이앙법이 남부 일부 지방에서만 시행되었다.

③ 담배를 비롯한 상품 작물이 재배되었다.

④ 백성에게 정전이 지급되었다.

21 1862년에 일어난 임술 농민 봉기에 대한 설명으로 옳지 않은 것은?

① 삼정의 문란이 농민 봉기의 직접적인 원인으로 작용하였다.

② 함경도에서 제주도에 이르기까지 전국적으로 확대되었다.

③ 농민 봉기의 원인을 해결하기 위하여 삼정이정청을 설치하였으나, 근본적인 문제는 해결하지 못하였다.

④ 지주제를 개혁하고 신분제도를 폐지할 것을 요구하였다.

22 다음의 실학자들이 주장한 토지 개혁안의 공통적인 목적은? (2003년 기출)

> ● 정약용 – 여전론   ● 유형원 – 균전론   ● 이익 – 한전론

① 자영농 육성을 통한 농촌 경제의 안정

② 국유지 확보를 통한 재정 수입의 증대

③ 지주제 폐지를 통한 토지 공유의 실현

④ 소작농 보호를 위한 농지 소유의 제한

23 다음이 설명하는 단체는? (2015년 기출)

> ● 만민공동회와 관민공동회를 개최하였다.
> ● 중국 사신을 맞던 영은문 자리에 독립문을 세웠다.
> ● 강연회와 토론회 등을 통하여 민중에게 근대적 지식과 국권·민권 사상을 고취시켰다.

① 신민회   ② 신간회

③ 대한협회   ④ 독립협회

24 일제가 3·1운동 이후에 실시한 식민지 통치 정책이 아닌 것은?

① 토지 조사 사업 실시　　　　② 보통 경찰제도 실시

③ 치안유지법 제정　　　　　　④ 산미 증식 계획

25 일제강점기 신간회(1927년~1931년)에 관한 설명으로 옳은 것은? (2014년 기출)

① 을사조약 후 독립협회의 전통을 이은 기독교계의 인사들이 조직한 항일 비밀결사단체이다.

② 상해임시정부가 독립운동의 자금을 지원할 목적으로 조직한 단체이다.

③ 일본 제품을 배격하고 국산품을 애용하자는 운동을 전개한 단체이다.

④ 민족주의자와 사회주의자가 힘을 합쳐 조직한 전국적인 민족운동단체이다.

01 구석기와 신석기 시대의 공통적인 요소로 옳은 것은? (2005년 기출)

① 토기를 사용하여 음식물을 조리하거나 저장

② 지배, 피지배 관계가 성립되지 않은 평등한 사회

③ 농사를 지어 식량을 생산하고 움집에서 거주

④ 뗀석기를 사용하여 수렵을 하였다.

02 다음은 단군신화의 내용을 요약한 것이다. 선민(選民)사상과 관련된 부분은? (2013년 기출)

> (ㄱ)환인의 아들 환웅이 널리 인간을 이롭게 하기 위해 천부인 3개와 3,000의 무리를 이끌고 태백산 신단수 아래에 내려왔는데 이곳을 신시라 하였다. 그는 (ㄴ)풍백, 우사, 운사로 하여금 인간의 360여 가지의 일을 주관하게 하였는데, 그 중에서 곡식, 질병, 생명, 형벌, 선악 등 다섯 가지 일이 가장 중요한 것이었다. 이로써 (ㄷ)인간 세상을 교화시키고 널리 인간을 이롭게 하였다. 이 때 곰과 호랑이가 사람이 되기를 원하였는데, 곰은 21일 만에 여자로 태어났다. 환웅이 임시로 변하여 웅녀와 혼인하여 단군을 낳았다. (ㄹ)단군왕검은 아사달에 도읍을 정하고 나라를 세워 조선이라 하였다.

① (ㄱ)   ② (ㄴ)   ③ (ㄷ)   ④ (ㄹ)

03 다음 중 초기 국가 부여에 관한 내용으로 옳지 않은 것은? (2012년 기출)

① 사람을 죽이면 사형에 처하고 그 가족은 노비로 삼는다.

② 순장의 매장 풍습과 사유재산을 보호하기 위한 1책 12법이 실시되었다.

③ 가(加)는 왕을 선출하고 하늘에 비가 내리지 않으면 그 책임을 왕에게 전가했다.

④ 선비족과 적대 관계, 고구려와 우호 관계를 유지하였다.

04 다음 중 가야에 대한 설명으로 옳지 않은 것은?

① 김수로의 금관가야가 전기 가야 연맹의 중심이었다.

② 삼한 중 주로 마한을 계승하였다.

③ 풍부한 철의 생산이 이루어졌다.

④ 낙랑과 왜의 규슈 지방을 연결하는 중계 무역이 발달하였다.

05 밑줄 친 그의 업적으로 옳은 것은? (2016년 기출)

> 그는 고구려의 내정이 불안한 틈을 타서 신라와 연합하여 일시적으로 한강 유역을 부분적으로 수복하였지만, 곧 신라에게 빼앗기고 자신도 신라를 공격하다가 관산성에서 전사하고 말았다.

① 웅진으로 천도하였다.

② 미륵사를 창건하였다.

③ 지방의 22담로에 왕족을 파견하였다.

④ 중앙 관청을 22부로 확대 정비하였다.

06 통일 신라 시대와 관련된 설명으로 옳은 것은? (2012년 기출)

① 고구려와 백제의 지배층은 하층민으로 전락하여 많은 억압을 당하였다.

② 5도 양계제가 시행되어 지방 행정 조직이 정비되었다.

③ 불교에 대한 이해가 심화되면서 유학을 철저히 배제하였다.

④ 통일 이후 신라는 강화된 경제력과 군사력을 토대로 왕권을 전제화하였다.

07 삼국 시대 금석문 자료에 관한 설명으로 옳은 것은? (2015년 기출)

① 사택지적비를 통해 백제인들의 유학 사상을 알 수 있다.

② 단양 적성비를 통해 진흥왕 대의 정복 사업을 알 수 있다.

③ 임신서기석을 통해 신라인들이 도교를 숭배했음을 알 수 있다.

④ 광개토왕릉비를 통해 장수왕의 평양 천도 사실을 알 수 있다.

08 삼국의 불교 수용과 역할에 대한 설명으로 옳은 것은?

① 삼국의 불교는 백제, 고구려, 신라 순으로 수용하였다.

② 불교는 왕권을 약화시키는데 크게 기여하였다.

③ 고구려 승려 원광은 젊은이들에게 세속5계를 가르쳤다.

④ 신라 불교의 중심 교리는 업설과 미륵불 신앙이었다.

09 다음 설명에 해당하는 유적은? (2014년 기출)

> 1971년에 발견되었다. 많은 부장품이 무덤 안에서 출토되었는데, 왕과 왕비의 신분을 알 수 있는 유물이 발견되었다. 연대가 확실하게 알려진 무덤이다.

① 무령왕릉　　　　　　　② 황남대총

③ 천마총　　　　　　　　④ 광개토왕릉

10 아래 내용과 관련된 고려 시대의 정치 기구는? (2011년 기출)

> 왕권 견제 기구로 왕에 대해 논쟁과 봉박을 할 수 있고, 왕의 관리 임명과 법령 개정 · 폐지에 동의하는 서경권을 가지고 있다.

① 한림원, 추밀

② 도병마사, 정동행성이문소

③ 어사대, 중서문하성의 낭사

④ 중추원, 상서성

11 고려 지방 행정 제도와 관련된 설명으로 옳지 않은 것은?

① 5도에 안찰사를 파견하였다.

② 향 · 소 · 부곡을 제외한 모든 군현에 지방관을 파견하였다.

③ 향리는 지방의 말단 행정을 담당하는 실질적인 지배층이었다.

④ 양계에는 군사적 기능을 갖는 병마사를 파견하였다.

12 (가), (나)에 들어갈 내용이 바르게 짝지어진 것은? (2016년 기출)

> 묘청 등이 아뢰기를 "(가)의 임원역 땅을 보니 음양가가 말하는 대화세(大華勢)입니다. 만약 궁궐을 세워 여기에 임하시면 천하를 합병할 수 있을 것이요, (나)가 폐백을 가지고 스스로 항복할 것이며 36국이 다 신하의 나라가 될 것입니다." 하였다.
>
> － 『고려사』 －

① (가) 서경, (나) 금 나라

② (가) 서경, (나) 요 나라

③ (가) 남경, (나) 요 나라

④ (가) 남경, (나) 송 나라

13 밑줄 친 '갑'에 대한 설명으로 옳은 것을 〈보기〉에서 고른 것은?

> 양광도에 사는 40세의 갑은 직역이 없는 양인 남자로 12살, 10살 된 아들이 있으며 부인과 함께 살았다. 그는 아버지로부터 물려받은 민전을 경작하였다. 그러나 민전에서 수확하는 것만으로는 가족의 생계를 꾸리기에 부족하여 황폐해진 국유지를 개간하여 농사를 지었다.

> **〈보기〉**
> ㄱ. 주진군에 편성되어 국경 방어를 담당하였다.
> ㄴ. 소유 토지의 결수에 따라 공물을 쌀로 납부하였다.
> ㄷ. 물려받은 민전은 매매, 기증, 임대 등이 가능하였다.
> ㄹ. 개간한 국유지에 대한 조세를 일정 기간 면제받았다.

① ㄱ, ㄴ

② ㄱ, ㄷ

③ ㄴ, ㄹ

④ ㄷ, ㄹ

14 고려 시대 향도에 대한 설명으로 옳지 않은 것은?

① 불상, 석탑을 축조하거나 절을 지을 때 주도적인 역할을 하였다.

② 혼례와 상장례, 마을 제사 등 공동체 생활을 주도하였다.

③ 미륵을 만나 구원받고자 하는 염원에서 향나무를 바닷가에 묻었다.

④ 향촌 사회의 지배층이 조직을 주도적으로 운영하였다.

15 조선 후기 상품 화폐 경제의 발달에 관한 설명으로 옳지 않은 것은? (2016년 기출)

① 철전인 건원중보를 만들었으며, 삼한통보, 해동통보 등의 동전도 사용하였다.

② 개성의 송상은 전국에 지점을 설치하고 대외 무역에도 깊이 관여하여 부를 축적하였다.

③ 동전의 발행량이 늘어났지만 제대로 유통되지 않아 동전 부족 현상이 발생하기도 했다.

④ 상품 매매를 중개하고 운송, 보관, 숙박, 금융 등의 영업을 하는 객주와 여각이 존재하였다.

16 고려시대의 교육에 대한 설명으로 옳지 않은 것은?

① 최충의 9재 학당은 사학의 융성을 가져온 계기가 되었다.

② 율학, 서학, 산학 등 기술학은 해당 관청에서 교육하였다.

③ 7재와 양현고는 국가의 관학 진흥책의 일환으로 설립되었다.

④ 국립대학인 국자감을 설립하여 유교적 정치 이념을 뒷받침 하였다.

17 고려 시대의 예술, 문학 활동과 관련된 설명으로 옳은 것은?

① 향악은 신라 이후의 고유 음악과 당악의 영향을 받아 발달한 음악으로 동동, 한림별곡, 대동강 등이 유명하다.

② 향가 형식을 계승한 경기체가가 권문세족을 중심으로 유행하였으며, 관동별곡·한림별곡·죽계별곡 등이 대표적인 작품이다.

③ 원 간섭기 이후에는 상감청자가 퇴조하고 비취색의 순수 청자가 유행하였다.

④ 송의 영향을 받아 다포 양식의 건축 기법이 도입되었으며, 성불사 응진전이 대표적인 건축물이다.

18 다음 (가), (나) 정치 세력에 관한 설명으로 옳은 것은? (2004년 기출)

> (가) 개혁의 논리를 내세우면서 역성혁명에 적극 참여하여 왕권 강화와 중앙 집권체제의 정비에 힘썼다.
> (나) 조선 왕조 개창에 반대하면서 사회 안정의 기틀로서 의리와 명분을 역설하였다

① (가)는 향촌 자치를 위해 향약의 전국적 시행을 추진하였다.

② (나)는 소격서를 설치하여 민간신앙을 정비하고 단군 조선에 주목하였다.

③ (가)는 학문적으로 경학을 중시하여 출판문화가 융성하였다.

④ (나)는 왕도정치를 정치의 이상으로 삼았다.

19 다음의 내용과 관련된 것은? (2015년 기출)

> 조선시대 전국 8도에 각각 임명되었으며, 감찰권, 행정권, 사법권, 군사권을 가진 중요한 직책이었다.

① 갑사(甲士)　　　　　　　② 삼사(三司)

③ 관찰사　　　　　　　　　④ 암행어사

20 조선왕조실록에 대한 설명으로 옳지 않은 것은?

① 사초, 시정기 등을 종합 정리하여 편찬하였다.

② 유네스코가 지정한 기록유산으로 등록되어 있다.

③ 유교적 합리주의 사관에 기초하여 기전체로 서술되었다.

④ 임진왜란 이후 5대 사고에 보관하였다.

21 조선 세종 때 만들어진 것은? (2015년 기출)

① 칠정산　　　　　　　　　② 계미자

③ 동의보감　　　　　　　　④ 원각사지 10층 석탑

22 다음은 조선 시대의 건축물이다. 순서대로 바르게 나열한 것은?

> ㄱ. 해인사 장경판전   ㄴ. 소수 서원
> ㄷ. 법주사 팔상전   ㄹ. 수원 화성

① ㄱ → ㄴ → ㄷ → ㄹ   ② ㄴ → ㄷ → ㄱ → ㄹ
③ ㄷ → ㄴ → ㄱ → ㄹ   ④ ㄱ → ㄷ → ㄴ → ㄹ

23 (   )에 들어갈 실학자는? (2015년 기출)

> (   )은 한 가정의 생활을 유지하는 데 필요한 규모의 토지를 영업전으로 정한 다음, 영업전은 법으로 매매를 금지하고 나머지 토지만 매매를 허락하여 점진적으로 토지 균등을 이루도록 하는 한전론(限田論)을 주장하였다.

① 이익   ② 정약용
③ 유형원   ④ 홍대용

24 동학농민운동에 관한 설명으로 옳지 않은 것은? (2014년 기출)

① 고부군수 조병갑의 탐학에 반발하여 일어났다.
② 지조법을 실시하고 혜상공국을 폐지하였다.
③ 농민군이 전주성을 점령하자 정부와 농민군 사이에 전주화약이 맺어졌다.
④ 청과 일본이 개입하면서 청·일 전쟁이 발발하였다.

25 다음 자료와 관련된 단체에 대한 설명으로 옳지 않은 것은?

> 일본 강도 정치 하에서 문화 운동을 부르짖는 자는 누구이냐? 경제 약탈의 제도하에서 생존권이 박탈된 민족은 '그 종족의 보존'도 의문이거든 하물며 문화 발전의 가망이 있으랴? …… 둘째는 준비론이니, 을사조약 당시에 여러 나라 공관에 빗발 돋듯 하던 종이쪽지로도 넘어가는 국권을 붙잡지 못하며, 정미년의 헤이그 특사도 독립 회복의 복음을 안고 오지 못하매, 이에 차차 외교에 대하여 의문이 되고 전쟁 아니면 안 되겠다는 판단이 생겼다. 그러나 군인도 없고 무기도 없이 무엇으로써 전쟁을 하겠느냐? …… 이상의 이유에 의하여 우리는 '외교', '준비' 등의 미몽을 버리고 민중 직접 혁명의 수단을 취함을 선언하노라.

① 나석주는 동양척식주식회사에 폭탄을 던졌다.
② 이봉창은 일본 국왕을 암살하기 위한 의거 활동을 전개하였다.
③ 조직적인 무장 투쟁을 전개하기 위하여 중국의 황포 군관 학교에서 군사 훈련을 받았다.
④ 조선혁명당, 한국독립당과 함께 민족 혁명당을 창설하였다.

01 다음은 선사 시대와 관련된 내용이다. 각 시대와 관련된 설명으로 옳은 것은? (2005년 기출)

> (가) 동굴이나 강가의 막집에 살면서 뗀석기를 사용하여 채집경제 생활을 하였다.
> (나) 가락바퀴와 뼈바늘을 이용하여 옷이나 그물을 만들어 사용하였다.
> (다) 벼농사를 시작하였다.

① (가)와 (나) 시기에는 사냥과 어로가 식량의 큰 비중을 차지하였다.
② (나)와 (다) 시기에는 직사각형 움집에서 살았다.
③ (가)와 (나) 시기에는 정착 생활을 하였다.
④ (가)와 (다) 시기에는 토기를 제작하여 사용하였다.

02 부여에 있었던 4조목의 법에 관한 내용으로 옳지 않은 것은? (2016년 기출)

① 간음을 한 자는 사형에 처한다.
② 남에게 상해를 입힌 자는 곡물로써 배상한다.
③ 살인자는 사형에 처하고 그 가족은 노비로 삼는다.
④ 남의 물건을 훔쳤을 때에는 물건 값의 12배를 배상한다.

03 백제시대의 왕과 주요 업적을 연결한 것으로 옳은 것은? (2015년 기출)

① 근초고왕 – 서기 편찬　　　　② 문주왕 – 사비 천도
③ 무령왕 – 동진과 교류　　　　④ 성왕 – 미륵사 창건

04 장수왕의 업적으로 옳지 않은 것은? (2018년 기출)

① 평양 천도　　　　　　　　　② 영락 연호 사용
③ 백제 한성 함락　　　　　　　④ 광개토 대왕릉비 건립

05 다음에서 설명하고 있는 시기의 상황으로 옳은 것은?

> 삼국통일 후 신문왕이 즉위하던 해(681)에 왕의 장인인 김흠돌의 모역사건이 있었다. 이 사건에 많은 귀족들이 관련되어 있어서 귀족들에 대한 대대적인 숙청이 행해졌다.

① 무열계와 내물계가 왕위 계승을 둘러싸고 세력 다툼을 벌였다.
② 상대등의 세력이 강화되고 집사부 시중의 정치적 비중은 감소되었다.
③ 학문 성적에 따라 관리를 등용하는 독서삼품과를 실시하였다.
④ 국학을 설립하고 9서당과 10정의 군대조직을 정비하였다.

06 다음 내용에 보이는 사회의 모습에 해당하지 않는 것은? (2014년 기출)

> ● 사람을 죽인 자는 사형에 처한다.
> ● 상처를 입힌 자는 곡물로 배상한다.
> ● 남의 물건을 훔친 자는 노비로 삼는다.

① 성리학적 유교 윤리를 중요시했다.
② 사람들의 생명과 재산을 중시하였다.
③ 농경사회를 배경으로 하고 있다.
④ 권력과 경제력의 차이가 있었다.

07 다음은 통일 신라 때에 작성된 민정문서의 일부이다. 이 문서에 대한 설명으로 옳지 않은 것은?

> 신라는 촌락의 토지 크기, 인구 수, 소와 말의 수, 토산물 등을 파악하는 문서를 만들었다. 그리고 가호, 노비의 수와 사망, 이동 등 변동 사항도 기록하였다.

① 서원경 지역의 촌락을 중심으로 조사하였다.
② 조세, 부역, 공물을 거두는데 활용되었다.
③ 곡식뿐만 아니라 노동력도 수취 대상이 되었다.
④ 중앙에서 파견된 지방관이 3년마다 작성하였다.

08 다음 중 통일 신라의 탑이 아닌 것은? (2009년 기출)

① 분황사탑   ② 다보탑
③ 감은사탑   ④ 화엄사 4사자 3층탑

09 다음은 고려 시대의 역사적 사실들이다. 시대 순으로 바르게 나열한 것은? (2011년 기출)

> ㄱ. 서희의 강동 6주   ㄴ. 강감찬의 귀주대첩
> ㄷ. 윤관의 동북 9성   ㄹ. 김윤후의 처인성 전투

① ㄱ → ㄴ → ㄷ → ㄹ   ② ㄴ → ㄱ → ㄷ → ㄹ
③ ㄷ → ㄱ → ㄴ → ㄹ   ④ ㄹ → ㄴ → ㄱ → ㄷ

10 고려 시대 가족과 혼인 제도에 대한 설명으로 옳은 것을 모두 고르면?

> ㄱ. 딸이 제사를 받들기도 하였다.
> ㄴ. 부계 위주의 족보가 적극적으로 편찬되었다.
> ㄷ. 여성의 재가가 비교적 자유롭게 이루어졌다.
> ㄹ. 남녀 차별 없이 태어난 차례대로 호적에 기재하였다.
> ㅁ. 첩의 자식인 서얼은 제사나 재산 상속에 차별을 받았다.

① ㄱ, ㄴ, ㄷ   ② ㄱ, ㄷ, ㄹ
③ ㄴ, ㄷ, ㅁ   ④ ㄴ, ㄹ, ㅁ

11 다음 중 공민왕 때 일어난 사실과 거리가 먼 것은? (2012년 기출)

① 정방 폐지   ② 전민변정도감 설치
③ 만권당 설치   ④ 정동행성이문소 폐지

12 조선 후기 경제상황에 관한 설명으로 옳지 않은 것은? (2015년 기출)

① 대규모 경작의 성행
② 타조제에서 도조제로 변화
③ 직파법에서 이앙법으로 변화
④ 해동통보의 보급과 성행

13 고려 무신 집권기에 활동한 지눌에 대한 설명으로 옳은 것은?

① 수선사 신앙 결사를 주도하였으며 선종과 교종을 통합한 조계종을 성립시켰다.
② 송, 거란, 일본 등의 불교 서적들을 수집하여 교장(속장경)을 편찬하였다.
③ 유·불 일치설을 토대로 심성의 도야를 강조하여 성리학 수용의 사상적 토대를 마련하였다.
④ 국청사를 중심으로 불교 교단 조직의 통합을 추진하였다.

14 다음 중 조선시대에 중앙 집권 체제 강화와 관련 없는 사실은? (2005년 기출)

① 모든 군현에 지방관 파견　　② 조운제, 봉수제, 역원제 실시
③ 유향소의 설치와 운영　　④ 상피제와 임기제 적용

15 조선 전기의 관리 등용 제도와 관련된 설명으로 옳지 않은 것은?

① 5품 이하의 관리의 등용에는 대간에 의한 서경을 거치도록 하였다.
② 서얼도 법제적으로는 문과(대과)에 응시할 수 있는 자격이 있었다.
③ 고위 관직에 진출하기 위해서는 문과에 합격하는 것이 유리하였다.
④ 과거에 합격하지 않아도 천거나 음서를 통해 관직에 진출할 수 있었다.

16 다음 (　　)에 들어갈 농업서로 옳은 것은? (2018년 기출)

> 조선 후기 신속은 (　　)에서 이앙법과 그 밖의 벼농사 농법을 자세히 소개하였다.

① 농사직설　　② 농상집요
③ 농가집성　　④ 농정신편

17 서원에 대한 설명으로 옳지 않은 것은?

① 성리학을 연구함
② 선현의 제사를 모심
③ 향촌 사림을 결집시킴
④ 국가에서 관리 선발을 위해 직접 운영

18 다음은 조선 시대 토지 제도의 변천 과정이다. 각 시기에 대한 설명으로 옳은 것은?

> (가) 과전법　→　(나) 직전법　→　(다) 관수관급제　→　(라) 녹봉제

① (가)로 인하여 농민들에게까지 토지가 지급되었다.
② (나)로 인하여 양반 관료 세력이 크게 강화되었다.
③ (다)로 인하여 국가의 토지 지배력이 강화되었다.
④ (라)로 인하여 양반 관료들의 사유지가 축소되었다.

19 조선시대 균역법의 시행에 관한 설명으로 옳지 않은 것은? (2017년 기출)

① 농민은 1년에 군포 2필을 부담하게 되었다.

② 어장세와 선박세의 수취를 균역청에서 관할하였다.

③ 지주에게 결작으로 토지 1결당 미곡 2두를 부담시켰다.

④ 일부 상류층에게 선무군관이라는 칭호를 주고 군포 1필을 부과하였다.

20 다음 밑줄 친 정치 기구와 관련된 설명으로 옳은 것은?

> 이 기구는 16세기 초 여진족과 왜구에 대비하기 위하여 설치되었다.

① 명종 때 을묘왜변을 계기로 설치되었다.

② 삼포왜란을 계기로 일본의 침략을 막기 위한 상설 기구로 승격되었다.

③ 고려의 도병마사와 동일한 업무를 담당한 정치 기구였다.

④ 전현지 3정승과 6조이 판서아 찬판 등으로 구성되었다.

21 조선 후기 저자와 역사서의 연결이 옳지 않은 것은? (2018년 기출)

① 유득공 – 발해고

② 안정복 – 동사강목

③ 한치윤 – 해동역사

④ 이종휘 – 연려실기술

22 동학사상에 대한 설명으로 옳지 않은 것은?

① 샤머니즘적 요소가 가미되어 주문과 부적을 사용하였다.

② 노비제도의 폐지와 여성과 어린아이의 인격을 존중하는 사회를 추구하였다.

③ 2대 교주 최시형이 「동경대전」, 「용담유사」를 간행하여 교리를 정리하였다.

④ 말세의 도래와 왕조의 교체 등을 주장하여 서민층에 유행하였다.

23 (   )에 들어갈 지도는? (2015년 기출)

> 조선 후기에는 중국을 통해 전래된 서양의 과학기술을 수용하여 과학 기술면에서도 큰 진전이 있었
> 다. 이 시기에 전래된 (   )는 세계지도로서 이를 통해 지리학에서 보다 과학적인 지식을 가지게 되
> 었고, 조선 사람들의 세계관이 확대될 수 있었다.

① 혼일강리역대국도지도   ② 곤여만국전도
③ 대동여지도   ④ 동국지도

24 밑줄 친 '우리 군대'에 대한 설명으로 옳은 것은?

> 우리들의 염원인 우리 조국 삼천리 강토에의 진주(進駐)를 실현코자 국내 진공 작전을 계획하였으니,
> 당시 주중 미군 현지 사령관의 원조를 받아 우리 군대의 일부 대원을 선발하여 특수 비밀 훈련이 시
> 작되었던 것이다. …(중략)… 우리와 미국 사이에 군사 협의를 통해 미국은 제1차로 특수 훈련을 받고
> 있는 우리 대원들을 산둥에서 미국 잠수함으로 국내에 잠입시켜 중요 지점을 파괴 또는 점령할 계획
> 이었다.

① 양세봉의 지휘하에 활동하였다.
② 대한민국 임시 정부가 창설하였다.
③ 쌍성보 전투에서 일본군을 무찔렀다.
④ 봉오동에서 일본군에 대승을 거두었다.

25 다음 (   )에 들어갈 내용으로 옳은 것은? (2016년 기출)

> 일제는 (   )를 탄압하기 위해 총독 암살 음모를 꾀하였다고 사건을 조작하여 민족 지도자 수백 명을
> 체포, 투옥하고 그 중에서 105인을 재판에 회부하였다.

① 근우회   ② 신간회
③ 신민회   ④ 대한자강회

실전 모의고사 5회

01 고조선에 관한 설명으로 옳은 것은? (2016년 기출)

① 상, 대부, 장군 등의 관직이 있었다.

② 신지, 읍차 등의 족장 세력이 있었다.

③ 사자, 조의, 선인 등의 관리가 있었다.

④ 마가, 우가, 저가, 구가 등의 관리가 있었다.

02 신라의 전통적인 왕호가 아닌 것은? (2015년 기출)

① 이사금(尼師今)　　　　② 대대로(大對盧)

③ 차차웅(次次雄)　　　　④ 거서간(居西干)

03 다음 사건을 시기 순으로 바르게 나열한 것은? (2017년 기출)

> ㄱ. 진흥왕이 대가야를 병합하였다.
> ㄴ. 김춘추가 당 태종과 군사동맹을 맺었다.
> ㄷ. 장수왕의 군대가 백제의 한성을 함락하였다.
> ㄹ. 성왕이 신라와 연합하여 한강 하류지역을 차지하였다.

① ㄱ → ㄴ → ㄷ → ㄹ　　　② ㄴ → ㄷ → ㄹ → ㄱ

③ ㄷ → ㄹ → ㄱ → ㄴ　　　④ ㄹ → ㄱ → ㄴ → ㄷ

04 신라의 삼국 통일 과정과 관련된 설명으로 옳지 않은 것은? (2011년 기출)

① 신라는 고구려 부흥 운동을 지원하였다.

② 나·당 전쟁에서 신라는 금강 하구의 기벌포에서 당을 물리쳤다.

③ 당은 백제 옛 영토에 웅진도독부를 고구려 옛 영토에는 안동도호부를 설치하였다.

④ 신라는 청천강에서 원산만 이남의 영토를 경계로 하였다.

05 다음에 해당하는 시대의 상황에 대한 설명으로 옳지 않은 것은?

> 진골 귀족들은 경제 기반을 확대하여 사병을 거느리고 권력 싸움을 벌였다. 중앙 귀족들 사이에 왕위 쟁탈전이 치열해지면서 왕권이 약화되고 귀족 연합적인 정치가 운영되었다. 한편, 자연 재해가 잇따르고 농민에 대한 강압적인 수취가 뒤따르면서 살기가 어려워진 농민은 토지를 잃고 노비가 되거나 초적이 되기도 하였다.

① 중앙 정부의 지방 통제력이 약화되었다.

② 지방에서 호족 세력들이 등장하였다.

③ 선종의 대표적인 사원으로 9산 선문이 세워졌다.

④ 6두품이 왕과 결탁하여 정치의 중심으로 부상하였다.

06 다음에서 설명하는 발해의 왕은? (2014년 기출)

> 9세기 전반에 통치한 왕으로 이 시기에 발해는 대부분의 말갈족을 복속시키고 요동지역으로 진출하였다. 남쪽으로는 신라와 국경을 접할 정도로 넓은 영토를 차지하였고, 지방제도도 정비하였다.

① 선왕   ② 문왕

③ 고왕   ④ 무왕

07 다음 중 고려 광종의 정책과 거리가 먼 것은? (2005년 기출)

① 노비안검법을 실시하여 호족 세력을 억압하였다.

② 백관의 공복을 제정하여 지배층의 위계질서를 확립하였다.

③ 과거제도를 실시하여 신구 세력을 교체하였다.

④ 12목에 지방관을 파견하여 지방 세력을 견제하였다.

08 밑줄 친 '그'에 해당하는 인물은? (2018년 기출)

> 그의 아버지는 원성왕과의 왕위 다툼에서 패하였다. 그는 웅주(공주)를 근거로 반란을 일으켜 국호를 장안, 연호를 경운이라고 했다.

① 이자겸   ② 김보당

③ 김헌창   ④ 조위총

09 고려시대 신분에 관한 설명이다. 옳은 것으로만 짝지어진 것은?

> ㄱ. 백정(白丁)들은 농업에 종사하였다.
> ㄴ. 상인과 수공업자는 양민이었다.
> ㄷ. 백정들은 잡과 등의 과거에 응시할 자격이 없었다.
> ㄹ. 노비 신분은 모계로만 결정되었다.

① ㄱ, ㄴ   ② ㄱ, ㄷ

③ ㄴ, ㄹ   ④ ㄷ, ㄹ

10 다음 내용과 관련된 시기에 편찬된 역사서에 대한 설명으로 옳은 것은?

> 몽골의 침략을 겪으면서 고려에서는 민족적 자주 의식이 고양되었다. 정치적으로 원의 간섭을 받게
> 된 이후에는 우리 역사의 독자성과 유구함을 강조하는 새로운 역사 서술이 나타났다.

① 단군과 고조선 관련 기록을 담은 삼국유사

② 유교적 합리주의 사관에 바탕을 둔 삼국사기

③ 기전체의 형식으로 고려 역사를 정리한 고려사

④ 고조선 이후의 역사를 편년체로 서술한 동국통감

11 고려시대의 금속활자에 대한 다음 설명 중 옳지 않은 것은?

① 금속활자는 기존의 목판 인쇄술, 청동 주조 기술, 먹과 종이 제조 기술을 배경으로 발달하였다.

② 금속활자는 목판 인쇄술에 비해서 여러 종류의 책을 대량으로 인쇄할 수 있다.

③ 「상정고금예문」은 몽골과의 전쟁 중 제작되었으며, 현존하는 가장 오래된 금속활자본이다.

④ 「직지심체요절」은 청주 흥덕사에서 간행되었으며, 현재 프랑스에 보관되어 있다.

12 다음 계획서의 (가) ~ (라)에 들어갈 내용으로 적절하지 않은 것은?

모듬	답사 지역	탐구 주제
○○고등학교 답사반 탐구 활동 계획서 – 고려 시대의 불교 문화를 찾아서 –		
코끼리	경남 합천 해인사	(가)
반달곰	강원 평창 월정사	(나)
코뿔소	충북 청주 흥덕사지	(다)
독수리	충남 논산 관촉사	(라)

① (가) – 팔만대장경의 제작과 보존

② (나) – 원의 영향을 받은 고려 후기의 석탑

③ (다) – 인쇄술의 발달과 금속 활자

④ (라) – 거대 불상의 조성 목적

13 임진왜란 이후에 나타난 변화로 옳지 않은 것은? (2009년 기출)

① 훈련도감을 설치하고 속오법을 실시하였다.

② 신분제의 동요가 나타났다.

③ 지방군 체제가 진관체제에서 제승방략체제로 전환되었다.

④ 일본에서 성리학과 도자기 문화가 발달하였다.

14 다음 중 조선시대 법률 제도에 대한 설명으로 옳지 않은 것은?

① 반역죄와 강상죄를 가장 무겁게 취급하여 연좌제가 적용되었다.

② 민법의 경우 노비와 관련된 소송과 산송(山訟)이 주류를 이루었다.

③ 상속은 종법에 따라 이루어졌으며, 조상의 제사와 노비 상속을 중요시하였다.

④ 재판에 불만이 있을 경우 관청에 소송을 제기하거나 신문고를 이용하는 방법이 널리 시행되었다.

15 다음의 내용이 잘못 연결된 것은? (2005년 기출)

① 동국여지승람 – 단군 조선부터 고려 말까지의 역사를 편년체로 서술한 최고의 통사

② 혼일강리도 – 현존하는 동양 최고의 세계 지도

③ 삼강행실도 – 모범이 될 만한 충신, 효자, 열녀들의 행적을 그림으로 묘사하고 설명

④ 동몽수지 – 어린이가 지켜야 할 예절기록

16 다음의 업적과 관련된 왕으로 옳은 것은? (2016년 기출)

> ● 속대전을 편찬하였다.
> ● 지나친 형벌이나 악형을 금지하였다.
> ● 백성의 부담을 줄여주기 위해 균역법을 시행하였다.

① 성종   ② 숙종

③ 영조   ④ 정조

17 조선 후기 수취제도인 (가)~(다)에 대하여 바르게 설명한 것은?

> (가) 1년에 군포 2필의 군포를 납부하던 농민 장정들에게 1년에 군포 1필만 부담하게 하였다.
> (나) 농민 집집마다 부과하여 토산물을 징수하던 공물 납부 방식을 토지의 면적에 따라 쌀, 삼베, 무명, 동전 등으로 납부하게 하였다.
> (다) 농토의 비옥도와 그 해의 풍흉에 따라서 전세를 납부하던 연분 9등법을 따르지 않고 풍흉에 관계없이 전세를 토지 1결 단위로 고정시켰다.

① (가)에 의해 양반과 농민의 군역 부담이 균등해지게 되었다.

② (가)의 실시로 인한 재정 부족분은 결작(토지 1결당 4두)을 통해 채웠다.

③ (나)는 방납의 폐단을 시정하기 위하여 광해군 때 처음 실시되었다.

④ (다)는 영정법으로 전세율이 인하되어 농민의 부담은 많이 감소되었다.

18 조선시대 향약에 대한 설명으로 옳지 않은 것은?

① 향약은 조광조에 의해 처음 시행되었다.

② 향약 보급의 목적은 향촌 질서를 수립하기 위해서였다.

③ 사족 양반들이 좌수, 별감의 직위를 가지고 운영하였다.

④ 향약은 지방 사족의 농민 수탈 도구로 전락하기도 하였다.

19 다음은 실학자들과 관계된 설명이다. 잘못된 것은?

① 이수광 – '반계수록'에서 균전론을 내세워 토지 제도의 개혁을 주장하였다.

② 유형원 – 일생동안 벼슬을 하지 않고 양반 문벌제도, 과거제도, 노비 제도의 모순을 비판하였다.

③ 이익 – 많은 제자를 길러내 성호학파를 형성하였고, 나라를 좀먹는 여섯 가지 폐단을 지적하였다.

④ 홍대용 – 기술의 혁신과 문벌제도의 철폐, 지전설 등을 주장하였다.

20 다음은 정선의 인왕제색도이다. 이 그림에 대한 설명으로 옳은 것은? (2007년 기출)

① 안평대군의 꿈을 대각선 구도를 활용하여 그렸다.

② 서양화 기법을 반영하여 사물을 실감나게 표현하였다.

③ 우리나라의 자연을 실제 그대로 묘사한 진경산수화이다.

④ 중국의 화풍을 모방한 대표적 작품이다.

21 조선 후기의 농촌 경제 상황과 관련된 설명으로 옳지 않은 것은?

① 담배, 인삼 등을 재배하는 상업적 농업이 크게 발달하였다.

② 지대 납부 방식이 도조법에서 타조법으로 바뀌면서 소작농이 부농으로 성장하는 계기가 만들어졌다.

③ 이앙법이 보급되어 광작 현상이 나타났다.

④ 밭농사에서는 견종법이 보급되어 생산량이 증대되었다.

22 흥선대원군이 추진한 정책에 대한 설명으로 옳지 않은 것은?

① 의정부와 삼군부의 기능을 부활시키고 비변사를 폐지하였다.

② 군정의 폐단을 해결하기 위하여 호포법을 실시하였다.

③ 대전회통과 육전조례를 편찬하여 통치 규범을 재정비하였다.

④ 공·사 노비법을 폐지하고 인신매매를 금지하였다.

23 일제시대 식민지 수탈 과정을 시대 순으로 바르게 나열한 것은? (2010년 기출)

ㄱ. 토지조사사업	ㄴ. 회사령 반포
ㄷ. 산미증식계획	ㄹ. 조선 공업화 정책

① ㄱ → ㄴ → ㄷ → ㄹ   ② ㄴ → ㄱ → ㄷ → ㄹ

③ ㄱ → ㄴ → ㄹ → ㄷ   ④ ㄴ → ㄱ → ㄹ → ㄷ

24 다음 중 대한민국 임시 정부와 관련된 내용으로 옳지 않은 것은? (2004년 기출)

① 독립신문을 간행하고 사료 편찬소를 설치하여 독립의식을 고취시켰다.

② 연통제는 국내외를 연결하는 비밀 행정 조직이었다.

③ 거족적인 3 · 1 운동을 계획하고 주도하였다.

④ 외교 활동과 무장 독립 투쟁을 전개하였다.

25 4 · 19 혁명과 관련된 설명으로 옳지 않은 것은?

① 3 · 15 부정 선거가 원인이 되어 발생하였다.

② 김주열의 죽음을 계기로 확산되었다.

③ 대학교수단의 시국선언을 계기로 이승만이 하야하였다.

④ 4 · 19 혁명 직후 강력한 대통령 중심제의 정부가 수립되었다.

실전 모의고사 1회

01 정답 ①

해설 ① 자료에서 돌을 가는 기술을 터득했다는 사실은 간석기를 사용했다는 것이고, 토기를 사용했다는 내용을 통해 신석기 시대임을 알 수 있다. 신석기 시대부터 농경이 시작되었다.

오답풀이 ② 철기 시대, ③ 청동기 시대, ④ 구석기 시대

02 정답 ②

해설 사진 자료는 청동기 시대의 탁자식(북방식) 고인돌이다. ① 청동기 시대에는 경제력 향상에 따른 빈부의 차이로 계급이 발생하였다. ③ 청동기 시대의 주거지는 직사각형의 움집이었으며, 농경의 발달과 인구의 증가로 정착 생활의 규모가 확대되면서 구릉지대를 중심으로 배산임수의 취락을 형성하였다. ④ 청동기 시대는 밭농사 중심의 경제 활동이 이루어졌으며, 저습지에서는 벼농사도 시작되었다.

오답풀이 ② 빗살무늬 토기는 신석기 시대의 대표적인 토기이며, 청동기 시대에는 민무늬 토기, 미송리식 토기 등이 사용되었다.

03 정답 ①

해설 자료에서 (가)는 부여, (나)는 고구려에 대한 설명이다. ① 부여에서는 매년 12월에 영고라는 제천행사가 개최되었으며, 이것은 수렵사회의 전통이 반영되었다.

오답풀이 ② 부여는 연맹왕국 단계에서 멸망하여 중앙 집권 국가로 성장하지는 못하였다. ③ 방직 기술이 발달하여 명주와 삼베가 생산된 것은 동예에 해당한다. ④ 옥저의 가족 공동 무덤인 골장제에 대한 설명이다.

04 정답 ②

해설 ② 사진 자료는 백제 무령왕릉이다. 백제는 6세기 무령왕 때 22담로를 설치하고 왕족을 파견하여 지방 세력을 통제하였다.

오답풀이 ① 백제는 4세기 침류왕 때 동진의 마라난타를 통해 불교를 수용하였다. ③ 통일 신라의 신문왕은 김흠돌의 난을 진압하고 진골 귀족 세력을 숙청하였다. ④ 장보고는 신라 말에 완도에 청해진을 설치하고 서·남해안의 해상 무역을 장악하였다.

05 정답 ②

해설 ① 사정부는 관리 감찰 기구로 설치되었다. ③ 독서삼품과는 원성왕 때 추진되었던 관리 선발 제도로서, 진골 귀족의 반대로 실시되지는 못하였다. ④ 집사부는 국왕 직속의 최고 행정 기구이며 장관으로 시중이라는

관직이 설치되었다.

오답풀이 ② 국자감은 고려의 국립 대학이다.

06 정답 ①

해설 ② 골품은 개인의 신분과 친족의 등급을 표시하여 개인의 사회 활동과 정치 활동의 범위를 엄격히 제한하였다. ③ 6두품은 4. 5두품 계층이 올라가기 어려운 신분이라는 의미에서 득난이라고 칭하였다. ④ 관등 조직은 골품 제도와 관련하여 편제·운영되어 골품에 따라 관등 승진의 상한선이 결정되었다.

오답풀이 ① 골품제도는 통일 이전에 신라가 중앙 집권 국가 체제가 정비되어 가면서 부족장 세력을 왕권에 복속시키는 과정에서 성립되었다.

07 정답 ③

해설 ㄴ. 고구려는 소수림왕 때 수도에 태학을 설립하여 유교 경전과 역사 등을 가르쳤다. ㄷ. 임신서기석은 신라의 청소년들이 유교 경전을 공부했음을 보여 주는 내용이 기록되어 있다.

오답풀이 ㄱ. 경당은 고구려의 장수왕 때 지방에 설립한 사립 학교이다. ㄹ. 5경 박사, 의박사, 역박사는 백제와 관련된 내용이다.

08 정답 ②

해설 ㄱ. 태조는 지방 호족 세력을 통제하기 위하여 호족의 자제를 인질로 삼아 개경에 머무르게 하는 기인제도를 실시하였다. ㄴ. 태조는 고려 건국에 공을 세운 공신들에게 충성도와 공로를 기준으로 '역분전'이라는 토지를 지급하였다. ㄹ. 태조는 신라의 경순왕을 경주의 사심관으로 임명하여 지방 자치를 맡기는 한편 지방 세력 통제의 임무를 부여하였다.

오답풀이 ㄷ. 계백료서는 신하가 지켜야 할 도리를 강조하기 위하여 왕건이 저술하였다.

09 정답 ②

해설 ① 복신과 도침은 왕자 풍을 추대하고 주류성을 근거지로 백제 부흥 운동을 전개하였다. ③ 신라는 당이 한반도 전체를 차지하려고 하자, 당을 견제하기 위하여 고구려의 안승을 보덕국의 왕으로 임명하고 고구려 부흥 운동을 지원하였다. ④ 검모잠과 고연무는 한성과 오골성을 근거지로 고구려 부흥 운동을 전개하였으나, 실패로 끝나고 말았다.

오답풀이 ② 흑치상지는 임존성을 중심으로 백제 부흥 운동을 전개하였다.

10 정답 ②

해설 ① 묘청의 서경 천도 운동이 전개되었던 시기에 묘청

을 비롯한 서경파 세력은 금과의 사대관계 유지를 주장한 개경파 문벌 귀족을 비판하면서 금을 정벌하자는 금국정벌론을 주장하였다. ③ 거란족의 1차 침략 당시에 서희는 거란 장군 소손녕과의 담판을 통해 강동 6주를 획득하였다. ④ 윤관은 특수 군대인 별무반을 편성하여 여진족을 토벌하고 동북 9성을 축조하였다.

오답풀이 ② 광종 때 고려는 송과 친선 관계를 맺으면서 거란을 견제하였다.

11 **정답** ②

해설 ㄱ. 호패법(태종) – ㄷ. 집현전(세종) – ㄴ. 직전법(세조)

12 **정답** ④

해설 ① 고려의 역은 16~60세의 남자를 대상으로 군역과 요역으로 구분되었다. ② 조세는 전국의 토지를 논과 밭으로 나누고 비옥도에 따라 3등급으로 나누어 부과하였다 ③ 조세는 생산량의 10분의 1을 징수하였다.

오답풀이 ④ 고려시대의 공물은 호구 기준으로 포(布)나 토산물을 현물로 납부하였으며, 생산지의 변화와 생산량의 감소로 인하여 공물은 농민에게는 조세보다 큰 부담으로 작용하였다.

13 **정답** ④

해설 ① 고려는 현종 때 거란족의 침입을 격퇴하기 위하여 처음으로 초조대장경을 만들기 시작하였다. ② 대장경은 경·율·논 삼장을 기본으로 제작되었다. ③ 초조대장경은 대구 부인사에 보관되었다가 몽골의 침략을 계기로 불타버렸다.

오답풀이 ④ 고려는 몽골 침략을 계기로 고종 때부터 대장경을 다시 조판하였으며, 이를 재조(팔만)대장경이라고 한다.

14 **정답** ①

해설 ② 의천은 해동 천태종을 창시하여 국청사를 창건하고 교종의 입장에서 선종을 통합하려는 교선통합 운동을 전개하였다. ③ 지눌은 조계종을 창시하고 선종 입장에서 교종을 통합하였으며, 돈오점수와 정혜쌍수를 수행이론으로 제시하였다. ④ 지눌의 제자인 혜심은 유·불일치설을 주장하여 인간 심성의 도야를 강조하여 고려 후기 성리학 수용의 사상적 토대를 마련하였다.

오답풀이 ① 균여는 화엄 사상을 정비하고 보살의 실천행을 강조하였으며, 천태사교의는 제관이 저술하였다.

15 **정답** ④

해설 ① 한성부는 서울(한양)의 치안과 행정 및 토지와 가옥 소송을 담당하였다. ② 승정원은 왕명 출납을 담당하는 국왕 비서 기관이었다. ③ 의금부는 국왕 직속의 사법 기구로서 반역죄를 비롯한 중대한 사건을 담당하였다.

오답풀이 ④ 조선의 삼사는 사헌부, 홍문관, 사간원으로 구성되어 왕권을 견제하는 역할을 담당하였다.

16 **정답** ④

해설 조광조는 중종 때 등용되어 왕도 정치의 구현과 사림의 정계 진출을 확대하기 위한 개혁 정책을 추진하였다. 현량과를 실시하여 천거를 통해 사림파를 등용하고, 위훈 삭제를 제기하여 훈구파 세력의 제거를 시도하였으며 소격서를 폐지하여 도교 행사의 폐지하였다. 그 밖에 소학과 향약을 보급하여 성리학적 사회 질서를 강화하고 향촌 자치를 추구하였고 언론 활동의 활성화를 위해 경연 강화와 간쟁 및 전랑의 권한 강화 등을 강조하였으며, 공납에서 발생한 방납의 폐단 시정 등을 주장하였다.

오답풀이 ④ 사림파에 의한 붕당 정치가 시작된 것은 선조 때부터이다.

17 **정답** ③

해설 ③ 향약은 조선 중종 때 조광조가 처음 실시하였으며, 이후 사림파에 의해 전국으로 확산되었다. 향약은 풍속 교화, 치안 유지 등의 기능을 담당한 향촌 자치 규약이었다.

오답풀이 ① 의창은 고려 시대에 빈민 구제를 목적으로 설치하였다. ② 향교는 고려, 조선 시대에 국가에서 지방에 설립한 중등 교육 기관이다. ④ 환곡은 조선 시대에 빈민 구제를 목적으로 설치하였다.

18 **정답** ④

해설 ④ 자료는 현종 때 발생한 예송논쟁에 대한 설명이다. 당시 서인과 남인 간에 상복 입는 기간을 놓고 2차례에 걸친 예송논쟁이 발생하였으며, 2차 갑인예송 논쟁 이후 남인이 정권을 장악하여 정치 구도의 변화가 발생하였다.

오답풀이 ① 사화에 대한 설명이다. ② 선조 때 붕당 정치의 시작과 관련된 설명이다. ③ 붕당 정치가 실시되는 기간에는 전반적으로 권력 다툼이 전개되어 정국이 불안하였다.

19 **정답** ①

해설 ㄱ. 간의는 세종 때 만든 천문 관측 기구이다. ㄴ. 칠정산은 세종 때 원의 수시력과 아라비아의 회회력을 토대로 제작한 우리나라 최초의 역법이다.

오답풀이 ㄷ. 시헌력은 조선 후기에 김육이 청에서 수입하여 소개한 역법이다. ㄹ. 인지의는 세조 때 제작한 토지 측량 기구이다.

20 **정답** ③

해설 ① 조선 후기에 노비는 납속, 군공, 도망, 노비종모법 등에 의해 신분 상승을 이루어 노비의 수는 감소하였다. ② 양반 중에서는 붕당정치가 변질하여 노론이 권력을 독점하면서 다수의 양반들이 몰락하여 향반, 잔반이 되었다. ④ 서얼은 정조 때 규장각 검서관에 등용되어 유득공, 박제가, 이덕무 등이 활발한 정치 활동을 전개하였다.

오답풀이 ③ 조선 후기에는 양반의 수가 증가하고 상민의 수가 감소하였으며, 그 결과 양반의 사회적 지위는 약화되고 양반 중심의 신분제 사회는 동요되어 갔다.

21 정답 ③

해설 ① 조선 후기에 대동법이 실시되어 가호를 기준으로 토산물을 납부하는 공납은 토지를 기준으로 쌀 · 동전 · 면포 등을 징수하는 공납의 전세화 현상이 나타났다. ② 영정법은 조선 후기 인조 때 전세의 문란을 해결하기 위하여 실시되었다. ④ 조선 후기에는 담배, 인삼, 고추, 호박, 오이 등의 상품 작물이 재배되면서 농민의 소득 향상에 크게 기여하였다.

오답풀이 ③ 삼림령은 일제가 1911년에 한국인의 삼림 채벌을 규제하기 위하여 실시한 정책이다.

22 정답 ③

해설 ① ② ④ 조선 후기에 대두한 서민문화는 한글소설, 사설시조, 판소리, 탈춤, 민화, 풍속화, 시사조직 등이 해당된다.

오답풀이 ③ 진경산수화는 17세기 후반에 우리나라의 자연을 사실적으로 묘사한 자주적인 화풍이다.

23 정답 ④

해설 ① ③ 임오군란 중에 일본 공사관이 파괴되어 제물포 조약을 체결하고 일본에게 배상금을 지불하고 일본군의 조선 주둔을 허용하였다. ② 임오군란 이후 청과 조 · 청 상민 수륙 무역 장정을 체결하여 청의 치외법권과 조선에 대한 종주권을 인정하였으며, 청 상인에게 한성과 양화진을 개방하고 내지 통상권을 허용하였다. 그 결과 청의 경제적 침투가 본격화되었다.

오답풀이 ④ 임오군란은 1882년에 발생하였으며, 대한제국은 1897년에 수립되었다.

24 정답 ②

해설 ① ③ ④ 자료는 일본인 통감에 외교에 관한 모든 업무를 관리한다는 내용을 통해 을사조약임을 알 수 있다. 을사조약을 계기로 대한제국은 일본에게 외교권을 박탈당하였으며, 이에 저항하여 나철과 오기호는 을사조약 체결을 주도한 친일파 을사5적을 암살하기 위하여 5적 암살단을 조직하였으며, 고종은 네덜란드 헤이그에 이준, 이상설, 이위종을 특사로 파견하였다. 그 외에 장지연은 황성신문에 시일야방성대곡을 발표하였으며, 민영환은 자결, 이상설은 조약 반대 상소를 올렸다.

오답풀이 ② 일본이 독도를 강탈한 것은 을사조약 체결 이전, 러 · 일 전쟁 중이었다.

25 정답 ④

해설 모스크바 3국 외상 회담에서 미국, 영국, 소련은 한반도에서의 임시 정부 수립, 미 · 소 공동 위원회 설치, 5년간 신탁 통치 등이 결정되었다. ① 신탁통치에 대하여 김구, 이승만 등 우익 세력은 반탁운동을 전개하였

다. ② 신탁통치에 대하여 우익은 반탁운동을, 좌익은 찬탁을 주장하여 좌우익의 이념 대립이 심화되었다. ③ 한반도에서의 임시 정부 수립 문제를 해결하기 위해 개최된 미 · 소 공동위원회는 미국과 소련의 의견 대립으로 2차례 모두 결렬되었다.

오답풀이 ④ 좌익은 초기에는 반탁운동을 전개하였으나, 나중에 모스크바 협정을 전적으로 지지하면서 찬탁의 입장으로 바꾸었다.

실전 모의고사 2회

01 정답 ①

해설 ② ③ ④는 구석기 시대의 대표적인 유적지이다.

오답풀이 ① 양양 오산리 유적은 신석기 시대의 대표적인 유적지이다.

02 정답 ②

해설 ② 자료에서 (가)는 자연의 모든 만물에 영혼이 있다고 믿는 원시 신앙인 애니미즘에 대한 설명이다. (나)는 청동기 시대의 대표적인 청동기 유물인 비파형 동검은 중국 요령성과 한반도에서 주로 발견되었다.

오답풀이 ① 토테미즘은 동식물을 부족의 수호신으로 숭배하는 원시 신앙이다. 세형동검은 철기시대에 사용된 청동기 유물이다. ③ 샤머니즘은 무당의 주술과 부적을 숭배하는 원시 신앙이다. 반달돌칼은 청동기 시대에 사용된 간석기 농기구이다. ④ 명도전은 철기 시대에 사용된 중국의 화폐이다.

03 정답 ③

해설 ③ 고조선은 기원전 3세기 경 부왕, 준왕 때 왕위 세습이 이루어지고 국력이 강화되어 중국의 연과 대립할 만큼 큰 세력을 형성하였다.

오답풀이 ① 단군왕검과 고조선에 대한 내용이 기록된 역사서는 삼국유사, 응제시주, 제왕운기 등이며, 김부식의 삼국사기에는 기록되어 있지 않다. ② 고조선은 초기에는 요령지방을 중심으로 성장하여 점차 대동강 유역까지 세력을 확장시켜 나갔다. ④ 위만조선은 강력한 국가로 성장하였지만, 중앙 집권 국가로 성장하지는 못하였다.

04 정답 ①

해설 ① ㄱ. ㄴ. 고구려 광개토대왕이 신라를 원조하여 왜구를 격퇴한 사실을 입증하는 유물은 호우명 그릇과 광개토대왕릉비이다.

오답풀이 ㄷ. 칠지도는 백제 근초고왕 때 일본 왕에게 하사한 물건이다. ㄹ. 스에키 토기는 가야 토기의 영향을 받은 일본의 토기이다.

05 정답 ②

해설 ㄱ. 고구려의 수 요서 지방 선제 공격(598년) - ㄷ. 을

지문덕의 살수대첩(612년) - ㄴ. 연개소문의 보장왕 옹립(왕위 즉위, 642년) - ㄹ. 안시성 싸움(645년)

06 정답 ②

해설 ① 당이 흑수부 말갈족을 이용하여 발해를 압박하자, 무왕은 장문휴로 하여금 당의 산동반도를 공격하도록 하였다. ③ 발해는 선왕 때 요동으로 진출하여 말갈족을 대부분 복속하고 전성기를 이루면서 당으로부터 해동성국이라 불리어졌다. ④ 발해는 귀족 내부의 분열이 계속되면서 국력이 쇠퇴하여 거란족의 침입으로 926년에 멸망하였다.

오답풀이 ② 발해 수도 상경은 당의 장안성을 모방하여 주작대로를 설치하였다.

07 정답 ①

해설 ① 신라 민정문서는 각 지방의 노동력과 인구수 및 소·말의 수, 각종 생산 자원, 토지의 면적 등을 조사하여 기록하였다. 이것은 노동력 징발과 조세 징수의 자료를 확보하기 위한 목적에서 작성되었음을 파악할 수 있다.

오답풀이 ② 민정문서는 촌주가 3년마다 작성하였다. ③ 호(구)는 노동력을 기준으로 9등급으로 구분하였다. ④ 민정문서는 서원경(청주) 지역의 4개 촌락을 대상으로 기록한 것이다.

08 정답 ②

해설 ① 의상은 모든 존재는 상호의존적인 관계에 있으면서 서로 조화를 이루고 있다는 화엄사상을 정립하였으며, 전제 왕권 강화에 공헌하였다. ③ 혜초는 자신이 돌아본 인도와 중앙아시아 여러 나라의 풍물을 생생하게 기록한 왕오천축국전을 저술하였다. ④ 도선은 신라 말에 중국에서 유행한 풍수지리설을 들여와 경주 중심의 지리 개념에서 벗어나 국토의 재편성을 주장하여 지방의 중요성을 자각하는 계기를 마련하였다.

오답풀이 ② 원효는 아미타 신앙을 보급하여 불교의 대중화에 기여하였으며, 관음 신앙은 의상과 관련된 사실이다.

09 정답 ①

해설 ② 정림사지, ③ 궁남지, ④ 능산리고분은 현재 부여(사비)에 남아 있는 백제의 대표적인 문화 유산이다.

오답풀이 ① 무령왕릉은 현재 공주에 남아 있는 백제 유적지이다.

10 정답 ④

해설 ① 과거제도는 광종 때 신진 관료를 등용하여 공신 세력을 견제하여 왕권을 강화하고자 실시하였다. ② 과거는 법제적으로 농민을 포함한 양인 이상의 신분이면 누구나 과거에 응시할 수 있었다. ③ 고려에서는 무신을 등용하기 위한 무과는 거의 실시되지 않았다.

오답풀이 ④ 고려 과거제도에서 제술과는 문학적 재능과 행정 실무 능력을, 명경과는 유교 경전 이해 능력을 기준으로 관리를 선발하였다.

11 정답 ①

오답풀이 ① 공민왕은 권문세족의 세력을 약화시키고 왕권 강화를 위해 전민변정도감을 설치하여 권문세족에게 빼앗긴 토지를 농민에게 돌려주고 억울하게 노비가 된 백성을 양인의 신분으로 해방시키고자 하였다. 정치도감은 고려 충목왕 때 설치된 폐정 개혁 기관이다.

12 정답 ①

오답풀이 ① 역분전은 태조 왕건이 고려 건국에 공을 세운 공신들을 대상으로 인품과 공로를 기준으로 지급한 토지이다.

오답풀이 ② 구분전은 하급 관리와 군인의 유가족에게 생계 유지를 위해 지급한 토지이다. ③ 공음전은 5품 이상의 관료를 대상으로 지급한 세습지이다. ④ 시정전시과는 경종 때 관등과 인품을 기준으로 전·현직 관리에게 지급한 토지이다.

13 정답 ④

해설 ① ② ③ 성리학은 인간의 심성과 우주의 원리 문제를 철학적으로 탐구하는 유학으로서 충렬왕 때 안향이 처음 우리나라에 소개하였으며, 이제현은 원의 만권당에서 원의 학자들과 교류하며 성리학에 대한 이해를 심화시켰다.

오답풀이 ④ 성리학은 신진 사대부에 의해 수용되었다.

14 정답 ①

해설 ① 자료에서 교와 관을 배웠다는 내용을 통해서 교관겸수를 통한 실천 수행을 강조한 의천임을 알 수 있다. 의천은 국청사를 창건하고 신편제종교장총록을 만들어 속장경(교장) 간행하였으며, 교종을 중심으로 선종을 흡수 통합하여 천태종을 개창하였다.

오답풀이 ② 혜심, ③ 원효, ④ 의상

15 정답 ①

해설 ② 통일 신라는 신문왕 때 지방 행정 조직을 9주 5소경 체제로 정비하였다. ③ 고려는 현종 때 5도 양계 체제로 정비하고 개경, 서경, 동경의 3경을 설치하였다. ④ 조선은 전국을 8도와 부목군현 체제로 정비하고 8도의 지방관으로 관찰사를 파견하였다.

오답풀이 ① 고구려는 전국을 5부로 정비하였으며, 22담로는 백제 무령왕 때 지방 세력을 통제하기 위하여 설치한 특수 행정 구역이다.

16 정답 ①

해설 ② 양인은 양반, 중인, 상민으로 구성되었으며, 법적으로 과거에 응시할 수 있었다. ③ 양반은 특권 신분으로 각종 국역의 의무를 면제받을 수 있도록 제도적인 장치가 마련되었다. ④ 천민은 노비·광대·무당·창기 등이 있었으며, 특히 천민의 대부분은 재산으로 취급되던 노비였다.

오답풀이 ① (가)는 법제적 신분제도인 양천제로서 크게 신분을 양인과 천민으로 구분하였으며, (나)는 16세기 이후 조선사회에서 실제로 적용된 반상제로서 양반과 상민을 차별화시키기 위하여 만들어졌으며, 양반, 중인, 상민, 천민의 4신분제로 구성되었다.

17 **정답** ④

해설 ① 조선 전기에는 가뭄의 피해를 방지하기 위하여 남부 일부 지방에서만 이앙법을 허용하였으며, 벼와 보리의 이모작이 실시되었다. ② 밭농사에서는 고려 이후 실시되었던 조, 보리, 콩의 2년 3작이 확대되었다. ③ 고려 말에 문익점이 원으로부터 목화를 들여온 후 조선에서는 목화 재배가 확대되어 백성들은 주로 무명옷을 입었다.

오답풀이 ④ 담배, 인삼, 고추, 호박 등 상품작물의 재배가 확대된 것은 조선 후기의 사실이다.

18 **정답** ③

해설 ③ 고려사절요는 조선 전기 문종 때 김종서 등이 편찬한 편년체 역사서이다.

오답풀이 ① 삼국유사는 고려 충렬왕 때 편찬, ② 금석과안록은 조선 후기에 김정희가 편찬, ④ 오주연문장전산고는 조선 후기에 이규경이 편찬

19 **정답** ①

해설 ① 균역법은 조선 영조 때 군역의 폐단을 개혁하기 위하여 실시한 제도이다.

오답풀이 ② 현량과는 조선 중종 때 조광조가 사림파를 등용하기 위하여 실시한 관리 등용 제도이다. ③ 장용영은 조선 정조 때 설치한 국왕 친위 부대이다. ④ 노비안검법은 고려 광종 때 왕권 강화와 국가 재정 확충을 목적으로 실시한 제도이다.

20 **정답** ③

해설 ③ 담배는 임진왜란 이후 조선에 전래되어 조선 후기에 상품작물로 재배되기 시작하였다.

오답풀이 ① 고려시대 ② 고려시대와 조선 전기에는 이앙법이 남부 일부 지방에서만 실시되었으며, 조선 후기에는 이앙법이 전국적으로 실시되었다. ④ 정전은 통일신라 성덕왕 때 백성들에게 지급한 토지이다.

21 **정답** ④

해설 ① 임술 농민 봉기는 세도정치기에 지배층의 착취가 극심하여 일어난 삼정의 문란이 직접적인 원인이 되어 일어났다. ② 임술 농민 봉기는 함경도 함흥에서부터 제주도에 이르기까지 전국적으로 확대되었다. ③ 삼정의 문란을 해결하기 위해 정부는 삼정이정청을 설치하였으나, 보수 지배층의 반발로 제대로 실시되지 못하였다.

오답풀이 ④ 임술 농민 봉기 당시에 농민들은 삼정의 문란이 직접적인 원인이 되어서 일어났기 때문에 지주제의 개혁과 신분제 폐지 등을 요구하지는 않았다.

22 **정답** ①

해설 ① 자료는 중농학파 실학자들의 토지 개혁론으로서 정약용, 유형원, 이익 등은 토지제도의 개혁을 통하여 자영농을 육성하여 농촌 경제의 안정을 도모하였다.

23 **정답** ④

해설 ④ 독립협회는 만민공동회와 관민공동회를 개최하여 자주국권 운동, 자유민권 운동 등을 개최하였으며, 강연회와 토론회를 개최하여 민중에게 근대적 지식을 고취시켰다. 또한 독립문과 독립관을 세우고, 독립신문을 간행하여 민중 계몽 활동을 전개하였다.

오답풀이 ① 신민회는 1907년에 안창호, 양기탁 등이 설립한 비밀 결사 단체로서 공화정체의 근대 국민 국가 건설을 목표로 활동하였으며, 국외 독립 운동 기지 건설에 주력하였다. ② 신간회는 1927년에 민족주의와 사회주의 세력이 연합하여 활동한 최대 규모의 사회 운동단체였다. ③ 대한협회는 1907년에 해산된 대한자강회를 계승하여 설립한 단체로서 국권 피탈 직후 1910년 9월에 해산되었다.

24 **정답** ①

해설 ② 일제는 1919년 3ㆍ1 운동 이후 문화 통치를 실시하면서, 헌병 경찰 제도를 보통 경찰 통치 제도로 바꾸었다. ③ 일제는 1925년에 치안유지법을 제정하여 사회주의자를 비롯하여 항일 운동을 전개한 한국인들을 탄압하였다. ④ 일제는 1920년부터 1934년까지 산미증식계획을 실시하여 한반도로부터 막대한 양의 쌀을 약탈하여 한국인 농민의 몰락을 촉진시켰다.

오답풀이 ① 토지조사사업(1912~1918)은 무단 통치기에 실시되었다.

25 **정답** ④

해설 ④ 신간회는 1927년에 비타협적 민족주의와 사회주의 세력이 연합하여 설립된 민족 유일당 단체로서, 전국에 지회 조직을 설립하여 활동한 일제 강점기의 전국적인 민족운동단체였다.

오답풀이 ① 신민회, ② 신간회는 상해(상하이)의 대한민국 임시 정부의 독립 운동 자금을 지원하는 활동을 전개하지 않았으며, 주로 국내의 각종 사회 운동을 지원하고 강연회를 개최하여 민중 계몽 활동을 전개하였다. ③ 일본 제품을 배격하고 국산품을 애용하자는 물산 장려 운동은 신간회가 설립되기 이전(1923년)에 전개되었다.

실전 모의고사 3회

01 **정답** ②

해설 ② 구석기 시대와 신석기 시대는 계급이 발생하지 않은 평등사회이다. 계급이 발생한 것은 청동기 시대부터이다.

오답풀이 ① 신석기 시대, ③ 신석기 시대, ④ 구석기 시대

02 정답 ①

해설 ① 환인의 아들 환웅은 천신의 자손이므로 여기서 지배자의 권력을 하늘의 신과 연결시키려는 선민사상을 엿 볼 수 있다.

오답풀이 ② 농경사회. ③ 홍익인간의 이념. ④ 제정일치사회

03 정답 ④

해설 ① ② ③ 부여는 살인자는 사형에 처하고 그의 가족은 노비로 삼았으며, 순장의 매장 풍습과 사유재산을 보호하기 위한 1책 12법이 실시되었다. 또한 가(加)라고 하는 부족장들은 왕을 선출하고 흉년이 들면 그 책임을 왕에게 물어 왕을 죽이거나 국외로 추방하기도 하였다.

오답풀이 ④ 부여는 선비족의 침입을 받아 위기에 빠지기도 하였으나, 고구려와는 대립 관계에 있었다.

04 정답 ②

해설 ① 금관가야는 김수로가 건국하였으며, 전기 가야 연맹을 주도해 나갔다. ③ 가야는 풍부한 철을 생산하였으며, ④ 낙랑과 왜의 규슈 지방에 수출하는 등 중계무역을 통해 경제적으로 발달하였다.

오답풀이 ② 가야 연맹은 삼한 중 변한을 계승하여 발전한 나라이다.

05 정답 ④

해설 ④ 자료에서 한강 유역을 수복하였다가 신라에게 빼앗기고 관산성 전투에서 전사한 왕은 백제의 성왕이다. 성왕은 중앙 관제를 22부로 확대하여 정비하였다.

오답풀이 ① 문주왕. ② 무왕. ③ 무령왕

06 정답 ④

해설 ④ 통일 이후 신라는 넓은 영토와 많은 인구를 확보하여 경제력과 군사력을 확충함으로써 왕권 전제화의 토대를 마련하였다.

오답풀이 ① 통일 이후 신라의 민족 융합 정책에 의해 고구려와 백제의 지배층은 신라의 관직에 등용되기도 하였다. ② 5도 양계는 고려의 지방 행정 조직이다. ③ 통일 신라 시대에서는 불교가 대중화되고 교리 체계도 확립되었으며, 유교를 정치 이념으로 도입하기 위하여 국립 대학으로서 국학이 설립되기도 하였다.

07 정답 ②

해설 ② 단양 적성비는 진흥왕이 한강 상류를 점령한 직후 세운 비석이다.

오답풀이 ① 사택지적비는 노장사상(도교)과 관련된 내용이 기록되어 있다. ③ 임신서기석은 화랑이 유교 경전을 학습한 내용이 기록되어 있다. ④ 평양 천도는 427년에 이루어졌기 때문에 광개토대왕릉비(414년)에는 기록되어 있지 않다.

08 정답 ④

해설 ④ 신라 불교는 왕권과 밀착되어 유행하였으며 왕과 귀족은 자신의 권력과 지위를 정당화하기 위해 업설이라는 사상을 강조하였던 것이다. 또한 신라의 화랑도에서는 미륵이 구원해 준다는 미륵불 신앙이 반영되어 있다.

오답풀이 ① 삼국 불교는 고구려 - 백제 - 신라 순으로 수용되었다. ② 삼국 시대 불교는 왕실을 중심으로 수용되었으며, 그 결과 왕즉불 사상이라는 것이 등장하여 왕권 강화의 사상적 배경을 이루었다. ③ 원광의 세속5계는 신라 화랑도의 기본 이념이었다.

09 정답 ①

해설 ① 무령왕릉은 1971년에 공주 송산리 고분군의 배수로 공사 중에 우연히 발견된 벽돌무덤으로 중국 남조의 영향을 받았다. 무덤의 주인공이 무령왕과 왕비임을 알려주는 지석이 발견되어 연대를 확실히 알 수 있는 무덤이다.

오답풀이 ②③ 황남대총과 천마총은 신라의 돌무지 덧널무덤이다. ④ 현재 만주 국내성 집안 현에 있는 돌무지무덤을 광개토대왕릉(태왕릉)으로 추정하고 있으나, 정확하지 않다.

10 정답 ③

해설 ③ 자료는 고려의 대간에 대한 설명으로 대간은 어사대와 중서문하성의 낭사로 구성되었으며, 간쟁·봉박·서경권을 통해 왕권을 견제하였다.

11 정답 ②

해설 ① 고려에서는 5도에 안찰사를 파견하여 지방 순시와 감찰 임무를 담당하도록 하였다. ③ 향리는 신라 말 중소호족 출신으로 속현과 향·소·부곡을 지배하면서 조세와 공물 징수, 부역 동원 등의 업무를 담당하는 실질적인 지배층이었다. ④ 군사 행정 구역인 양계에는 군사적 기능을 갖는 병마사를 파견하였다.

오답풀이 ② 고려는 지방관을 파견하지 않은 속현이 지방관이 파견된 주현보다 더 많았으며, 모든 군현에 지방관을 파견한 것은 조선시대이다.

12 정답 ①

해설 ① 묘청을 비롯한 서경파 세력은 풍수지리설을 배경으로 서경 천도를 추진하였으며, 또한 금과의 사대 관계를 거부하고 금나라를 정벌하자는 금국정벌론을 주장하였다.

13 정답 ④

해설 ④ 제시된 내용은 고려 시대의 백정 농민에 대한 내용이다. ㄷ. 농민이 조상으로부터 물려받은 민전은 매매, 기증, 임대 등이 가능하였다. ㄹ. 개간한 국유지에 대해서는 생산량이 일정 수준에 오르기 전까지는 조세를 면제받았다.

오답풀이 ㄱ. 양광도는 5도이므로 주현군에 편성된다. ㄴ. 조선 시대 대동법의 내용이다.

14 정답 ④

해설 ① ② ③ 고려의 향도는 매향 활동하는 무리를 뜻하며, 미륵을 만나 구원을 받고자 하는 염원에서 향나무를 바닷가에 묻었다. 초기에는 불교의 신앙 조직으로서 불상과 석탑 등을 축조하거나 절을 지을 때 주도적인 역할을 하였으며, 후기에는 혼례와 상장례, 마을 제사 등 공동체 생활을 주도하는 농민 공동체 조직으로 발전하였다.

오답풀이 ④ 향도는 농민 공동체 조직이므로 향촌 사회의 지배층과는 관련이 없다.

15 정답 ①

해설 ② 송상은 개성을 중심으로 활동한 상인으로 전국에 송방이라는 지점을 설치하여 운영하였으며, 청 · 일본 등과의 대외 무역에도 종사하였다. ③ 조선 후기에 양반 지주와 대상인 등이 화폐를 고리대나 재산 축적에 이용하면서 동전의 발행량이 증가하였는데도 시중에 동전이 부족해지는 '전황' 현상이 나타났다. ④ 객주와 여각은 주로 포구를 중심으로 상품 매매 및 운송 · 보관, 숙박, 금융업 등에 종사하는 중간 상인이었다.

오답풀이 ① 건원중보, 삼한통보, 해동통보는 고려 시대에 사용된 동전이다.

16 정답 ②

해설 ① 고려 중기에는 최충의 9재 학당을 비롯한 사학이 융성하였다. ③ 고려 중기에는 사학의 융성으로 관학이 위축되자, 전문 강좌인 7재와 장학 재단인 양현고를 설치하는 등 관학 진흥책을 실시하였다. ④ 성종 때 국립대학인 국자감을 설립하여 유교적 정치 이념을 뒷받침 하였다.

오답풀이 ② 고려시대에서는 율학, 서학, 산학 등 기술학은 국자감에서 교육을 담당하였다.

17 정답 ①

해설 ① 향악은 신라 이후의 고유 음악과 당악의 영향을 받아 발달한 고려시대의 음악으로 동동, 한림별곡, 대동강 등이 유명하다.

오답풀이 ② 경기체가는 신진 사대부를 중심으로 유행하였다. ③ 원 간섭기에는 상감청자가 쇠퇴하고 분청사기가 유행하기 시작하였다. ④ 다포 양식의 건축 기법은 원의 건축 기술의 영향을 받은 것으로 대표적인 고려의 다포 양식의 건축물로는 성불사 응진전이 있다.

18 정답 ④

해설 자료에서 (가)는 관학파(훈구파), (나)는 사림파이다. ④ 사림파는 의리와 도덕을 바탕으로 한 왕도정치를 정치적 이상으로 삼았다.

오답풀이 ① 사림파, ② 관학파는 소격서를 설치하여 도교와 관련된 민간 신앙을 정비하였으며, 단군 조선을 중시하였다. ③ 관학파는 사장을 중시하여 15세기에는 많은 문학 작품이 발표되어 출판문화가 융성하였다.

19 정답 ③

해설 ③ 관찰사는 조선 시대 전국 8도에 파견된 지방관으로서, 수령에 대한 감찰권을 비롯하여 행정권 · 사법권 · 군사권 등을 장악하였다.

오답풀이 ① 갑사는 조선 시대에 무술 시험에 의해 선발된 직업 군인이다. ② 삼사는 조선 시대의 사헌부, 사간원, 홍문관을 의미한다. ④ 암행어사는 조선 시대에 왕의 특명에 의해 비밀리에 지방에 파견되어 지방관(수령)의 업무와 백성의 고통이나 어려움을 파악하여 왕에게 알리는 역할을 담당하였다.

20 정답 ③

해설 ① 조선왕조실록은 사초, 시정기, 승정원일기, 비변사 등록 등의 자료를 정리하여 편찬하였다. ② 조선왕조실록은 1997년에 유네스코 지정 세계 기록 문화유산으로 등록되었다. ④ 조선왕조실록은 임진왜란 당시에 4대 사고 중에서 유일하게 보존된 전주 사고를 토대로 광해군 때 5대 사고로 정비하여 보관하였다.

오답풀이 ③ 조선왕조실록은 편년체 역사서이며, 유교적 합리주의 사관에 입각하여 편찬된 기전체 역사서는 김부식의 삼국사기이다.

21 정답 ①

해설 ① 칠정산은 세종 때 중국의 수시력 · 대통력과 아라비아의 회회력을 참고하여 한양을 기준으로 제작된 최초의 역법이다.

오답풀이 ② 계미자는 태종 때 만든 금속활자이다. ③ 동의보감은 광해군 때 편찬한 의학서이다. ④ 원각사지 10층 석탑은 세조 때 건립되었다.

22 정답 ①

해설 ① ㄱ. 해인사 장경판전 – 15세기, ㄴ. 소수서원(건축) – 16세기, ㄷ. 법주사 팔상전 – 17세기, ㄹ. 수원 화성 – 18세기

23 정답 ①

해설 ① 자료는 이익의 토지 개혁론인 영업전에 대한 설명이다.

오답풀이 ② 정약용의 토지개혁론은 여전론과 정전론이다. ③ 유형원은 사농공상에 따른 토지의 차등 분배를 강조하는 균전론을 제시하였다. ④ 홍대용은 성인 남자에게 토지 2결을 균등 분배하자는 균전론을 주장하였다.

24 정답 ②

해설 ① 동학농민운동은 고부 군수 조병갑의 착취에 저항하여 일어난 고부민란을 계기로 시작되었다. ③ 농민군이 전주성을 점령하자 조선 정부는 청에게 군사 지원을 요청하였고, 일본도 동시에 군대를 파병하였다. 이에 조선 정부는 농민군과 전주화약을 체결하고 청 · 일 군대의 철수를 요구하였다. ④ 일본은 경복궁을 점령하고 조선 정부에게 개혁을 강요하면서 동시에 청 · 일 전쟁을 일으켰다.

② 지조법의 개혁과 혜상공국 폐지는 갑신정변 당시에 개화당 세력이 추진하였던 개혁안이다.

25 정답 ②

해설 자료는 신채호의 '조선혁명선언'으로 김원봉의 의열단의 활동 지침을 제시하였다. ① 의열단은 조선혁명선언의 방침에 따라 항일 의거 활동을 전개하였으며, 대표적인 사건으로 나석주의 동양척식주식회사 투탄, 김상옥의 종로경찰서 투탄 등이 있다. ③ 그러나 산발적인 항일 의거 활동에 한계를 느낀 의열단은 조직적이고 대중적인 무장투쟁을 전개하기 위하여 중국의 황포군관 학교에서 군사 훈련을 받고 독립군 지휘관을 양성하기 위하여 조선 혁명 간부 학교를 설립하였다. ④ 의열단은 1935년 중국관내에서 조선혁명당, 한국독립당과 함께 민족 혁명당을 창설하였다.

오답풀이 ② 이봉창은 한인애국단 소속으로 활동하여 일본 국왕의 암살을 시도하였으나 실패하였다.

실전 모의고사 4회

01 정답 ①

해설 ① 자료에서 (가)는 구석기 시대, (나)는 신석기 시대, (다)는 청동기 시대에 대한 설명이다. ① 구석기 시대는 사냥·어로·채집의 경제 활동이 중심이었으며, 신석기 시대에는 농경과 목축이 시작되었지만 사냥과 어로 활동이 식량의 큰 비중을 차지하였다.

오답풀이 ② 신석기 시대는 원형·방형 움집, 청동기 시대는 직사각형 움집에서 거주하였다. ③ 구석기 시대는 이동, 무리 생활을 하였다. ④ 토기는 신석기 시대부터 사용하였다.

02 정답 ②

해설 ① 부여는 간음한 자와 투기한 여자는 사형에 처하였다. ③ 살인자는 사형에 처하고 그 가족은 노비로 삼았다. ④ 남의 물건을 훔치면 물건 값의 12배를 배상하는 12책법이 실시되었다.

오답풀이 ② 고조선의 8조법에서는 남에게 상해를 입힌 자는 곡물로써 배상하였다.

03 정답 ①

해설 ① 서기는 근초고왕 때 고흥이 편찬한 역사서이다.

오답풀이 ② 문주왕 때는 웅진(공주)으로 천도하였다. ③ 백제가 동진과 교류를 한 것은 근초고왕 이후이다. ④ 미륵사는 7세기 무왕 때 창건하였다.

04 정답 ②

해설 ①③ 장수왕은 남진정책을 추진하기 위하여 평양으로 천도하였으며, 이후 백제의 한성을 함락하고 한강 유역을 차지하였다. ④ 광개토대왕릉비는 장수왕 때 건립하였다.

오답풀이 ② 영락은 광개토대왕의 연호이다.

05 정답 ④

해설 ④ 자료는 신문왕이 김흠돌의 반란을 진압하고 진골 귀족을 숙청하여 왕권 강화를 하던 시기였음을 알 수 있다. 신문왕은 국학을 설립하여 인재를 양성하고 9서당과 10정의 군대조직을 정비하여 군사권을 장악하였으며, 녹읍을 폐지하고 관료전을 지급하는 등 왕권 강화에 주력하였다.

오답풀이 ① 신라 말의 왕위 쟁탈전, ② 신문왕이 활동하던 신라 중대에는 왕권의 전제화가 이루어져 국왕 직속의 최고 기구인 집사부의 시중의 세력은 강화되고 상대등의 세력은 약화되었다. ③ 원성왕 때 실시하였으나, 진골 귀족의 반대로 실패하였다.

06 정답 ①

해설 자료는 고조선의 8조법이다. ② 사람을 죽인 자를 사형에 처한다는 사실과 남의 물건을 훔친 자를 처벌하는 것은 고조선이 생명과 개인의 사유 재산을 중요시하는 사회였음을 알 수 있다. ③ 남에게 상처를 입힌 자는 곡물로 배상한다는 사실은 농경사회임을 알 수 있다. ④ 남의 물건을 훔친 자를 노비로 삼는다는 사실은 경제력(빈부)의 차이가 있었으며, 노비를 통해 권력의 차이가 있는 계급 사회임을 알 수 있다.

오답풀이 ① 고조선에서는 성리학이 전래되지 않았으며, 성리학적 유교 윤리를 중요시한 것은 조선 시대에 해당한다.

07 정답 ④

해설 ①②③ 민정 문서는 경덕왕 때 서원경 지역의 4개 촌락을 중심으로 작성되었으며, 호구수와 인구수를 기록하여 노동력 징발(부역) 대상자를 파악하였다. 또한 토지의 면적과 각종 생산 자원을 기록하여 조세와 공물 징수의 자료로 활용하였다.

오답풀이 ④ 신라 민정 문서는 지방의 토착 세력인 촌주에 의해 3년마다 작성되었다.

08 정답 ①

해설 ②③④ 통일 신라 시대에는 2중 기단 위에 3층 석탑이 유행하였으며, 대표적인 탑으로는 석가탑, 감은사 탑, 화엄사탑 등이 있으며, 특이한 탑 양식으로 불국사의 다보탑이 있다.

오답풀이 ① 분황사탑은 통일 이전 신라의 석탑으로 벽돌탑 양식을 모방한 모전 석탑이다.

09 정답 ①

해설 ① ㄱ. 거란족의 1차 침략 당시의 사실, ㄴ. 귀주대첩은 거란족의 3차 침략에 해당(1019), ㄷ. 윤관의 동북 9성 축조는 1107년, ㄹ. 김윤후의 처인성 전투는 몽골의 2차 침략과 관련된 사실로서 1232년에 일어났다.

10 정답 ②

해설 ② ㄱ. 고려에서는 아들이 없는 경우에는 딸이 제사를 지내기도 하였다. ㄷ. 고려에서는 여성의 재가가 가능하였으며, 재가녀의 자식에 대한 사회적 차별도 없었다. ㄹ. 호적에는 태어난 순서대로 남녀의 성별 구분 없이 기재하였다.

오답풀이 ㄴ. 조선 후기, ㅁ. 조선 시대 전체

11 정답 ③

해설 ① ② ④ 공민왕은 왕권 강화를 위해 권문세족이 인사권을 장악한 정방을 폐지하여 인사권을 회복하고, 전민변정도감을 설치하여 권문세족 소유의 토지와 노비를 원래 주인에게 되돌려주거나 원래의 신분으로 회복시켜 경제적 기반을 약화시켰다. 또한 반원 정책을 펼쳐 원의 내정 간섭 기관이었던 정동행동 이문소를 폐지하고, 원이 차지하였던 쌍성총관부를 탈환하였다.

오답풀이 ③ 만권당은 충선왕이 원에 설치한 학문 연구소로 고려의 학자와 원 학자 간에 학문적 교류를 장려하였다.

12 정답 ④

해설 ① ③ 조선 후기에는 논농사에서 기존의 직파법 대신에 이앙법(모내기)이 전국적으로 실시되면서 노동력이 절감되어 대규모의 토지를 경작하는 광작이 성행하였다. ② 조선 후기에는 지대(소작료) 납부 방식이 정률지대의 타조법에서 정액지대의 도조법으로 바뀌어 갔다.

오답풀이 ④ 해동통보는 고려 시대에 발행된 화폐이다.

13 정답 ①

해설 ① 지눌은 수선사 결사를 중심으로 신앙 결사 운동을 전개하였으며, 선종을 중심으로 교종을 통합하여 조계종을 창시하였다.

오답풀이 ② 의천, ③ 혜심. ④ 의천은 국청사를 중심으로 해동천태종을 창시하여 교종 중심으로 선종을 흡수하여 교단 조직의 통합을 추진하였다.

14 정답 ③

해설 ① ② ④ 조선왕조는 중앙 집권 체제를 강화하기 위해 모든 군현에 지방관을 파견하고 조운제·봉수제·역원제를 실시하였다. 또한 관찰사와 수령 등 지방관을 파견할 때는 임기제를 적용하여 각각 1년과 5년으로 정하였으며, 출신 지역의 관리로 임명하지 않는 상피제를 실시하여 특정 세력의 권력 집중과 부정 방지를 도모하였다.

오답풀이 ③ 유향소는 지방 양반 세력이 운영하는 향촌 자치 기구로서 중앙 집권 체제 강화와 관련 없다. 그러나 조선왕조는 유향소를 운영하는 지방 양반 세력에 의한 백성의 임의적인 지배를 방지하기 위해 경재소를 통해 유향소를 통제함으로써 중앙 집권 체제를 효율적으로 운영하고자 하였다.

15 정답 ②

해설 ① 공정한 관리 선발을 위해 5품 이하의 관리 등용은 대간에 의해 자격 심사를 받는 서경을 거치도록 하였다. ③ 조선에서는 고위 관직에 진출하기 위해서는 반드시 문과(대과)에 합격해야만 했다. ④ 관리 등용 제도로서 과거 외에도 기존 관리를 대상으로 추천의 형태로 선발하는 천거제, 2품 이상의 고위 관료의 자손을 무시험으로 관직에 등용시키는 음서제 등이 실시되었다.

오답풀이 ② 서얼은 법적으로 문과에 응시할 수 없었으며, 주로 잡과나 무과에 응시하였다.

16 정답 ③

해설 ③ 농가집성은 조선 후기에 신속이 편찬한 농업 서적으로, 이앙법 보급에 크게 기여하였다.

오답풀이 ① 농사직설은 세종 때 정초가 편찬한 우리나라 최초의 농업 서적이다. ② 농상집요는 원나라의 농업 서적으로 고려 후기에 전래되었다. ④ 농정신편은 1885년(고종)에 안종수가 편찬한 최초의 근대적 농업 서적이다.

17 정답 ④

해설 ① 서원은 사림 양반에 의해 설립되어 성리학에 대한 학문적 연구가 심화되었다. ② 서원은 선현 제사, 후진 양성 등의 기능을 담당하였다. ③ 서원은 향촌 사회에서 사림파의 결속력을 강화시키는 역할을 담당하였으며, 붕당의 세력 근거지가 되기도 하였다.

오답풀이 ④ 서원은 사림 양반이 향촌 사회에 설치한 사립 교육 기관이다.

18 정답 ③

해설 ③ 관수관급제는 직전법 실시 이후에 나타난 양반 관료의 수조권 남용에 따른 농민 부담을 해결하기 위해 실시한 제도로, 국가에서 직접 조세를 징수하여 관리에게 지급하도록 하였다. 그 결과 국가의 토지에 대한 지배력이 강화되었다.

오답풀이 ① 과전법은 관리에게 수조권을 지급한 토지 제도이다. ② 과전법은 전현직 관리를 대상으로 수조권을 지급하였는데, 세습지의 증가로 신진 관료에게 지급할 토지가 부족해졌다. 이 문제를 해결하기 위해 실시한 것이 직전법으로 현직 관료만을 대상으로 수조권을 지급한 제도이다. 그 결과 양반의 경제적 약화를 가져왔다. ④ 녹봉제가 실시되고 직전법이 폐지된 이후 양반 관료는 토지에 대한 소유 욕구가 증가하면서 불법적 토지 겸병 등의 방법을 통해 토지 소유 면적을 확대시켜 나갔다.

19 정답 ①

해설 ② ③ ④ 균역법은 조선 영조 때 군역의 폐단을 해결하기 위하여 실시한 제도이다. 군포 수입의 부족분을 보충하기 위하여 어장세와 선박세를 균역청에서 징수하도록 하였으며, 지주에게는 결작의 명목으로 토지 1결당 미곡 2두를 징수하였다. 또한 일부 상류층에게 선무군관이라는 칭호를 주고 군포 1필을 부과하였다.

오답풀이 ① 균역법에서는 농민의 부담을 줄여주기 위하여 군포를 1년에 2필에서 1필로 줄여 징수하였다.

---

20 **정답** ③

해설 ③ 자료에서 여진족과 왜구의 침략에 대비하여 설치한 기구는 비변사이다. 비변사는 고려 시대에 국방 문제를 협의하는 임시기구로 설치되었던 귀족회의 기구인 도병마사와 동일한 기능을 담당하였다. 비변사는 중종 때 3포왜란을 계기로 국방 문제를 담당하는 임시 기구로 설치되었으나, 임진왜란 이후 국방을 비롯하여 내정, 외교 등 국정 전반을 담당하는 최고 정무 기구로 발전하였다.

오답풀이 ① 비변사는 중종 때 3포왜란을 계기로 국방을 담당하는 임시 기구로 설치되었다. ② 비변사는 명종 때 을묘왜변을 계기로 상설 기구로 승격되었다. ④ 비변사의 구성원으로는 전현직 3정승과 공조를 제외한 5조의 판서와 참판, 5군영 대장, 대제학, 강화 유수 등이 참여하였다.

---

21 **정답** ④

오답풀이 ④ 연려실기술은 이긍익이 저술한 역사서이다.

---

22 **정답** ④

해설 ① 동학은 유교, 불교, 도교의 주요 내용을 바탕으로 샤머니즘 같은 민간 신앙의 요소가 가미되어 주문과 부적을 사용하기도 하였다. ② 동학은 시천주, 인내천을 바탕으로 인간 평등을 강조하여 노비제의 폐지와 여성과 어린아이의 인격을 존중하는 사회를 추구하였다. ③ 최제우가 처형된 후 2대 교주 최시형은 동학의 경전인 동경대전과 가사집인 용담유사를 간행하여 동학의 교리를 정리하였으며, 그 영향으로 동학의 교세가 확산되었다.

오답풀이 ④ 말세의 도래와 왕조의 교체 등을 주장한 것은 정감록과 관련된 내용으로 정감록에서는 조선왕조가 멸망하고 정씨가 지배하는 왕조가 800년 동안 지속될 것이라고 예언하였다.

---

23 **정답** ②

해설 ② 곤여만국전도는 명 말에 예수회 선교회 출신의 선교사 마테오리치가 제작한 세계 지도로서 중국을 통해 조선 후기에 전래되어 조선인의 세계관 확대에 기여하였다.

오답풀이 ① 혼일강리역대국도지도는 조선 태종 때 제작한 세계 지도이다. ③ 대동여지도는 조선 후기에 김정호가 한반도를 직접 답사하여 제작한 지도이다. ④ 동국지도는 조선 후기에 정상기가 최초로 축척 개념을 도입하여 제작한 지도이다.

---

24 **정답** ②

해설 ② 자료에서 미군의 지원을 받아 국내 진공작전을 전개하였다는 사실을 통해서 대한민국 임시정부가 창설한 한국광복군(1940)에 대한 설명임을 알 수 있다.

오답풀이 ① 조선혁명군, ③ 한국독립군, ④ 홍범도의 대한독립군

---

25 **정답** ③

해설 ③ 신민회는 안창호, 양기탁 등이 설립한 애국계몽운동단체로서 일제가 1911년에 조작한 105인 사건을 계기로 해산되었다.

오답풀이 ① 근우회는 1927년에 설립된 여성 계열의 민족 유일당 단체이다. ② 신간회는 1927년에 민족주의와 사회주의가 연합하여 설립된 민족 유일당 단체이다. ④ 대한자강회는 1906년에 설립된 애국계몽운동 단체로서 고종 퇴위 반대 운동을 전개한 것을 계기로 일제에 의해 1907년에 해산되었다.

실전 모의고사 5회

01 **정답** ①

해설 ① 상, 대부, 장군 등은 고조선의 관직이다.

오답풀이 ② 삼한, ③ 고구려, ④ 부여

---

02 **정답** ②

해설 ① ③ ④ 이사금은 연장자·계승자, 차차웅은 무당·제사장, 거서간은 군장의 의미를 갖고 있는 신라의 전통적 왕호이다.

오답풀이 ② 대대로는 고구려의 수상이다.

---

03 **정답** ③

해설 ㄷ. 장수왕(475) → ㄹ. 성왕(551) → ㄱ. 진흥왕(562) → ㄴ. 나·당 동맹(649)

---

04 **정답** ④

해설 ① 신라는 당이 한반도 전체를 지배하려고 하자, 이에 대응하여 당을 견제하기 위하여 고구려 부흥운동을 지원하였다. ② 나·당 전쟁에서 신라는 매소성 전투(675)에서 승리한 후 금강 하구의 기벌포 전투(676)에서 당을 물리친 후 삼국통일을 완성하였다. ③ 당은 고구려 옛 땅에 안동도호부, 백제 옛 땅에 웅진도독부, 신라에 계림도독부 등을 설치하고 한반도 지배 야욕을 드러냈다.

오답풀이 ④ 신라가 삼국 통일을 이룬 후에 확보한 영토는 대동강에서 원산만 이남이었다.

---

05 **정답** ④

해설 ① ② ③ 자료에서 귀족들 간에 왕위쟁탈전이 전개되어 왕권이 약화되었다는 내용을 통해 신라 말과 관련

된 사실임을 알 수 있다. 신라 말에는 왕권이 약화되어 중앙 정부의 지방 통제력이 약화되면서, 지방의 호족 세력이 성장하였으며, 호족과 연결되어 선종 불교가 유행하고 9산 선문의 종파가 개창되었다.

> **오답풀이** ④ 신라 말에는 왕권이 약화되면서 6두품 세력의 정치 활동 기반이 약화되자, 6두품은 호족 세력과 연합하여 새로운 사회 개혁안과 정치 이념을 제시하였다.

06 **정답** ①

> **해설** ① 선왕은 9세기 전반에 대부분의 말갈족을 복속시키고 요동 지역에 진출하여 영토를 확장하였으며, 5경 15부 62주의 지방 제도를 정비하는 등 발해의 전성기를 맞이하여 당으로부터 해동성국의 칭호를 얻기도 하였다.

07 **정답** ④

> **해설** ① ② ③ 광종은 왕권 강화를 위하여 노비안검법을 실시하여 호족과 공신의 세력 기반을 약화시켰으며, 백관의 공복을 제정하여 지배층의 위계질서를 확립하였다. 또한 과거제도를 실시하여 유학을 익힌 신진 관료를 등용하여 신 · 구세력을 교체하였다.

> **오답풀이** ④ 12목에 지방관을 파견한 것은 성종 때의 사실이다.

08 **정답** ③

> **해설** ③ 김헌창은 신라 말에 아버지 김주원이 왕위 쟁탈전에서 원성왕에게 패배한 것에 불만을 품고 국호를 장안, 연호를 경운이라 하고 반란을 일으켰다.

> **오답풀이** ① 이자겸은 고려 중기에 척준경과 함께 반란을 일으켜 인종을 축출하고 권력을 잡았으나, 실패하였다. ② ④ 김보당과 조위총은 고려 시대에 무신 정권에 저항하여 반란을 일으켰다.

09 **정답** ①

> **해설** ① ㄱ. 고려시대 백정은 농민을 의미한다. ㄴ. 상인과 수공업자는 농민과 함께 양민신분에 속하였다.

> **오답풀이** ㄷ. 백정 농민은 잡과에 응시하여 기술직에 진출할 수 있었다. ㄹ. 노비는 일천즉천의 원칙에 의해 부모 중 한 쪽이라도 노비이면 그 자식은 무조건 노비가 되었다. 노비신분이 모계로만 결정된 것은 조선 후기 노비 종모법 실시와 관련 있다.

10 **정답** ①

> **해설** ① 고려 원 간섭기에 민족적 자주 의식을 고양시키기 위한 목적으로 편찬된 역사서로는 단군과 고조선의 역사를 담은 삼국유사가 대표적이다. 그 외에도 제왕운기(이승휴), 해동고승전(각훈), 동명왕편(이규보) 등이 이 시기에 편찬되었다.

> **오답풀이** ② 삼국사기는 고려 중기 인종 때 김부식이 편찬하였다. ③ 고려사는 조선 전기에 편찬된 대표적인 기전체 역사서이다. ④ 동국통감은 조선 전기 성종 때 서거정이 편찬하였다.

11 **정답** ③

> **해설** ① 고려시대의 금속 활자 기술은 기존의 목판 인쇄술, 청동 주조 기술, 먹과 종이 제조 기술을 배경으로 발달하였다. ② 목판 인쇄술은 대량 인쇄는 가능하지만 여러 종류의 책을 인쇄할 수 없는 단점을 가지고 있다. 반면에 금속 활자는 여러 종류의 책을 대량으로 인쇄할 수 있다. ④ 직지심체요절은 청주 흥덕사에서 간행되었으며, 현재 프랑스 파리 국립도서관에 보관되어 있다.

> **오답풀이** ③ 상정고금예문은 몽골 침략기에 제작된 우리나라에서 가장 오래된 금속 활자본으로 현재는 남아 있지 않으며, 현존하는 가장 오래된 금속 활자본은 직지심체요절이다.

12 **정답** ②

> **해설** ① 해인사 장경판전은 팔만대장경을 보관하는 건물로 유네스코 세계 문화 유산에 등재되어 있다. 팔만대장경은 몽골의 침입을 막기 위해 제작하였다. ③ 청주 흥덕사지는 현존하는 가장 오래된 금속 활자본인 직지심체요절을 인쇄한 곳이다. ④ 충남 논산 관촉사에 조성된 석조 미륵보살 입상은 일명 은진미륵이라고 한다. 우리나라에서 가장 거대한 불상으로 높이가 18m에 이르며, 고려 시대 지방 예술의 한 단면을 보여 주는 작품이다.

> **오답풀이** ② 강원도 평창군 월정사에 있는 월정사 8각 9층 석탑은 송탑의 영향을 받은 고려 전기의 대표적인 석탑이다.

13 **정답** ③

> **해설** ① 임진왜란 중에 조선 정부는 훈련도감을 설치하고 속오법을 정비하는 등 군사력 강화를 위한 재정비를 하였고, 이를 토대로 임진왜란 이후 5군영의 중앙군과 속오군의 지방군 체제를 확립하였다. ② 임진왜란 이후 국가 재정 확보를 위해 조선 정부는 일정액의 돈을 납부하면 관직 수여증을 지급하는 공명첩의 실시와 합법적 신분 상승을 허용한 납속책의 실시로 다수의 농민과 중인층이 신분 상승을 이루어 양반이 증가하면서, 양반 중심의 신분제가 동요되기 시작하였다. ④ 임진왜란 이후 이황의 성리학이 일본에 전래되고 다수의 도자기 기술자가 일본으로 납치됨으로써 일본은 성리학과 도자기 문화가 발달하게 되었다.

> **오답풀이** ③ 조선의 지방군 체제는 임진왜란 이후 제승방략체제에서 속오군 체제로 전환되었다.

14 **정답** ④

> **해설** ① 조선에서는 반역죄와 삼강오륜에 어긋나는 강상죄는 가장 무겁게 취급하여 연좌제가 적용되어 범인은 물론이고 가족까지 처벌받았다. ② 민법의 경우에는 초기에는 노비와 관련된 소송이 많았으나, 나중에는 묘지를 둘러싼 산송 사건이 주류를 이루었다. ③ 상속은 친족 내부의 규율을 정한 종법에 의해 이루어졌으며, 특히 제사와 노비의 상속을 중요시하였다.

> **오답풀이** ④ 신문고는 백성들의 억울함을 호소할 수 있도록 한

제도이지만 연산군 때 폐지되었다가 영조 때 부활되는
등 폐지와 실시를 반복하는 과정에서 제대로 운영되지
못한 유명무실한 제도였기 때문에 큰 효과는 없었다.

15 정답 ①

해설 ② 혼일강리도는 태종 때 이회, 이무 등이 제작한 현존
하는 동양 최고의 세계 지도 이다. ③ 삼강행실도는 세
종 때 설순이 삼강오륜의 모범이 될 만한 충신, 효자,
열녀들의 행적을 그림으로 묘사하고 설명한 유교 윤
리서이다. ④ 동몽수지는 16세기에 사림파가 유교 윤
리를 보급하기 위해 간행한 서적으로 어린이가 지켜야
할 예절 등이 기록되어 있다.

오답풀이 ① 동국여지승람은 성종 때 전국 군현의 연혁, 풍속,
산업, 인구 등을 기록한 인문지리서이며, 단군 조선부
터 고려 말까지의 역사를 편년체로 서술한 최고의 통
사는 서거정의 동국통감에 대한 설명이다.

16 정답 ③

해설 ③ 속대전 편찬, 균역법 실시, 형벌 제도 완화 등은 영
조와 관련된 업적이다.

17 정답 ③

해설 자료에서 (가)는 균역법, (나)는 대동법, (다)는 영정법
에 대한 설명이다. ③ 대동법은 16세기 이후 방납의 폐
단이 극심해지면서 농민들의 부담이 커지자, 이를 해
결하기 위해 광해군 때 처음으로 경기도 지역을 대상
으로 실시하였으며, 숙종 때 전국으로 확대되었다.

오답풀이 ① 균역법으로 농민의 군포 부담은 감소하였지만, 대
부분의 양반들은 여전히 군포를 납부하지 않았기 때문
에 군역의 부담이 균등해졌다고는 할 수 없다. ② 균역
법의 실시로 발생한 부족분을 해결하기 위하여 조선
정부는 결작이란 이름으로 토지 1결 당 미곡 2두를 징
수하였다. ④ 영정법의 실시로 전세액이 1결 당 4두로
고정되어 일부 양반 지주와 자영농의 부담은 감소하였
으나, 소작농이 대부분인 일반 농민들에게는 전혀 혜
택이 없었으며, 오히려 각종 부가세를 부담하면서 부
담만 커졌다.

18 정답 ③

해설 ① 향약은 중종 때 조광조에 의해 처음 시행되어 16세
기 후반 이이와 이황에 의해 전국적으로 보급되었다.
② 향약은 향촌 사회의 풍속 교화, 사회 질서 유지, 치
안 담당 등의 기능을 담당하였다. ④ 향약은 차츰 그
성격이 변질되어 지방 사족이 농민을 수탈하는 수단으
로 악용되었으며, 향약 간부 간의 불화로 풍속과 향촌
질서에 저해 요인이 되기도 하였다.

오답풀이 ③ 향약의 간부는 약정, 부약정, 직월 등이며, 좌수와
별감은 유향소의 간부이다.

19 정답 ①

해설 ② 유형원은 일생동안 벼슬을 하지 않고 양반 문벌제
도, 과거제도, 노비 제도의 모순을 비판하였으며, 균전

론의 토지 개혁론을 제시하였다. ③ 이익은 많은 제자
를 길러내 성호학파를 형성하였고, 나라를 좀먹는 여
섯 가지 폐단을 지적하였으며, 한전론이라는 토지 개
혁론을 제시하였다. ④ 홍대용은 의산문답과 임하경륜
의 저술을 통해 기술의 혁신과 문벌제도의 철폐, 지전
설 등을 주장하였다.

오답풀이 ① 이수광은 백과사전으로 '지봉유설'을 저술하였으며,
초기 실학의 선구적인 역할을 담당하였다. 반계수록,
균전론과 관련된 인물은 유형원이다.

20 정답 ③

해설 ③ 정선의 진경산수화의 대표적인 화가로서 우리 고유
의 정서와 자연을 표현하는 예술 운동으로 등장하여
중국의 남종화와 북종화의 화법을 고루 수용해서 우
리의 자연을 사실적으로 묘사하였다. 정선의 대표적인
작품으로 인왕제색도와 금강전도가 있다.

오답풀이 ① 안견의 몽유도원도, ② 강세황의 영통골 입구도, ④
진경산수화는 중국화풍을 수용하여 정선이 개척한 독
자적인 화풍이다.

21 정답 ②

해설 ① 조선 후기에는 담배, 고추, 오이, 인삼 등의 상품작
물을 재배하는 상업적 농업이 발달하여 농가 소득 증
대에 크게 기여하였다. ③ 조선 후기에는 이앙법이 전
국으로 보급되어 노동력이 절감되고 생산량이 증가하
면서 광작 농업 경영 방식이 나타나 일부 농민이 부농
으로 성장하였다. ④ 밭농사에서는 기존의 농종법 대
신에 고랑에 씨를 뿌려 재배하는 견종법이 보급되어
생산량이 증대되었다.

오답풀이 ② 조선 후기에는 지대 납부 방식이 수확량의 1/2을
납부하는 정률지대 방식의 타조법에서 1/3을 정액지대
로 납부하는 도조법으로 바뀌면서 일부 소작농이 부농
으로 성장하는 계기가 만들어졌다.

22 정답 ④

해설 ① 흥선대원군은 왕권 강화를 위해 세도가문의 권력
기구였던 비변사를 폐지하고 의정부와 삼군부의 기능
을 부활시켰다. ② 흥선 대원군은 삼정의 문란 중 군정
의 폐단을 해결하기 위하여 호포법을 실시하였다. ③
통치 체제를 정비하기 위하여 대전회통과 육전조례 등
의 법전을 편찬하였다.

오답풀이 ④ 공·사 노비법의 폐지와 인신매매 금지는 갑오개혁
때의 사실이다.

23 정답 ②

해설 ② ㄴ. 회사령 반포(1910년) - ㄱ. 토지조사사업(1912-
1918) - ㄷ. 산미증식계획(1920-1934) - ㄹ. 조선공업
화 정책(1930년대 이후)

24 정답 ③

해설 ① ② ④ 대한민국 임시정부는 독립신문을 간행하고

사료 편찬소를 설치하여 독립의식을 고취시켰으며, 상
하이에서 국내와 연결하는 연통제라는 비밀 행정 조직
망을 설치하여 독립 운동 자금을 모금하였다. 또한 대
한민국 임시정부는 초기에는 외교 활동에 주력하다가
이후에는 무장 투쟁을 전개하였다.

오답풀이 ③ 3 · 1 운동 이후 조직적, 체계적인 독립 운동의 필요
성에 의해 대한민국 임시정부가 수립되었으므로, 대한
민국 임시정부가 3 · 1 운동을 주도할 수는 없었다.

25 **정답** ④

해설 ① 4 · 19 혁명은 이승만 정부가 정권 연장을 위해 저
지른 3 · 15 부정 선거가 원인이 되어 마산의거를 시작
으로 발생하였다. ② 4 · 19 혁명은 마산의거에서 김주
열이 죽음을 당한 것이 계기가 되어 더욱 확산되었다.
③ 혁명 전개 과정에서 학생들이 죽음을 당하게 되자
대학교수단이 시국선언을 발표하였고 시위를 전개하
였다. 이를 계기로 이승만은 하야 성명을 발표하였다.

오답풀이 ④ 4 · 19 혁명 직후에 허정의 과도정부가 수립되어 내
각책임제와 양원제의 개헌이 이루어지고, 장면 내각이
수립되었다.